몽록(夢鹿) 법철학 연구총서 1

열정으로서의 법철학

—심재우 교수 법철학 선집 Ⅰ —

심 재 우 지음

박영사

「몽록 법철학 연구총서」는 평생을 법철학 연구와 강의에 바치신 故 심재우 교수님의 학문적 삶을 기리기 위해 유가족의 지원에 힘입어 창간된 법철학 연구 시리즈입니다. 총서의 명칭 '몽록(夢鹿)'은 심재우 교수님의 아호입니다.

발 간 사

  우리의 잊을 수 없는 은사이신 몽록 심재우 선생님께서 선종하신
지도 벌써 1년이 가까워오고 있다. 생자필멸(生者必滅) 회자정리(會者
定離)는 인간의 힘으로 어찌할 수 없는 하늘이 정한 이법일지라도, 우
리 곁을 떠나신 선생님의 그 자리가 새삼 그립고 아쉬워짐을 금할 길
없다. 생전처럼 대면하여 가르침을 받을 기회는 비록 다시 오지 않겠
지만, 선생님께서 남겨주신 주옥같이 빛나는 학문적 노작들이 우리
곁에 있어, 얼마나 큰 위로와 힘이 되는지 말로 다 할 수 없다. 선생님
께서 평생토록 치열하게 탐구하시고 천착해 놓으신 풍성한 학문적인
결실들을 대할 때마다 우리는 단지 글로만 읽는 것이 아니라, 그 행간
과 여백에서도 선생님의 목소리와 진리에의 열정을 느낄 수 있으니
실로 고맙고 다행한 일이다.

  마침 선생님께서 떠나신 뒤 얼마 지나지 않아, 미망인을 비롯한 유
가족들이 선생님의 생전의 뜻을 받들어 고려대학교 법학전문대학원
에 감사하게도 법철학발전기금을 기탁해 주셨다. 바로 이 일을 계기
로 고려대 법전원에서 심 선생님의 후임으로 법철학을 담당하고 있는
윤재왕 교수가 주축이 되어 선생님의 법철학적인 저작들을 총정리하
여 순차적으로 펴내기로 기획한 것이다. 물론 선생님의 학문적 결실
들은 법학 전반에 미치고 있지만, 특히 법철학과 형법학에 관련된 업
적이 주종을 이루고 있음은 주지의 사실이다. 그러나 선생님의 학문
적인 관심의 출발점이 법철학이었고 생애 마지막에 이르도록 동서양

의 법철학사상 연구에 집중하셨던 점에 비추어 보면, 선생님의 법학
을 향한 열정의 깊이와 넓이와 높이와 무게를 선생님의 법철학 저술
에서 찾는 것은 너무도 당연해 보인다.

이번에 펴낼 선생님의 법철학 연구총서 제1집의 제목은 이 책을 기
획하고 감동적인 후기를 쓴 윤재왕 교수가 제안한 대로 「열정으로서
의 법철학」으로 정했다. 생각할수록 심 선생님께 딱 어울리는 제목인
듯싶다. 선생님의 법철학을 이루는 산맥의 등허리는 바로 사물의 본
성과 인간의 본성을 아우르는 인간의 존엄이다. 이것을 선생님은 실
정법질서 앞에 놓여있는 자연법의 핵심으로 보셨고 가르쳐주셨다. 선
생님의 인간의 존엄 사상은 칸트(Kant)의 인격의 자율성과 인간의 자
기 자신 및 타인에 대한 존중요구에 뿌리를 둔 것으로서 이것을 자유
법치국가의 토대와 과제로 설정한 마이호퍼(Maihofer) 교수의 사상과
도 상통하는 것이다. 다른 말로 표현하자면 그것은 인간존재에 대한
열정과 연민, 즉 인간을 위한 사랑이라는 의미에서, 앞으로 오고 또 올
세대의 법철학이 끊임없이 관심을 기울일 대목이라 사료된다.

학문논구에서 뿐만 아니라 강의와 스승의 길에서도 선생님께서 우
리들에게 깊이 각인시켜준 삶의 길은 그 열정과 사랑을 빼놓고 이야
기할 수 없으리라. 그리고 학자로서 그 진지하고 치열했던 삶의 아름
다운 모습은 선생님의 열정의 최고 결정체인 작품들과 함께 늘 사람
들 곁에 가까이 계실 것이며, 그들의 삶의 열매로 오래오래 보전되고
발전하리라 기대한다. 앞으로 선생님께서 걸어가신 모든 학문적 궤적
들은 우선 총서 형식으로 엮어 계속 이어서 발간될 예정이다. 이 연구
총서의 발간을 먼저 선생님의 영혼이 하늘나라에서 즐거워하시리라
생각하니 우리들에게도 큰 기쁨이 아닐 수 없다. 더 나아가 이 사역이
고려대 법전원의 법철학 발전뿐만 아니라, 한국법철학과 세계법철학

의 발전에도 두루 의미 있는 기여가 되기를 기대한다. 이 일을 기쁜 마음으로 맡아 수고하는 윤재왕 교수와 여러 돕는 손길들에게도 진심으로 깊은 감사를 표하는 바이다.

고려대학교 법학전문대학원 명예교수 김일수 삼가

차   례

발 간 사 ·· i

1. 법의 효력의 근거에 관한 고찰

서   론 ·· 1
  1. 법효력의 의미 ··· 1
  2. 고찰에 필요한 방법론적 분류 ·· 2
본   론 ·· 7
Ⅰ. 법률적 효력론(die juristische Geltungslehre) ··············· 7
  1. 실정법질서의 단계구조 ·· 7
  2. 근본규범의 실체 ··· 10
Ⅱ. 사실적-사회학적 효력론(die faktisch-soziologische
  Geltungslehre) ··· 14
  1. 사실의 규범력(die normative Kraft des Faktischen)설 ·········· 15
  2. 권력설(Machttheorie) ··· 21
  3. 승인설(Anerkennungstheorie) ·· 24
  4. 여론설 ··· 26
  5. 이념설 ··· 28
Ⅲ. 철학적 효력론(die philosophische Geltungslehre) ·············· 59
  1. 정의의 형식적 개념구조 ·· 60
  2. 정의의 실질적 가치구조 ·· 69
  3. 법의 존재론적 기초(사물의 본성) ···································· 91
결   론 ─ 저항권의 권리성 ─ ··· 115

2. 상대주의의 법철학적 의의와 그 한계
─ 라드브루흐의 사상변천 과정과 상대주의의 극복 여부에 관한 일 고찰 ─

Ⅰ. 서론 ··· 121

Ⅱ. 제1기(1932년까지) ··· 125

   1. 상대주의의 법철학적 기초 ······································ 125

   2. 상대주의에 있어서의 가치관 및 세계관 ················ 129

   3. 상대주의와 법실증주의 ··· 132

   4. 상대주의와 민주주의 ·· 136

Ⅲ. 제2기(1933-1944) ··· 143

   1. 궁극적 민주주의 ·· 143

   2. 상대주의의 한계 ·· 145

Ⅳ. 제3기(1945-1949) ··· 149

   1. 법실증주의의 극복 ··· 152

   2. 법이념의 순위의 전도에 의한 자연법으로의 전환 ·········· 155

Ⅴ. 결론 ··· 167

3. 인간의 존엄과 법질서
─ 특히 칸트의 질서사상을 중심으로 ─

   1. 서언 ··· 175

   2. 인간질서와 인간의 존엄 ··· 176

   3. 인간의 자기 자신에 대한 존중의무 ······························ 180

   4. 인간의 타인에 대한 존중의무 ······································· 185

   5. 자유의 일반법칙과 법질서 ··· 192

   6. 법질서의 보장자로서의 국가 ··· 195

   7. 영구평화질서와 인류의 장래 ··· 204

4. 결정주의적 헌법개념과 규범주의적 헌법개념
―존재론적 헌법개념의 확립을 위한 비판적 고찰―

1. 실증주의적 헌법개념과 자연주의적 헌법개념 ·············· 211
2. 결정주의와 규범주의 ························· 215
3. 절대적 의미의 헌법과 법논리적 의미의 헌법 ·········· 222
4. 정치적 결단으로서의 헌법과 법창설권위로서의 헌법 ······· 227
5. 양 헌법개념에 대한 비판 ····················· 235
6. 존재론적 헌법개념 ·························· 242

5. 루소의 법철학

1. 서언 ······························· 255
2. 사회계약 ···························· 257
3. 일반의지와 법률 ························ 263
4. 국가의 본질과 국가권력의 한계 ················· 268
5. 지배와 피지배의 동일성의 원리(민주주의의 이론적 기초) ······ 274

6. 저항권

1. 서언 ······························· 287
2. 법치국가헌법의 구성원리로서의 저항권 ············· 288
3. 저항권의 유형과 저항상황 ··················· 290
4. 저항권의 조직화와 규범화의 한계 ················ 302
5. 저항권의 정당화근거와 저항권론 ················ 307
6. 결어 ······························· 318

7. 법치주의와 계몽적 자연법 ·············· 321

8. 사물의 본성과 구체적 자연법 ············· 345

9. 칸트의 법철학

1. 머리말 ·· 377
2. 칸트의 인간관 ·· 379
3. 칸트의 윤리관 ·· 383
4. 칸트의 법관 ·· 390
5. 칸트의 국가관 ·· 392
6. 칸트의 영구평화론 ·· 396

10. Die Rechtsphilosophie des Alsseins
und die Lehre über den richtigen Namen bei Konfuzius

Ⅰ. Widmung ··· 401
Ⅱ. Rechtsphilosophie des „Alsseins" ······························ 402
Ⅲ. Die Lehre über den richtigen Namen im
   Konfuzianismus ·· 404
Ⅳ. Schlussbemerkung ·· 410

논문출처 ·· 413
편집자 후기 ·· 415

법의 효력의 근거에 관한 고찰

서 론

1. 법효력의 의미

관념으로서의 법이 어떻게 실재로서의 현실세계를 구속하는가? 그 구속력의 근거는 어디에 있는가? 무엇이 법의 구속력을 보장하는가? 이것이 법효력의 근거에 대한 질문이다. 법효력의 근거에 대한 문제는 법철학에서 많이 논의되어 왔던 문제이다. 그러나 각자의 법률관의 차이에 따라 고찰대상에 대한 인식과 평가도 일정 정도의 편차를 초래하지 않을 수 없다. 이것은 법의 본질을 어떻게 이해하느냐에 따른 인식상의 논리적 차이를 의미한다. 즉 법실증주의적 입장에 서느냐, 법사회학적 입장에 서느냐, 자연법적 입장에 서느냐에 따라 법의 본질에 대한 파악도 각각 상이한 방향으로 규정되며, 동시에 그렇게 파악된 법의 본질의 차이로부터 그 효력의 근거도 각각 다르게 규정된다. 이것은 결국 법효력의 문제가 법의 작용적 기능의 측면에서 바라본 법의 본질에 대한 문제에 해당하기 때문이다. 그러므로 사실상 법의 본질은 결코 법의 정적(靜的)인 개념적 성질의 해명만으로는 파악될 수 없는 것이며, 법의 동적 기능과 관련된 여러 가지 측면을 함께 규명할 때만 비로소 파악이 가능할 수 있다. 따라서 법의 효력을 단순히 법의 한 가지 속성으로 이해할 것이 아니라, 법의 효력적 측면을 밝혀 법이 법일 수 있는 이유, 즉 법의 본질을 선명하게 부각시킬 수 있다.

이러한 의미에서 법의 본질론은 법의 개념론과 법의 효력론 양자를 포괄하는 것이라고 이해해야 한다. 즉 법의 개념론은 법의 본질의 정적 측면에 대한 고찰이 되고 법의 효력론은 법의 본질의 동적 측면에 대한 고찰이 된다. 전자의 고찰로부터는 "무엇이 법인가?"라는 질문에 대한 개념적 결론을 도출할 수는 있지만 "무엇이 법을 법일 수 있게 하는가?"라는 질문과 관련된 법의 타당성 근거를 밝혀주지는 못한다. 이 질문에 대한 대답은 오로지 후자의 고찰을 통해서만 얻을 수 있다. 그 때문에도 법효력의 문제는 단순히 법의 한 가지 속성이 아니라, 법의 작용적 기능의 측면에서 바라본 법본질의 문제를 의미하는 것이다. 여기에서는 법의 본질이 갖고 있는 바로 이 후자의 측면, 즉 법본질의 동적 측면에 국한시켜 법효력의 문제를 고찰해보고자 한다.

2. 고찰에 필요한 방법론적 분류[1]

그러나 사실상 법의 효력(Geltung)이라고 말할 때 그것이 의미하는 내용은 매우 다의적이다. 우선 '법의 효력'이라는 말에는 다음과 같은 의미가 포함되어 있다.

첫째, 법의 실효성(Wirksamkeit)의 문제이다. 실정법이 현재 여기

---

1) 고찰에 필요한 이하의 방법론적 분류는 라드브루흐(Radbruch)의 분류방법에 따른 것이다. 그러나 이하에서 전개할 '철학적 효력론'은 명칭은 동일하지만 그 내용은 라드브루흐의 것과는 완전히 다르다. 이 점은 G. Radbruch, Rechtsphilosophie, 5. Aufl., 1956, S. 180과 본고의 제3절의 서술 사이의 내용상의 차이를 일견하면 분명히 드러날 것이다. 법효력을 세 가지로 분류하는 것이 모든 학자에게 공통된 것은 아니다. 예컨대 엠게(Emge)같은 학자는 다음과 같이 네 가지로 분류하기도 한다. 1) 사회적 효력(die soziologische Geltung), 2) 법률적 효력(die juristische Geltung) 3) 철학적 효력(die philosophische Geltung) 4) 이념적 효력(die idelle Geltung). 독일어로는 이 모든 것을 그 의미의 차이에도 불구하고 'Geltung'이라는 한 단어로 표시하기 때문에 '효력의 문제(Geltungsproblem)'라는 표현 자체가 이미 하나의 커다란 문제가 된다.

에서 적용된다는 의미, 즉 실정법의 규범적 요구가 현실적으로 실현
되고 **있다**(Sein)는 의미에서의 효력이다. 말하자면 규범이 요구하
는 내용이 시행되고 실제로 준수되며 또한 보장된다는 의미에서의
효력이다. 이것은 법의 효력의 사실적 측면이며 법사실학적 고찰
(rechtstatsachenwissenschaftliche Auffassung)에 상응하는 고찰방법
이므로 사실적-사회학적 효력론(die faktisch-soziologische Geltungs-
lehre)이라고 할 수 있다.

둘째, 법의 타당성(Gültigkeit)의 문제이다. 이것은 규범적 요구가
사실상 실현되고 있는지 여부에 관계없이 실현**되어야만 한다**(Sollen)
는, 규범 그 자체의 규범성의 요구이다. 즉 규범의 구속성이라는 요구
이며 규범의 의미내용 그 자체의 타당성 요구인 것이다. 왜냐하면 법
은 규범이고 타당하지 않는 법은 그 자체 규범이 아니며 법일 수도 없
는 것이기 때문이다. 즉 규범성을 갖지 않는 규범은 이미 그 자체 규범
이라고 불릴 수 있는 근거를 상실한다. 따라서 이 문제는 규범내용의
정당성에 관한 문제와 일치한다. 즉 이 문제는 법효력의 당위적 측면
이며 법가치학적 고찰(rechtswertwissenschaftliche Auffassung)에 상
응하는 고찰방법이며, 이 점에서 철학적 효력론(die philosophische
Geltungslehre)이라고 할 수 있다.

셋째, 법의 실정성(Positivität)의 문제이다. 이것은 개개의 법규범 자
체가 전체 규범체계상 어떻게 자기의 **실정적**(positive) 규범으로서의
근거를 승인받고 있는가에 관한 문제이다. 즉 통일된 전체 규범체계에
서 각 개별 실정규범이 각각의 실정법으로서의 권원을 어디에 근거시
키고 있느냐의 문제이다. 따라서 이 문제는 실정법규범의 의미내용의
타당성의 근거를 묻는 것이 아니라 전체 규범체계에서 각 실정법규범
이 갖는 형식적 효력근거를 묻는 것이다. 이 문제는 법효력의 규범적 측

면이며 법규범학적 고찰(rechtsnormenwissenschaftliche Auffassung)에 상응하는 고찰방법이므로 법률적 효력론(die juristische Geltungslehre)이라고 할 수 있다.

그러나 이 법률적 효력론은 엄밀한 의미에서는 법효력의 '근거'에 대한 물음에 해답을 주는 것이 아니다. 고유한 의미에서 법효력의 근거는 "법은 어떻게 지켜지며 또한 왜 지켜져야만 하는가?", 즉 법이 지켜지는 이유와 지켜져야 할 이유를 묻는 것이므로 규범내용에 대한 사실적 및 평가적 고찰을 배제한 채 규범 그 자체의 형식적 입장(Position)의 연관관계로부터는 필요한 해답을 도출해내지도 않으며 또한 도출해낼 수도 없다. 그러나 일반적으로 법효력론에서 다루어지는 문제이기 때문에 본론에서 이 법률적 효력론의 의미를 밝히도록 하겠다. 하지만 원칙적으로 법효력의 '근거'라는 명제에서는 이 이론이 차지할 자리가 없다는 점을 미리 지적해두고자 한다.

고찰에 필요한 방법론적 분류는 법효력의 명제를 검토하는 데 필요한 편의상의 분류일 뿐 결코 그 자체를 절대적인 것으로 전제해야 하는 것은 아니다. 또한 법효력을 세 가지 측면에 걸쳐 고려한다고 해서 각 측면이 완전히 별개로 독자적 의의를 갖는다는 식으로 분리해서 생각해서는 안 되며, 단지 하나의 총체적 고찰과정을 개개의 측면으로 편의상 구획해서 경계를 설정한 것일 뿐이다. 결국 이 각각의 부분은 불가분의 관계에 있으며 어느 하나의 고찰만으로 법효력의 근거를 독단적으로 규정할 수는 없다. 특히 실효성과 타당성 사이의 관계는 하한선과 상한선 사이의 변증법적 자기실현의 지양과정으로서 나타나며 그것은 법의 존재적 성격과 당위적 성격 사이의 상호적 관계에 대응된다. 즉 법이 현실의 사회생활에 대하여 작용하며 그 속에서 자기 자신을 실현시킨다는 의미에서 실효성으로서의 법효력은 분명히 사실적 속성에 해당한다. 그러나 법은 규범이라는 명칭으로 불리는 한, 자신을 정당화하는 규범성의 근거를 갖고 있어야 하며, "법에 복종하는 모든 법 주체가 꿈도 꾸지 않고 자고 있을 때도 여전히 타당해야 한다(G. Husserl)." 이러한 의미의 타당성은 분명히 당위적 속성이다. 그러나 아무리 규범이 규범으로서 타당할지라도 실제로 효력 있는 법이 아닌 이상, 즉 사회생활의 사실 가운데서 실현되고 이것에 의해 뒷받침되지 않는 한, 그것은 지면상의 활자 이상의 의미를 갖지 못한다. 이와 같이 법의 타당성과 실효성은 상호관련적이며, 다만 법의 효력을 입증하는 방향이 다를 뿐이다. 즉 타당성의 근거가 법을 중심으로 위에서 아래로 향하는 입증의 시도라면, 실효성의 근거는 아래에서 위로 향하는 입증의 시도라고 할 수 있다. 따라서 양자는 결코 모순을 위한 대립이 아니라 통일을 위한 지양의 대립일 뿐이며, 법이라는 주축을 싸고도는 양 날개의 끝없는 회전운동 과정의 작용이다. 법의 생명은 바로 여기에서 발견되는 것이며 이것은 존재가 당위화하고 당위가 존재화하는, 지양된 단계로서의 법의 본질을 의미한다. 이와 같이 법의 타당한 규범적 의미내용이 사실화하고 법의 실효적 사실상태가 규범적 의미가 될 '가능성(Chance)'이 바로 '실정성'의 의미이다. 그리고 이 양자의 부단한 변증법적 지양을 매개하는 전환장치로 기능하는 외관(Fassade)이 다름 아닌 실정성이다. 이 지점을 중심으로 이루어지는 끝없는 회전운동은 운동의 방향이 서로 다름에도 불구하고 통일적으로 결합되어 법의 생명을 이어주고 있는 것이다.

　이 점에서 법효력에 관한 고찰은 실정법의 효력을 대상으로 삼지 자연법의 효력을 대상으로 삼지 않는다. 하지만 이 고찰이 실정규범의 문리해석이나 논리적 분석을 과제로 삼는 것은 결코 아니며 실정법의 법으로서의 성격, 즉 무엇이 실정법을 법으로 파악할 수 있게 해주고 실정법이 법으로서 구속력을 갖는 근거는 어디에 있는가라는 물음, 다시 말해 실정법이 갖고 있는 '힘'은 어디에서 주어지는 것인가라는 물음에 대한 해답을 얻고자 한다. 바로 이러한 힘의 근원이 어디에 있는지를 밝히고자 하는 것이 본 논문의 취지이다. 더 간단하게 표현하자면, "법은 법이기 때문에 힘을 갖는 것이 아니라 법은 그 무엇(Etwas)이기 때문에 힘을 갖는다"라는 전제하에 이 '그 무엇'이 과연 무엇인지를 찾아내고자 한다. 그러나 이러한 노력에 필연적으로 수반되는 능력의 한계와 탐구의 미진을 자인하지 않을 수 없으며, 더욱 완성된 형태에 가까이 접근할 수 있는 길은 훗날의 시간을 기약하지 않을 수 없다. 이 점에서 본 논문의 고찰은 문제 그 자체에 대한 해결이라기보다는 단지 또 하나의 문제를 새로이 덧붙여 제출하는 것에 불과할 따름이다.

본 론

I. 법률적 효력론(die juristische Geltungslehre)

법률적 효력론은 메르켈(Merkel)에 의해 창도되고 켈젠(Kelsen)에 이르러 완성되었다고 볼 수 있는 법단계설(Stufentheorie des Rechts)에 근거하고 있다. 이 이론은 상위규범의 하위규범에 대한 수권적(授權的) 관련성을 법규범 상호간의 논리적 효력 관계로 설명한다.

1. 실정법질서의 단계구조

법질서의 단계적 구조는 법규범의 효력의 단계성을 주로 규범의미의 일반성과 특수성, 추상성과 구체성의 단계 차이로 설명한다. 즉 상위단계로 올라가면 갈수록 법규범은 일반적, 추상적이게 되고 반대로 하위단계로 내려오면 올수록 법규범은 특수적, 구체적이게 된다. 따라서 하위규범으로 내려오면 올수록 규범의 수가 증가하며 반대로 상위규범으로 올라가면 갈수록 점점 감소되어 궁극에 가서는 하나의 규범으로 귀착된다. 이와 같이 피라미드형으로 체계가 세워진 최정점의 법규범이 하위단계에 있는 법규범의 효력을 근거지움으로써 수많은 실정법규범은 통일된 법질서의 체계로 파악된다.

이러한 논리적 사고를 통해 국가의 실정법질서의 효력관계는 헌법, 법률, 명령, 판결 및 행정행위의 순서로 단계적으로 관련을 맺으며 상위의 법규는 하위의 법규에 대한 효력의 연원이 되고 하위의 법규는 상위의 법규를 효력 근거로 삼는다. 이와 같이 전체 규범체계 내에서 하위규범이 상위규범으로부터 타당성 근거를 구하게 되는 효력 관계를 법질서의 정적 원리(das statische Prinzip)라고 한다.[2]

하지만 실정법질서의 단계구조는 동적으로도 파악된다. 즉 법규범의 단계질서는 법의 창설과정으로도 나타난다. 이는 일반적, 추상적인 상위규범으로부터 차례차례로 하위규범을 창설하며 최종적으로 개별적, 구체적인 판결과 행정행위의 단계로 이르러가는 과정이다. 즉 법률은 헌법에 따라, 명령은 법률에 따라, 판결 및 행정행위는 법률 및 명령에 따라 각각 창설되면서 단계적으로 상위규범을 구체화하게 된다. 그러므로 최종적 법창설 단계인 판결과 행정행위도 구체적 사건에 대해 적용되는 일반규범의 확인, 즉 단순한 '법발견(Rechtsfindung)'으로만 이해되는 것이 아니라 일반적, 추상적 법규범의 개별화 또는 구체화로서, 일반적인 것으로부터 개별적인 것으로 향하는 법창설 과정의 지속을 의미한다. 따라서 판결과 행정행위도 '법규범'에 속하며, 판결 또는 행정행위를 실행하는 '직접적 집행행위'와는 명확히 구별된다. 그런데 다시 거꾸로 실정법질서의 단계를 판결 및 행정행위로부터 법률 및 명령으로, 명령으로부터 법률로, 법률로부터 헌법으로 소급해 올라가면 최종적으로는 헌법의 단계를 넘어 한 법질서에 속하는 모든 법규범의 창설연원이자 모든 법규범의 효력을 근거지우고 있는 유일한 권위적 최고규범에 도달하게 된다. 이 최고규범이 이른바 '근본규범(Grundnorm)'[3]이다. 그러나 이 근본규범 역시 판결이나 행정행위와 마찬가지로 '법규범'에 속하는 것이

---

2) Kelsen, Reine Rechtslehre, 2. Aufl., 1960, S. 198.
3) 근본규범에 관해서는 Kelsen, a.a.O., S. 196−227에서 걸쳐 상세한 설명이 시도되고 있다. 특히 주목할 것은 국내법의 근본규범 이외에 국제법의 근본규범과 자연법의 근본규범까지 논술하고 있다는 점이다.

며 결코 '사실'을 의미하지 않는다. 이와 같이 전체 규범체계 내에서 각 단계의 법규범이 근본규범이라는 최상위의 타당성 근거로부터 단계적으로 창설되는 관계를 법질서의 동적 원리(das dynamische Prinzip)라고 한다.[4)]

실정법 질서의 단계구조는 이와 같이 상위규범인 근본규범으로부터 하위규범인 판결과 행정행위에 이르는 규범논리적 체계의 연관관계로 파악되며, 이렇게 해서 전체 국가법질서는 체계화된 하나의 통일적 법질서로 인식된다. 이러한 설명은 "법의 효력은 무엇에 의하여 근거지워져 있는가?"라는 법철학적 문제를 형식상 극히 간명하고 극히 정연하게 서술해준다. 즉 어떤 특정한 법규범의 효력은 그보다 상위의 법규범에 의하여 근거지워진다. 그리고 하위규범은 상위규범에 근거하여 창설되고, 따라서 상위규범과 모순되지 않는 한 타당성을 갖는다. 일정한 법질서에 속하는 모든 법규범은 법효력의 궁극적 근거로 전제된 유일한 근본규범에 기초해서만 법규범으로서의 존립성을 갖게 되고 또한 그렇기 때문에 이 근본규범의 근본적 의미로부터 벗어나지 않는 한에서만 유효하다. 그러므로 법효력의 근거에 대한 물음은 상하계층의 종적 연관관계에 놓여있는 모든 법규범이 최후의 귀속지점인 근본규범의 위임을 받아 정립되고, 또한 그 한에서만 타당하게 되는 '수권적 연관관계(Delegationszusammenhang)'를 통해 극히 선명하게 대답된다.

그러나 이러한 설명은 어디까지나 "전체 규범체계에서 각 단계의 규범들이 자신의 위치, 즉 각 규범의 실정규범으로서의 실정성을 전체 규범체계 내에서 논리적으로 무엇을 근거로 삼고 있는가?"라는 물음에 대해 **형식적**(formell) 타당성 근거만을 말해줄 뿐 결코 규범의 의

---

4) Kelsen, a.a.O., S. 199.

미내용에 대한 **실질적**(materiell) 타당성 근거를 말해주는 것이 아니다. 또한 규범의 의미내용이 실현(verwirklichen)된다는 의미의 실효성의 근거를 말해주는 것도 아니다. 이 점은 법단계설 자체가 순수한 규범논리적 구조만을 통해 법질서의 실체를 인식하고자 했던 방법론적 제약으로 말미암아 겪게 된 필연적 한계이다. 따라서 의식적으로 실정법규범에만 국한시키면서 이 규범의 체계에 대한 분석만을 학문적 인식의 대상으로 삼았던 이 순수한 형식적 규범논리주의에서는 규범의 의미내용에 대한 타당성 여부와 실효성 여부를 묻는다는 것 자체가 이미 핀트를 벗어난 것이라 할 수 있다. 순수법학의 창시자는 처음부터 이러한 형식논리적 법학을 의식적으로 의도했던 것이다.

2. 근본규범의 실체

그러나 이러한 수권적 연관관계를 통해 법효력의 타당성근거를 추구하는 법률적 효력론은 한계를 안고 있다. 이 이론은 하나의 법규범의 효력을 다른 법규와의 관계에 비추어 정당화하긴 하지만 최고의 법규, 즉 국가질서의 최고단계에 있는 실정규범으로서의 헌법 자체의 효력근거가 더 이상은 소급할 수 없는 권위적 의욕이라는 사실성이 아닌가라는 의문에 봉착한다. 바로 이 의문 때문에 순수한 법률적 효력론은 헌법 자체를 자기원인(causa sui)으로 파악하고 또한 이렇게 파악하지 않을 수 없게 된다.[5]

물론 헌법의 상위에 있는 '근본규범'을 전제하긴 하지만, 이 근본규범은 이미 '실정적' 규범이 아니다. 이는 초법학적(metajuristisch), 가설적(vorausgesetzt) 전제로 이해되며, 그 때문에 근본규범은 실정법

---

5) Radbruch, Rechtsphilosophie, 5. Aufl., 1956, S. 175.

적 의미의 헌법과는 구별되는 '법논리적 의미의 헌법(Verfassung im rechtlogischen Sinne)'이라고 불린다.[6] '실정적' 규범을 인식의 출발점으로 삼는 순수법학은 이 근본규범에 이르러가면 자신의 논리체계를 정당화하기 위해 숨가뿐 변명을 시도한다. "과연 이 근본규범의 실체는 무엇인가?"라는 질문에 대한 대답은 순수법학의 생명을 좌우한다고 할 수 있으며, 이 극한의 지점에서 순수법학은 자신의 '순수성(Reinheit)'을 확인받아야 할 심판대에 서 있다고 할 수 있다. 이는 동시에 법률적 효력론을 인정할 수 있는 경계선을 의미하기도 한다.

앞에서 살펴본 것과 같이 근본규범은 모든 법규범의 창설연원이 되고 모든 법규범의 효력근거이다. 그러나 근본규범 자체는 다른 어떤 규범으로부터 파생된 것이 아니며 상위의 어떤 규범에 효력근거를 의존하고 있는 것도 아니다. 따라서 근본규범 이외의 다른 법규범은 모두 조건이 붙어 있는 규범이지만 근본규범만은 '무조건적(unbedingt)' 규범이다. 즉 근본규범은 어떠한 것에 의해서도 효력의 제약을 받지 않는 규범이며 무조건적으로 타당한 당위명제인 것이다. 물론 근본규범은 실정적 규범은 아니지만 명백히 하나의 '규범'이다. 그러나 명백히 하나의 규범이긴 하지만 결코 그 **내용**을 통해 타당성을 갖는 규범은 아니다. 즉 근본규범은 실정법의 타당성 **내용**(Geltungsinhalt)을 규정하는 것이 아니라 오로지 타당성 **근거**(Geltungsgrund)만을 규정한다.[7] 다시 말해 근본규범은 단지 실정법 규범체계를 인식론적으로 근거붙이기 위해 고안된 하나의 초논리적 조건이나 전제[8]이고 실정법의 타당성 근거를 규정하기 위해 최상위

---

6) Kelsen, Reine Rechtslehre, 2. Aufl., 1960, S. 202. '국제법의 법이론적 헌법'에 관해서는 Kelsen, a.a.O., S. 222, '법논리적 자연법'에 관해서는 a.a.O. S. 226 Anm. 참조.

7) Kelsen, Reine Rechtslehre, 2. Aufl., 1960, S. 443, S. 201 Anm. 1.

8) Kelsen, a.a.O., S. 204 이하, S. 443.

에 전치(voraus-gesetzt)시켜 놓은 환영적 가상규범이며, 규범이라고 사유된 하나의 '의제(擬制)규범'이다. 결국 켈젠 자신이 말하고 있는 것과 같이 근본규범은 '실정(positiv)' 규범이 아니고 '정립된(gesetzt)' 규범도 아니며, 단지 하나의 '전제된(vorausgesetzt)' 규범, 즉 '앞에 정해 놓은(voraus-gesetzt)' 규범일 뿐이다.[9] 이러한 근본규범의 기능은 실정법질서의 논리적 타당성 근거를 궁극적으로 설명해주는 데 있으며, '규범'을 끝까지 '사실'에 빼앗기지 않고 '규범' 그 자체만으로 확보해야 할 '순수'의 방위자로서의 책무를 다하는 데 있다.

그렇다면 이러한 가상규범의 규범적 요구, 즉 근본규범의 내용은 과연 무엇인가? 근본규범의 가장 중요한 기능은 우선 '최고의 법창설권자(a supreme law-creating authority)'를 설정하는 것이다.[10] 결국 근본규범으로부터 법창설권한을 부여받은 최고의 법창설권자의 행위(act), 즉 역사적으로 최초의 입법자의 행위(관습도 포함된다)가 법규범 정립의 궁극적 근거가 된다. 그러나 문제는 이 법창설권한을 부여하는 권위 자체도 결코 임의적이 아니라는 점에 있다. 즉 근본규범은 "군주, 국민총회, 의회 등의 법적 권위가 명하는 대로 행동하라(Verhaltet euch so wie die Rechtsautorität: der Monarch, die Volksversammlung, Parlament etc. befiehlt)"[11]라는 명제로 표현되긴 하지만 그 내용을 결정하는 입법자의 행위는 결코 자의적으로 이루어질 수 없다는 점이다. 근본규범은 법창설권자를 지정하여 법정립의 권위를 부여하지만, 이를 아무에게나 부여하는 것은 아니며 대체로

---

9) Kelsen, a.a.O., S. 202: "Sie ist selbst keine 'gesetzte', … keine 'positive', sondern eine 'voraus−gesetzte' Norm". S.203: "… daß die Geltung dieser Verfassung, die Annahme, daß sie eine verbindliche Norm sei, 'vorausgesetzt' werden muss, …".

10) Kelsen, General Theory of Law and State, 1949, 3. print, pp. 113, 116.

11) Kelsen, Allgemeine Staatslehre, S. 99.

실효적인 질서를 창설하고 적용한다는 조건이 충족되는 한에서만 부여한다. 그러므로 근본규범의 내용은 결국 이 규범을 통해 시원적인 법창설이라는 사실을 통해 자격을 부여받은 개별적인 역사적 사실을 말하는 것이고, 따라서 전적으로 실정법이 취하는 사실적 소재(Material)에 의존하고 있다.[12) 이와 같이 근본규범의 내용은 '사실'에 의존하고 사실에 의해 규정된다. 하나의 질서를 창설하고 적용한다는 사실, 즉 이러한 질서의 규율을 받는 인간의 행위가 대체로 이 질서에 순응하고 있다는 사실에 의해 규정되는 것이다.[13) 한마디로 말한다면, 근본규범은 대체로 사회질서를 유지하고 있는 '힘(power)'에 대해서만 법창설권한을 부여하는 것이다. 그러므로 근본규범의 규범적 요구로서의 의미내용은 사실적인 '힘'이며 이 힘이 헌법을 정립하는 것이다. 이 힘의 내용이 정당한지 여부는 전혀 문제되지 않으며, 또한 이러한 힘에 기초한 국가법질서가 이 법질서에 의해 구성된 공동체 내부의 상대적 평화상태를 실제로 보장하는지 여부도 전혀 문제되지 않는다.[14)

그러므로 근본규범의 '실체'는 이러한 의미에서 볼 때 사실의 반영에 지나지 않으며 그것은 마치 힘의 그림자와도 같은 것이다. 어떻게 보면 근본규범 자체는 마치 형체 없는 유령과도 같은 존재이기도 한 것이다. 그것은 사실세계의 힘의 추이에 따라 움직인다. 즉 군주제가 붕괴되고 공화제가 성립하면 그것은 곧 공화제의 근본규범이 되고, 공화제가 혁명에 의하여 독재제로 전환되면 그것은 곧 독재제의 근본규범이 된다. 바로 여기에 근본규범의 매춘부적 성격[15)이 깃들어 있

---

12) Kelsen, General Theory of Law and State, p. 436.

13) Kelsen, op.cit, p. 120; Reine Rechtslehre, S. 215 이하.

14) Kelsen, Reine Rechtslehre, S. 204.

15) 黃山德, 「新稿 法哲學」, 1956, 169면.

으며 근본규범이 상대주의의 극단적 형태라는 점도 바로 이 점에서
알 수 있다. 따라서 근본규범 자체에는 아무런 고유한 규범적 의미도
포함되어 있지 않으며, 어떠한 힘에 대해서든 그것이 강력하기만 하
다면 서슴지 않고 법창설 권위를 인정해준다는 것이다. 그러나 힘이
근본규범으로부터 일단 최고의 법창설권위를 부여받게 되면 그때부
터 이 힘은 곧 법적 힘이 되고, 이 힘에 기초해 이루어진 행위는 곧 법
적 행위가 되며, 이 법적 행위의 산물은 곧 법규범이 된다. 그러므로
어떤 의미에서는 근본규범이란 '힘의 법으로의 전환(The trans-
formation of power into law)'[16]이라고 할 수 있다.

이것은 결국 법의 효력을 법에 의해서만 근거지우려는 규범논리주
의의 시도가 실패로 돌아갔다는 것을 의미한다. 근본규범이라는 간판
을 걸머지고 나타난 순수법학의 규범논리주의는 법을 만들고 법을 작
용하고 법의 효력을 근거지우고 있는 것은 결국 '법'이 아니라 '힘'이
라는 것을 스스로 고백하지 않을 수 없는 비극적인 결론에 도달하고
만다. 따라서 법의 밑바닥에 놓여있는 것은 사실적인 '힘'이라고 말하
는 사실적 권력설 앞에 무릎을 꿇지 않을 수 없게 된다. 바로 이 점 때
문에 법률적 효력론의 타당성은 한계에 봉착한다.

Ⅱ. 사실적-사회학적 효력론(die faktisch-soziologische Geltungslehre)

사실적-사회학적 효력론은 법효력의 근거를 규범이 아니라 사실
에서 찾는다. 즉 규범적 요구가 실현되고 있는 사실에서 법이 갖는 효

---

16) Kelsen, General Theory of Law and State, p. 437.

력의 근거를 찾고자 한다. 그러므로 이 이론에서는 규범의 의미내용
에 관한 평가의 문제(타당성)나 규범 자체의 실정법으로서의 형식적
타당성 근거를 입증하는 논리적 문제(실정성)를 대상으로 삼지 않는
다. 오히려 이 이론은 "규범적 요구가 어떻게 사실로 실현되는가?"라
는, 규범의미의 실현적, 보장적 측면에 관한 문제(실효성)에만 집중한
다. 즉 법은 그것이 준수됨으로써 법의 요구가 사회생활 속에서 현실
적으로 실현되고 보장될 때 가장 뚜렷하게 법의 존재성을 확인받는다
고 본다. 이 점에서 법은 이를 준수해야 한다는 당위적 요구와 실제로
준수된다는 사실적 충족 사이의 불가분의 연관성을 전제한다. 그렇다
면 이 당위적 요구에 대한 사실적 충족은 어떠한 '매개점'을 통해 서
로 일치하게 되는가? 이 물음이 곧 사실적-사회학적 효력론에서 규
명되어야 할 효력의 근거에 관한 문제이다. 그러므로 이 물음은 결국
"규범과 사실 사이에 다리를 놓아주는 것이 무엇인가?"라는 문제로
귀착한다.

1. 사실의 규범력(die normative Kraft des Faktischen)설

이 학설은 옐리네크(Jellinek)에 의해 주장되는 것으로 사실적인 것
(das Faktische)에서 규범적인 힘이 생긴다고 한다. 옐리네크에 따르
면 국가법학의 최대 문제, 특히 그 중에서도 법창설력의 학설에 관한
가장 커다란 원칙적 문제는 "어떻게 비법이 법으로 되는가?(Wie wird
Nichtrecht zu Recht?)"라는 물음이라고 한다. 다시 말해 "법을 만들어
내는 힘(rechtszeugende Kräfte)은 무엇인가?"가 가장 중요하다고 한
다.[17] 따라서 법을 더 이상 법이 아닌 것(Nicht-mehr-Recht) 그리고

---

17) Jellinek, Allgemeine Staatslehre, 3. Aufl., 1960, S. 350.

아직 법이 아닌 것(Noch-nicht-Recht)과 구별하기 위해서는 먼저 법
창설력의 본질, 즉 법에 선행하는 힘의 본질을 근본적으로 인식해야
한다고 본다. 이 점에서 옐리네크는 규범이 사실로부터 연원한다는
것을 원칙으로 선언한다. 이는 규범은 규범으로부터만 연역되고 결
코 사실로부터 연역될 수 없다고 보는 인식론적 방법이원주의에 근
본적으로 대립된다.[18] 그에 따르면 사실적인 것은 그 자체 규범화하
는 경향을 내포하고 있으며, 심리적 확신을 통해 규범력이 형성된다
고 한다.[19]

이러한 현상은 법의 형성에서 발생하는데, 한 민족의 모든 법은 원
래 사실적인 관행(Übung)일 따름이었다고 한다. 계속되는 관행은 이
러한 관행에 부합하는 규범적 표상을 낳게 되며, 이에 따라 규범 자체

---

18) 옐리네크는 신칸트학파의 인식론적 원칙인 방법이원주의를 철저히 부정한
다. 그는 "사실적인 것은 곧 규범적인 것이고, 사실적인 것이 있는 것과 마
찬가지로 또한 있어야 한다"고 생각한다. 다음과 같은 짧은 예문만으로도
이러한 사정을 충분히 감지할 수 있다. Jellinek, Allgemeine Staatslehre, S.
342: "Die Umwandlung der zunächst überall rein faktischen Macht des
Staates in rechtliche erfolgt stets durch die hinzutretende Vorstellung, daß
dieses Faktische normativer Art sei, daß es so sein solle, wie es ist." 이와는
정반대로 방법이원주의를 고수하는 라드브루흐와 켈젠은 이렇게 말한다.
Radbruch, Rechtsphilosophie, S. 97: "Die Kantische Philosophie hat uns über
die Unmöglichkeit belehrt, aus dem, was *ist*, zu erschließen, was *wertvoll*,
was *richtig* ist, was sein *soll.*"; Kelsen, Reine Rechtslehre, S. 196: "Daraus,
daß etwas *ist*, kann nicht folgen, daß etwas sein *soll*, sowie daraus, daß
etwas sein soll, nicht folgen kann, daß etwas *ist.*" 특히 라드브루흐는 사실의
규범력설을 역설이라고까지 말한다. Radbruch, a.a.O., S. 288: "'Normativität
des Faktischen' ist ein Paradoxon, *aus einem Sein allein kann nie ein Sollen
entspringen*, ein Faktum wie die Anschauung einer bestimmten Zeitepoche
kann nur normativ werden, wenn eine Norm ihn diese Normativität beigelegt
hat."

19) 이러한 사실적인 것의 규범화 경향의 단순한 형태는 예컨대 어린아이에게서
찾아볼 수 있다고 한다. 즉 "어린아이들은 한 번 들은 이야기를 다시 되풀이하
여 듣기를 원한다. 만일 그 이야기가 먼저 들려준 것과 차이가 날 때는 그것을
틀린 것이라고 비난한다. 또한 어린아이는 장난감의 사실적인 소지를 법적 상
태로 이해한다. 그러므로 그 소지에 대한 모든 방해는 곧 위법한 침해라고 간
주한다(Jellinek, Allgemeine Staatslehre, S. 338)."

를 공동체의 권위적 명령, 즉 법규범으로 생각하게 된다는 것이다. 이
로써 관습법의 문제가 해결된다고 한다. 즉 관습법은 이를 승인하는
민족정신으로부터 생겨나오는 것이 아니고 어떤 내적 필연성의 힘으
로 인해 무언가를 법이라고 여기는 전체의 확신으로부터 생겨나온
것이 아니며 민족의 묵시적 의지행위로부터 생겨나온 것도 아니라고
한다. 오히려 관습법은 단지 "항상 끊임없이 반복되는 사실을 규범
으로 생각하게 되는 일반적인 심리적 특성(allgemeine psyichsche
Eigenschaft)으로부터 생겨나온 것"[20]이라고 한다. 그러므로 관습법
이 구속력을 갖는 이유는 전적으로 이러한 심리적 특성에 따른 것이
며, 이 점은 유행, 사교적 습속, 예의범절이 갖는 구속력의 경우에도
마찬가지라고 한다. 따라서 사실적인 것의 규범력의 근거는 생리적,
심리학적 특성 가운데서 찾아야 하는 것이며 어떤 이성적인 합리성에
서 찾는 것은 완전히 잘못된 것이라고 한다. 물론 사실적인 것을 사후
적으로 합리화할 수 있기는 하지만 사실의 합리화와 사실의 규범화는
완전히 다른 차원에 속하는 문제라고 한다.

　또한 '사실의 규범력'은 법질서의 발생뿐만 아니라 법질서의 존재
(Dasein)에 대해서도 올바른 이해의 길을 제시해 준다고 한다. 왜냐하
면 사실적인 것은 언제나 타당화하려는 심리적 경향을 갖고 있기 때
문이라고 한다. 따라서 사실적인 것은 법체계의 모든 면에서 "주어진
사회상태가 법적으로 효력이 있는 상태이다"라는 전제를 형성한다고
말한다. 이러한 현상은 사법, 공법, 소송법, 국제법 등 모든 법분야에
걸쳐 찾아볼 수 있다고 한다. 사법에서는 예컨대 사실적인 점유상태
에 대한 점유보호, 판결선고 이전의 사생아의 지위, 무효혼과 관련된
사실상태의 보호 등이 이러한 경우에 해당한다. 공법의 경우에는 국

---

20) Jellinek, Allgemeine Staatslehre, S. 339.

회의원이 당선이 무효가 될 때까지 의원자격을 보유하는 것, 착오로 기재된 호적상의 성은 법적 명령에 의해 필요한 정정이 이루어질 때까지는 호적에 기재된 대로 공증력을 갖는다는 사실 등이 여기에 해당한다. 원고가 입증책임을 부담한다는 소송법의 원칙이나 완성된 사실의 이론(Theorie der vollendeten Tatsache)과 같은 국제법의 원칙역시 여기에 해당한다. 이러한 예들은 모두 사실의 규범화 현상으로서 동일한 사상에 기초하고 있다는 것이다.

　더 나아가 국가성립의 문제에 대해서도 사실의 규범력설은 매우 풍부한 이해를 시사해준다고 한다. 먼저 한 나라의 헌법은 성문헌법과 사실헌법으로 구별해야 한다고 말한다. 즉 국가의 실제 생활을 표현하고 있는 사실헌법은 성문법규와는 별개로 현존하고 있는 사실적 권력배분 속에 존립하고 있다는 것이다. 그러므로 국가구조의 근원적인 변경이 권력행위에 의해 이루어질 때, 즉 최고 국가기관의 사실적인 권력상태가 혁명이나 쿠데타에 의해 변경될 때, 헌법의 조문은 전혀 변경되지 않을지라도 새로운 관계가 필연적으로 제도를 각인하게 된다고 한다. 설령 국가의 성립이 법적 행위에 의해 이루어지는 경우라 할지라도 성립 과정 자체는 법영역의 바깥에(außerhalb des Rechtsgebietes) 속한다는 점은 결코 부정할 수 없다는 것이다. 그렇기 때문에 어느 곳에서나 국가의 순수한 사실적 힘이 법적 힘으로 전환하는 것은 항상 "사실적인 것은 곧 규범적인 것이고, 사실적인 것이 있는 것과 마찬가지로 또한 있어야 한다"[21]는 사고의 결과라고 한다. 결국 조직화된 정치적 법인체인 국가의 성립은 사실적 사회상태의 의미화 현상, 즉 사실의 규범화 현상을 본질로 삼고 있다는 것이다.

　이밖에도 사실의 규범력설은 법의 형성 및 발전에 대해서도 중요한

21) Jellinek, a.a.O., S. 342.

해결책을 제공한다고 한다. 그런데 법의 형성 및 발전은 오로지 자연
법적 관념(법을 만들어내는 사실)을 통해서만 가능한 것이고 오로지 이
러한 사고에 의해서만 실정법의 제정과 개정, 폐지와 진화 등에 대한
해결의 실마리를 찾을 수 있다고 한다. 하지만 이러한 비실정법적 사
실이라는 자연법적 관념으로부터 규범력이 생산되는 '동기'는 전적
으로 인간의 심리적 태도에 기인한다고 한다. 즉 자연법적 관념은 인
간의 심리적 근본사실에 수반되는 현상이며 법질서의 가능성은 일반
적으로 이 심리적 근본사실(psychologische Grundtatsächlichkeit)에
기초하고 있다는 것이다. 바로 이러한 사회심리적 근본사실이라는 수
반현상이 사실적인 관행을 법적인 규범으로 옮겨놓는 능력(Fähigkeit)
이며, 이 능력이 인간의 사유를 통해 합리화되고 역사화될 때 비로소
사실적인 힘은 법적인 힘의 성격을 띠게 된다고 한다.

  이상의 내용이 저 유명한 옐리네크의 '사실의 규범력설'의 개요이
다.[22] 한 마디로 말한다면, 규범은 사실로부터 생겨나오는 것이며 사
실은 그 자체 규범을 낳는 힘을 갖고 있다는 것이다. 그리고 이 힘은
물리적 힘이나 경제적 힘이 아니라, 그저 '그렇게 있는(so ist)' 일정한
사실의 반복이 '그렇게 있어야 할(so sein soll)' 일정한 당위의식을 야
기하는 '심리적 확신의 힘'이라고 한다.

  그러나 우리의 경험에 따르면 일정한 사실이 되풀이되었다는 이유
만으로 반드시 그렇게 해야 할 규범의식이 생겨나오는 것은 아니다.
아무리 동일한 사실이 반복될지라도 규범력을 전혀 갖지 못하는 경우
가 있는가 하면, 반대로 한 번도 사실적인 반복이 없을지라도 그 내용
의 타당성 때문에 즉각적으로 규범의 세계에 등장하는 사례는 법의

---

22) Jellinek, Allgemeine Staatslehre, 3. Aufl., 1960, Kap. 11. Staat und Recht, S.
    337-364.

영역에서 너무나도 자주 있는 일이다. 관습법의 규범력 역시 단순히 동일한 사실이 반복되었다는 사회학적 사실에 의해 근거가 설정되는 것이 아니라 이러한 관습이 관습으로 성립된 근거가 어디에 있느냐에 따라 근거가 설정될 문제이다. 즉 동일한 사건이 반복된 배후에는 이미 이러한 사실을 반복하게 만드는 다른 이유(Grund)가 깃들어 있다. 또한 옐리네크가 말하는 '심리적 확신(psychologische Überzeugung)'이 과연 규범적 당위를 야기할 수 있는지 의문이다. 법의 실효성은 법의 규범적 요구가 인간의 행위를 통해 현실적으로 객관세계에 실현되었다는 의미이다. 이와 같이 법의 당위적 내용이 현실적 사실과 일치할 때 법은 '실효적(wirksam)'이게 되고 이렇게 해서 '효력을 갖는 법(geltendes Recht)'이 된다. 이 점이 곧 '효력(Geltung)'의 의미이고, 이러한 효력이 다시 어떠한 이유(Grund)와 동기(Motiv)에 의해 성립하는가는 '효력근거(Geltungsgrund)'라는 표현이 갖고 있는 의미이다. 후자는 법의 규범적 의미가 사회적 사실로 실현될 수 있는 '가능성(Chance)'이 과연 무엇으로부터 생겨나는 것이고 그 '매개점(Vermittlungspunkt)'은 무엇으로 이루어져 있는가의 문제이다. 이 매개점을 옐리네크는 '심리적 사실'로 보고 있다. 그러나 심리적 사실로부터는 '필연(Müßen)'을 설명할 수 있을지는 몰라도 결코 '당위(Sollen)'를 설명할 수는 없다. 즉 "그렇게 행해야 한다"는 의무로서의 당위는 심리적 사실만으로는 규정할 수 없으며, 오직 '의지적 확신'만이 규정할 수 있다. 그렇기 때문에 법학은 사실과학적 심리의 영역을 넘어 규범과학적 논리의 세계에 뛰어드는 것이다. 옐리네크는 단순히 사회의 사실적 관념으로부터 규범적 관념이 생겨나오고, 어떤 외부적 요소가 아니라 내적 심리라는 '사회심리학적 사실'만을 중심으로 법을 설명하고자 할 뿐이다. 그러나 과연 무엇이 이러한 심리적 확신을 야기하는가에 대해서는 옐리네크는 아무런 해답도 제시하지 못한다. 따라서 그가 말하는 '심리적 확신'은 법의 실효성의 근거가 되는 매개점을 밝혀주는 요소가 아니다.

라드브루흐(Radbruch)가 올바르게 지적하고 있듯이, 법의 실효성의 근거에 관한 문제는 바로 다음과 같은 물음을 핵심으로 삼는다. 즉 '의욕(Wollen)'은 그것이 힘을 수반하는 경우 '필연'을 불러일으킬 수는 있지만 결코 '당위'를 불러일으키지 못한다는 점에 비추어 볼 때 국가나 사회의 법의지로부터 어떻게 법적 당위가 성립할 수 있는가?[23] 무엇이 "규범을 준수할 의무가 있다"라는 당위적 확신을 야기하는 것인가? 즉 의지를 규정하는 힘은 무엇인가? 권력인가, 승인인가, 여론인가 아니면 이념인가? 과연 이 가운데 어느 것을 통해 법적 당위가 성립하는 것인가? 바로 이 물음이 우리가 앞으로 고찰해야 할 대상이다.

2. 권력설(Machttheorie)

법효력의 근거로서의 권력은 사실적인 폭력을 의미하는 것이 아니라, 조직화된 권력을 의미한다. 그러나 권력설은 법을 강자의 권리라고 보는 강자권리설(소피스트)이든 법을 주권자의 명령이라고 보는 주권자 명령설(오스틴 J. Austin)이든 아니면 법을 지배자의 의지라고 보는 지배자 의지설(자이델 M. von Seydel)이든 궁극적으로는 "힘이 곧 법이다(Macht ist Recht)"라는 표어로 귀착된다.

이 근본명제는 결국 법은 이를 실현할 수 있는 권력에 의해 지탱되기 때문에 효력을 갖는다는 뜻이다. 따라서 법의 연원은 권력이며 법

---

23) Radbruch, Rechtsphilosohie, 1956, S. 174.

은 권력을 배경으로 할 때만 효력을 발휘할 수 있다는 것이다. 이는 물론 일면의 진리를 포함하고 있다. 즉 법은 자신의 요구를 관철시키기 위해 이에 대해 저항하는 모든 요인들을 극복해야만 한다. 그러기 위해 법은 권력을 토대로 삼아야 하고 권력의 지원을 필요로 한다. 사실상의 저항을 극복하면서 자신의 요구를 관철시키지 못하는 법은 법으로서의 자격을 갖추고 있다고 볼 수 없으며, 법으로서의 사명을 달성하지 못한다. 이와 같이 권력은 법에 없어서는 안 되는 요소이며 언제나 법의 법으로서의 성질을 확인시켜주는 요소이다. 그러므로 이러한 관점에서만 보면 법은 권력의 지지를 받는 한에서만 타당하고, 따라서 권력의 기초를 상실함과 동시에 효력을 상실한다. 결국 법이란 권력을 보유한 자의 의지 또는 명령이며, 최고지배자의 지배형식에 지나지 않게 된다.

그러나 이러한 고찰은 지극히 피상적이다. 문제는 지배자의 권력이 어디로부터 연원하는가에 있으며 또한 지배자의 권력적 명령으로부터 의무적인 법적 당위가 발생할 수 있는가이다. 무엇보다 권력설은 권력을 장악한 지배자가 지배자이기 때문에 법을 지탱할 힘을 갖는다는 것을 전제한다. 그러나 법은 지배자의 권력을 통해 효력을 발휘할 수 있기 이전에 지배자가 법을 지탱할 만한 권력을 가질 수 있는 이유가 먼저 밝혀져야 한다. 하지만 권력을 장악하고 있다는 현실적 사실로부터 출발하고 오로지 이 점에만 초점을 맞추고 있는 권력설의 입장은 이 물음에 대해서는 아무런 대답도 줄 수 없다. 왜냐하면 이 물음에 대한 대답은 권력을 장악하고 있다는 현실적 사실이 아니라 권력을 장악할 수 있게 된 이유, 즉 권력이 추구하는 목적 및 권력이 요구하는 내용에 의해 비로소 규정될 수 있기 때문이다.

또한 법복종자를 중심으로 볼 때도 권력은 당위를 야기하는 계기가

되지 못한다. 권력의 명령에 강제적으로 복종하는 것은 법의 준수가
아니라 사실이 법을 삼켜버리고 만 것과 같다. 도대체 "지배한다는 사
실과 명령한다는 사실로부터는 지배당한다는 사실과 복종한다는 사
실이 도출될 수는 있지만 지배당해야 하고 복종해야 할 의무가 도출
되지는 않는다." 다시 말해 명령과 권력을 통해서는 수범자에 대해 명
령과 권력에 복종하지 않을 수 없다는 '필연'을 불러일으킬 수는 있지
만 복종해야 할 의무로서의 '당위'를 불러일으키지는 못한다. 왜냐하
면 명령되어 있다는 사실성으로부터 순수하게 도출된 명령의 내용이
바로 규범이며, 이러한 심리학적 사실성의 기초와는 무관한, 의욕의
의미 자체가 '당위'이기 때문이다. 그러므로 법에서는 명령으로서의
의욕(Wollen)이나 권력으로서의 능력(Können)은 심리적 사실성이 아
니라 내용적 의미를 통해서만 문제가 될 수 있다. 즉 명령을 통해 의욕하
는 법의 내용적 의미가 당위인 것이다. 그러므로 당위로서의 법의 내용
은 필연적으로 어떤 타당한 것(etwas Geltendes), 마땅히 있어야 할 것
(etwas Gesolltes), 의무를 부과하는 어떤 것(etwas Verpflichtendes)으
로 파악되어야 한다.[24] 권력설은 바로 의무를 부과하는 어떤 것을 '권
력'으로 보고 있는 셈이다. 그러나 일방적인 권력이 복종할 의무로서
의 당위를 야기하지 못한다는 사실은 — 앞에서 본 바와 같이 — 권력
이 복종자에 의해 의무로 받아들여진다는 사실이 추가될 때만 의미가
있다. 이때에는 물론 당위가 야기된 셈이다. 그러므로 지배자의 의지
로서의 권력은 권력과 권력에 복종자의 의지인 승인이 서로 조응될
때 비로소 효력을 갖게 된다. 즉 지배자의 명령은 복종자가 이를 법으
로 승인하고 준수할 때 비로소 유효성을 가질 수 있다. 따라서 법은 위
로부터의 명령이기 때문에 효력을 갖는 것이 아니라 오히려 아래로부

24) Radbruch, Rechtsphilosophie, 1956, S. 174.

터의 승인에 의해 비로소 법으로서 효력을 발휘하게 된다. 이로써 우리의 고찰 역시 권력설로부터 승인설로 옮겨가지 않을 수 없다.

3. 승인설(Anerkennungstheorie)

비얼링(E. R. Bierling)은 법효력의 근거를 공동체 구성원의 지속적 승인(fortdauernde Anerkennung)에서 찾는다.[25] 그에 따르면 인간은 자연법칙적 측면에서 볼 때 현상의 세계에서는 경험적 인과성을 통해 규정된다고 한다. 이에 반해 '당위'는 실효적 규제력의 명령으로서 '의미의 세계'에 속해 있다고 한다. 그런데 법효력의 근거에서 중요한 점은 법효력을 법 '이전'이나 법의 '상위'에 존재하는 입법자의 속성에서 찾아서는 안 된다고 한다. 오히려 법을 구성하는 요인인 일정 범위의 인간이 법을 자신들의 단체생활에 관한 규율로 승인한다는 점에서 찾아야 한다고 말한다. 그렇기 때문에 법의 구속력은 규제적 단체 규범인 법이 공동체 구성원으로부터 지속적으로 승인된다는 점으로부터 발생한다는 것이다. 그러나 이러한 승인은 반드시 적극적인 승인뿐만 아니라 비자발적인 승인(unfreiwillige Anerkennung), 강요된 승인(abgenötigte Anerkennung)과 같은 소극적 승인도 포함한다.[26] 결국 법이 구속력을 갖는 이유는 자발적이든 비자발적이든, 승인이 의식적 확신과 의식적 긍정에 기반을 둔 것이든 아니면 강제에 의한 위협이나 무의식적 비의지의 승낙에 의한 것이든, 어쨌든 법의 존재를 긍정한다는 심리적 사실에 의거한다고 한다.

이와 같은 승인설은 이미 사실상으로 존재하는 권력체계와 법체계

---

25) Bierling, Zur Kritik der juristischen Grundbegriffe, 1877, S. 2 이하.
26) Bierling, a.a.O., S. 121 이하.

를 예상하고 있어야 한다. 바로 이 점이 승인설의 한계이다.[27] 다시 말해 승인설은 법이 이미 승인의 주체 앞에 대상으로 주어져 있다는 것을 전제하지 않으면 안 된다. 그 때문에 주어져 있는 법에 대한 승인은 불가피하게 '수동적 작용'일 수밖에 없다. 그러나 수동적 작용으로 기존의 법효력을 설명할 수 있을지는 모르지만 새로운 법이 성립하는 근거를 설명하지는 못한다. 만일 승인의 주체가 기존의 법에 대한 승인을 거부하고 새로운 법을 만들어낸다면 이는 이미 수동적 작용이 아니라 능동적 창조에 해당한다. 또한 승인설은 법을 전혀 인식하지 못하는 사람에게도 법이 효력을 갖는다는 것을 설명하기 위해 '무의식적 승인'도 승인이라고 하는 논리적 모순을 범하고 있다. 이는 명백히 의제(Fiktion)에 불과하다.[28] 왜냐하면 승인되지 않을 수 없는 것을 간접적으로 승인된 것이라고 상정하고 있기 때문이다. 설령 '승인'의 본질이 의지의 작용이 아니라 감정의 작용이고 또한 마음의 자발적 영역이 아니라 수동적 영역에 속한다고 할지라도 '승인한다'는 심리적 사실조차 없는 승인은 결코 생각할 수 없다. 승인은 어디까지나 승인 주체에 의한 '의식적' 작용을 전제할 때만 가능한 것이고 의식 없는 승인이란—자발적이든 비자발적이든—있을 수 없다. 그러므로 법효력의 근거가 되는 법복종자의 '승인'을 의제가 아니라 '승인한다'는 심리학적 사실로 고찰하는 이상, 법을 법으로 승인하게 만드는 어떤 의미와 목적이 선행되어야 한다. 다시 말해 법을 승인한다는 사실에 앞서 무엇이 법을 승인하게 만들었는지의 문제가 중요하다.[29] 승인한다는 사실만으로 법의 효력을 규정한다면 승인설은 권력설과

---

27) 이 점에 대해서는 F. Sander, Staat und Recht, 1922, S. 984 이하 참조.
28) 승인설의 의제성에 관한 비판에 대해서는 특히 Radbruch, Rechtsphilosophie, 1956, S. 177 이하 참조.
29) 李恒寧, 「法哲學 槪論」, 603면 참조.

아무런 차이가 없게 된다. 왜냐하면 권력이 있기 때문에 명령한다는 사실과 승인하기 때문에 복종한다는 사실은 방향만 다를 뿐 동일한 논리에 기초하기 때문이다. 즉 양자는 각각 권력과 승인을 출발점으로 삼고 있으면서도 권력의 근원과 승인의 이유가 무엇인지에 대해서는 아무런 대답도 제시해주지 않고 있다.

4. 여론설

법은 힘을 통해 만들어지고 힘을 통해 자신의 요구를 관철하며 힘에 의해 자신의 효력을 보장받는다. 권력설은 이 힘을 지배자의 힘이라고 본다. 그러나 지배자의 의지로서의 힘은 명령에 복종하고자 하는 피지배자의 의지와 조응할 때 비로소 힘으로서 입증된다. 따라서 지배자의 의지를 입증해주는 힘은 언제나 피지배자의 편에 있다. 그리하여 '위로부터의 힘'은 '아래로부터의 힘'으로 전환된다. 이 '아래로부터의 힘'을 소극적으로 이해하려고 한 것이 승인설이다. 그러나 승인설은 기존의 법을 승인한다는 수동적 작용을 설명해줄 뿐 법을 개폐하고 새로운 법을 만들어내는 능동적인 힘이 무엇인가에 대해서는 설명해주지 못한다. 그 때문에 이 '아래로부터의 힘'을 '적극적'으로 이해하려는 요구가 발생했다. 이 요구에 상응하는 것이 바로 여론설이다.

여론설에 따르면 여론의 힘은 기존의 법효력을 지지, 보장해주는 근거일 뿐만 아니라 기존의 법을 개폐하고 새로운 법을 만들어내는 법창설의 근거이기도 하다. 이 이론은 특히 진보된 문명사회에서 실정법의 근거를 밝혀준다는 점에서 충분한 의미가 있다. 단지 여론설뿐만 아니라 민의설이나 계약설도 법의 기반을 '사회의식'에서 찾고

자 하는 시도에 속한다고 볼 수 있지만, 발달된 문명사회에서는 사회
의식의 내용은 특히 여론에 의해 명확한 윤곽을 드러낸다고 할 수 있
다. 그렇지만 "무엇이 진정한 여론인지가 언제나 자명한 것은 아니
다." 특정 시대, 특정 사회에서 무엇이 올바른 질서인가에 대한 의견
이 반드시 일치하지는 않는다. 각각의 생활계층에 속하는 사람의 세
계관적 차이는 필연적으로 상이한 의견을 표출하기 마련이다. 이 가
운데 어느 의견이 한 시대의 사회의식이 되어 법의 기반이 되는지는
쉽게 평가할 수 없다. 그 때문에 다이시(A. V. Dicey)는 여론이란 어떤
법은 유익하다고 인정하고 또 어떤 법은 유해하다고 여기는, 사회에
널리 퍼져있는 신념이라고 말한다.[30)]

물론 여론은 일반 국민에게 널리 퍼져있는 보편적인 신념이나 감정
이라고 할 수 있지만, 단순히 널리 퍼져있는 '다수'의 신념이라는 이
유만으로 반드시 '진정'한 의견임을 보장해주는 것은 아니다. 즉 진정
한 여론이 반드시 양적 측면에만 의존하는 것이 아니며, 오히려 질적
측면을 통해 확실성을 보장받을 때 비로소 진실성을 담보한 진정한
민의의 반영이라고 볼 수 있다. 하지만 한 걸음 더 나아가 생각해보면,
설령 법을 만들고 법을 개혁하며 법의 효력을 보장해주는 것이 진정
한 여론에 힘입고 있는 경우라 할지라도 여론이 여론으로서 힘을 갖
게 된 것은 그것이 오로지 여론이기 때문에만 그렇게 된 것이라 볼 수
없다. 그렇게 된 데에는 여론이 다수의견의 진정한 반영으로서 법을
지지해주기 앞서 여론을 여론으로 만들어줄 '힘'이 전제되어 있어야
한다. 즉 법효력의 '근거'에 관한 문제는 여론이라는 일반적, 경험적

---

30) Dicey, Lectures on the Relation between Law and Public Opinion in England
   during the Nineteenth Century, 1905, 2. ed., 1914, p. 3. 특히 Dicey의 여론설에
   대해서는 Julius Stone, The Province and Function of Law, 1950, 2. print,
   Harvard, p. 699 이하 참조.

사실의 문제가 아니라 이러한 사실을 만들어낸 근원이 무엇인가에
초점을 맞추고 있다. 그러므로 법의 성립 근원이 되고 법효력의 근거
가 되는 궁극적인 측면은 단순히 다수의 신념인 여론이 아니라 더 심
층적인 차원에서 여론을 형성시키는 어떤 다른 힘이라는 것을 알 수
있다.

5. 이념설

의미적 관념으로서의 법은 '힘'을 매개로 하여 사실적 실존으로 자
신을 실체화한다. 권력설은 이 힘을 지배자의 의지의 힘으로 보았고,
승인설은 피지배자의 승인의 힘으로 보았다. 그리고 여론설은 이 힘
을 다수의 보편적 신념인 여론의 힘으로 보았다. 권력설이 말하는 힘
은 '위로부터의 힘'이었고 승인설과 여론설의 힘은 '아래로부터의 힘'
이었다. 그러나 그 어느 것도 사실을 규범화하고 의미를 사실화하는
매개점으로서의 힘의 본질은 밝혀주지는 못한다. 권력설은 지배자의
힘이 법효력을 보장한다고 설명하지만 지배자는 무엇 때문에 그러한
힘을 갖는가에 대해서는 대답하지 못한다. 또한 승인설은 피지배자에
의한 승인이 법의 구속력의 근원이라고 설명하지만 피지배자가 무엇
때문에 그러한 승인을 하는지에 대해서는 대답하지 못한다. 또한 여
론설은 다수인의 일반화된 신념을 법효력을 긍정하는 근원으로 설명
하고는 있지만 이와 같은 여론을 만들어내는 힘은 무엇인가에 대해서
는 역시 대답하지 못한다. 그렇다면 이러한 권력, 승인, 여론을 각각
그러한 것으로서 입증해주는 '궁극적 힘'은 무엇인가? 우리는 이 궁
극적 힘을 '위로부터의 힘'이나 '아래로부터의 힘'이 아니라 오로지
'힘 자체 안에 있는 힘'에서만 찾을 수 있다고 생각한다. 사실상 이 '궁

극적 힘'은 '힘 자체 안에서' 찾는 것 말고는 다른 방법이 없다. 우리는 이를 '이념의 힘'으로 파악하고자 한다. 법이 개인이나 공동체의 행위준칙이 되고 이들의 활동을 통해 실현되어 나가는 것은 법 속에 인간생활을 움직이는 객관적 목적, 즉 '이념'이 내재하고 있기 때문이다. 바로 이 이념이야말로 법의 궁극적인 존재이유이며 법효력의 최후의 근거가 되는 것이다. 다시 말해 법에 실효성을 부여하는 궁극적 힘은 지배자의 의지도, 피지배자의 승인도, 대중의 여론이 아니라 오로지 법이 법으로서 의미를 갖게 만들고 법에 법으로서의 가치를 부여하며 법을 법으로 입증하는 '이념의 힘'이 존재하는 것이다.[31] 아마도 이 이념의 힘을 떠나서는 법효력의 근거는 밝힐 수 없을 것이다. 바로 이 이념의 힘 때문에 법은 규범객체를 구속할 수 있는 힘을 갖게 된다. 따라서 앞으로의 고찰은 이 이념의 실체화 과정과 그 본질을 검토하는 데 집중해야 한다.

그러나 이 절에서는 이념의 인식적 고찰에 논의를 한정시키고, 이념 자체의 내용적 타당성에 관한 형이상학적, 존재론적 근거는 다음 절의 고찰대상이 될 것이다. 즉 법의 실효성의 근거를 묻고 있는 이 절의 논의는 이념이 현실화(Verwirklichung)하는 사회학적 사실의 측면에 대한 인식을 고찰대상으로 삼고, 이념 자체의 타당성 여부에 관한 가치판단을 고찰대상으로 삼지 않는다. 따라서 고찰의 초점은 이념의 현실화 과정이다.

1) 법이념의 인식주체인 인간의 법심리학적 기초

법이념의 현실화 과정은 인간의 심리적 작용을 경유한다. 즉 이념의 힘은 인간의 외부에 있는 것이 아니라 인간 내부의 정신력

---

31) 尾高朝雄, 「法哲學」, 1937, 277면 참조.

(seelische Kraft)에 기초한다.[32] 그러나 이러한 정신력은 단순한 사실 심리학적 의식이 아니라 가치심리학적 의식이다. 따라서 정신력은 사실에 대한 본능적 충동과는 본질적으로 구별된다. 법의 심리학적 기초는 본능이 아니라 인간의 가치의식적-자기책임적 인격에서 찾아야 한다. 이러한 인격은 각성된 자기의식, 즉 내부세계와 외부세계의 제반 과정에 눈을 돌릴 수 있는 집중된 주의력을 특징으로 하며 마치 순간적으로 비추는 한 줄기 광선과도 같은 것이다.[33] 이는 곧 법심리학적 기초가 직관(Anschuung)이라는 뜻이다. 이 직관에 관한 가치감정적 표시가 바로 '법감정'이며, 이를 의식한 형태, 즉 의식된 법감정을 '법의식'이라 할 수 있다.

a) 법감정(Rechtsgefühl)

법감정은 직관적인 가치감정이다. 모든 인간은 비록 형태와 강도의 측면에서는 완전히 동일하지는 않지만 이러한 근원적 감정을 소유하고 있다.

법감정의 가장 전형적인 형태는 정의감정이다. 부정의를 향한 인간의 충동만큼 비열한 것은 없다. 그것은 무서운 복수를 야기하며 상상할 수 없을 만큼 잔인한 보복을 거리낌 없이 하게 만든다. 원시시대의 형벌이나 전쟁의 역사가 이 점을 증명한다. 메츠거(E. Mezger)의 적절한 표현을 빌리자면, 법감정의 침해로 인한 보복과 보상은 '인격적 표상이 외부로 투영된 것(Projektion der Persönlichkeitsvorstellung nach außen)'[34]에 지나지 않는다. 이와 같이 정의는 법감정의 가장 큰

---

32) Radbruch, Vorschule der Rechtsphilosophie, 2. Aufl., 1959, S. 15.
33) Coing, Grundzüge der Rechtsphilosophie, 1950, S. 49.
34) Mezger, Strafrecht, S. 10(인용은 Coing, Die obersten Grundsätze des Rechts, 1947, S. 23에 따름).

정신력으로서 가치감정과 밀접한 관계에 있다. 정의감정은 옳고 (Recht) 그름(Unrecht)에 대한 판단의 일차적인 심리적 기초를 이루고 있으며 동시에 법의 본질적 성향에 대한 인식의 근원이 된다. 이 감정은 이미 자기중심적인 공리적 타산에 앞서 인간심리의 심층구조를 이루고 있는 객관적 척도이며, 이 척도에 따라 법적 현상을 판단하게 된다. 만일 이와 같은 인간심리의 본질적 구조를 무시한다면 법이 법인 이유를 결코 찾아볼 수 없을 것이다. 법은 법이기 때문에 법인 것이 아니라 정의감정에 의해 보증받을 때 비로소 법이라고 하는 표식을 붙일 수 있다. 정의야말로 법의 생명이며 법의 영혼이라 할 수 있다. 결국 정의가 사상(捨象)된 법은 그 자체 박제된 외관에 불과하다. 이와 같은 정의감정으로서의 법감정은 구체적으로는 평등감정, 명예감정, 권리감정, 의무감정 등 여러 측면으로 나타난다.

평등감정은 법감정의 강한 특징에 해당한다. "각자에게 그의 것을 (Jedem das Seine)"이라는 원칙은 평등감정을 가장 함축적으로 표현한 격언이다. 원칙적으로 법감정은 동등한 취급을 요구하며 차별이 인정되는 곳에서만 상이한 취급을 허용한다. 즉 법감정은 동등한 것을 동등하게 취급할 것을 바라며, 가치표상에 비추어 차등이 없는 이상 타인에 대해서도 동등한 취급을 바란다. 이것은 결국 정의의 형식적 표준으로서의 평균적 정의와 배분적 정의에 대한 요구이다. 즉 동등한 노동에 대한 동등한 보수는 전자의 요구이며 세금을 부담할 능력을 기준으로 이루어지는 과세는 후자의 요구이다. 이러한 평등관념이 무시될 때 법감정은 즉각적으로 반응하면서 부정의를 둘러싼 논란이 발생한다. 이 점은 곧 법질서를 형성하는 가치감정의 근본적 경향을 말해주는 것이며, 이를 의식으로 전환하게 되면 평등권이라는 법적 이념이 제도로서 실효성을 보장받게 된다.

명예감정이나 인격감정 역시 법감정의 중요한 요소이다. "모든 인간은 인간으로서의 권위를 존중받아야 한다"라는 말은 이러한 감정을 표현한다. 이 감정은 반드시 평등감정을 기초로 해야 하는 것은 아니다. 인격과 명예를 측정할 수 있는 객관적인 척도는 결코 실증적인 것이 아니기 때문이다. 명예손상과 인격침해에 따른 보상은 결코 침해된 명예와 인격을 완벽하게 회복할 수 없으며, 그 이유는 명예와 인격이 어떤 객관적 척도와는 무관한 가치감정의 영역에 속하기 때문이다. 따라서 명예와 인격은 무조건적인 보호와 존중을 필요로 하는 인간의 존엄성에 기초한다. 인간의 존엄성은 어떠한 이유로도 박탈당할 수 없다. 역사적 경험은 인간의 권위를 무시하는 어떠한 제도도 법감정과 양립할 수 없다는 것을 가르쳐 주고 있다. 물론 고대의 노예제도와 같은 것이 당시의 시대적 요구에 의해 합리화되었을지는 모르지만 그것이 법감정에 반한 제도였다는 것은 수 세기에 걸쳐 그토록 치열하였던 노예해방운동이 웅변적으로 증명하고 있다. 바로 인격의 존중이라고 하는 법감정의 요구가 이 운동의 원동력이 되었던 것이며 또한 이 운동의 성공을 가져왔다. "인간은 인간으로서 대접받아야 한다"라는 명제는 아마도 인간이 인간으로서 가질 수 있는 최고의 그리고 궁극적인 가치감정일 것이다.

법감정의 가장 본질적인 특징은 권리감정을 통해 드러난다. 법감정은 본질적으로 인간 자신의 권리를 존중해 줄 것을 요구하지만 동시에 타인의 권리를 존중할 것도 요구한다. 후자의 측면은 어쩌면 의무감정이라고 말할 수도 있지만, 권리감정과 의무감정은 상대적 개념이다. 즉 권리감정은 필연적으로 의무감정을 수반하며, 만일 상응하는 의무감정이 없이 일방적인 권리감정만 있다면 이는 법감정으로서의 권리감정이 될 수 없다. 왜냐하면 타인의 권리를 존중하지 않고 자신의 권리만을 존중받고자 하는 것은 평등감정에 반하기 때문이다. 이 점에서 법감정으로서의 권리감정은 도덕감정으로서의 의무감정과는 본질적으로 구별된다. 도덕감정은 단순한 의무감정만을 요구하는 데 반해 법감정은 양자를 동시에 요구한다. 그러므로 법감정으로서의 권리감정은 자신의 권리를 지각할 것을 적극적으로 촉구하면서 동시에 타인의 권리를 승인할 것도 똑같이 촉구하며 타인에게 허용된 것을 자신에게도 허용하라고 요구한다.[35] 더 나아가 법감정은 자신의 권리가 침해될 때만 격분하는 것이 아니라 타인의 권리가 침해될 때도 똑같이 격분한다. 그리고 이때에는 자신의 권리가 침해될 때 보상을 요구하는 것과 똑같이 타인의 침해된 권리가 회복되고 보상을 받아야 한다고 요구한다. 즉 자신의 권리를 위한 투쟁만이 아니라 권리 자체를 위한 투쟁에 나서는 것이다.[36] 이 점에서 권리감정은 자기주장이라는 의지뿐만 아니라 객관적으로 보편화된 가치감정에도 연결되어 있음을 알 수 있다.

결국 법감정으로서의 권리감정은 단순한 도덕적 의무감정만을 요구하는 성서적 감정을 뜻하지 않는다. 그렇다고 해서 이기적인 권리 노이로제에 걸린 샤이록(Shylock)의 권리감정을 뜻하는 것도 아니다. 그보다는 평균인(Durchschnittsmensch)의 일반적 생활 속에서 나타나는 가치감정을 말한다. 다시 말해 '법적 인간(Rechtsmensch)'으로서 주장하는 감정이 아니라 '생활인'으로서 갖게 되는 **직분감정**을 의미한다. 따라서 자신의 권리를 주장함과 동시에 타인의 권리도 존중하는 것이 법감정으로서의 권리감정이라고 한다면 이러한 권리감정은 일방적인 법적 권리감정과 일방적인 도덕적 의무감정과는 분명히

---

35) Coing, Die obersten Grundsätze des Rechts, 1947, S. 22.
36) Coing, a.a.O., S. 22.

다른 감정에 해당한다. 직분감정은 일방적인 권리감정만도 아니며 일방적인 의무감정만도 아니며 양자의 측면을 동시에 포괄하고 있는 생활인으로서의 '몫'과 관련된 가치감정이다. 이 '몫'에 대한 보호감정을 갖고 생활하고자 하는 의욕이 바로 권리감정이라는 가치표상을 인간의 심리에 심어주는 것이다.

이와 같이 법감정은 법효력의 기초가 되는 심리적 요인을 형성하며, 이에 반하는 법은 필연적으로 구속성을 보장받지 못한다. 즉 법감정에 반하는 법은 결코 준수되지 않는다. 이렇게 볼 때 법감정은 법효력을 보장하는, 인간의 가장 깊숙한 내면에 존재하는 '근원적 감정(Urgefühl)'이라 할 수 있다.[37] 모든 인간은 비록 그 형태와 강도의 측면에서는 일치하지 않지만 어쨌든 이와 같은 근원적 감정을 소유하고 있으며, 바로 그 때문에 법의 구속성은 수범자에 의해 권위로 받아들여질 수 있는 것이다. 이 감정이 비로소 법이념이 현실이 될 수 있는 일차적인 계기를 형성한다.

b) 법의식(Rechtsbewußtsein)

법감정이라는 일차적인 계기와는 별도로 이차적인 계기가 되는 법심리학적 현상이 존재한다. 이를 통상 '법의식'이라고 부른다. 법의식이라는 표현이 언제나 같은 의미로 사용되는 것은 아니지만 전반적으로 이 표현 자체는 — 단순히 용어상으로만 보면 — 분명하게 의식된 법감정(bewußt gemachtes Rechtsgefühl), 즉 의식으로 떠오른 법감정을 의미한다.[38] 따라서 법감정의 요구라는 차원을 넘어 사유의 명료성을 획득했을 때 이 상태를 법의식이라고 할 수 있다. 그러므로

---

37) Coing, a.a.O., S. 22.
38) Coing, Grundzüge der Rechtsphilosophie, 1950, S. 51.

두 표현 사이에는 하나는 감정적인 것(Gefühltes)이고 다른 하나는 사유적인 것(Gedankliches)이라는 뚜렷한 차이가 있다.[39] 즉 전자는 직관적 판단작용이고, 후자는 의식적 평가작용이다. 예를 들어 옳고 그름에 대한 직관적인 판단은 법감정의 작용에 속하지만, 이 판단의 내용에 대한 평가의식은 법의식의 작용에 속한다. 하지만 법의식이 법적 지식을 의미하는 것은 아니며 개개의 법규에 대한 전문적 지식을 의미하는 것도 아니다. 법의식은 아마도 법감정을 현실화하고자 하는 '구체적' 이념에 대한 지식[40]을 뜻할 것이다. 다시 말해 법의식의 내용은 수많은 개별적 법규들의 기초가 되는 기본가치들일 것이다. 이러한 의미에서 법의식은 법질서를 구성하는 가치 및 이 가치로부터 도출되는 근본적 규율(Grundregel)에 관한 의식으로 이해해야 한다.[41] 그러므로 법의식은 사회생활에서 작용하는 모든 성향과 본능을 단순히 의식하는 것이 아니라 오히려 그 특성들을 공동생활의 측면에서 고려하고, 이에 대해 특정한 의미를 부여하며 일정한 방식으로 평가하는 기능을 한다. 이렇게 볼 때 법의식은 법감정과 마찬가지로 단순한 사실심리학적 의식이 아니라 하나의 '가치의식'인 셈이다. 다만 법의식은 법감정에 비해 더욱 '구체적'인 것과 관련을 맺으며 동시에 시간적, 공간적 조건에 의해 제약을 받는다. 따라서 법의식은 특정 시대 특정 장소에서 요구되는 법적 가치의식이다.

법의식은 결국 특정 시대 특정 민족의 정치적, 경제적, 사회적, 문화적 발전으로부터 유래하는 특정한 법적 이념(Rechtsideal)에 대한 가치의식 또는 서열의식이다. 예를 들어 계몽기 이후의 인간존중 사

---

39) Coing, Die obersten Grundsätze des Rechts, 1947, S. 21.
40) Coing, a.a.O., S. 21.
41) Franz Klein, Die psychischen Quellen des Rechtsgehorsams, S. 47 이하(인용은 Coing, Grundzüge der Rechtsphilosophie, S. 52에 따름).

상, 즉 인권이라는 법적 관념은 고대인이나 중세인의 머리에는 법적
으로 의식되어 있지 않았을 것이다. 그러나 그 당시의 사람일지라도
인권에 대한 법감정은 갖고 있었을 것이라고 생각할 수 있다. 즉 비인
도적 행위에 대한 정의감정의 폭발은 예나 지금이나 인간이라면 누구
나 공통으로 갖고 있는 심리적 속성이다. 단지 그 시대에는 이러한 법
감정의 요구가 제도화되고 구체화되지 않았을 뿐이다. 또한 같은 시
대일지라도 각 민족의 문화적 발전의 정도에 따라 법의식의 차이가
초래되기도 한다. 즉 자유권이라는 법적 관념에 대한 미국민족의 법
가치 의식과 몽고민족의 법가치 의식은 동일하지 않다고 보아야 할
것이다. 또한 법가치들 사이의 서열에 관련된 의식도 존재한다. 즉 프
랑스혁명과 미국의 독립 이후 가장 우선했던 가치였던 자유권적 기본
권은 바이마르 헌법을 기점으로 생존권적 기본권으로 중심이 옮겨갔
다. 오늘날에는 어느 누구도 소유권의 신성불가침과 절대성을 주장하
지 않는다. 그러나 18세기와 19세기에는 소유권에 의무를 부과하는
것이 그 시대의 사람들의 법감정에 떠오르지는 않았을 것이다.

이 점에서 코잉(H. Coing)의 다음과 같은 말은 타당하다. "법의식
이란 특정 시대의 법의식과 특정 시대의 요구라고 생각할 수 있다. 그
렇기 때문에 법의식은 특수한 법질서의 법의식과 관련을 맺는다. 이
와는 달리 법감정은 국가법질서를 뛰어넘어 타당성을 갖는 감정이라
고 말할 수 있다."[42]

이와 같이 법의식은 정치적, 경제적, 문화적, 사회적 조건에 따라
인간의 심리에 떠오르는 경험적이고 역사적인 가치의식이다. 현대에
는 이러한 법의식의 내용으로 구체화되는 법적 가치이념이 다수 존재
한다. 즉 인격과 이념(자유, 명예, 생명 등), 질서와 관련된 이념(혼인, 가

---

42) Coing, Die obersten Grundsätze des Rechts, 1947, S. 21.

족, 단체, 국가, 국제질서 등의 평화와 안전), 윤리적 이념(권리남용 금지의 원칙 ─특히 권리행사와 관련된 윤리적 의무─, 계약혼, 거래행위에서의 신의성실 원칙), 경제적, 문화적 이념(경제적 재화의 공공성, 사회보장제도, 보험, 노동권, 빈곤으로부터의 해방, 교육권, 인간의 존엄성에 부합하는 생활의 보장) 등 다수의 가치이념이 존재한다. 이밖에도 가치관념을 표현하는 다른 여러 가지 이념을 생각해볼 수 있을 것이다. 그러나 이러한 이념들을 종합적으로 고찰해보면 결국 하나의 포괄적인 '생활이념'으로 규정할 수 있다. 왜냐하면 '생활'이라는 포괄적 전체이념에는 앞에서 언급한 여러 가지 이념들이 모두 포함되기 때문이다. 그러므로 결국 법의식의 내용이 되는 법이념들은 이 전체로서의 '생활이념'에 속한다고 말할 수 있다.

법감정 및 법의식과 관련해 우리가 간과해서는 안 될 또 다른 측면은 이른바 단체감정과 단체의식의 사회심리학적 기초이다.[43] 코잉에 따르면 2차 세계대전 당시 간첩이나 부역자 등에게 부과한 집단적 처형은 합리적으로는 도저히 이해될 수 없으며, 단순히 단체정신의 소박한 격분으로서만 이해될 수 있다고 한다. 이와 같은 현상에 비추어 보면 현대인은 거의 원시인에 가깝다는 것이다. 물론 군중심리, 집단심리, 국가심리 등은 개인심리와는 다른 성향을 보인다는 점을 부정할 수는 없다. 그렇지만 어떤 이유에서든 신뢰관계가 단절된 이후의 반응이 상상할 수 없을 정도로 격렬하게 나타날 수 있다는 것만은 틀림없는 사실이다.

그러나 단체감정과는 달리 단체적 법의식이 형성될 때는 개인의 법의식이 단체 법의식으로부터 커다란 영향을 받는다. 왜냐하면 법의식

---

43) 단체감정과 단체의식에 대해서는 Coing, Grundzüge der Rechtsphilosophie, S. 63 이하.

의 형성은 언제나 특정 시대 특정한 단체 내부의 공통된 생활감정으
로부터 형성되기 때문이다. 즉 언어, 습관, 의례 등이 생활공동체 내
에서 체득되는 것과 마찬가지로 법의식 역시 생활의식의 전통을 수용
함으로써 형성된다. 따라서 법의식은 기본적으로 환경과 전통의 역사
적 산물이며, 사회조직의 대변동이나 여타의 변혁으로 인해 종래의
전통이 파괴되거나 새롭게 체득된 가치관을 통해 전통을 근본적으로
검토하게 될 때까지 존속한다. 그렇기 때문에 법의식은 원칙적으로
단체적 법의식이며, 단체의 단위는 적게는 가정으로부터 크게는 국가
단체 및 국제단체에 이르기까지 다양하다. 이 점에서 우리는 법의식
의 단체적 성격을 이해할 수 있다.

그렇다면 이와 같은 법심리학적 기초로서의 법감정과 법의식은 어
떠한 관계에 있는가? 우선 법감정은 역사적, 경험적 심리의 작용이 아
니라는 점은 분명하다. 법감정은 마치 순간의 빛과 같이 어떤 감성적
직관의 선험적 판단작용이다. 이와는 달리 법의식은 역사적, 경험적
심리작용이고 일정한 사유 과정을 거쳐 의식되는 평가작용이다. 즉
전자는 선험적 감각작용이고 후자는 경험적 인식작용이다. 따라서 법
감정은 시간과 공간의 제약을 벗어나 있는 반면, 법의식은 필연적으
로 현상세계의 조건에 의해 규정된다. 즉 법감정은 보편성과 추상성
을 갖고 있음에 반해 법의식은 특수성과 구체성을 전제한다. 그러나
일반적인 법감정은 어떤 구체적인 가치체계와 관련될 때 비로소 자신
의 확정성(Bestimmtheit)과 안정성(Sicherheit)을 획득한다. 이와는 반
대로 법의식은 법감정의 토대 없이는 이루어질 수 없다. 법의식의 형
성과정에는 언제나 법감정의 작용이 침투하는 것이다. 만일 법감정이
라는 척도에 의해 평가될 수 없는 법의식이 형성될 수 있다면 그것은
이미 '법'의식(Rechtsbewußtsein)이 될 수 없다. 왜냐하면 '법(Recht)'

과 '불법(Unrecht)'은 법의 특성을 규정하는 첫 번째 가치표상이기 때문이다. 그러므로 법감정은 자신의 추상적 내용을 법의식의 힘을 통해 구체화하지만, 법의식은 자신의 존재를 법감정에 의존하고 있다. 이와 같이 법감정과 법의식은 법이념이라는 다리를 통과하기 위한 교량의 역할을 하는 두 주축이고, 양자는 상호의존적인 관계에 있다.

이상의 고찰을 통해 법의 심리학적 기초가 법이념의 현실화 과정에서 없어서는 안 될 요소라는 점을 어느 정도 짐작할 수 있게 되었다. 그러나 법심리학적 고찰은 그 자체 한계를 갖고 있다. 즉 법심리학적 고찰은 심리법칙적 '사실성(Tatsächlichkeit)'을 설명해주긴 하지만 규범적 측면('타당성 Gesolltheit')의 기초를 밝혀주지는 못한다. 법감정과 법의식은 비록 사실심리학과는 달리 가치심리학의 분야에 속하기는 하지만, 여전히 가치관념에 대한 '과학적 인식'에 국한되어 있을 뿐 결코 '의무를 부과하는 당위'로서 실천적 행위주체의 의지를 구속하지는 못한다. 즉 '그렇게 느끼고(so fühlen), 그렇게 사유한다(so denken)'는 것이 곧 '그렇게 해야 한다(so sollen)'는 논리적 필연을 불러일으키지는 않는다. 실천적 행위 주체의 의지를 규정하는 것은 심리가 아니라 윤리이다. 직관적 감정과 추론적 사유는 인식의 계기가 될 수는 있지만 행동의 계기가 되지는 못한다. 행동의 계기는 윤리 주체로서의 인간이 자신의 확신에 기초해 정립하는 의지의 보편적 법칙, 즉 '그렇게 해야 한다'는 명령(Imperativ)을 통해 규정된다. 바로 이 점에 경험적 오성인식의 한계가 있는 것이며, 그래서도 칸트(I. Kant)가 말하는 '실천이성의 우위(Primat der praktischen Vernunft)'가 타당하다.

칸트는 이러한 도덕의 순수 형식적 법칙을 '정언명령(kategorischer Imperativ)'이라고 부르면서, 이 명령을 다음과 같이 표현한다. "너의 의지의 격률이 항상 동시에 보편적 입법의 원리로서 타당할 수 있도록 행동하라(Handle so, daß die Maxime deines Willens jederzeit zu-
gleich als Prinzip einer allgemeinen Gesetzgebung gelten könne)."[44]
이와 동시에 도덕적 인격의 자율성에 근거해 칸트는 정언명령을 "너
는 해야 하기 때문에 너는 할 수 있다(Du kannst, denn du sollst)"라는
명제로 표현한다. 그러나 실천이성이 정립하는 도덕적 보편법칙이라
할지라도 그것이 어떤 '내용'을 포함하는 이상 경험적 사실의 제약을
받지 않을 수 없고, 이에 따라 상대적이고 개연적인 것이 되지 않을 수
없다. 구체적으로 의지의 격률을 제시하는 도덕률은 민족에 따라 상
이하고 역사와 함께 변화하기 때문이다. 이 점에서 현실적 인간의 도
덕적 자아는 동시에 심리적 자아이기도 하다는 사실을 간과해서는 안
된다. 따라서 추상화되고 관념화된 순수 형식적 자아에 대한 칸트의
보편적 격률의 명령은 구체적인 현실적 자아에 의해 내용이 채워져야
한다. 그러므로 "네가 해야 하기 때문에 너는 할 수 있다"라는 명제는
오히려 "너는 할 수 있기 때문에 너는 해야 한다"라는 명제로 표현되
어야 한다. 아무런 인식도 없는 인간의 의지를 구속하는 것이 가능할
수 있겠는가? 따라서 실천 주체의 의지행위를 구속하는 당위는 이러
한 의지행위 자체에 동기를 부여하는 심리적 사실을 '기반'으로 삼고,
이렇게 해서 내용을 갖게 된 당위가 윤리적 확신을 통해 실천단계로
옮겨가는 것이라 할 수 있다. 이 점에서 법심리학적 사실성 자체는 실
천적 당위를 야기하지 못하지만 이 실천적 당위의 내용적 전제를 이
룬다고 할 수 있다. 이처럼 법이념의 현실화 과정은 심정과 의식이라
는 법심리학적 토대를 거쳐 다시 의지를 규정하는 윤리세계로 발을
옮겨놓아야 한다.

---

44) Kant, Kritik der praktischen Vernunft, S. 30; 玄勝鐘, 「法思想史」, 1959, 174면
참조.

2) 생활규범으로서의 윤리

인간의 사회생활은 서로 교류하고 협력하는 하나의 '관계적' 세계를 형성해 나가는 것을 특징으로 삼는다. 즉 "사람이 사람인 것은 사람과 사람과의 결합에 있다"라는 기르케(O. Gierke)의 말은 이러한 관계적 존재로서의 인간을 지칭한 것이고, 이러한 인간은 곧 사회적 존재로서의 인간을 뜻한다. 따라서 로빈슨 크루소와 같이 고립되고 추상화된 존재는 어디에도 실재하지 않으며 설령 실재하였다고 할지라도 그는 삶을 영위한 것이 아니라 단지 실존한 것일 뿐이다. 인간은 문자 그대로 '인-간-인(Mensch-Zwischen-Mensch)'이며, 이미 그러한 관계적 존재로 규정된 공존적 존재이다. 이러한 관계적 존재의 공존적 생활영역을 '사회'라고 부를 수 있다면 인간은 바로 이 사회에서 태어나 이 사회에서 생활하다가 이 사회에서 죽어간다. 따라서 사회가 없으면 인간도 없으며 역으로 인간이 없으면 사회도 없다. 즉 사회를 주체적인 면에서 바라보면 '인간'이 되며, 인간을 객체적인 면에서 바라보면 '사회'가 된다. 그러므로 인간생활은 곧 사회생활을 의미하며 동시에 관계적 생활, 즉 공동생활을 의미한다.

공동생활의 존립 기초와 관련된 일차적인 관념은 질서이다. 왜냐하면 질서가 없는 곳에서는 인간생활의 실현을 기대할 수 없기 때문이다. 그렇다면 이러한 질서 관념의 일차적 근원은 어디에서 찾아야 하는가? 무엇보다 질서 관념은 고립되고 추상화된 개인의 '의식'에서 찾을 수는 없으며 오로지 인간과 인간 사이의 '관계'에서 찾아야 한다. 왜냐하면 인간과 인간 사이의 실천적 행위연관을 배제한 상태의 고립적 주체는 원칙적으로 질서 관념과 아무런 관계도 없기 때문이다. 질서의 문제는 복수의 주체들 사이의 행위연관이고 또한 이 행위연관은 '특정한 방식(eine bestimmte Weise)'에 의해 규율될 필요가 있다. 특정한 방식을 전제하지 않는 행위연관으로부터는 질서 관념이 발생하지 않으며, 인류질서는 이처럼 특정한 방식에 따르는 행위연관을 말한다. 그렇기 때문에 윤리의 본질은 심정적인 도덕의식의 숭고함이 아니라 생활 주체들 사이의 실천적 행위연관 속에서 찾아야 한다. 물론 도덕적 인격의 자기완성이라는 도덕성의 요구가 윤리세계에서 전혀 문제가 되지 않는다는 뜻은 아니지만, 이 경우에는 단순히 개인의 도덕적 인격가치를 최고선으로 인정하는 윤리학의 요구일 뿐 결코 현실적 생활관계에서 요구되는 인류질서의 법도를 의미하지는 않는다. 그러므로 윤리의 본질은 추상화된 개체의 심정이 아니라 현실적으로 생활하는 인간의 행위연관 속에서 찾아야 한다. 다시 말해 윤리의 본질은 '심정윤리(Gesinnungsethik)'의 영역이 아니라 '사회윤리(Sozialethik)'의 영역에서 찾아야 한다.

'인-간-인'으로서의 인간이 공통의 생활영역에서 차지하는 지위는 극히 다양하다. 즉 한 사람이 관계적 존재로서 갖는 지위는 결코 하나가 아니다. 예컨대 가정에서는 아버지로서, 직장에서는 교사로서, 시장에서는 고객으로서, 국가에서는 국민으로서, 세계에서는 인류의 구성원으로서 등등 인간이 갖는 지위의 중층구조는 거의 무한하다. 그러므로 한 인간은 가족 구성원인 동시에 직장인이고, 경제인인 동시에 정치인이며, 법률인인 동시에 세계인으로서 각각의 구체적인 경우마다 구체적 인간으로 생활세계에 마주하게 된다. 따라서 각각의 구체적인 경우마다 각각의 구체적인 명칭을 갖게 되는 '생활인'은 생활관계에서 이 각각의 명칭에 따르는 행동주체로서 규정(bestimmen)되며 동시에 **그러한** 주체로서 취해야 할 일정한 방식이 전제되어 있다. 즉 인간은 태어나면서부터 일정한 명칭을 갖는 생활인으로 규정되며 또한 이렇게 규정된 존재에 상응하는 방식에 따라 행위하도록 규정된다. 이러한 구체적 인간 사이의 행위관계의 방식이 곧 윤리이다.[45] 그런데 이러한 윤리는 '존재'의 윤리인 동시에 '당위'의 윤리이기도 하다. 즉 그렇게 '있는' 윤리인 동시에 그렇게 '있어야 할' 윤리이기도 하다. 예컨대 '붕우유신(朋友有信)'이라는 윤리는 '붕우'라는 존재적 윤리와 동시에 '신'이라는 당위적 윤리를 포함한다. '붕우'가 없는 곳에 '신'이 있을 수 없고 '신'이 없는 곳에 '붕우'가 있을 수 없다. 다시 말해 붕우관계는 이미 '신'을 기초로 하고 있고, '신'이 없는 곳에서는 붕우관계도 성립하지 않는다. 이는 단지 한 가지 예에 불과하지만 다른 모든 윤리적 관계도 이러한 형태로 파악할 수 있다. 바로 이 점에서 질서 관념의 일차적 근원을 윤리에서 찾게 되는 것이다. 윤리 자체에 이미 질서 관념이 전제되어 있으며, 이러한 관념은 공동생활의 존립 기초가 된다. 이처럼 인간 생활을 가능하게 만드는 존립 기초로서의 질서 관념은 법질서가 아니라 윤리질서를 일차적 근거로 삼고 있다. 그 때문에 법은 단지 이차적 근원에 지나지 않는다. 즉 법은 윤리질서의 상실을 보완하는 것을 과제로 삼는다. 예컨대 "사람을 죽이지 말라!"라는 명령은 윤리규범의 요구이자 법규범의 요구이다. 그러나 윤리와 법에서 이 명령이 갖는 의미는 같지 않다. 윤리는 사람은 사람을 함부로 죽이지 않는다는 '존재상태'로부터 출발하고 법은 사람은 사람을 함부로 죽인다는 '존재상태'로부터 출발한다. 전자가 질서상태로부터 출발한다면 후자는 비질서상태로부터 출발한다고 말할 수 있다. 그러므로 윤리와 법은 기능의 방향이 서로 다르다. 이에 관해서는 나중에 더 자세히 서술하겠다.

결국 생활규범으로서의 윤리는 생활질서의 궁극적 근원을 이루게 되며 이를 우리가 평면적으로 개념정의한다면 문자 그대로 "인간과

---

45) 和辻哲郎, 「倫理學」 上卷, 1958, 4면.

인간 사이에서 인간이 밟아야 할 인간의 길", 즉 '사회적 인간존재의 이법(理法)'46)이라고 말할 수 있다(물론 이 경우 인간의 길은 '있는 길'과 '있어야 할 길'을 모두 포함한다).

그렇다면 이러한 생활규범으로서의 윤리는 어떠한 방식으로 인간의 의지행위를 구속하는가? 즉 "어떤 행위는 반드시 행해야 하고", "어떤 행위는 결코 행해서는 안 된다"라는 규범적 당위는 어디에 근거하고 있는가? 규범적 당위를 결정하는 것은 물론 인간의 윤리적 확신이다. 그러나 이러한 윤리적 확신이 과연 윤리 주체의 '자의'에 맡겨질 수 있는지 여부는 커다란 이론적 문제이다. 즉 의지행위를 구속하는 윤리의 내용이 과연 객관성을 갖고 있는 것인가 아니면 각자의 주관에 맡겨져 있는 것인가?

인간의 질서세계는 인간의 자각적 노력에 의해 형성된다는 점에서 자연계의 질서와는 본질적으로 구별된다. 물론 인간도 자연계의 일부라는 점에서 본능적이고 비자각적인 자연법칙의 지배를 완전히 벗어나지 못한다. 이 점에 관한 한 인간은 생리적 법칙이나 심리적 법칙에 의해 지배당하고 있다. 그러나 인간의 생활형성은 가치맹목적으로 이러한 자연법칙을 추종하는 것만으로 이루어지는 것은 아니며 타인과의 관계에서 자신의 존재를 자각하고 자신의 행동을 반성하며, 이로써 자신의 행동을 통제하고 조종하는 인격적 존재로서 자각적 행동을 통해서도 이루어진다. 이와 같이 자신의 생활을 형성해 나간다는 점에서 인간은 '자유로운' 의지의 작용으로 생활을 영위한다고 할 수 있다. 그러나 여기서 '자유로운' 의지행위라는 것은 비자각적, 본능적 자연법칙으로부터 '자유롭다'는 뜻이지 결코 의지행위 자체의 결정이 '자의적(willkürlich)'이라는 뜻이 아니다. 즉 인간의 행동을 규

---

46) 和辻哲郎, 「倫理學」 上卷, 1958, 5면.

정하는 의지도 일정한 객관적 원리에 구속당하며 결코 자의적인 것이 아니다. 따라서 '의지의 자유'는 자연법칙으로부터의 해방이라는 의미에서만 타당하며 의지내용을 결정할 자유를 의미하지 않는다.

　윤리규범의 의미내용이 사회생활의 판단기준으로서 통일성을 갖기 위해서는 필연적으로 일정한 객관적 척도를 필요로 한다. 만일 이러한 척도가 없이 실천적 행동주체의 자의만으로 의지를 결정할 수 있다면 규범의 '일반성'이 존재할 수 없게 된다. 본래 규범이 규범이 되는 이유는 규범의 의미내용이 사회생활의 판단기준으로서 통일성을 갖기 때문이다. 즉 "이렇게 해야 한다"라는 명제가 어느 한 개인에게만 타당할 뿐일 때는 이 명제가 규범이 될 수 없고, 모든 사람에게 보편적으로 타당할 때만 비로소 규범이 될 수 있다. 바로 이 점이 규범의 '일반성'이 갖는 의미이다. 따라서 규범에 반한다(normwidrig) 또는 규범에 부합한다(normgemäß)는 가치관념은 궁극적으로는 '일정한' 척도에 의해 평가되어야 한다. 이는 곧 인간 행위의 기저에는 일정한 사물논리적 구조(eine bestimmte sachlogische Struktur)[47]가 자리 잡고 있다는 것을 보여준다. 즉 인간은 '특정한 방식'에 따라 행동하게 되어 있고 또한 그렇게 행동하도록 기대된다. 그리고 행동의 준칙이 되는 이 특정한 방식의 규범성은 사물의 본성에 엄격히 구속당한다. 그러므로 무엇이 '행해야 할 행위'이고 무엇이 '행하지 말아야 할 행위'인지는 사물의 본성, 즉 행위의 사물논리적 구조로부터 연역되며, 이를 표준으로 삼을 때만 행위에 대한 가치적 평가가 가능하다. 이는 곧 행위의 존재론적 구조[48]가 이미 가치판단에 선행한다는 것을

---

47) H. Welzel, Naturrecht und materiale Gerechtigkeit, 2. Aufl., 1955, S. 197; ders., Um die finale Handlungslehre, 1949, S. 9 이하; G. Stratenwerth, Das rechtstheoretische Problem der 'Natur der Sache', 1957, S. 7 이하.

48) Hans Welzel, Naturrecht und materiale Gerechtigkeit, 1955, 2. Aufl., S. 197.

뜻하며, 이 존재론적 구조가 실천적 행동주체의 의지결정에 대한 척
도를 제공할 뿐만 아니라 이 의지결정에 대한 평가의 척도도 제공한
다. 이와 같이 특정한 방식이 요구하는, 인간행위의 규범적 당위는 사
물의 본성에 따른 필연적 제약, 즉 일정한 객관적 원리에 '구속된 당
위'이다. 이 구속된 당위의 요구를 충족하는 것은 객관세계의 질서 관
념의 출발점이 된다.

3) 법규범과 윤리규범의 관계

법도 규범이고 도덕도 규범이다. 따라서 사회생활을 규율하는 규
범이라는 점에서는 법과 도덕 사이에는 밀접한 연관성이 존재한다.
그러나 양자는 결코 동일한 것이 아니다. 즉 양자 사이에는 '성질의
차이', '기능의 차이', '내용의 차이' 등 여러 가지 차이가 분명히 존재
한다. 하지만 여기서는 법규범과 윤리규범의 기능적 관련성과 내용적
관련성(특히 양자 사이의 가치서열의 문제)을 살펴봄으로써 두 규범의 규
범적 의미가 법의 효력과 어떠한 관계가 있고 또한 이러한 관련성이
'생활의 실현'이라는 근원적 사실에 어떠한 의미를 부여하는지만을
살펴보고자 한다. 즉 법효력의 문제와 관련해서는 두 규범이 갖고 있
는 '성질의 차이'는 본질적인 의미가 없다. 그렇지만 두 규범의 성질
의 차이는 일반적으로 많이 논의되는 문제이기 때문에 먼저 이에 대
해 개략적으로 고찰해보고자 한다.

a) 성질의 관련성(법과 도덕의 구별 문제)

법과 도덕의 구별은 토마지우스(Ch. Thomasius) 이후 수많은 학자
들에 의해 논구되어 왔고 또한 지금까지도 논구되고 있다. 이 문제는
법철학적 인식론의 핵심문제이긴 하지만 좀처럼 해명하기 어려운 문

제로 여겨지고 있다. 이와 관련해 일반적으로 논의의 초점이 되는 것
은 강제 가능성의 유무 그리고 법의 외면성(Äußerlichkeit)과 도덕의
내면성(Innerlichkeit)이라는 문제인데, 여기서는 이 문제를 포함해 법
과 도덕의 구별을 포괄적이고 체계적이며 또한 가장 인상적으로 서술
하고 있는 라드브루흐의 이론을 자세히 살펴보기로 한다.

　라드브루흐는 법의 외면성과 도덕의 내면성 사이의 대립이 갖는 의
미를 다음과 같은 네 가지 관점에서 바라볼 수 있다고 한다. 1) 법과
도덕의 기반(Substrat), 2) 목적주체(Zweckssubjekt), 3) 의무부과의
방식(Verpflichtungsweise), 4) 타당성의 연원(Geltungsquelle).

　첫째, 양자의 구별을 규율대상의 기반[49]의 측면에서 파악해 법은
인간의 외면적 행태만을 규율하고 도덕은 인간의 내면적 행위만을 규
율한다고 보는 것은 옳지 않다. 왜냐하면 "우리의 법경험에 비추어 보
면 내면적 행태도 자주 법적으로 의미를 갖는다는 것을 알게 되며"
"도덕적 평가 역시 내면적 행태에만 국한되지는 않기" 때문이다. 따
라서 규율대상을 중심으로 법과 도덕을 구별하는 것은 단지 '관심방
향(Interessenrichtung)'의 차이에 따른 것일 뿐이다. 즉 "도덕에게 외
적 행태는 이것이 내적 행태를 확인해주는 경우에만 관심의 대상이
되고, 내적 행태는 이것이 외적 행태를 더 분명하게 밝혀주는 경우에
만 법의 시야에 포착된다."

　둘째, 양자의 구별을 목적 주체[50]에 관련시켜보면 법에서는 의무
를 부담하는 자 이외에 타인과 사회를 목적으로 고려하지만, 도덕에
서는 오로지 의무를 부담하는 자만을 목적으로 고려한다. 또한 가치
의 측면에서 "법적 가치는 타인 및 타인 전체에 대한 행동의 가치이지

---

49) Radbruch, Rechtsphilosophie, 1956, S. 132.
50) Radbruch, a.a.O., S. 134.

만 도덕적 가치는 행동 자체의 가치이다." "법적 의무를 부담하는 자에 대해서는 언제나 이해관계인, 청구권자가 대립하지만, 도덕적 의무는 자기의 마음속에 있는 신에 대한 의무, 자기의 양심에 대한 의무와 같이 상징적인 의무 자체만을 부과한다."

셋째, 양자의 구별을 의무부과의 방식[51]의 측면에서 바라보면 "도덕은 인간이 자신의 의무를 의무감정으로부터 행할 것을 요구하는 반면 법은 다른 동기도 허용한다." 이러한 차이는 '도덕성(Moralität)'과 '합법성(Legalität)'을 구별하는 칸트의 이론과도 유사하다. 하지만 칸트의 이 구별을 의무부과 방식의 차이로 오해해서는 안 된다. 왜냐하면 "의무를 의지가 규범에 복종하는 관계로 이해한다면, 단순한 합법성에 대한 의무는 그 자체 모순"이기 때문이다. 만일 이런 식의 '의무부과'가 인정된다면 예컨대 사유는 논리적 규범에 복종할 의무를 부담하고 있다거나 대리석은 끝에 대해 미학적 의무를 부담하고 있다고 말해야 할 것이다.

넷째, 양자의 구별을 타당성의 연원[52]에 비추어 바라보면 법은 법복종자에 대해 바깥에서 의무를 부과하는 타자의 의지로 등장하기 때문에 '타율성(Heteronomie)'을 갖는 반면, 도덕률은 윤리적 인격에 대해 의무를 부과하기 때문에 '자율성(Autonomie)'을 갖는 것처럼 보인다. 그러나 타율적 의무부과, 즉 타자의 의지에 의한 의무부과는 그 자체 모순이다. 왜냐하면 "의욕이 강제하는 권력을 수반하면 필연(Müßen)을 야기할 수는 있지만, 결코 당위(Sollen)를 야기할 수 없기" 때문이다. 따라서 '자율성'은 일반적으로 어떤 경험적, 심리적 현실을 의미하는 것이 아니라 의무를 부과하는 규범 자체를 의미하는 경우에

---

51) Radbruch, a.a.O., S. 134, 135.
52) Radbruch, a.a.O., S. 137, 138.

만 이해될 수 있다. 즉 의무를 부과하는 것은 양심 자체가 아니라 양심
속에서 말하고 있는 규범인 것이다. 이 지점에서 '딜레마'에 봉착한
다. 즉 법을 의지로 파악해 법의 당위성(Gesolltheit), 법의 의무구속력
(verpflichtende Kraft), 법의 타당성(Geltung)에 대한 정당화를 포기해
야 하거나 아니면 법을 마땅히 그렇게 해야 한다(gesollt)는 당위, 의
무를 부과하는(verpflichtend) 것 및 타당한(geltend) 것으로 파악해
법의 타당성을 자율적으로, 다시 말해 법복종자 자신의 윤리적 인격
성의 요구로 정당화해야 한다는 딜레마에 봉착한다.

　다시 말해 법이 한편으로는 의무를 부과하는 규범이면서도 다른 한
편으로는 도덕과 구별되어야 한다면 이 '딜레마'를 어떻게 해결할 수
있는 것인가? 라드브루흐에 따르면 이 문제에 대한 해결은 '법의무가
도덕의 왕국으로 귀화하는 것(Die Naturalisation der Rechtspflicht im
Reich der Moral)'[53]에 있다고 한다. 즉 법의무가 도덕의 왕국으로 귀
화함으로써 법이 도덕의 과제를 법 자신의 고유법칙을 통해 실현하는
관계를 통해 해결된다는 것이다. 이러한 현상을 그는 '같은 소재를 이
중의 가치성으로 포장하는 것(die Umkleidung desselben Materials mit
doppeltem Wertcharakter)'[54]이라고 표현한다.

　이상의 내용은 법과 도덕의 구별에 관해 라드브루흐가 서술한 내용
의 개요이다. 아마도 법과 도덕의 '성질의 차이'를 이보다 더 정교하
게 분석할 필요는 없을 것이고 또한 더 정교하게 분석할 수도 없을 것
이다. 신칸트학파의 인식론적 입장에서 섬세한 분석과 투철한 논리를
통해 법과 도덕을 검토하고 있는 라드브루흐는 타인의 추종을 불허하
며, 특히 양자의 구별을 '관심방향'이라는 측면에서 정리하고 있다는

53) Radbruch, a.a.O., S. 138.
54) Radbruch, a.a.O., S. 139.

점은 우리에게 커다란 도움이 된다.

원래 법과 도덕은 최소한 '개념론적'으로는 구별이 불가능하지 않다. 그러나 '실체론적'으로는 양자의 구별이 사실상 불가능하기도 하고 또한 무의미한 것이기도 하다. 실제로 법과 도덕의 구별이 논의되기 시작한 것은 토마지우스와 칸트 이후의 일이며, 철학사적으로 볼 때 근대의 인식론적 철학의 산물로 볼 수 있다. 특히 법철학에서 법실증주의가 대두되어 법철학의 핵심적 지위를 차지하면서 법과 도덕의 구별에 관한 논의가 계속 이루어져 왔다. 그러나 실체론적 또는 존재론적 입장에서는 이러한 인식론적 구별은 처음부터 크게 문제가 되지 않을 뿐만 아니라 양자의 개념상의 구별을 위해 시간을 낭비하려고도 하지 않는다. 개념적 구별이 아니라 양자의 가치와 본질이 훨씬 더 중요하기 때문이다.

b) 기능의 관련성(기능의 방향 문제)

법규범과 윤리규범의 과제는 동일할지라도 각 규범이 작용하는 기능의 방향은 다르다. 즉 '생활의 실현'이라는 가치 이전의 궁극적인 존재상태에 관련시켜 목적적으로 고찰해보면 법규범과 윤리규범은 모두 수단적 지위를 갖는다. 다시 말해 법규범이든 윤리규범이든 모두 규범 자체에 의의가 있는 것이 아니라 각 규범의 규범적 요구가 실현하고자 하는 목적에 의의가 있다. 법규범이 요구하는 것도 인간의 일정한 행위이고 윤리규범이 요구하는 것도 — 적어도 윤리의 개념을 넓게 해석해 주관적 윤리나 심정윤리에 국한시키지 않고 객관적 윤리나 사회윤리를 전제하는 한 — 인간의 특정한 행위이다. 특정한 '방식'에 따르는 행위에 대한 규범을 통해 생활질서를 유지하고, 그렇게 해서 생활의 실현을 가능하게 한다는 점에서 양자는 동일한 목적에 봉사하는 것이다. 즉 인간의 삶에서 중요한 것은 '생활'이라는 가치 이전의 그리고 초가치적인 존재상태 자체이지, 결코 생활이 규범을 위해 존재하는 것은 아니다. 따라서 법규범이든 윤리규범이든 규범은 그 자체로 가치를 갖는 것이 아니며 이러한 가치는 목적적으로 평가되어야 할 문제이다. 예컨대 "사람을 죽이지 말라!", "타인의 물건을 훔치지 말라!", "타인의 돈을 꾸었다면 이를 갚아라!" 등의 규범명제를 전제해 보자. 이 명령들은 인간에게 특정한 방식에 따라 행위하라는 의무를 부과하고 있고, 이러한 의무부과와 의무감정이 상응해 행위가 이루어질 때 규범의 요구가 충족된다. 이 상황을 가치관점에서 고찰하면 도덕적으로는 '선(善)'이 실현되는 것이고 법적으로는 '정의'가 실현되는 것이다. 그러나 이와 같은 명령이 요구하는 내용이 충족될 때는 선이자 정의이고, 충족되지 않을 때는 악이고 부정의라는 가치관념은 어디에서 도출되는 것인가? 명령 자체로부터는 이러한 가치관념이 도출되지 않는다. 이 명령에 상응한다는 사실은 단지 행위의 인과관계를 설명해줄 뿐 행위의 목적적 관계[55]를 설명해주지 못한다. 따라서 명령의 의미는 명령 자체 속에 있는 것이 아니라 명령이 실현하고자 하는 목적에 달려 있다. 다시 말해 생활을 실현하기 위한 (für) 목적 때문에 규범적 명령에 포함된 금지가 금지로서 의미를 갖는다. 즉 법과 윤리를 위해 생활의 가치가 규정되는 것이 아니라 생활을 위해 법과 윤리가 필요할 따름이다.

설령 목적 그 자체로서의 '생활'이 법적으로는 무의미하고 무질서에 가까울지라도 또한 도덕적으로는 무가치하고 무의미할지라도 인간에게 귀중한 것은 생활사실이다.[56] 즉 규범의 요구는 생활을 위해

---

55) 행위의 목적성(Finalität)에 관해서는 Hans Welzel, Das neue Bild des Strafrechtssystems. Eine Einführung in die finale Handlungslehre, 3. Aufl., 1957(黃山德 역), 15면 이하 참조.

56) 李恒寧, 「法哲學 槪論」, 386면. 또한 이항녕 교수가 '생활유형'의 숙명성, 초월성 및 실존성을 강조하고 있는 것은 생활유형이 가치의 세계에 속하는 것이

비로소 명령이 될 수 있고 생활을 위해 비로소 당위일 수 있으며 생활을 위해 비로소 가치일 수 있다. 따라서 생활의 실현이라는 목적성을 떠난 명령, 당위, 가치는 "A는 A다"라는 식의 동어반복에 불과하다. 이와 같이 규범이 '의무를 부과하는 힘(verpflichtende Kraft)'의 근원은 규범 자체 내에 있는 것이 아니라 규범이 실현하고자 하는 목적이다.

그렇다면 법규범과 도덕규범이 각각 담당하는 기능의 방향은 서로 어떠한 관계에 있는가? 만일 우리가 모든 외관을 벗겨내고 대상을 적나라하게 직시한다면 인간의 행위를 '직접적'으로 규율하는 것은 결코 법이 아니라는 것을 알 수 있다. 법학이 바라보는 행위의 의미는 질서 관념과 관련되어 있다면, 생활질서의 일차적이고 근원적인 관념은 윤리에서 찾을 수밖에 없다. 왜냐하면 인간의 행위를 직접적으로 규율하는 것은 윤리규범이지 법규범은 아니기 때문이다. 현실적으로 인간은 법규범이 무엇인지를 알지 못한 상태에서 살아간다. 즉 법규범이 인간행위를 규제하는 방식은 간접적이다. 인간이 법규범의 명령에 따라 행위하는 것처럼 보이는 경우 역시 윤리규범의 요구와 법규범의 요구가 일치하기 때문일 뿐 결코 법규범이 직접적으로 인간행위를 규율하기 때문이 아니다. 이처럼 법규범이 직접적으로 인간의 행위를 규율하거나 사회의 생활질서의 일차적 관념에 기초한 것이 아니라면 법규범 이전의 또는 법규범이 없는 사회질서는 무엇을 근거로 삼는 것인가? 아마도 관습이나 습속과 같은 규율이 행위의 동기가 되는 규범이라고 생각할 수 있을지도 모른다. 하지만 관습이나 습속은 이미 특정한 행위가 반복되면서 형성되는 사회적 사실일 뿐이고, 설령 어느 정도의 규범력을 갖고 있을지라도 이 행위의 일차적 근원이 되는

아니라 이 세계를 초월하는 본질의 세계에 속한다는 것을 천명한 것으로 볼 수 있으며 생활의 존재론적 근거를 밝힌 것이라 할 수 있다(특히 391면 이하 참조).

것은 아니다. 즉 법적 행위는 어떤 외적인 힘이나 사실에 근거하는 것
이 아니라 내적인 **확신**과 신념에 근거하고 있다. 이 내적 확신과 신념
만이 당위의 계기가 될 수 있다. 이러한 확신이나 신념은 본질적으로
윤리적 확신, 즉 '생활신념'을 의미한다.[57] 결국 윤리적 확신으로서의
생활신념이 의지행위의 결정과 관련된 근원적 계기가 되며 바로 이것
이 당위를 야기하는 근거가 된다. 이와 동시에 윤리적 확신으로서의
생활신념은 결코 자의적으로 결정되는 것이 아니라 사물의 본질에 따
르는 객관적 원인에 구속당한다. 이 점에서 윤리적 확신은 자의적일
수 없으며 특정한 원인에 구속된다. 바로 그 때문에 행위의 통일성이
비로소 가능하게 되고 생활질서의 일차적 근원을 형성하게 된다. 따
라서 "사회있는 곳에 법이 있다"라고 말할 때 이 법은 윤리의 이법에
따르는 질서상태를 말하는 것이지 결코 인간에 의해 정립된 법을 뜻

---

57) 여기서 윤리적 확신은 좀로(F. Somló)가 말하는 것과 같은 의미가 아니다. 좀
로가 말하는 윤리적 확신은 명령과 복종이라는 지배관계(Herrschaftsver-
hältnis)로부터 발생한 확신이지 결코 생활의욕에 기초한 내적인 윤리적 확신,
즉 생활신념을 뜻하지 않는다. 좀로는 법에 수반하는 강제력을 '법적 권력
(Rechtsmacht)'이라고 한다. 물론 법적 권력은 물리적 강제나 형벌의 위협과
같은 단순한 물리력과는 구별되는 특별한 종류의 권력(eine besondere Art
vom Macht)이라고 한다(F. Somló, Juristische Grundlehre, 2. Aufl., 1927, S. 110
이하 참조). 즉 법적 권력이라는 개념은 규범창설자와 이 규범에 복종하는 자
사이의 일정한 관계를 의미하고, 이 관계를 각각 규범창설자의 관점과 복종
자의 관점에서 바라볼 수 있다고 한다. 그리하여 규범창설자의 관점에서 보
면 법규범은 그 자체 하나의 권력이며 언제든지 이 규범을 집행할 수 있는 권
력을 뜻한다. 이에 반해 복종자의 관점에서 보면 법규범은 언제나 규범복종
의 계기, 즉 복종(Gehorsam)의 요인이 되기 때문에, 이러한 관계를 지배
(Herrschaft)라고 부를 수 있다고 한다. 따라서 법적 권력은 명령과 복종의 관
계를 규정하는 사실이라고 한다(a.a.O., S. 150). 그러므로 좀로는 법적 권력을
단순한 권력과 동일시하지는 않지만, 결과적으로는 지배복종 관계를 성립하
게 만드는 사실로 보고 있다. 이 점에서 그가 말하는 윤리적 확신(ethische
Überzeugung)은 복종자가 지배복종 관계로 말미암아 법규범에 대해 윤리적으
로 동의하거나 이를 시인한다는 사실을 뜻할 뿐, 생활의욕에 기초한 내적 생
활신념의 자발적 확신을 뜻하지 않는다. 즉 지배관계에 기초해 외적인 명령에
복종한다는 동의와 시인이라는 의미의 확신에 불과하다.

하지 않는다. 이 점은 국가법질서가 출현하기 이전의 상태에만 국한되는 것이 아니다. 국가법질서가 출현한 이후에도 생활질서의 궁극적 근원은 여전히 윤리적 확신이다.

이와 같이 인간의 행위가 규범을 존중하는 계기는 직접적으로 법규범에 의존하는 것이 아니라 윤리규범에 연결되어 있다. 따라서 법규범은 단지 일차적 질서 관념인 윤리규범을 위반한 상태가 야기되었을 때 이 상태를 다시 부정함으로써 원래의 질서상태로 회복시켜주는 이차적 질서 관념이다. 다시 말해 **윤리질서의 결여 또는 부정**을 다시 **부정**으로써 **긍정으로 회복시켜주는 회귀운동**이 바로 법이다. 그러므로 법과 윤리는 규제의 운동방향을 달리하고 있다는 점에서만 차이가 있으며 질서를 유지해 생활의 실현을 가능하게 만든다는 목적 자체에 비추어 볼 때는 아무런 차이도 없다. 결국 윤리와 법은 다 같이 '생활의 실현'을 목적하는 '생활규범'이며 양자는 이 생활실현이라고 하는 근본적 목적의 일차적 수단과 이차적 수단일 따름이다.

c) **내용의 관련성(가치서열의 문제)**

윤리규범과 법규범이 제기하는 규범적 요구는 궁극적으로 서로 일치해야 한다. 두 규범은 생활질서 속에서 각각의 당위가 수행하는 기능의 방향이라는 측면에서는 서로 구별되지만, 규범적 내용의 측면에서는 동일한 방향을 지향하고 있어야 한다. 그렇기 때문에 만일 법규범의 규범적 요구와 윤리적 규범의 규범적 요구가 일치하지 않는다면 그 중 어느 하나는 부정되어야 한다. 왜냐하면 법적으로 평가될 행위는 하나이고, 이 하나의 행위에 대해 두 개의 상이한 요구를 동시에 받아들일 수는 없기 때문이다. 즉 두 규범의 요구가 서로 일치하지 않을 때는 행해진 행위가 두 규범 가운데 어느 하나에 대해서는 규범합치적 행위가 되는 반면, 다른 규범에 대해서는 규범위반적 행위가 된다. 이러한 모순과 대립을 어떻게 해결해야 하는가? 이 물음은 결국 규범의 가치서열(Rangordnung der Werte)의 문제이다. 만일 이러한 가치서열을 정할 수 있는 절대적 기준이 존재한다면 이와 같은 모순과 대립은 해결될 수 있지만, 그러한 절대적 기준이 존재하지 않는다면 상대주의적 입장[58]으로 후퇴할 수밖에 없을 것이다. 일단 우리가 앞에서 살펴보았던, 법규범과 윤리규범의 (개념적인) 성질의 차이로부터는 양자의 서열관계를 도출해낼 수 없다. 설령 외면성과 내면성, 강제가능성의 유무 등의 차이를 두 규범을 구별하는 차이로 식별할 수 있을지라도 두 규범이 서로 충돌할 때 어느 규범을 우위에 둘 것인지를 이러한 구별에 기초해 결정할 수는 없다. 따라서 우리는 법규범과 윤리규범의 서열과 관련해서도 두 규범의 목적 및 내용적 **의미**의 차이에 비추어 서열의 기준을 찾고자 한다. 즉 두 규범 가운데 어느 것이 더 생활에 **본질적**인가에 따라 이 물음에 대해 결정을 내려야 한다.

　법규범이든 윤리규범이든 이들 규범이 실현하고자 하는 궁극적 목적의 실체는 '생활'이다. 그러므로 이 규범들이 실현하고자 하는 실체

---

58) 법철학적 가치상대주의를 체계적으로 완성한 학자는 라드브루흐이다. 그는 정치적으로 볼 때 상대주의만이 민주주의의 사상적 기초를 정당화한다고 한다. 즉 민주주의는 여러 가지 정치적 세계관 중의 어느 것이 정당한 것인지를 판정할 명백한 척도를 알지 못하고 여러 정당들의 입장을 초월하는 단 하나의 입장이 존재할 가능성을 인정하지 않는다. 어느 세계관이든 다수의 지배를 획득하기만 하면 곧 국가의 지도적 지위를 점하게 되고 다수의 지배를 획득하지 못하면 지도적 지위에서 물러나게 된다. 따라서 이것은 정당정치를 본질로 하는 민주주의의 원리가 된다고 한다(Radbruch, Rechtsphilosophie, Vorwort). 철학적으로 볼 때 라드브루흐의 상대주의는 회의주의(Skeptizismus)와 불가지주의(Agnostizismus)에 속한다. 그러나 라드브루흐는 자신의 상대주의를 빌라도 총독의 회의주의와 같은 것이 아니라 나탄(Nathan)의 불가주의에 가깝다고 한다. 즉 모든 가치관 또는 세계관의 입장에 대해 모두 회의적이기 때문이 아니라, 여러 입장 가운데 어느 하나의 정당성을 확신하지만 이를 과학적으로 증명할 수 없기 때문에 각 세계관 주체의 신앙(Bekenntnis)에 선택을 맡길 수밖에 없다는 것이다(a.a.O., S. 102 이하).

는 가치가 아니라 '존재'이다. 물론 여기에서 말하는 존재는 단순한 사실로서의 존재(Sein)가 아니라 존재론적 의미의 존재(Dasein)를 뜻한다.

생활 그 자체는 결코 가치가 아니다. 그것은 단지 주어져 있는 사실(Gelegenheit)일 뿐이며 이미 현존한다는 것 자체는 가치와 무관하고 가치를 뛰어넘은 것이다. 즉 생활 자체는 어느 누구도 부인할 수 없는 현존재로서 우리들 앞에 실체를 현전(Vorhandensein)시켜주고 있는 것이다. 이 주어져 있는 사실이 아무리 무의미하고 무가치할지라도 이미 숙명적으로 던져진 엄숙한 하나의 사실세계로서 우리들 앞에 현전하고 있는 이상, 그 실체를 부인할 수 없다. 그런데도 굳이 생활사실을 가치적으로 표현하고자 한다면, 생활사실 자체가 이미 절대가치[59]의 경지라고 말할 수밖에 없다. 우리의 고찰은 언제나 이와 같은 생활의 본질성을 전제하고 출발하지 않으면 안 된다. 우리가 내거는 슬로건은―다음과 같은 비교가 허용될 수 있다면―신칸트학파의 방법론적 명제인 "방법은 대상을 규정한다"라는 명제가 아니라 "본질은 가치를 규정한다"라는 명제이다.

윤리규범과 법규범 가운데 어느 것이 더 생활에 '본질적'인 것일까? 앞에서 살펴보았듯이 생활실체라는 존재론적 사실을 자기목적으로 인정한다면, 윤리와 법은 양자 모두 수단적 지위를 갖는다. 비록 양자가 기능하는 방향은 다르다고 할지라도 양자의 목적 자체는 동일하다. 그러나 두 규범은 결코 기능의 방향만 다른 것이 아니다. 기능의 방향이 다르다는 사실의 배후에는 양자의 의미도 다르다는 사실이 자

---

59) 라드브루흐는 진, 선, 미를 각각 논리적, 윤리적, 미학적 절대가치라고 하며, 이들은 더 이상 초월할 수 없는 최고가치라고 한다. 이와 마찬가지로 정의 역시 법적 최고가치라고 한다(a.a.O., S. 124.) 그러나 절대가치는 사실상 가치의 왕국에 속한다고 보기 어렵다.

리 잡고 있다. 즉 두 규범이 갖는 기능의 '비중'의 측면에서도 차이가
있다. 다시 말해 윤리질서를 기초로 생활의 실현을 가능하게 만들어
주는 가능성의 '무게'도 차이가 있다. 그렇다고 해서 이러한 차이가
옐리네크가 말하는 '윤리적 최소한'이나 슈몰러(G. Schmoller)가 말
하는 '윤리적 최대한'이라는 의미의 차이를 말하는 것은 결코 아니다.
즉 무게의 차이는 두 규범이 규율하는 범주나 양적인 의미의 비중의
차이를 말하는 것이 아니라 능력과 질적 비중의 차이이다. 윤리가 인
간질서에서 일차적이고 본질적인 근원이라는 점은 앞에서 이미 상세
히 살펴보았다. 그 이유는 결국 법이 없는 생활은 가능하지만, 윤리가
없는 생활은 불가능하다는 점 때문이다. 윤리는 생활을 '보장'하는 기
초일 뿐만 아니라 생활의 '존립' 기초이기도 하다. 이에 반해 법은 생
활의 존립 기초는 아니며 단지 생활을 보장하는 기초일 따름이다. 생
활의 실현 자체가 이미 윤리의 존재를 뜻하는 것이고 윤리의 실현 자
체가 이미 생활의 존립을 긍정하고 있는 것이다. 즉 생활은 곧 윤리이
며, 윤리는 곧 생활이다. 그렇기 때문에 윤리는 '당위'의 윤리만이 아
니라 '존재'의 윤리까지도 포함하고 있는 것이다.[60]

　윤리가 바로 이 존재의 윤리까지 포함한 윤리라는 점이 윤리가 법
에 우선해야 할 근거이다. 왜냐하면 윤리는 인간에 의해 설정되고 정
립된 세계가 아니라 원리 그 자체의 세계이기 때문이다. 따라서 윤리
는 법적 당위가 준거로 삼아야 할 원형이고 가치의 절대적 기준이 되
는 본질이며, 절대적 가치이자 생활 그 자체이다. 다시 말해 윤리의 존
립 자체가 이미 정당성과 선의 근거가 된다. 이 점에서 반윤리라는 말
은 그 자체 모순이다. 인간이 정립한 법에는 악법이 있지만 원리가 정
립한 윤리에는 악윤리가 있을 수 없다. 만일 있다면 그것은 분명히 윤

60) 윤리의 존재성, 즉 '존재적 윤리'에 관해서는 和辻哲郎, 「倫理學」, 1958 참조.

리가 아니다. 결국 윤리는 인간인 입법자가 정립하고 제정한 세계가 아니라 원리가 인정하고 기초한 세계이며, 이 윤리의 세계를 윤리의 세계이게끔 만드는 그 무엇은 바로 '사물의 본성', 즉 '도(道)이다.[61]

이상과 같은 고찰이 긍정될 수 있다면 직접적으로 그리고 본질적으로 생활질서를 기초붙이고 있는 것은 윤리규범이라고 할 것이며 따라서 윤리규범의 요구는 법규범의 요구에 우선한다고 할 수밖에 없다. 그러므로 윤리규범과 일치하지 않은 법규범의 요구는 부정되어야 할 것이며 동시에 그의 효력은 배제되어야 할 것이다. 결국 법규범은 윤리규범과 일치하는 한에서만 효력을 가질 수 있는 것이며[62] 법규범의 구속력의 근거는 바로 이 윤리규범에 의존되어 있다고 할 것이다.

이상의 고찰과 함께 우리는 다시 처음의 질문으로 되돌아가 이에 대한 답변을 정리해 볼 필요가 있다. 즉 법효력의 사실적-사회학적 측면, 다시 말해 실효성의 근거는 무엇인가? 법의 효력을 보장해주는 힘의 근원은 무엇이며 그것은 어떻게 수용되는가? 우리는 그것을 '이념의 힘'으로 보았다. 즉 법효력의 근거가 되는 것은 권력, 승인, 여론이 아니라 오로지 이념의 힘, 다시 말해 정의의 힘이다. 그렇다면 이 정의의 힘은 어떻게 현실화하는가? 이 맥락에서 우리는 먼저 인간의 법심리학적 기초를 살펴보았다. 즉 이념으로서의 정의가 갖고 있는 힘은 인간의 법감정과 법의식에 내재해 있으며, 궁극적으로는 하나의 생활감정 또는 생활의식으로 통합된다. 그러나 이러한 심리학적 사실만으로서는 실천적 행위주체의 의지를 규정하지 못하고, 단지 행위주체의 의지결정을 위한 소재와 동인이 될 따름이다. 따라서 실천적 행위주체의 의지를 구속하는 것은 법심리학적 사실의 토대가 되

---

61) 사물의 본성에 관해서는 III. 2 참조.
62) Coing, Grundzüge der Rechtsphiosophie, 1950, S. 18.

는 윤리—이는 형식적 윤리(formale Ethik)가 아니라 실질적 윤리 (materiale Ethik)이다—이며, 바로 이 윤리가 의지행위를 규정하는 직접적 근원이 된다. 다시 말해 의지행위를 규정하는 결단력은 윤리 적 확신, 즉 생활신념으로부터 나온다.

그렇기 때문에 정의의 힘은 인간의 생활신념을 통해 세계에서 현실 화한다. 따라서 윤리적 확신으로서의 인간의 생활신념이 정의의 힘을 보증해주는 것이고, 이 생활신념이 곧 실정법의 효력을 보장해주는 것이다. 이 점에서 사회학적 효력론에서 말하는 법의 효력근거(실효 성)에 관해서는 다음과 같이 말해야 한다. "법에 효력을 부여하는 것 은 인간의 의식에 내재하는 법이념의 힘(정의)이며, 이 힘은 생활신념 (윤리적 확신)을 통해 세계에서 현실화한다."[63]

III. 철학적 효력론(die philosophische Geltungslehre)

법의 규범적 의미가 사회적 사실로 실현될 수 있는 '가능성'이 무엇 으로 이루어져 있는가는 사회학적 효력론의 문제였다.[64] 이 매개점을 중심으로 위로부터 아래로 내려오면서 효력을 인정하려고 시도하는 것이 '타당성(Gültigkeit)'의 문제이고, 반대로 아래로부터 위로 올라 가면서 효력을 인정하려고 시도하는 것은 '실효성(Wirksamkeit)'의

---

63) 사회학적 효력론의 근거를 이와 같이 규정하면 코잉의 결론과도 완전히 일치 한다. 코잉은 "사회학적 효력의 근거에 관한 문제는 법의식 가운데 살아있는 도덕적 신념으로 귀착한다"라고 하면서 "법에 효력을 부여하는 것은 인간의 의식 가운데 있는 법이념의 힘"이라고 말한다(Coing, a.a.O., S. 242, 243)."

64) 사회학적 효력론과 철학적 효력론의 차이 및 양자의 관계에 대해서는 Max Weber on Law in Economy and Society, transl. by Max Rheinstein, 1954, p. 11 이하 참조.

문제이다. 따라서 이러한 구별은 법효력에 관한 상한과 하한과 관련된 지향성(Intentionität)의 차이일 뿐이다. 법의 본질은 사실적 존재가 의미화하고 규범적 당위가 사실화하는 교차지점에서 발견되는 것이며 이 교차지점의 겉과 속이 '타당성'과 '실효성'으로 나타나는 것일 뿐이다. 그러므로 법효력의 본질은 존재적 당위임과 동시에 당위적 존재이기도 한 지점에 놓여 있다.

그러므로 '타당성'과 '실효성'은 지향의 출발점을 달리하고 있지만 궁극적으로는 하나의 '지점'을 중심으로 일치하지 않을 수 없고 또한 일치해야만 한다. 그렇다면 철학적 효력론이 다루어야 할 대상도 이미 자명하게 제시되어 있는 셈이다.

즉 법의 실효성 근거가 '이념의 힘'이라면 법의 타당성 근거는 '이념의 힘 그 자체'의 근거일 수밖에 없다. 따라서 법의 타당성이라는 문제는 법이념 자체, 즉 '정의'가 무엇인가를 묻는 것이다. 이와 동시에 이 문제는 법효력의 자기근거(Selbstgrund)로서의 '법의 힘(Rechtskraft)'이 무엇인가를 묻는 것이기도 하다. 따라서 법의 타당성 문제는 곧 규범 자체의 타당성의 근거, 다시 말해 법 자체의 정당성 근거에 대한 물음이다. 아래의 논의에서는 바로 이 문제를 고찰해보고자 한다.

1. 정의의 형식적 개념구조

정의의 문제는 아리스토텔레스 이후 지속적으로 논의되어 온 법철학의 핵심문제이다. 그러나 수많은 학자들에 의해 해명이 시도되었지만 정작 "정의란 무엇인가?"라는 물음에 대해 한 마디로 대답할 수 있는 명확한 개념은 발견되지 않았다. 즉 누군가는 가치를 긍정하면서 정의를 선언하고 또 누군가는 가치를 부정하면서 정의를 선언한다. 이처럼 정의와 관련해 객관적 기준과 통일적 개념을 정립할 수 없는 것인가?

일단 정의의 문제를 '경험적'으로 인식하고자 할 때도 정의가 하나의 가치개념이라는 것을 전제해야 한다. 즉 정의는 '부정의'라는 반대개념과 연결되어 있는 가치개념이다. 이 점은 진, 선, 미(眞, 善, 美)가 위, 악, 추(僞, 惡, 醜)라는 반대개념과 연결되어 있는 가치개념이라는 것을 전제한다는 것과 마찬가지이다.

예컨대 동일한 양의 노동을 제공한 자들에게 모두 동일한 보수를 지불한다면 이는 정의의 요구에 합치한다. 이때 정의는 동일하지 않은 보수를 지불하는 것이 부정의라는 의식을 통해 인정된다(물론 동일한 노동에 대해 동일한 보수를 지불하는 것 자체가 왜 정의가 되는가라는 물음에 대해 가치론적 입장이 아무런 대답도 제시하지 못하다는 맹점이 있다). 이와 같이 우리는 부정의를 의식하게 되는 경험을 비판적으로 분석함으로써 정의의 형식적 개념에 도달할 수 있다. 이는 부정의의 의식을 토대로 삼아 정의를 규정하는 것이다. 이와 같은 사고의 과정은 경험적 차원에서는 정의와 부정의가 자신을 포함에 다른 사람에게 당연히 귀속되어야 할 '몫'과 관련이 있음을 보여준다.

이러한 의미에서 "각자에게 그의 것을 귀속시키는 것(suum cuique tribuere)"이라고 개념정의한 울피아누스(Ulpianus)의 명제는 정의 개념의 대명사라고 할 수 있다. 그러나 이 명제에서 '각자'는 도대체 무슨 뜻이고 '그의 것'은 무슨 뜻인가?

무엇보다 먼저 우리가 인식해야 할 점은 "각자에게 그의 것을 (Jedem das Seinige)"이라고 할 때 '각자'는 결코 독립된 인간이 아니라 타인과의 관계 속에 있는 관계적 인간을 말한다는 사실이다. 또한 이러한 관계는 인식하는 자와 인식되는 자 사이의 관계, 즉 주관과 객관의 관계(Subjekt-Objekt-Relation)가 아니라 행동하는 주체와 주체 사이의 상호관계, 즉 너와 나와의 관계(Ich-Du-Verhältnis) 또는 상호주관적 관계(Zwischen-Subjekten-Verhältnis)를 말한다. 라드브루흐가 "객관적 정의라는 의미에서 정당한 것은 오로지 인간 상호간의 관계(ein Verhältnis zwischen Menschen)일 뿐이다"[65]라고 말한 것은 바로 이 측면을 지적한 것이다.

따라서 정의의 문제와 관련해 '각자'는 이러한 사회적 관계 속에 있는 주체를 말하는 것이고, 이 주체들 상호간에 성립하는 관계에 대한 의미부여가 곧 정의라는 가치개념이다. 그런데 인간과 인간, 주체와 주체 사이에서 성립할 수 있는 상호관계는 다음과 같은 세 가지 측면으로 고찰할 수 있다. 즉 부분과 부분의 관계, 부분과 전체의 관계, 전체와 부분의 관계가 그것이다.

따라서 주체 상호간의 관계라고 하는 정의가치의 기반으로부터 고찰한다면 이 세 가지 측면에 상응하는 정의 형태를 생각해볼 수 있다. 이 세 가지 관계에 상응하는 정의 형태는—통상의 명칭에 따른다면—평균적 정의(iustitia commutativa; ausgleichende Gerechtigkeit; justice commutative), 배분적 정의(iustitia distributiva; austeilende Gerechtigkeit; justice distributive), 사회적 정의(iustitia legalis; soziale Gerechtigkeit; justice social)라고 부를 수 있다.[66]

---

65) Radbruch, Rechtsphilosophie, 1956, S. 125.
66) 이러한 분류법은 결코 통일된 분류법은 아니다. 즉 개개 학자에 따라 의견이 다르고 또한 각 명칭에 따르는 내용도 반드시 일치하지는 않는다. 예컨대 코잉은 평균적 정의, 사회적 정의(=배분적 정의) 이외에 보호적 정의(iustitia protectiva; schützende Gerechtigkeit)를 추가해 3분하고, 라드브루흐는 평균적 정의와 배분적 정의로 2분한다. 이에 반해 메스너(J. Messner)와 같은 학자는 정의의 종류를 공공복리적 정의(Gemeinwohlgerechtigkeit)와 개인적 정의(Einzelgerechtigkeit)의 양자로 대별하면서, 전자를 다시 1) 법률적 정의

아리스토텔리스가 「니코마코스 윤리학」에서 특수적 정의의 두 가지 종류로 평균적 정의와 배분적 정의를 구별한 이후 이에 대해 여러 가지 해석이 시도되었지만 그 결론들이 반드시 일치하지는 않는 것 같다. 그렇긴 하지만 일반적으로 인정되는 공통점을 찾을 수는 있다. 즉 평균적 정의의 중심은 평등(형식적 평등)이고 배분적 정의의 중심은 가치(실질적 평등)라는 점이다.[67]

1) 평균적 정의

평균적 정의의 중심은 평등이다. 급부와 반대급부 사이의 동등성이라는 의미의 교환적 평등뿐만 아니라 분배를 할 때 동일한 물건 또는 동일한 분량을 나누는 배분적 평등도 평균적 정의에 속한다. 노동과 임금, 가해와 가해에 대한 배상 사이의 평등은 물론이고 모든 개인을 성별, 인종, 신앙, 사회적 신분 등의 차이와 무관하게 동일한 인간, 동일한 인격으로 평등하게 취급하는 것(예컨대 법률 앞에서의 평등, 남녀평등 등),[68] 악(惡)에 대해 동일한 또는 동일한 가치의 악으로 대답하

(gesetzliche Gerechtigkeit): 국가, 즉 '전체 사회'의 공공복지를 대상으로 하는 정의, 2) 사회적 정의(soziale Gerechitkeit): 국가와 구별해 사회경제적으로 협력하는 집단이나 계급 등의 '공익사회'의 공공복리를 대상으로 하는 정의, 3) 국제적 정의(internationale Gerechtigkeit): '국제 공동체'의 공공복리를 대상으로 하는 정의로 구별하며, 이밖에도 가정적 정의(häusliche Gerechtigkeit), 정치적 정의(politische Gerechtigkeit) 등도 덧붙일 수 있다고 한다. 그리고 후자, 즉 개인적 정의는 평균적 정의와 배분적 정의로 나눈다(Messner, Das Naturrecht, 4. Aufl., 1960, S. 378 이하 참조). 우리의 논의에서는 정의를 명칭에 관계없이 내용상 사회관계의 본질적 구조로부터 연역되는 3면성에 따라 고찰하고자 한다.

67) 평균적 정의를 형식적(formal) 평등, 배분적 정의를 실질적(material) 평등으로 보는 견해에 대해서는 E. Brunner, Gerechtigkeit, 1943, S. 29 참조.

68) 黃山德 교수는 신분적 특권의 폐지, 법률 앞에서의 평등 등을 배분적 정의에서 논하고 있다(「新稿 法哲學」, 122면). 그러나 공동사회 내에 있는 어떠한 구성원에게도 이유 없이 특권을 부여하거나 또는 근거 없이 책임을 부담시켜서는 안 된다는 의미에서 평균적 정의로 보는 것이 타당하다. 왜냐하면 특권의 폐지 등은 추상적 인격의 형식적 평등성(Gleichheit)에 대한 요구이지 구체적

는 것(예컨대 응보의 원리, 동해보복 사상)도 평균적 정의를 표현한다. 그러므로 평균적 정의는 평등한 또는 같은(gleich) 취급을 의미한다.

2) 배분적 정의

배분적 정의는 부분으로서의 개인을 전체로서의 가치에 '상응(Gemäßheit)'해 취급하는 것을 의미한다. 즉 공적이 큰 자를 높이 평가하고 작은 자를 낮게 평가하는 것(공로에 따라서 부과되는 보수), 많이 가진 자에게는 세금을 많이 부과하고 적게 가진 자에게는 적게 부과하는 것(과세능력을 표준으로 한 세금체계), 유해한 행위를 한 자에게는 해악의 경중에 상응해 처우를 달리하는 것(책임의 경중에 따른 형량), 생계능력이 없는 자에게는 더 많이 부여하고 많이 가진 자에게는 적게 부여하는 것(빈곤의 정도에 따른 사회부조의 차이) 등이 여기에 속한다. 그러므로 배분적 정의에서는 평등한 취급이 아니라 **가치에 상응한 취급**을 정의로 이해한다. 즉 경우에 따라서는 불평등 취급이 오히려 정의가 된다. 따라서 평균적 정의는 추상성, 동등성, 공통성을 기초로 삼는 반면, 배분적 정의는 구체성, 차등성, 개별성을 기초로 삼는다. 이 점에서 배분적 정의의 핵심은 형식적 평등이 아니라 가치에 상응하는 실질적 평등이다.

이와 같이 두 형태의 정의는 다른 원칙에 기초한다. 평균적 정의는 각자에게 동일한 것을 주라는 의미에서 산술적 또는 계약적 정의라고 부르기도 하며, 배분적 정의는 각자에게 실질적인 비동등성(다름)에 상응해 동일하지 않은 것을 준다는 의미에서 비례적 또는 기하학적 정의라고 부르기도 한다. 또한 평균적 정의는 최소한 2명의 주체를 필요로 하지만 배분적 정의는 최소한 3명의 주체를 필요로 한다. 전

인간의 가치적 상응(Gemäßheit)에 대한 요구가 아니기 때문이다.

자는 두 주체 사이의 횡적 평등을 의미하지만, 후자는 하나의 주체가 다른 두 주체의 상위에 위치해 두 주체에 부담을 부과하고 이익을 부여하는 종적 평등을 의미한다. 따라서 전자는 병렬관계에서의 정의형태이고 후자는 상하관계에서의 정의형태이다. 이 점에서 전자는 사법적(私法的) 정의의 형태이고 후자는 공법적(公法的) 정의의 형태가 된다. 이와 동시에 두 정의형태는 세계관적 유형과도 관련을 맺는다. 즉 평균적 정의는 개인주의적 세계관의 지배원리에 부합하는 반면, 배분적 정의는 전체주의적 세계관의 지배원리에 부합한다고 볼 수 있다.

그렇다면 두 정의형태는 어떠한 관계를 맺는 것인가? 평균적 정의는 형식적 평등을 원리로 하고 배분적 정의는 실질적 평등을 원리로 한다. 즉 전자는 추상성과 공통성으로 표출되는 원리이기 때문에 동등성과 평등성을 존중하지만, 후자는 구체성과 개별성에 있어서 표출되는 원리이기 때문에 가치의 상당성에 기초한 차별성과 불평등성을 존중한다. 이 점에서 양자는 본질적으로 서로 모순되고 대립되는 관계에 있다. 평균적 정의는 배분적 정의의 차별성과 불평등성을 부정하고, 이를 수평화하고자 한다면, 배분적 정의는 평균적 정의의 동등성과 평등성을 부정하고, 이를 수직화하고자 한다. 그러나 양자는 이미 어디에선가 종합이 가능한 변증법적 계기를 자신들 속에 포함하고 있다. 즉 본래부터 평균적 정의는 동일성, 공통성, 동질성에 기초하고 있고, 이러한 동질성은 사람이나 물건, 행위와 관련해 결코 전면적인 것이 아니라 특정한 측면에 국한되어 있다. 예컨대 남녀평등은 결코 남녀가 전면적으로 동일하고 동질적이라는 의미는 아니며, 단지 인격으로서 동등하다, 참정권의 행사에서 동등하다 또는 권리의 주체로서 동등하다 등의 의미에서만 동등하다는 뜻이다.

그러므로 동일성, 공통성, 동질성은 차별성, 개별성, 이질성을 전제한다. 따라서 배분적 정의 속에는 이미 당연히 동일한 것은 동일하게 취급한다는 평균적 정의의 계기가 포함되어 있다. 이 점에서 라드브루흐가 "평균적 정의는 평등한 권리를 가진 자 사이의 정의이고, 그 때문에 당사자에게 평등한 거래능력, 평등한 신분을 부여하는 배분적 정의는 정의의 근원적 형식(Urform)이다"라고 말한 것은 평균적 정의와 배분적 정의의 상호관계를 적절히 표현한 것이라고 할 수 있다.[69]

이와 같이 평균적 정의는 배분적 정의의 한 계기로서 배분적 정의 속에 변증법적으로 지양되어 있다. 따라서 배분적 정의는 평균적 정의를 지양하는 더 고차적인 형태의 정의라 할 수 있다. 결국 배분적 정의와 평균적 정의는 서로 모순되면서도 통일되는 변증법적 지양의 관계에 있는 것이다. 다시 말해 평균적 정의는 배분적 정의를 수단으로 할 때만 진정한 의미의 평등으로 이해할 수 있으며 배분적 정의는 평균적 정의를 목적으로 할 때만 배분적 정의에 따른 불평등을 실질적 평등으로 이해할 수 있다. 왜냐하면 개별성이 없는 형식이 무의미한 것과 마찬가지로 형식이 없는 개별성도 무의미하기 때문이다. 배분적 정의와 평균적 정의 사이의 이러한 변증법적 관계의 의미를 인정한다면 양자를 지양한 종합 형태의 정의, 즉 '종합적 정의(integrale Gerechtigkeit)'야말로 정의의 진면목을 드러내주는 제3의 정의형태

---

69) Radbruch, Rechtsphilosophie, S. 126. 브루너(E. Brunner)도 같은 견해를 피력한다. 브루너는 이렇게 말한다. "형식적 평등은 기만적 가상(trügerisches Schein)에 지나지 않는다. 인간은 결코 평등하지 않다. 동등한 취급은 언제나 사실적인 비동등을 비본질적인 것으로 치부해 간과해 버리고, 이 다른 측면을 고려하지 않을 때만 그리고 그 한에서만 가능하다 … 따라서 실질적인 평등은 이미 '모두에게 똑같은 것(allen das Gleiche)'이 아니라 '모든 사람의 비동등을 고려하면서 모두에게 똑같은 것(allen das Gleiche in Berücksichtigung ihrer Ungleichheit)'을 의미한다(Brunner, Gerechtigkeit, S. 30, 32)." 그러나 브루너는 이 '동등(Gleichheit)'과 '비동등(Ungleichheit)' 자체를 결정하는 것은 경험적 지각이 아니라 정의의 영역을 뛰어넘는 형이상학과 신앙(기독교, 특히 신교적 신앙)의 영역에 속한다고 본다.

라고 할 수 있다. 이 정의형태가 바로 '사회적 정의'이다.

3) 사회적 정의

정의의 세 번째 요소인 사회적 정의는 전체에서 개인들 상호간의 관계나 개인의 전체와의 관계가 아니라 전체의 개인에 대한 관계에서 성립한다. 이 정의는 아리스토텔레스가 특수한 정의의 두 가지 형태인 평균적 정의와 배분적 정의와 구별해 언급하고 있는 일반적 정의(iustitia legalis; iustitia generalis; legale oder allgemeine Gerechtigkeit)에 해당한다. 이 일반적 정의는 전체의 한 부분으로서의 개인이 전체로서의 사회에 대해 사회가 당연히 부과하는 의무를 부담해야 한다는 형태의 정의로 이해된다.[70] 그러나 우리가 한 걸음 더 나아가 '사회적 정의'라는 이념에 대해 이해해야 할 측면은 전체로서의 사회가 필요로 하는 것을 개인이 당연히 '부담'해야 할 뿐만 아니라 이와 동시에 부분으로서의 개인이 필요로 하는 것을 당연히 전체에 대해 '요구할 권리'도 포함되어 있다는 사실이다. 즉 양자의 개념은 상대적이다. 예컨대 국가재정의 필요성 때문에 조세를 징수하고 국민에게 납세의무를 부담시키는 것은 사회적 정의의 한 양상이지만, "국가는 어느 누구도 굶게 해서는 안 된다"라는 명제에 따라 국민이 국가에 대해 생존권의 보장을 요구하는 것도 사회적 정의의 한 양상이고 헌법적 원칙에 해당한다. 그러므로 사회적 정의는 전체로서의 사회나 공동체가 필요로 하는 것을 부분으로서의 개인에게 부과하고 요구하는 것 및 부분

---

70) 田中耕太郎, 「法律學 槪論」, 1953, 49면, 185면 참조. 또한 우리가 여기서 주의해야 할 점은 사회적 정의를 이른바 헌신적 정의(hingebende Gerechtigkeit)와 동일시해서는 안 된다는 사실이다. 위급한 상황에서 국가를 위해 목숨을 바치는 것은 정의의 행위가 아니라 헌신(Hingabe)의 행위, 즉 도덕적 자기부정(sittliche Selbstverneinung) 또는 조국애(Liebe zum Vaterland)의 행위로 보는 것이 타당하다.

으로서의 개인이 전체에 대해 요구하고 전체가 개인이 요구하는 것을 제공한다는 것을 뜻한다.[71] 전체로서의 사회나 공동체가 필요로 하는 것은 어느 특정인의 이익이나 복지는 결코 아니며 전체의 보편적인 이익과 복지를 말한다. 다시 말해 사회적 정의라는 원칙이 실현하고자 하는 이상은 전체에 반하는 개인의 이익이나 개인에 반하는 전체의 이익이 아니라 이 양자의 이익충돌이 조화를 이루는 지점, 즉 전체의 이익이 곧 개인의 이익과 병립할 수 있고 개인의 이익이 곧 전체의 이익과 병립할 수 있는 상호적 공통광장의 선인 '공동선(Common Good)', 즉 '공공복리(Commonwealth)'이다. 이러한 의미에서 메스너(J. Messner)가 개인적 정의 이외에 '공공복리적 정의(Gemeinwohl-gerechtigkeit)'라는 명칭을 사용하는 것은 충분한 설득력이 있다.[72] 하지만 사회적 정의에 해당하는 공공복리는 이른바 "최대 다수의 최고 행복"이라는 사회공리주의적 의미의 평면적 복리를 말하는 것이 아니라 개인적 이익 상호간의 조화는 물론이고 전체의 이익과 모든 개인의 이익이 조화를 이루는 상태까지 포함하는 입체적이고 포괄적인 복리를 의미한다.

그렇다면 이 세 가지 형태의 정의는 각각 어떠한 관계에 있는가? 공공복리적 정의인 사회적 정의와 개인적 정의인 평균적 및 배분적 정의는 전자가 전체에 중점을 두고 후자가 부분에 중점을 둔다고 한

---

71) 이와 관련해서는 사회적 정의와 배분적 정의의 차이에 주목해야 한다. 사회적 정의는 전체가 개인에 대해 또는 개인이 전체에 대해 사회가 필요로 하는 것을 요구 또는 급부한다는 의미임에 반해, 배분적 정의는 이러한 요구 또는 급부의 정도를 결정하는 가치기준이며, 이러한 관계 그 자체는 아니다. 물론 이 가치기준은 평균적 정의일 수도 있다. 예컨대 국가재정의 필요상 조세를 징수하고 국민이 납세하는 것은 사회적 정의이지만, 그 세액을 국민 상호간에 평등하게 정하는 경우와 납세능력의 차이에 따라 누진적으로 정하는 경우 각각의 기준은 평균적 정의와 배분적 정의가 된다.
72) Messner, Das Naturrecht, 4. Aufl., 1960, S. 378 이하.

점에서 서로 다른 방향에 중점을 두고 있다. 그러나 만일 사회적 정의의 요구가 개인의 존재를 부정하는 데까지 이르러간다면 그것은 정의가 아니라 부정의한 폭력으로 변하고 말 것이고, 이와 반대로 평균적 정의가 전체와 부분의 관계에서 전체의 가치인 공공복리를 능멸하면서 개인적 가치를 절대적으로 긍정하고자 한다면 사회적 정의는 소멸하고 말 것이다. 그러므로 사회적 정의와 개인적 정의는 상호의존적인 관계에 있다고 보아야 한다. 즉 각각의 정의형태는 다른 정의형태를 전제할 때만 가능하다. 다시 말해 배분적 정의는 사회적 정의를 전제해야 하고, 사회적 정의는 평균적 정의와 배분적 정의를 전제해야 한다. 즉 사회적 정의인 공공복리는 언제나 개인적 정의인 평균적 및 배분적 정의를 제한하며, 평균적 및 배분적 정의는 언제나 사회적 정의의 내용과 정도를 결정하는 기준으로 기능해야 한다.

그렇지만 이상과 같은 정의의 형식적 개념분석만으로는 정의의 본질이 해명되지 않는다. 이러한 분석은 우리가 경험적 인식을 통해 "각자에게 그의 것을"을 귀속시키는 기반이 되는 대상을 각각의 관계와 방식에 비추어 분석하고 배열한 것일 뿐, 이 관계와 방식 자체의 가치성과 반가치성을 판단하는 기준까지 제시한 것이 아니다. 그러므로 정의의 본질은 정의의 형식적 개념구조를 넘어 개념구조 자체의 근거를 설정하는 더 고차적인 단계에서 찾아야 한다.

2. 정의의 실질적 가치구조

우리는 정의의 형식적 개념구조에 뒤이어 정의의 실질적 가치구조도 음미해 볼 필요가 있다. 법이념으로서의 정의가 실현하고자 하는 가치는 개개 유형의 세계관에 따라 다르기 때문에 결코 일의적으로 규정할 수 없다. 그렇지만 우리가 여기서 실제로 '있는' 세계관적 유형들 및 각 유형에 상응하는 가치형태를 나열하는 것을 목적으로 삼지는 않으며, 그보다는 '있어야 할' 세계관적 유형 및 이에 상응하는 가치형태를 선택 및 지정하는 것을 목적으로 삼고자 한다. 물론 여기에서 말하는 선택과 지정은 객관적 평가에 기초한다는 의미이지 결코 주관적 확신과 신앙에 기초한다는 의미가 아니다.[73]

1) 사회가치론(세계관론)

우리의 역사적 경험에 따르면 사회적 세계관의 유형은 크게 두 가지로 나뉜다. 하나는 개인주의적 세계관이고 다른 하나는 전체주의적 세계관이다. 이 두 유형의 세계관이 바라보는 정의의 가치형태는 완전히 다른 방향으로 전개된다.

a) 개인주의적 세계관의 가치: 자유

개인주의적 세계관에서 궁극적 가치의 주체는 '개인'이고, 개인 이외의 가치주체는 부정된다. 따라서 전체로서의 국가는 어떠한 의미에서도 가치의 향유주체가 될 수 없으며, 국가는 단지 개인의 생명과 재산을 보전해 개인의 이익을 실현하기 위한 '수단'에 불과하다. 이러한 개인주의의 극단화된 형태는 국가 자체의 존재성까지 부정하는 무정부주의로 귀착한다.[74] 무정부주의는 극단적인 자유주의의 표현이며 동시에 무정부주의가 생각하는 사회가치는 모든 형태의 구속으로부터 탈피한 **순수한** 의미의 자유이다.

---

73) 상대주의는 '있는' 세계관적 유형을 나열하는 데 그칠 뿐, '있어야 할' 세계관적 유형을 선택해 지정하려고 하지 않는다. 즉 상대주의는 이러한 선택을 세계관 주체의 확신과 신앙에 맡긴다(Radbruch, Rechtsphilosophie, 1956 참조).

74) Radbruch, a.a.O., S. 226.

이와 같은 무정부주의적인 순수한 자유까지는 아닐지라도 개인의 가치를 절대시하는 개인주의적 사회가치가 '자유(Freiheit)'라는 점에 대해서는 이의가 있을 수 없다. 그러나 명칭을 자유주의라고 부를 것인지 아니면 민주주의라고 부를 것인지에 따라 자유 개념은 여러 측면에서 차이가 있다. 즉 자유주의적 자유는 본질적으로 '국가로부터의 자유(Freiheit vom Staat)'를 말하고, 민주주의적 자유는 '국가에 대한 자유(Freiheit am Staat)'를 말한다. 또한 전자가 '시민의 자유(bürgerliche Feiheit)'라면, 후자는 '국민의 자유(staatsbürgerliche Freiheit)'이다. 그러므로 전자는 국가에 의해 자유가 부여되는지에 관계없는 '자연적 자유(natürliche Freiheit)'이고, 후자는 국가에 의해 비로소 부여된 '정치적 자유(politische Freiheit)'이다. 이와 같은 질적 차이는 자유주의의 극단화된 형태가 무정부주의로 나타나는 것과 같이 민주주의의 철저한 형태, 즉 정치를 넘어서 경제의 영역에까지 도달한 민주주의가 사회주의로 나타난다는 점에 기인한 차이이다.[75] 이러한 차이점에도 불구하고 이 두 가지 자유 모두 전체에 대한 부정이라는 가치에 해당한다는 점에서는 본질적으로 공통점을 갖고 있다. 다시 말해 민주주의이든 자유주의이든 모두 궁극적으로 실현하고자 하는 사회가치는 전체에 대한 개인의 자유이며, 비록 양자가 작용하는 방향은 다르지만 개인적 가치의 궁극적인 우위를 인정한다는 점에서는 출발지점과 귀속지점의 측면에서 공통점을 갖고 있다. 이 의미에서 개인주의적 세계관의 사회가치 형태로서의 정의는 자유로 표현된다. 따라서 법이념이 실현하고자 하는 가치는 자유이며, 법제도의 본질은 자유권으로 규정된다. 이것은 철학적으로는 근대적 인간의 자각을 기초로 이루어진 것이며 정치적으로는 중세의 신분적 예속과 제

---

75) Radbruch, a.a.O., S. 161.

도적 속박으로부터 탈피하는 저항의식을 통해 획득된 것이다. 이로써 무한한 법률적 자유라는 산물이 탄생했다. 신분의 자유, 계약의 자유, 재산권의 자유, 신앙과 사상의 자유, 정치적 활동의 자유 등은 모두 이러한 산물의 표현이다. 자유를 쟁취하고 자유를 보장하는 것은 법의 일차적 사명이 되었고, 이러한 자유권을 확보하는 법만이 '올바른 법'일 수 있으며 그것이 곧 정의를 의미한다. 그 때문에 법률제도는 개인 중심적, 권리 중심적 구조를 특징으로 하게 되고, 법률제도 자체는 개인의 자유권을 보장하는 데 기여하는 메커니즘이다. 그리하여 전체의 가치는 어디에서도 찾아볼 수 없게 되었고, 만일 그와 같은 것이 존재한다면 그것은 '필요악'으로 선언된다. 오로지 개인의 자유만이 지고의 가치이며, 이것만이 신으로부터 부여받은 천부의 절대적 가치이다. 이와 같은 역사적 사실만으로도 개인주의적 세계관이 자유의 가치를 정의의 징표로 삼고 있다는 점이 분명하게 드러난다.

b) 전체주의적 세계관의 가치: 평등

이와는 달리 전체주의적 세계관의 궁극적 가치체계는 '전체'이다. 확고한 것은 전체뿐이고 개인은 전체 속에 완전히 흡수되어 존재성을 찾아볼 수 없다. 따라서 전체 이외의 가치주체는 근원적으로 부정된다. 개인은 단지 전체의 한 부분, 즉 전체를 구성하는 유기체적 분자에 지나지 않으며 개인이 갖는 가치는 상대적이고 반사적일 따름이다. 전체만이 절대적이고 실질적인 가치를 갖고 개인은 전체의 영광을 위해 자신의 생명과 재산까지도 희생하면서 전체에 봉사하라고 요구한다. 이러한 멸사봉공적 희생이야말로 전체의 한 부분으로서의 개인에게 진정한 자기실현이 된다. 이처럼 전체를 위한 희생이 곧 자기실현이라는 의미를 갖는다면 이 희생은 개인의 고난이 아니라 고차원의 자기완성이 된다. 그렇기 때문에 전체주의적 세계관은 개인의 개성적 존재를 부정하고 개인에 대한 전체의 요구에 절대적인 권위(Autorität)를 부여한다. 이러한 권위적 존재로서의 전체가 실현하고자 하는 가치는 개인을 통제, 구속함으로써 전체의 '평등(Gleichheit)'을 확보하는 데 있다. 이 점에서 개인주의적 세계관의 가치형태가 보편적 전체에 대한 부정으로서의 자유라면, 전체주의적 세계관의 가치형태는 구체적 개인에 대한 부정으로서의 평등이다. 평등 개념은 자유 개념과는 달리 전체의 존재를 전제로 하며, 자유 개념이 개인적이고 정신적이라면, 평등 개념은 전체적이고 실질적이다.[76] 자유가 주로 정치적 개념임에 반해 평등은 주로 경제적 개념이라는 것도 바로 이 점과 관련이 있다. 따라서 부자유가 정신적 구속에서 오는 감정이라면 불평등은 물질적 차이에서 오는 감정이라고 할 수 있으며 자유가 정치적 활동의 자유를 본질로 삼는다면 평등은 경제적 생존의 평등을 본질로 삼는다.[77] 그러므로 전체주의적 세계관에서 말하는 평등은 개인 상호간의 추상적, 인격적 평등을 의미하는 것이 아니라, 개인을 초월한 전체의 권위적 존재가 모든 개인을 구속, 통제함으로써 실현하고자 하는 실질적, 가치적 평등을 의미한다. 그 때문에 전체주의 사회에서는 인격적 평등을 부정하고 계급적 독재 ― 이를 과도기적 현상이라고는 하지만 ― 를 근원적인 것으로 인정한다. 물론 전체주의적 세계관의 유형을 사회주의(Sozialismus), 집단주의(Kollektivismus), 공산주의(Kommunismus) 등으로 구별하게 되면 각 유형이 의미하는 내용에 뉘앙스의 차이가 있기는 하다. 하지만 이 모든 유형의 궁극적 목적은 전체가치의 우위이며, 결국 생활조건을 평등화함으로써 이상

---

76) 李恒寧, 「法哲學 槪論」, 513면 참조.
77) 李恒寧, 「法哲學 槪論」, 514면 참조.

사회를 실현한다는 평등주의적 요구로 귀착한다.

이와 같이 전체주의적 세계관의 사회가치 형태로서의 정의는 평등으로 표현된다. 따라서 법이념이 실현하고자 하는 가치는 전체의 평등이며 법체계의 본질은 통제, 조종, 명령이다. 그리하여 법률제도는 단체중심적, 의무중심적 구조를 특징으로 하고, 법의 일차적 사명은 이러한 법률제도를 확립하는 데 있게 되며, 그럴 때만 법은 '옳은 법', 즉 정의를 의미하게 된다.

c) 협동주의적 세계관의 가치: 평화

개인주의적 세계관과 전체주의적 세계관과는 별개로 우리는 이른바 협동주의라는 세계관의 가치형태를 음미해볼 필요가 있다.[78] 개인주의와 전체주의 사이의 모순과 대립은 이미 철학 이전에 생활 자체 속에 내재해 있는 이율배반적 성향이다. 전체가 단순히 개인의 수적 집합에 지나지 않는다고 하면서 개인에 대해서만 진정한 실재성을 인정하려는 개인주의이든 아니면 전체를 개인의 희생을 요구할 수 있는 권위적 존재로 규정하면서 부분으로서의 개인에 대립하는 초개인적 실재성을 인정하려는 전체주의이든 생명과 문화를 통해 삶을 영위하는 인간 사회의 본질적 구조를 제대로 파악한 것이라 할 수 없다. 현실의 복잡한 사회구조에서 구체적 개인은 결코 고립된 실재가 아니라 보편적 전체에서 부분적 특수로서 가치를 갖는 실재이다. 또한 구체적 전체는 결코 일반적, 추상적 부분의 집합으로서의 전체가 아니라 보편적 전체 속에 있는 특수적 부분으로서의 개인의 가치와 실재를 충분히 인식하고 있는, 통일되고 질서 잡힌 유기적 전체로서 가치와

---

78) '협동주의'라는 용어는 이항녕 교수에 따른 것인데 이 용어 및 내용에 대해서는 앞으로 더 연구해 볼 가치가 있다고 생각한다.

실재를 갖게 된다. 이러한 전체는 개인의 실재를 초월함과 동시에 개인이 더 고차적인 차원에서 모든 개인의 실재를 자신 속에 내재하게 만드는 전체이어야 한다. 즉 '인-간-인'의 생활 실체로서의 광장은 항상 사회성과 개인성, 공인성과 사인성의 유기적 결합으로 이루어지며, 따라서 인간생활의 완성도 이러한 동적 사회성과 사적 개인성을 지속적으로 조정하면서 이루어진다. 바로 이러한 조정이 인간생활의 이상이며 사회생활의 윤리적, 법적 가치기준이 된다. 인간생활의 사적 개인성과 공적 사회성이라는 기본적 특성에 비추어 볼 때 전체의 이익과 개인의 이익은 현실적으로는 모순과 대립 관계에 있으면서도 전체의 이익이 개인의 이익을 매개로 더욱 증진되고, 개인의 이익은 전체의 이익을 목적으로 하여 전진하는 상호적 연관성의 관계에 있다는 결론이 도출된다. 이러한 결론은 인간의 생활 광장 자체의 '본성'으로부터 도출되며 단순히 이론적 기교로부터 조작되는 결론이 아니다.

우리는 인간사회의 이러한 구조적 본성으로부터 연역되는 하나의 세계관을 상정하지 않으면 안 된다. 인간의 개인성과 단체성을 모두 포용하는 공통의 광장으로서의 세계관, 즉 단체의 초월성을 긍정하면서도 개인의 내재성을 부정하지 않는 논리, 다시 말해 내재가 곧 초월이고 초월이 곧 내재인 논리에 기초한 세계관 유형을 상정해야 한다. 이러한 세계관은 개인주의와 전체주의가 변증법적으로 지양된 통일체로서의 세계관을 의미한다. 바로 이 세계관을 우리는 '협동주의'라고 부르고자 한다.[79]

개인주의적 세계관이 실현하고자 하는 사회가치가 자유이고, 전체

---

79) 결국 '협동주의'라는 용어 자체의 의미는 개인의 존재만을 뚜렷하게 드러내는 세계관도 아니며 전체의 존재만을 뚜렷하게 드러내는 세계관도 아니다. 오히려 개인과 전체 양자 모두를 뚜렷하게 드러내는 세계관 유형을 말한다(李恒寧, 「法哲學 槪論」, 521면 이하 참조).

주의적 세계관이 실현하고자 하는 사회가치가 평등이라면 협동주의
적 세계관이 실현하고자 하는 사회가치는 '평화(Frieden)'이다. 자유
가치가 개인 중심적이고 평등가치가 단체 중심적이라면 평화가치는
생활중심적이다. 자유가 정치의 자유이고 평등이 경제의 평등이라면
평화는 생활의 평화라고 할 수 있다. 평화라는 사회가치는 둘이면서
도 하나이다. 즉 자유와 평등의 지양된 형태라는 점에서는 두 개의 기
반을 포함하고 있는 것이지만, 결코 양자의 절충이 아니라 하나의 독
자적 가치이자 자유와 평등과는 질적으로 다른 가치이다. 그렇다고
해서 사회가치의 주체를 세 가지로 설정한다는 뜻이 아니다. 오히려
사회가치의 주체는 둘이나 셋이 아니라 하나라고 해야 한다. 왜냐하
면 자유와 평등은 평화라는 하나의 가치의 양면에 불과한 것이고, 단
지 자유와 평등이 작용하는 측면이 양쪽으로 나타날 뿐이기 때문이
다. 따라서 논리적으로 보면 평화가 우선한 이후 비로소 자유와 평등
도 존재할 수 있다. 평화 없는 자유와 평등은 무의미하며, 오히려 반가
치가 될 수도 있다. 그러므로 평화는 단순한 가치적 관념에 국한되는
것이 아니라 가치의 가치성을 규정하는 기반의 '본성'을 뜻한다. 다시
말해 평화 자체는 가치성을 뛰어넘어 존재성의 기초인 것이다. 인간
의 생활이 가치만으로 규정될 수 없는 실체라면 평화만이 생활이라는
본질적 상황의 의미를 규정할 수 있는 관념이 된다.

　앞에서 이미 보았듯이 개인의 자유와 전체의 평등은 이율배반적인
개념이다. 즉 개인의 자유를 신장하면 할수록 이에 반비례해 전체의
평등은 침해된다. 이에 반해 전체의 평등을 강요하면 할수록 이에 반
비례해 개인의 자유는 위축된다. 그러나 양자가 공존할 수 있는 좌표
지점을 찾을 수 있다. 즉 개인의 자유를 신장하되 전체의 평등을 침해
하지 않고, 전체의 평등을 확보하되 개인의 자유를 위축시키지 않는

경계지점에서 양자는 화해할 수 있다. 자유의 최대치와 평등의 최대치를 표시하는 좌표지점이 바로 평화이다. 그러므로 서로 대치하고 있는 자유와 평등이 교차하는 지점의 '상태'를 의미한다. 즉 양자가 지양된 '상태'가 곧 평화이며, 평화 자체가 독자적 가치가 되어 자유, 평등, 평화라는 가치 3원주의를 형성하는 것이 아니다. 이와 동시에 평화는 생활의 창조적 광장이라는 상태를 의미하는 것이지 결코 전쟁이 없다는 소극적 평화상태, 즉 생명 없는 '목석의 평화'를 의미하지 않는다. 질서와 창조, 번영이 모두 조화를 이루는 행복한 생활의 상태가 바로 협동주의적 세계관의 가치형태인 평화를 뜻한다.

이러한 의미에서 협동주의적 세계관의 사회가치 형태로서의 정의는 평화로 표현된다. 따라서 법이념이 실현하고자 하는 가치는 개인의 자유나 전체의 평등이 아니라 양자의 균형잡힌 조화상태로서의 평화이다. 그렇기 때문에 법체계의 본질 역시 자유와 방임 또는 통제와 구속이 아니라 협동과 조화이다. 이 점에서 법률제도는 단체 중심적, 의무 중심적 구조이거나 개인 중심적, 권리 중심적 구조가 아니라 생활 중심적, 직분 중심적 구조를 특징으로 한다. 협동주의적 정의에서 법의 일차적 사명은 자유권의 보장이나 통제구조의 확립이 아니라 오로지 평화로운 생활의 실현이다. 따라서 평화로운 생활을 실현시켜주는 법이 곧 '올바른 법'이고, 이 올바른 법이 곧 정의이다. 인류의 역사는 수천 년 동안 이 평화의 좌표지점을 찾으려고 했고 지금도 찾고 있다. 그러나 개인주의와 전체주의는 각각의 신념과 확신 때문에 이러한 좌표지점의 올바른 위치를 찾지 못했다. 개인주의는 개인의 자유가 인간의 생활을 행복하게 만들 수 있다고 믿으며, 전체주의는 전체의 평등이 인간의 생활을 행복하게 만들 수 있다고 믿는다. 그러나 양자는 생활하는 인간존재의 본질과 인간사회의 구조를 제대로 파악하지 못한 그릇된 신념과 확신에 기초하고 있다. 평화라는 좌표지점은 주어져 있는 객관세계의 본성이 규정하는 객관적인 좌표지점이며 결코 임의적인 주관적 신념과 확신에 의해 좌우될 수 없다. 바로 이 지점에서 우리는 가치상대주의를 극복해야 할 필요를 느낀다. 즉 '정의'라는 법철학적 괴물을 각각의 세계관에 따라 간판으로 내세울 수 있다고 생각하는 가치상대주의는 냉철한 반성을 통해 자신이 서 있는 위치를 재확인하고 자신의 한계를 뚜렷이 인식해야 한다.

2) 법률가치론

우리는 지금까지 세계관적 유형과 그에 상응하는 각각의 가치형태를 살펴보았다. 그렇다면 이러한 사회가치 형태는 어떠한 옷을 입고 법률세계에 나타나는가? 즉 이 가치들은 어떻게 법적으로 표현되는가? 앞으로의 고찰은 이 물음을 다룬다.

a) 사법적 형태의 법률가치: 권리

개인주의적 세계관의 정의형태는 자유이다. 따라서 개인주의적 세계관의 관점에서는 어떻게 하면 개인의 자유를 보장하는지가 법의 일차적 사명이다. 또한 이 세계관에 따른 법적 구조는 개인 중심적이고, 이에 기반한 법적 가치형태는 '권리(Recht)'로 표현된다. 즉 자유라는 정의형태는 이 이념을 실현시키기 위해 권리라는 법적 무기를 들고 법의 세계에 등장한다. 왜냐하면 권리만이 자유를 보장하는 가장 강력한 방패이기 때문이다. 이러한 권리는 개인의 권리를 말하는 것이지, 국가의 권리를 말하는 것이 아니다. 그 때문에 자유주의의 본질은 개인이 어떻게 하면 전체의 구속으로부터 탈피하는가의 문제이고, 이를 위한 수단으로 생각해 낸 것이 곧 전체에 대한 부정적인 힘으로서의 개인의 주장, 즉 사권(Privatrechte)이다. 따라서 권리의 본질은 사법적이며, 개인에 대한 전체의 주장으로서의 공법적 권리를 뜻하지 않는다. 그러므로 개인주의 사회의 법적 형태는 원칙적으로 사법이며, 개인과 국가의 관계를 규율하는 공법의 영역에서도 양자의 관계는 수평적인 당사자 사이의 관계가 되는 것이 원칙이다.

이와 같이 개인주의 사회에서의 권리는 사권을 특징으로 하고 공권의 권리로서의 성격은 극히 미미하다. 즉 공권은 사권의 보장수단으로서만 의미를 가지며, 그 때문에 이차적이고 부수적인 권리에 지나지 않는다. 심지어 공권은 사권을 위한 의무로서의 권리라고도 볼 수 있을 정도이다. 가장 전형적인 사권은 소유권이고, 이 소유권을 보장하고 확보하기 위해 수반되는 권리가 공권이며 그래서도 공권의 존재는 소유권을 보조하는 한에서만 인정된다. 즉 공권의 권리성은 소극적으로는 사권의 보장이지만 적극적으로는 사권의 확보를 위한 의무가 되기도 한다. 바로 이 점에서 자유라는 사회가치의 법적 표현인 권리가 가장 현저하게 드러나는 것은 '사권성(Privatrechtlichkeit)'이고, 이 사권성의 이데올로기적 표현인 '천부적 권리'는 절대성을 갖는다고 한다. 근대의 헌법적 기본권은 모두 이러한 범주에 속한다. 설령 이 기본권을 공법상의 자유권이라고 부를지라도 이들 권리의 권리성은 실질적으로 사권에 근거하고 있고, 단지 기본권의 확실성을 강화하기 위해 공법적으로 선언한 것일 뿐이다.[80] 그러므로 진정한 권리, 즉 권리다운 권리는 국가적 권리가 아니라 개인적 권리, 즉 사적 권리이다.

---

80) 李恒寧 교수는 사권과는 구별되는 공권으로서의 자유권을 상정할 필요가 없다고 한다. 즉 헌법적 기본권이나 민법의 기본적 권리는 공권과 사권의 구별이 아니라, 이를 선언하는 확실성의 정도에서만 구별될 뿐 사실상으로는 동일한 것이라고 한다(「法哲學 槪論」, 556면 참조).

이러한 사적 권리의 객관적인 법적 형태의 표현이 사법(私法)이다.
권리(subjektives Recht)의 객관화된 형태가 법(objektives Recht)이라
면, 사권과 마찬가지로 '사법' 역시 개인주의 사회에서는 모든 법의
핵심을 이룬다. 공법은 단순히 사법, 특히 소유권을 보호하기 위한 울
타리에 지나지 않는다.[81] 즉 개인의 자유를 보장하는 일차적 근원은
사법이고, 공법은 단지 사법의 운영을 보장하고 보호하기 위한 이차
적 근원에 지나지 않는다. 그 때문에 공법과 사법은 대등한 지위에 있
지 않다. 따라서 사법은 공법보다 본질적으로 우월하다. 이와 같은 서
열관계에 근거한 법사상이 이른바 야경국가(Nachtwächterstaat)적 법
사상이다. 사법과 공법의 이러한 서열관계는 사회계약설에도 표현되
어 있다. 랑케(L. Ranke)의 표현에 따르면 사회계약설은 '사법과 공법
사이의 매개(Vermittlung zwischen Privatrecht und öffentlichem Recht)'[82]
를 의미한다. 즉 사회계약설은 국가 내의 상하질서를 처음부터 평등
한 개인들의 합의로 환원하려는 시도, 다시 말해 공법을 사법으로 해
소하려는 시도이다. 더 나아가 단순히 사상적인 차원뿐만 아니라 구
체적인 법현실의 차원에서도 사회계약론은 사법적 주체로서의 개인
을 중심에 놓는다. 예컨대 사법상의 당사자 평등의 원칙을 공법의 영
역에까지 적용하려고 한다. 그 때문에 국가는 형사소송과 행정소송에
서 개인과 대등한 소송당사자의 지위를 가질 뿐이다. 공법상의 계약
이라는 사고 역시 이러한 사고를 표현한다. 또한 국가 고유의 통치
권[83]을 제외한 대부분의 공법적 권리관계는 이른바 국고(Fiskus)라는

---

81) Radbruch, Rechtsphilosophie, 1956, S. 226.
82) L. v. Ranke, Poilitisches Gespräch, Ausgabe V., 1924, S. 34(인용은 Radbruch, Rechtsphilosophie, S. 226, Anm. 1에 따름).
83) 李恒寧 교수는 통치권을 의무에 '대응하는' 권리의 형태로 보지 않는다. "통치권은 지상의 권능이요, 지고의 권력이요, 권리는 아니다. 공의무에 대응하는 통치권은 공권력이요, 공권은 아니다"라고 한다(「法哲學 槪論」, 565면).

사법적 차원에서 평가된다. 이와 같은 현상들은 개인주의적 법률의 구조가 권리 중심적이라고 이러한 권리는 궁극적으로 자유라는 이념적 가치를 구현하기 위한 법적 수단이라는 사실을 보여준다.

b) 공법적 형태의 법률가치: 의무

전체주의적 세계관의 정의형태는 평등이다. 따라서 이 세계관의 관점에서는 평등이라는 정의가치의 실현이 법의 일차적 사명이다. 앞에서 이미 보았듯이 평등이라는 이념은 권위적 존재로서의 전체가 그 부분인 개인에 대해 실현하고자 하는 가치적 요구이기 때문에 평등을 실현하기 위한 법적 구조는 기본적으로 단체 중심적 특징을 갖는다. 다시 말해 가치주체로서의 단체는 구성원인 각 개인에 대해 통제, 조종, 명령을 통해 평등가치를 실현하고자 한다. 이는 자연스럽게 지배와 복종이라는 종적 관계에 의하여 규율된다. 그러므로 전체주의적 세계관에 기초한 법체제는 지배와 복종이라고 하는 공법적 관계를 특징으로 하고, 대등한 당사자 관계를 규율하는 사법적 관계와는 본질적으로 다른 차원에 놓여있다. 그러므로 이 세계관의 기초가 되는 법적 가치형태는 전체에 대한 '의무(Pflicht)'라고 표현할 수 있다.

그러나 여기서 의무는 공법적 관계에서 요구되는 일방적인 공의무(公義務)를 의미할 뿐 사법적 관계에서처럼 권리에 대응하는 의무의 형태를 의미하지 않는다. 즉 국가의 통치권에 대한 일방적인 복종 의무를 의미하지 사권에 대응하는 사의무(私義務)를 의미하지 않는다. 사법적 영역에서 의무는 권리의 반사, 즉 '반사적 의무(Reflexpflicht)'의 성질을 갖는 반면, 공법적 영역에서 의무는 권리의 대응개념이 아니라 권리에 선행하는 독자적 존재가치를 갖는 개념이다. 이 점에서 권리 중심의 법체제에서는 의무가 권리의 반사에 불과하지만 의무 중

심의 법체제에서는 권리가 의무의 반사에 불과하다.[84] 그러므로 사법
적 사회에서 공권의 권리성이 미약한 것과는 반대로 공법적 사회에서
는 사권의 권리성이 미약하다. 즉 사권은 공의무를 다하기 위해 필요
로 하는 한에서만 권리로 인정되며, 그렇지 않은 경우에는 권리의 성
격이 부정된다. 바로 그 때문에 평등이라는 사회가치의 법적 표현인
의무가 갖는 '공의무'로서의 성격이 가장 강하게 드러나며, 이 의무는
통치권에 대한 복종 의무로 나타난다. 그러므로 진정한 의무는 사의
무가 아니라 공의무이고, 이 의무의 본질은 통제와 명령에 대한 복종
이며, 피치자의 구속이라는 형태로 등장한다.

 이와 같이 전체주의 사회에서 의무는 공의무에서 가장 잘 표현되
며, 공의무와 관련된 객관적인 법의 형태는 공법이다. 개인주의 사회
에서는 사법이 모든 법의 핵심을 이루지만, 전체주의 사회에서는 공
법이 모든 법의 중심이 된다. 사법의 가장 전형적인 형태인 소유권은
원칙적으로 부정되며, 소유권은 전체에 대한 봉사로 변화한다. 모든
사권은 의무에 부합해 행사되어야 한다는 기대를 유보한 상태에서만
부여되며 이러한 기대에 반하는 경우에는 사권은 박탈된다. 그러므로
자유주의나 무정부주의가 공법을 사법으로 해소한다면 사회주의나
공산주의는 사법을 공법으로 해소한다고 말할 수 있다. 전체주의 사
회에서는 공법은 본질적으로 사법에 우선하며, 이러한 서열관계에 기
초한 법사상은 통제국가적 법사상이다. 이러한 법사상에서 법적 주체
는 언제나 공법적 주체인 국가뿐이고, 국가는 법실현의 주체일 뿐만
아니라 법익을 향유하는 주체이기도 하다. 이와 같은 현상들은 전체
주의 사회의 법적 구조가 단체 중심적이고 의무 중심적이라는 사실을
잘 보여주고 있다. 여기서 의무는 평등이라는 이념적 가치를 구현하

---

84) 李恒寧, 「法哲學 槪論」, 563면 참조.

기 위한 법적 수단으로 작용한다는 것을 알 수 있다.

c) 사회법적 형태의 법률가치: 직분

협동주의적 세계관의 정의형태는 평화이다. 협동주의적 세계관의 관점에서 법의 일차적 사명은 생활의 평화를 실현하는 것이다. 이에 따라 이 세계관에 따른 법적 구조는 개인 중심적이거나 단체 중심적인 것이 아니라 오로지 사회 중심적 또는 생활 중심적이다. 따라서 이러한 특징에 기초한 법적 가치형태는 권리나 의무가 아니라 '직분 (Berufs-Ethos)'[85]이라고 표현할 수 있다.

직분이라는 개념은 권리와 의무가 동일한 주체에 귀속되어 있는 상태를 의미한다. 즉 동일한 주체가 권리의 주체임과 동시에 의무의 주체가 된다는 뜻이다. 이는 전통적인 법개념의 관점에서는 분명 자기모순으로 보이겠지만 '생활인'의 본질을 규정하는 법가치 형태는 직분 이외에는 달리 설명할 방법이 없다. 인간은 법적 인간이기 이전에 생활인이다. 추상적인 법적 인간의 모습은 권리주체와 의무주체로 나타나지만, 구체적인 생활인의 모습은 오로지 직분주체로만 나타난다. 권리 역시 생활인의 지위에서 갖는 것이고 의무 또한 생활인의 지위에서 부담하게 된다. 생활인의 지위로서의 직분이 없다면 권리나 의무도 성립할 수 없다. 개념법학은 권리를 법익을 향유하기 위해 법에 의해 인정된 힘으로, 의무를 법에 의해 부과된 구속으로, 권리와 의무를 서로 대응하는 개념으로 이해한다. 그러나 이러한 형식적 고찰에

---

85) '직분'이라는 명칭은 李恒寧 교수의 용어법에 따른 것이다. 'Berufs‒Ethos'라는 표현은 볼프(Erik Wolf)의 표현을 빌린 것이다. 'Berufs‒Ethos'를 '직분'으로 번역하는 것이 과연 적절한지 의문이 제기될 수 있고 또한 '직분'이라는 용어가 법학에서 지금까지 법률용어로 사용된 적이 없고, 그 때문에 일반화된 용어가 아니라는 점에서 번역에 신중을 기해야 할 필요가 있다. 하지만 직분의 뜻에 부합하는 독일어 개념이 이와 유사하다고 생각해서 이 역어를 달아본 것이다.

앞서 과연 이러한 권리와 의무가 어디에서 발생하고 권리의 권리성과
의무의 의무성이 무엇에 근거하고 있는지를 성찰해야 한다. 즉 권리
와 의무가 성립하게 만드는 기반이 어디에 있는지를 먼저 살펴보아야
한다.

　무엇보다 다음과 같은 점을 고려해야 한다. 즉 권리와 의무는 권리
주체와 의무주체로부터 발생하는 것이 아니다. 권리주체이기 때문에
권리를 갖는 것이 아니라, 권리가 있기 때문에 권리의 주체가 되며, 의
무주체이기 때문에 의무를 부담하는 것이 아니라 의무가 있기 때문에
의무의 주체가 된다. 그렇기 때문에 권리와 의무는 권리주체 및 의무
주체와는 다른 어떤 주체로부터 발생할 수밖에 없다. 이에 반해 직분
과 직분주체의 관계에서는 그렇지 않다. 즉 직분이 있기 때문에 직분
주체가 되는 것이 아니라, 직분주체이기 때문에 직분이 발생한다. 간
단한 예를 들어 보기로 하자. 여기에 '아버지'라는 명칭을 가진 한 사
람의 인간이 있다고 하자. 이 '아버지'라는 명칭은 권리주체의 명칭도
아니며 의무주체의 명칭도 아니다. 이는 생활인으로서의 '아버지'라
는 직분주체의 명칭이다. '아버지'라는 윤리적 지위가 있기 때문에
'아버지로서의 직분'이 생겨나오는 것이지 '아버지로서의 직분'이 있
기 때문에 비로소 '아버지'가 되는 것이 아니다. 그렇기 때문에 父가
父로서 마땅히 행해야 할 父로서의 행위, 즉 父의 당위적 윤리는 父의
父로서의 지위, 父의 존재적 윤리에 의해 규정되는(bestimmt) 윤리이
다. '아버지라는 지위'가 없다면 '아버지로서의 행위'도 있을 수 없다.
이 점에서 우리는 직분의 존재론적 성격을 이해할 수 있다.

　이 맥락에서 父의 권리는 '친권'이고 父의 의무는 '친의무'이다. 이
러한 권리와 의무는 '아버지'라는 지위에 기반한 '아버지로서의 의무'
의 양 측면을 의미한다. 즉 아버지의 직분 작용의 한 측면이 권리로 나

타나고, 다른 한 측면은 의무로 나타난다. 아버지로서의 직분이 없다면 아버지로서의 권리, 즉 친권도 성립할 수 없고 아버지로서의 의무, 즉 친의무도 성립할 수 없다. 그러므로 권리와 의무는 직분이라는 기반으로부터 비로소 성립하며, 따라서 하나의 직분 작용의 두 가지 형태일 따름이다. 이 점에서 권리의 권리성과 의무의 의무성은 '직분성'에 근거하고 있다. 권리와 의무가 동일한 주체에 귀속되어 있다는 것은 바로 이러한 의미이다. 따라서 직분은 일정한 명칭을 가진 지위 — 예컨대 父, 子, 친구, 교사, 학생, 상인, 장관, 국민, 국가 등 — 에 상응하는 생활상의 '몫(分)'을 의미하는 것이다. 이 '몫'이 '몫'이 되는 이유를 판단하는 기준, "각자에게 그의 것을" 귀속시키는 판단의 기준이 바로 '사물의 본성'이다.

그런데 이러한 직분주체는 반드시 인간에만 국한되지 않는다. 국가나 공공단체도 얼마든지 직분주체가 된다. 국가는 국가로서의 직분이 있고, 이로부터 국가의 권리와 국가의 의무가 성립한다. 국가는 권리만을 갖는다는 사상은 전체주의적 국가관이며, 국가는 의무만을 부담한다는 사상은 개인주의적, 야경국가적 국가관이다. 이에 반해 협동주의적 국가관에 따르면 국가는 직분이라는 하나의 동일한 가치관점에 기초해 권리와 의무를 갖는다고 보게 된다. 이러한 국가는 지배단체로서의 행정국가가 아니며 보호단체로서의 사법국가도 아니며 오로지 직분국가로서의 직능국가이다. 이러한 직분사상은 국가에만 국한되는 것이 아니라 국제단체에 대해서도 적용된다. 즉 서로 다른 국호를 갖고 있는 국가들은 대소강약과는 관계없이 모두 국제적 직분을 갖는다. 이처럼 도덕적 주체로서의 인간만이 아니라 법적 주체가 될 수 있는 대상이라면 모두 직분주체가 될 수 있고, 바로 이 점에서 직분이라는 개념을 얼마든지 법적 개념으로 사고할 수 있다.

직분은 권리와 의무가 분리되어 발현되기 이전의 모태이다. 그렇다고 해서 권리와 의무라는 두 개의 싹이 직분이라는 하나의 종자 안에 각각 따로따로 들어 있다는 뜻이 아니다. 발아되어 나올 싹은 직분성이라는 하나의 싹이지만, 그것이 권리성과 의무성이라는 두 개의 성질을 함께 갖고 있다는 뜻이다. 그러므로 권리와 의무가 서로 합동해 직분을 이루는 것이 아니라 권리가 의무화하고 의무가 권리화하는 바로 그 지점에 직분성의 본질이 깃들어 있다. 이것은 권리와 의무가 서로 대립적으로 **상대**(相對)하고 있는 것이 아니라 서로 협동적으로 **상대**(相待)하고 있다는 것을 뜻한다. 직분의 겉(表)을 보면 권리이지만 직분의 속(裏)을 보면 의무이다. 이처럼 표리일체의 경지, 즉 의무가 권리이고 권리가 의무인 바로 그 지점이 직분의 핵심이다.

직분은 권리와 의무가 분리되어 발현되기 이전의 모태일 뿐만 아니라 분리 이후에도 각각의 귀속의 모태가 되기도 한다. 즉 권리와 의무의 법률효과의 귀속지점이 직분이다. 권리와 의무는 직분의 실현에 봉사하기 위한 양면의 법적 수단이고 양자가 작용한 효과는 직분으로 귀속된다. 권리와 의무는 결코 그 자체 자기목적을 갖고 있는 것이 아니다. 양자의 목적은 직분의 실현에 있으며, 직분의 실현을 위해 나름의 법적 수단을 활용할 따름이다.[86] 하지만 그렇다고 해서 직분 자체

---

[86] 라드브루흐는 법이 법 나름의 수단을 통해 '도덕'에 봉사한다고 본다. 즉 "법은 법이 부과하는 법의무를 통해서가 아니라 법이 부여하는 권리를 통해 도덕에 봉사한다. 법은 의무의 측면이 아니라 권리의 측면에서 도덕을 지향한다. 법은 개인에게 자신의 도덕적 의무를 더욱 잘 완수할 수 있도록 권리를 부여한다 (Radbruch, Rechtsphilosophie, S. 139 이하)." 이러한 주장은 예링(R. Jhering)이 '권리를 위한 투쟁'을 윤리적 자기주장의 의무로 선언한 것과 같은 맥락에 속한다. 그러나 우리는 법은 권리를 통해 '직분'에 봉사한다고 본다. 이뿐만 아니라 도덕적 의무 역시 직분의 실현에 봉사한다고 생각한다. 라드브루흐는 권리가 도덕에 봉사한다는 관점에서 바이마르공화국 헌법 제153조("소유권은 의무를 부담한다. 소유권의 행사는 동시에 공공복리에 기여해야 한다")를 설명하고 있는데 이 조항이야말로 '직분' 개념을 통해 설명해야 한다.

가 자기목적인 것도 아니다. 자기목적은 바로 '생활' 자체이다. 그렇
긴 하지만 직분이 생활의 가치근거인 것만도 아니다. 생활가치로서의
직분은 수단적 가치임과 동시에 자기목적적 가치(직분의 존재성)이다.
왜냐하면 직분이 **없는** 생활이란 그 자체 존재할 수 없기 때문이다. 그
러므로 직분은 생활의 가치근거인 동시에 존재근거이다. 이는 윤리의
본질이 존재성과 당위성 양면으로 규정된 것과 동일한 논리이다.

　또한 직분은 권리와 의무의 가치기준이 된다. 권리의 권리다움과
의무의 의무다움은 직분에 의해 결정되며 권리와 의무 속에는 그 자
체의 가치를 판단할 척도가 내재해 있지 않다. 예컨대 권리남용과 신
의성실의 원칙에 대한 법이론적인 설명은 직분개념에 의해서만 가능
하며, 도덕적 원칙이나 사회학적 조건에 의해 설명할 수 없다. 즉 직분
만이 권리의 정당성과 의무의 책임성을 정당화하고 확인해줄 수 있
다. 권리의 정당성 척도는 권리 자체에서 찾을 수 없고 의무의 책임성
근거도 의무 자체에서 찾을 수 없다. 책임의 근거는 의무가 아니라 바
로 직분에 있다고 보아야 한다. 예컨대 무과실책임 이론의 근거를 도
덕적 원칙이나 사회학적 조건으로 설명할 수 있을지라도 그것은 어디
까지나 윤리학적 근거와 사회학적 근거가 될 뿐 법학적 근거가 되지
는 못한다. 즉 무과실책임은 직분의 직분성을 법적 개념으로 보충할
때만 **법이론적으로** 설명이 가능하다. 이처럼 직분에 기초한 책임론은
사법상의 책임론에만 국한되는 것이 아니라 공법상의 책임론, 즉 행
정법상의 책임론, 형법상의 책임론 그리고 국제법상의 책임론에도 적
용될 수 있다. 오늘날의 법세계는 종래의 전통적 법이론으로는 도저
히 설명할 수 없는 이질적인 현상들을 생산하고 있다. 이러한 현상들
을 법이론적으로 정당화하기 위해서는 새로운 관점에 기초한 법원칙
과 새로운 각도에서 조명하는 혁명적인 법사상이 필요하고, 직분은

새로운 법원칙과 새로운 법사상의 핵심개념이 될 수 있다.

끝으로 우리가 직분개념과 관련해 고려해야 할 점은 직분성의 요구가 **상대적**이라는 사실이다. 이는 직분성의 동적 측면에 해당한다. 직분성은 — 앞에서 보았듯이 — 권리로서의 성격과 의무로서의 성격을 동시에 갖고 있고, 같은 주체의 같은 행위에서 양 측면이 공존하고 있다. 이는 직분성의 정적 측면에 해당한다. 하지만 이 측면을 동적으로 고찰하면 직분성은 상대적인 것으로 나타난다. 즉 A라는 직분주체와 B라는 직분주체가 생활에서 갖는 직분관계의 내용, 즉 직분성은 상호 관련적인 관계에 있다. A의 직분의 권리적 측면과 B의 직분의 의무적 측면은 상호적으로 관련성을 맺고 있고, 역으로 A의 직분의 의무적 측면과 B의 직분의 권리적 측면 역시 상호적으로 관련성을 맺는다. 예컨대 국가와 국민이라고 두 직분주체 사이의 관계에 이 점을 대입해 두 주체의 직분성이라는 관점에서 바라보면, 국가의 권리는 곧 국민의 의무가 되고, 국민의 권리는 곧 국가의 의무가 된다. 따라서 국가의 통치권이 권리인지 아니면 단순한 권능인지에 관계없이 국가가 통치권을 행사할 수 있는 근거는 국가라는 통치단체가 갖는 본성에 기초한 직분 때문이다. 그러므로 국가권력이 국민으로부터 나온다는 것은 정치적 이데올로기의 법적 표현에 지나지 않으며, 법철학적으로 볼 때는 하나의 의제(擬制)일 따름이다. 국가는 국가라는 본성과 국가로서의 직분 때문에 권력을 소유하는 것이지, 결코 신에 의하여 주어졌다거나 국민으로부터 부여되었기 때문에 권력을 소유하는 것이 아니다. 사회계약 이론이 의제에 입각하고 있다는 것은 법철학적으로 이미 일반적인 인식이고,[87] 왕권신수설이 절대권력의 신성함을 합리화하기 위한 이론일 뿐이라는 것 역시 주지의 사실이다. 국가권력의

---

87) Radbruch, Rechtsphilosophie, S. 243 이하(제19장) 참조.

근거는 권위나 신성, 계약이 아니라 국가의 '직분'이다. 따라서 통치권이라 할지라도 결코 절대적이고 무조건적인 것이 될 수 없으며, 국가직분의 수행에 필요한 한도 내에서만 권리의 성격을 갖는다. 따라서 직분실현의 한계를 넘는 통치권 행사는 이미 그 자체 권리의 성격을 인정받을 근거를 상실하고, 그것은 단순한 자의에 불과한 것이다. 그렇기 때문에 통치권에 복종해야 할 국민의 의무에도 한계가 설정되어 있으며 무조건적인 절대복종을 강요할 수 없다. 이 점에서 국가의 지배권력과 국민의 복종의무는 직분성의 상호관련성 속에서 각각 상대적으로 한계를 갖는다고 말할 수 있다. 만일 국가권력이 국가의 직분 범위를 벗어나서 행사되거나 직분성에 상응하지 않는 권력행사를 자행할 때는 국민은 이에 대해 복종할 의무가 없을 뿐만 아니라, 국민으로서 자신의 직분범위를 **수호하기 위해** 필요하다면 적극적인 저항까지 시도해야 한다. 정의를 실현하려는 혁명은 직분의 부정을 재부정하는 것이고, 저항권(Widerstandsrecht)은 이러한 사실을 법적으로 표현한 것이다.[88] 결국 인류조직의 토대를 이루는 각 직분단위는 그것이 국가이든 국민이든 각자 자신의 '몫(分)'에 따르는 직분이 이미 주어져 있다는 것을 의미하고, 그 때문에 직분은 곧 소명(Beruf)이다. 그리고 이 주어진 직분을 수호하는 것은 인류의 실현을 위한 도덕적 사명이다. 바로 그 때문에 직분은 곧 '에토스(Ethos)'이다. 이 직분이야말로 객관세계의 질서상태를 평화로운 생활관계의 질서로 만들어줄 수 있는 법적 가치를 표현하는 정의형태이다.

개인주의 사회에서는 사법이 모든 법의 핵심이고 전체주의 사회에서는 공법이 모든 법의 핵심이라면, 협동주의 사회에서는 사회법이 모든 법의 핵심이다. 하지만 여기서 말하는 사회법은 노동법과 경제

---

88) 저항권의 권리로서의 성격에 관해서는 후술하는 「결론: 저항권의 권리성」 참조.

법과 같은 현대의 새로운 법분과를 지칭하는 것이 아니라 법적 성질
이 **사회적**이라는 의미의 사회법을 말한다. 즉 직분개념에 기초한 법
적 형태를 사회법이라는 이름으로 지칭하고자 한다. 물론 노동법과
경제법과 같은 법분과가 등장했다는 역사적 사실의 배후에는 이미 직
분법학의 이념적 기초가 작용한 것이지만, 노동법과 경제법이라는 법
분야를 통해 권리 중심적 법체계를 보충하는 미봉책에 그칠 것이 아
니라 모든 법체계를 직분 중심적으로 개조할 필요가 있다. 소유권론,
계약론, 사법상 및 공법상의 책임론, 헌법상의 권력구조론 등 여러 법
분야에 걸쳐 직분 중심의 이념에 기초한 법적 구조가 권리 중심 또는
의무 중심의 이념에 기초한 법적 구조를 대체해야 할 것이다. 이러한
법적 혁명의 서곡은 바이마르공화국 헌법의 이념적 정신을 통해 이미
연주된 지 오래이다. 천부적 권리에 의무를 추가하고 인간다운 생활
을 보장하라고 외치는 절규는 법에게 무엇을 요구하고 있는가? 굶어
도 자유가 좋은 것이고 밧줄에 묶여있어도 평등이 좋은 것인가? 빈곤
과 기아에 허덕이며 공포와 속박에 신음하고 있으면서도 심장을 가진
생활인이 법에게 요구하는 것은 무엇인가? 이러한 절규에 대해 법은
과연 **"내 책임이 아니다!"**라고 귀를 막을 수 있는가? 이 모든 물음은
법에 대해 새로운 문제의식을 던지고 있고 법학은 이 물음들에 대해
진지하게 성찰해야 한다. 이러한 의미에서 평화가치를 실현하고자 하
는 직분법학의 의의는 결코 과소평가될 수 없을 것이다.[89]

---

89) 李恒寧 교수는 직분법학에 대해 다음과 같이 대담한 예언을 하고 있다. "직분
   이라는 개념은 권리와 의무라는 개념보다도 훨씬 법률적으로 미숙하고 생경
   한 개념이나, 이 개념은 미래에 있어서는 법률의 세계에 왕자가 될 날이 있을
   것이다(「法哲學 槪論」, 575면)."

3. 법의 존재론적 기초(사물의 본성)

우리는 지금까지 정의의 형식적 개념구조와 실질적 가치형태를 살펴보았다. 즉 정의의 형식적 개념형태는 평균적 정의, 배분적 정의, 사회적 정의로 3분될 수 있고, 이들은 상호적으로 관계를 맺고 있다. 그리고 정의의 가치구조는 각 세계관적 유형에 따라 자유, 평등, 평화라는 형태로 나타나고, 각 형태의 법적 표현은 권리, 의무, 직분으로 나타난다. 그러나 정의에 대한 이러한 고찰은 인식론적 또는 가치론적 고찰이다. 즉 이러한 고찰은 주어져 있는 사회상태를 대상적으로 또는 관념적으로 인식해 이에 대한 가치적 평가를 시도해본 것일 따름이다. 그렇기 때문에 특정한 대상을 가치적으로 평가할 수 있는 '어떤 기준(ein Maßstab)'을 이미 전제하면서 고찰을 수행했다. 다시 말해 일정한 사실관계에 대해 의미를 부여하기 위해, 즉 이 사실관계가 가치 있는 관계인지 아니면 반가치적 관계인지를 판단하기 위해서는 논리필연적으로 일정한 기준을 전제하고 있어야 한다. 그렇기 때문에 실체론적 고찰이 가치론적 고찰에 선행하는 순서를 밟지 않을 수 없었다. 이러한 순서에 비추어 볼 때 우리가 이제부터 고찰해야 할 문제는 이미 주어져 있는 가치판단을 가능하게 만드는 어떤 '절대적 기준'이 존재하는가이다. 만일 그러한 절대적 기준이 없다면 가치의 상대성을 피할 수 없을 것이다. 실제로 이러한 가치의 기준이 무엇인지에 대해서는 각각의 학문관에 따라 상이하게 규정되어 왔다. 즉 법철학의 역사에서는 고대의 자연법, 중세의 자연법, 근대의 자연법이 각각 다른 의미를 갖고 있고, 이 '절대적 기준'을 자연, 신 또는 이성으로 파악하는지에 따라 다른 결론이 도출된다.

그런데 여기서 먼저 전제해 두어야 할 점은 이러한 기준 자체가 곧 가치는 결코 아니라는 사실이다. 즉 이러한 기준은 가치의 **가치성**을 규정하는 '척도'로서 이미 가치와 비가치를 초월한, 어떤 **본질**을 의미한다. 그러므로 자연법론의 핵심 문제는 ─ 벨첼(H. Welzel)이 타당하게 지적하고 있듯이 ─ 이미 가치론적(axiologisch) 영역을 넘어 존재론적(ontologisch) 접경지역에 자리 잡고 있다.[90] 따라서 근원적으로 확정되어 있는 존재론적 사실은 이미 실질적 가치에 관한 문제나 이를 둘러싼 다툼을 뛰어넘어 독자적으로 존립하고 있고, 이 존재론적 사실이 모든 평가를 구속하는 기준이 되며 또한 그 때문에 모든 평가에 대해 명확한 한계를 설정한다.[91] 우리가 취하고 있는 협동주의적 세계관과 이에 따른 사회가치 형태로서의 평화 및 법가치 형태로서의 직분은 그 자체 내에 근거를 갖고 있는 것이 아니라 이 세계관과 가치를 정의로 증명해주는 객관적 이유(따라서 주관적 확신이나 신념이 아니다)를 통해 확립될 때만 비로소 정의로 사고할 수 있다. 만일 이러한 객관적 기준을 찾을 수 없다면 협동주의가 제시하는 제3의 정의 형태 역시 상대주의의 범주를 벗어날 수 없게 된다. 그렇다면 이러한 객관적 기준은 어디에서 찾아야 하는가? 이 물음에 대해 우리는 '사물의 본성(Natur der Sache)'으로 답하고자 한다. 물론 '사물의 본성'의 의미에 대해서는 학자마다 다른 견해를 피력하고 있다. 일단 몇몇 학자의 견해를 서술해보자.

1) 라드브루흐의 견해

라드브루흐에 따르면 사물의 본성은 "사실적인 생활관계에 귀속되는 의미 및 이러한 의미의 기저에 있는 법이념의 표현"으로 정의된

---

90) H. Welzel, Naturrecht und materiale Gerechtigkeit, 2. Aufl., 1955, S. 197.
91) Welzel, a.a.O.

다.[92] 라드브루흐는 우선 '사물(Sache)'을 법을 형성하는 모든 소재 (Stoff)로 파악한다. 그는 이 소재를 다시 세 가지로 나눈다.

첫째, 모든 자연적 사실(Naturtatsachen)은 사물이다. 이는 물론 '순수한 자연적 원료'가 아니라 '개념적으로 포착된 형식 이전의 실재'를 의미하며, 이것이 법의 소재가 된다.

둘째, 관습, 전통, 습관, 관례, 습속 등에 의해 규율되는 생활관계를 형성하고 있는, 법적 관계의 사전형식(Vorformen der Rechtsverhält-nisse) 역시 사물에 해당한다.

셋째, 기존의 법적 규율 자체(die bestehenden rechtlichen Regelungen selbst)도 사물에 속한다.[93]

라드브루흐는 이와 같은 사물의 본질과 의미, 즉 생활관계 자체의 성질로부터 도출되는 객관적 의미를 '본성(Natur)'으로 파악한다. 그리고 이러한 객관적 의미는 곧 생활관계가 얼마만큼 특정한 가치사상을 표현하는 의미를 갖고 있는지를 판단하는 기준이 된다.[94]

그러므로 라드브루흐가 이해하는 사물의 본성은 소재의 의미, 즉 법소재와 법이념의 관계에 초점을 맞추고 있다. 그는 이 관계를 '이념의 소재규정성(Stoffbestimmtheit der Idee)'[95]으로 설명한다. 즉 이념은 특정한 소재에 대해 효력을 갖고 소재를 지향하게 되는데, 바로 그 때문에도 이념은 거꾸로 소재에 의해 규정된다는 것이다. 이는 결국 소재를 **향해**(für) 규정되기 때문에 소재를 **통해**(durch) 규정된다고 하

---

92) Stratenwerth, Das rechtstheoretische Problem der 'Natur der Sache', 1957, S. 20.

93) Radbruch, Die Natur der Sache als juristische Denkform, in: Festschrift für Rudolf Laun, Hamburg, 1948, S. 160 이하(인용은 Stratenwerth, Das rechts-theoretische Problem der 'Natur der Sache', 1957, S. 7 Anm.에 따름); Radbruch, Vorschule der Rechtsphilosophie, 2. Aufl., 1959, S. 21.

94) Radbruch, a.a.O., S. 22.

95) Radbruch, Rechtsphiosophie, 1956, S. 98.

는 이중의 의미로 파악될 수 있다. 이념과 소재 사이의 이러한 관계를 흔히 이념이 소재 속에 미리 주어져 있는 것(Vorgegebenheit)과 동일시하고 그 때문에 마치 소재 속에서 또는 소재로부터 이념을 포착할 수 있는 것처럼 생각하지만, 이는 직관의 행운(Glücksfall der Intuition)이지 결코 인식의 방법(Methode der Erkentniss)은 아니라고 한다.[96] 신칸트학파의 방법이원주의적 인식론을 철저히 신봉하는 라드브루흐로서는 이와 같이 사물의 본성도 존재와 가치의 이원적 대립이라는 관점에서 하나의 방법적 인식으로 이해하고 있으며, 그렇기 때문에 "사물의 본성은 가치와 현실 사이의 준엄한 이원주의를 어느 정도 완화하는 데 도움이 되기는 하지만, 이를 지양하는 역할은 하지 못한다"라고 말한다.[97]

이렇게 볼 때 라드브루흐는 사물의 본성을 단지 법을 해석하거나 법률의 흠결을 보충하기 위해 원용되는 기준으로만 파악할 뿐, 전체 법질서의 존재론적 기초라는 형이상학적 의미로 이해하지는 않는다. 물론 "사물의 본성은 분명 입법자, 법관, 법률가들이 '객관적으로' 마주치는 것의 방향에 대한 지침(Hinweisung), 즉 법적인 고찰에 앞서 주어져 있는 사안과 관련된 방향설정을 제시한다는 의미를 갖는다"[98]라고 말하거나 "사물의 본성은 사실상 법제정과 법해석의 수단으로 기여한다"[99]라고 말함으로써 사물의 본성이 단순히 법해석의 기준을 넘어 입법의 원칙으로서도 의미를 갖는다고 인정하고 있긴 하지만, 이 경우에도 라드브루흐의 '사물의 본성'은 조리(條理)라는 형식적 의미의 법원(法源)의 범주를 벗어나지 못한다. 그러나 우리가 파

---

96) Radbruch, a.a.O., S. 99.
97) Fechner, Rechtsphilosophie, 1956, S. 147, Anm.
98) Fechner, a.a.O.
99) Fechner, a,a,O.

악하고자 하는 사물의 본성은 단순히 법규나 관습이 없을 때 해석을
위해 법원으로 인정되어야 할 조리가 아니고 입법을 할 때 객관적인
존재상태, 즉 법소재의 실현가능성 요구 및 이념형성의 역사적 한계
에 비추어 입법정책적 관점에서 고려해야 할 사물의 본성이 아니다.
우리가 찾고자 하는 사물의 본성은 오히려 "무엇이 법인가?"라는, 법
의 본질에 관한 궁극적 근거를 제시해 줄 수 있는 원칙으로서의 사물
의 본성이다. 즉 소재와 이념 사이의 형식적 관계에서 찾을 수 있는 사
물의 본성이 아니라 본질 자체의 존재관계에 내재하는 특정한 원칙으
로서의 사물의 본성을 찾아낼 수 있는지가 우리의 물음이다.

2) 코잉의 견해

코잉(H. Coing)은 사물의 본성이라는 개념을 "인간의 본성 및 개별적
인 활동영역과 인간의 공동체에 고유한 사물법칙성(Sachgesetzlichkeit)"
으로 이해한다.[100]

첫째, 코잉은 인간의 본성에서 바라볼 수 있는 것은 인간의 육체
적-정신적 특성(leib-seelische Beschaffenheit)이 법의 모든 영역에
서 결정적인 역할을 한다고 한다. 예컨대 인간의 출생, 성장, 연소자
의 보호필요, 성의 구별, 인간의 모든 충동과 격정, 정신생활의 조직
과 내용 등은 모두 법에서 가장 커다란 의미를 지니고 있다고 본다. 인
간의 이러한 본성을 이해하지 않고서는 소유권 제도나 명예보호, 정
신적 창작으로서의 저작권, 특허권 등을 전혀 파악할 수 없다는 것이
다.[101] 예컨대 밤낮으로 되풀이되는 사실, 인간의 생활에 영향을 주는
모든 것, 즉 재화의 희소성, 빈곤, 분업 또는 교통사고와 관련된 기술

---

100) Stratenwerth, Natur der Sache, 1957, S. 20; Coing, Grundzüge der Rechts-
philosophie, 1950, S. 119.
101) Coing, a.a.O., S. 119.

적 관계의 규율 등은 모두 법에 대해 중요한 의미를 갖는다고 한다.

둘째, 개개의 활동영역의 사물법칙성 역시 이러한 인간의 본성과 밀접한 관계에 놓인다고 한다. 예컨대 상인의 상거래의 특성을 고찰해보면 상인은 경제적 인간(homo oeconomicus)으로서 대가가 없는 행위를 기대할 수 없고, 만일 상인에게 대가가 없는 행위를 기대한다면 이는 상거래의 본성에 부합하지 않는다고 한다.

셋째, 생활영역 고유의 법칙성(Eigengesetzlichkeit)도 존재한다고 한다. 예컨대 가족법에서는 혼인의 본질이, 공무원법에 대해서는 국가를 위한 업무의 본질이, 군사법에서는 계급조직과 명령/복종이라는 군대의 본질이, 교회법에서는 종교적 체험과 종교적 단체의 본질이 고유의 법칙성으로서 중요한 의미를 갖는다.

넷째, 특정한 개별적 현상(Vorgänge)이나 특정 유형의 업무(Geschäft)도 고유한 법칙성에 따른다고 한다. 예컨대 임대차, 매매, 하자담보책임, 법관의 독립을 보장하기 위한 사법기관의 조직 및 재판의 공정성을 위한 법관의 기피, 제척 제도 등은 모두 사물의 본성에 따르는 고유한 법칙성의 표현이라고 한다.

결국 코잉은 사물의 본성을 인간의 본성과 인간이 생활하는 세계의 본성에 근거한다고 보며 이러한 본성은 각각의 독특한 성향에 따라 모든 사회영역에서 고유한 법칙성을 형성한다고 한다. 그러므로 사물의 본성은 사물 자체에 내재하는 사회적 존재질서 일반을 말하는 것이고, 정의는 단지 이러한 질서의 안정성을 위한 것으로 인식되고 고려되어야 할 뿐이라고 본다. 따라서 정의의 본질은 인간과 사회적 사건을 법을 통해 일정한 질서 속에 있게 만들고 영원한 존재질서 자체가 인간과 사건으로 하여금 각각의 위치를 잡도록 만든다는 것이다.[102] 바로

---

102) Coing, a.a.O., S. 122.

이 점에서 우리는 코잉이 정의의 척도를 존재질서라는, 이미 주어져 있는 사회상태 자체에서 찾고 있다는 것을 알 수 있다. 하지만 코잉은 다시 이렇게 말한다. "사물의 본성은 우리가 그것을 사물이나 인간의 단순한 속성, 사회적 과정의 고유한 법칙성으로 파악하는 것만으로는 특정한 평가로 귀착하는 도덕적 결정에 대해서는 아무런 영향도 미치지 못한다. 그 때문에 우리는 다시 평가의 문제로 되돌아가지 않을 수 없다."[103] 그러면서 코잉은 예컨대 "어떤 국가가 백인종이 아닌 모든 인종을 국가관료에서 배제한다"[104]라는 법규의 타당성은 유색인종을 낮게 평가하는 것이 정당한지 여부에 대한 가치판단이 없이는 결정할 수 없다고 한다. 그러므로 사물의 본성은 결국 **도덕적 서열**로 되돌아가게 되고, 정의는 이러한 도덕적 서열에 비추어서만 스스로를 평가할 수 있는 척도를 획득하게 된다고 한다. 다시 말해 정의라는 궁극적 척도로서의 가치(Maßstabswert)는 도덕적 요구에 의존하며, 따라서 법이념은 법의 윤리화(Versittlichung des Rechts)를 필요로 한다는 것이다.

이상과 같은 코잉의 견해는 정의의 본질과 관련해 거의 획기적이라고 할 수 있을 정도로 커다란 시사점을 제공하고 있다. 즉 사물의 본성은 정의의 척도이기는 하지만, 이 척도는 다시 도덕적 요구에 의해 '평가'될 때만 법이념의 기준이 되는 가치가 될 수 있다는 것이다. 하지만 우리가 존재질서(Seins-Ordo)로 사고하는 사물의 본성 속에 이와 같은 평가의 문제까지 함께 포함되어 있다고 생각할 수 있는 것일까?[105] 코잉 자신이 말하고 있는 것처럼 "사물의 본성 자체 안에 언제

---

103) Coing, a.a.O., S. 128.
104) Coing, a.a.O., S. 129.
105) 토마스주의(Thomismus)와 슈타알(F. Stahl)은 이러한 입장을 취한다(Coing, a.a.O., S. 123 이하, S. 129 참조).

나 평가를 포함하고 있다면 이 문제를 더 이상 논의할 여지는 없게 될 것이다. 왜냐하면 우리가 사물의 본성을 문제 삼는 이유는 바로 사물의 본성 가운데 어떤 자연질서(ordre natural)가 내재하는지 여부 때문이고, 만일 내재한다면 더 이상 도덕적 가치개념으로 돌아가는 번거로움을 **피할**(ersparen) 수 있을 것이다. 그러므로 정의의 이념은 그 자신은 아무런 **평가**도 포함하지 않는 하나의 일관된 질서를 통해 보충될 것이다." "그러나 만일 그렇지 않다면 우리의 시도는 아직도 끝난 것이 아니다. 왜냐하면 이제는 여러 가지 가치들 사이에서 어느 가치를 선택하는 결정을 내려야 할 것인지를 알 수 없는 당혹스러운 상태에서 아무런 객관적 기준도 없이 결정해야 하는 상대주의의 문제가 새롭게 등장하기 때문이다."[106] 그러나 뒤의 인용문에서 코잉이 표명하고 있는 우려를 우리도 공유해야 할 것인지 의문이다. 평가의 문제까지 **포함한** 사물의 본성이라면 상대주의가 다시 문제가 될 이유가 없지 않는가? 즉 사물의 본성 자체가 평가의 기준인 동시에 하나의 절대적 가치라면, 다시 말해 생활의 고유한 법칙성 자체가 하나의 절대적 가치라면, 이 경우에도 또 다른 가치기준이 필요하고 이 기준에 따른 평가가 필요한 것인가? 설령 사물의 본성이 특정한 도덕적 가치를 통해 하나의 척도로서의 가치를 인정받게 된다고 말할지라도, 도대체 이 도덕적 **평가 자체**는 무엇을 기준으로 삼는 것인가? 이 도덕적 평가의 기준 역시 절대적인 것이 아니라면, 한 사람의 도덕은 얼마든지 다른 사람의 부도덕이 될 수 있다. 예컨대 "유색인종을 낮게 평가하는 것은 정당하지 않다"라는 도덕적 가치판단을 평가하기 위한 절대적 기준이 없다면 "유색인종은 낮게 평가해도 좋다"라는 반대되는 도덕적 가치판단도 얼마든지 존재할 수 있게 되어버린다. 따라서 도덕과 반

---

106) Coing, a.a.O., S. 129.

도덕을 결정짓는 기준은 도덕 자체가 아니라 도덕의 기반이 되는 다른 곳에서 찾아야만 한다. 이 점에서 사물의 본성은 정의라는 법적 가치의 기준이 될 뿐만 아니라 도덕적 평가의 기준이기도 해야 하며, 인간질서를 포괄하는 본질 자체의 절대적 법칙성을 의미하는 것이어야 할 것이다.

3) 페히너의 견해

이제부터는 페히너(E. Fechner)가 설명한 사물의 본성 개념을 살펴보자. 페히너는 사물의 본성을—법적 고찰을 전제하는 한—'법이념에 관련된 생활관계의 의미'[107]로 이해한다. 그는 먼저 '실재적 요소(Realfaktoren)'와 '사물의 본성'을 구별한다. 양자는 인간이 당면하는 현실 속에서 객관적으로 사물법칙적인 방향설정을 제시하는 존재사실을 뜻한다는 점에서 공통점을 갖고 있지만, 전자는 실재 및 이 실재의 작용을 통해 발생하는 자연력이라는 적나라한 존재사실, 즉 사실성(Faktizität)과 관련되고, 후자는 사물의 의미내용, 즉 사물을 밝혀내고자 하는 '정신적'인 목적추구성(Zielstrebigkeit)을 뜻한다.[108] 물론 사물의 본성도 객관적으로 주어진 특성을 갖는 사물에 관계한다는 점(예컨대 토지가 부동산으로서 성질을 갖는다는 사실)에서는 실재적 요소에 포함되긴 하지만, 토지와 같은 실재적 요소에 구속된다는 의미뿐만 아니라 특정한 관계의 의미내용까지 함께 포함하고 있다고 한다. 그런데 이 실재적 요소 역시 단순히 아무런 생명도 없는 사실이 아니라 생명, 생존, 힘의 충동이 뒷받침되어 있는 존재사실이라고 하며, 그 때문에 인간의 영향력이 직접 도달할 수 없는 실재적 근원으로서 존

---

107) Stratenwerth, Natur der Sache, S. 20; Fechner, Rechtsphilosophie, 1956, S. 147.
108) Fechner, a.a.O.

재사실의 힘을 갖고 있다고 한다. 그렇기 때문에 이러한 힘을 배후에
담고 있는 사물들은 스스로 하나의 질서를 전개해 나가고, 이 점은 생
활관계의 발전 정도와는 관계없이 이미 태고적부터 사물관계의 질서
관념을 구성하고 있다고 본다. 그렇지만 이러한 사물관계 내부에 있
는 실재적인 존재사실의 자연력뿐만 아니라, 자연력에 내재하는 의미
성(Sinnhaftigkeit)까지 함께 하면서 법질서를 형성한다.[109]

그러나 이 의미성은 결코 인간의 주관적 자의에 의해 평가되는 것
이 아니라 의미성을 판단하는 객관적인 기준이 존재한다고 한다. 만
일 사물의 본성이 인간의 평가에 의해 정립되는 의미성이라면, 객관
적 타당성이라는 가치와 타당성 가치에 대한 척도가 없게 된다. 왜냐
하면 인간이 의미로서의 사물에 투영하는 가치는 상대적이고 가변적
인 평가에 의존하게 됨으로써 때로는 가치가 배제되고 때로는 다른
가치에 의해 대체되고 말 것이기 때문이다. 역사적으로 볼 때 혁명이
발생해 새로운 질서를 형성하는 사회계급이 등장해 의미의 근원적 변
화가 등장하는 것은 이러한 현상에 해당한다.[110] 그렇다면 사물관계
의 객관적인 의미성은 무엇을 통해 규정되는 것인가? 페히너는 이 물
음을 엔텔레키 이론(Entelechienlehre)으로 대답한다.[111]

---

109) Fechner, a.a.O., S. 148.
110) Fechner, a.a.O., S. 149.
111) Fechner, a.a.O., S. 149 이하. 플라톤과 아리스토텔레스가 표방한 이 엔텔레
키 이론은 본질 이론에서 중요한 의미를 갖고 있고, 특히 법철학에서는 자연
법의 존재를 증명할 때 중요한 역할을 한다. 엔텔레키 개념에 따라 질료
(Stoff)와 형상(Eidos)의 관계가 인과론적 현상이 아니라는 점에 대해서는 일
반적으로 의문이 없는 것 같다. 하지만 질료가 무엇인가, 즉 '유(有)'인가 '무
(無)'인가에 관해서는 존재론의 문제로 남아 있다. 하이데거(M. Heidegger)
는 자신이 말하는 존재론적 '무(Nichts)'를 형상을 갖지 않는 질료의 비존재
성으로서의 무와 구별하면서, 질료로서의 무를 '비존재자(das Nichtseiende)'
로 자신이 말하는 무를 '비존재(das Nicht—Seiende)'로 표시한다(Heidegger,
Was ist Metaphysik?, S. 39, 45, 28 — 인용은 朴鐘鴻, 否定에 關한 硏究, 131면
에 따름). 결국 엔텔레키 이론에서 말하는 질료의 비존재성은 존재론에서 말

페히너에 따르면 모든 존재자, 특히 모든 생명 있는 것에 내포되어 있는 작용력은 엔텔레키라는 의미로 이해할 수 있다고 한다. 우리가 살아있는 것(Lebendiges)을 관찰할 때는 언제나 현실적인 힘, 즉 '엔텔레키의 힘(entelechiale Kräfte)'이라는 관념이 없이는 살아있는 것이 표출되는 모든 과정을 제대로 이해할 수 없다고 한다. 왜냐하면 이 과정은 원인과 결과라는 인과론적 범주와 결부되어 있지 않기 때문이라고 한다. 페히너는 엔텔레키 개념이 하나의 수수께끼와 같은 것(Rätselhaftigkeit)이긴 하지만, 이 수수께끼 자체를 파악할 수 있다고 생각하며, 이 의미에서 엔텔레키 개념을 결코 부정할 수 없다고 한다. 다만 아직까지 어느 누구도 이 목적추구적 힘 자체를 밝히고 입증한 사람이 없을 뿐이라는 것이다. 그러므로 만일 이러한 엔텔레키의 힘을 인정한다면 이 힘의 실효성은 사회적 형상과 사회적 생기(生起)에서도 인정해야 하고, 이것이 곧 사물의 본성이 갖고 있는 의미적 요소와 일치한다고 한다. 엔텔레키 개념을 전통적 의미로 이해하면 이 개념은 자연에 의해 주어져 있는 힘이고, 자연에 의해 주어진 힘은 인간과는 별개로 존재하며 그 자체 하나의 질서 속에 자리 잡고 있으며, 따라서 인간이 스스로 형성하는 것이 아니라 거꾸로 인간이 탄생과 함께 이 질서 속으로 들어가 인간의 안전이 유지된다고 한다. 설령 '인간적인 것(das Menschliche)'이 '객관화(Objektivation)'를 통해 사물의 본성으로서 인간과 대립하는 상태에서 사회적 존재사실과 법적 제도 안으로 들어가는 경우라 할지라도 마찬가지라고 한다. 이때에도 객관화는 인간 속에 내재하는 엔텔레키의 힘으로 나타난다고 한다.

하는 '무(Nichts)'의 '무'성에 관한 문제이다. 이 문제는 자연법의 존재 증명에서 매우 중요한 요소가 된다. 그러나 벨첼은 현실로서의 자연 개념은 인간이 그것을 추구한다는 점을 전제할 뿐이고 이념적인 가치의 본질로부터 자연의 개념에 대해 구체적인 결정을 내릴 수는 없다고 한다(Welzel, Naturrecht und materiale Gerechtigkeit, S. 196 참조).

다시 말해 인간적인 것이 일단 사회적 제도 속으로 들어간 이상 인간의 자의에 의해 좌우될 수 없고, 오히려 인간적인 것이 제도에 구속당하는 상태에 도달한다는 것이다. 혼인, 가정, 공동체, 국가, 기업, 호텔, 교회 등은 이러한 사회적 제도에 해당하고, 이 제도들은 제도에 내재하는 질서를 통해 획득되고 구조화되는 근원적 형상(Urgebilde)이라고 한다. 이러한 근원적 형상 속에서 인간의 본질과 인간의 엔텔레키가 스스로를 펼쳐나가고, 이러한 전개는 궁극적으로 이 근원적 형상에 힘입은 것이라고 한다. 따라서 이러한 형상은 개인의 욕망이나 의욕으로부터 완전히 독립되어 있는 것이다. 이와 같은 사고방식은 이미 오래전부터 인정되어 온 규범이었고, 특히 아리스토텔레스의 영향을 받은 모든 법사상(특히 중세의 법사상)은 바로 이 사고방식에 의존하고 있다는 것이다.

그러나 이러한 사고방식은 엔텔레키 개념의 불명확성 때문에 암초에 부딪혔으며 법적 문제에 대한 대답은 이 개념의 불명확성에 직면해 하나의 수수께끼를 또 다른 수수께끼로 대체한 것일 뿐이라고 한다. 그렇기 때문에 사실적인 실재로 주어져 있지 않고, 인간의 분석을 통해 비로소 세계에서 등장하며, 인간에 유래하고 인간의 정신적 본질에 기초한 의미의 힘(Sinnkräfte)을 빌려 법적 문제에 대한 대답을 찾지 않을 수 없다고 한다.[112] 그렇지만 사물의 본성이 아무리 복잡한 관념이라 할지라도 이 관념은 명백히 다음과 같은 두 가지 측면을 포

---

112) 페히너는 이러한 의미의 힘을 통해 비판적 고찰의 이념적 요소(Ideal-faktoren)를 뒷받침하고, 이 이념적 요소가 객관적 관계에 구속되어 있다는 점(Eingebundenheit)을 검토해볼 필요가 있다고 한다. 그래야만 사물의 본성에 대한 고찰이 완성되고 '전체(das Ganze)'를 통찰할 수 있다고 한다(Fechner, a.a.O., S. 151). 또한 페히너가 말하는 '구속된 것'은 'Eingebundenheit', 'Eingebundensein', 'Eingebundenes' 등 여러 가지로 표현되며, 이 개념들은 법을 형성하는 힘이 객관적 성격을 갖고 있다는 점을 표현하기 위한 것이다(Fechner, a.a.O., S. 129 이하, 특히 S. 142 이하 참조).

함하고 있다고 한다. 즉 "사회적 상태로 주어져 있는 실재와의 관련성
과 실재와 관련성 속에 내재하는 의미내용"은 필연적으로 포함하고
있다는 것이다. 이 의미내용을 통해 사물의 본성 개념은 '구속되어 있
는 것(etwas Eingebundenes)', 객관적인 것으로 등장한다. 사물의 본
성 개념을 둘러싼 모든 논란에도 불구하고 이 구속성과 객관성은 필
연적으로 사물의 본성 개념에 속한다.[113]

4) 슈트라텐베르트의 견해

다음은 슈트라텐베르트(G. Stratenwerth)의 사물의 본성론을 살펴
보자. 슈트라텐베르트는 라드브루흐, 코잉, 페히너가 의미하는 사물
의 본성이 표현의 차이에도 불구하고 모두 인간이 살고 있는 의미적
(사회적) 세계로 눈을 돌리고 있다는 점에서는 일치한다고 본다. 이와
동시에 세 학자들의 표현이 사물논리적 통찰(sachlogische Einsicht)[114]
과 같이 인간학적 사실을 직접적으로 지시하는 내용을 담고 있지는
않다고 한다. 그 때문에 슈트라텐베르트는 벨첼과 니제(W. Niese)가
목적적, 의미적 인간행위의 사물논리적 구조를 밝힌 점에 착안해 이
러한 행위가 지향하고 있는 목적적 및 의미적 내용 자체를 탐색함으
로써 사물의 본성을 탐구하고자 한다. 또한 이 측면에서 실정법이 이
미 주어져 있는 사물관련성에 어느 정도까지 구속되고 있는지 여부를
검토해야 한다고 본다.[115]

실정법을 구속하는지 여부와 관련된 사물의 본성은 언제나 일정한
'가치관점(Wertgesichtspunkt)'으로 시야를 돌리도록 만들고, 그 때문
에 사물의 본성에 관한 이론은 일차적으로 가치관점을 지향한다고 한

---

113) Fechner, a.a.O., S. 151.
114) Stratenwerth, Natur der Sache, 1959, S. 7 이하 참조.
115) Stratenwerth, a.a.O., S. 21.

다. 즉 사물의 본성 이론은 항상 특정한 문제에 대답하려는 것이기 때문에 생활관계의 의미, 제도의 질서적 사명, 기술적 과정의 특성에 상응한 정당한 행위가 무엇인지를 결정하기 위해 그때그때마다 본질적인 사정을 확정하는 상황에 대한 선이해(Vorverständnis)를 전제한다고 한다. 이 경우 우리의 관점 방향을 규정하는 가치관점은 그 자체 널리 인식되어 있는 것이 아니라 성찰을 거쳐 파악할 수 있는 것이긴 하지만 그로 인해 사물의 본성이 갖는 의미가 변경되는 것은 아니다. 오히려 존재적 소재가 다양하기 때문에 사물의 본성은 본질적 의의를 충분히 드러낸다고 한다.[116) 즉 슈트라텐베르는 사물의 본성의 개념을 확정하려는 것이 아니라 사물의 본성이 실정법을 구속하는지 여부를 검토하는 데 주안점을 두고 있다. 그리하여 개개의 실정법, 즉 민법, 형법, 행정법 등에 따라 각각 다른 가치관점에 의해 규율된다는 결론에 도달한다. 그렇기 때문에 슈트라텐베르트는 사물의 본성의 '상대성(Relativität)'을 분명하게 밝히려고 한다.

　이러한 사정은 사물의 본성에 관한 모든 언명의 '상대성'을 분명하게 보여준다고 한다. 즉 사물의 본성은 사물을 파악하는 특정한 시각에 구속된다. 다른 한편 사물의 본성을 원용함으로써 주장하게 되는 본질적 연관관계의 불변성(Unverschiebbarkeit) ― 엄밀한 의미에서는 '상대적' 불변성이다 ― 이 드러나기도 한다. 그렇기 때문에 사물의 본성의 적용이 특정한 관점에 따라 자의적으로 평가될 수 있다는 생각은 성급한 오해라고 한다. 왜냐하면 특정한 가치관점과 이에 상응하는 사물구조 사이의 관계는 불가분의 관계이기 때문이다. 따라서 어떠한 평가도 존재적 소재들이 그렇게 존재하는 것(Sosein)에 변경을 가할 수는 없으며, 단지 사안을 파악하는 시각 및 가치와 관련해 중

---

116) Stratenwerth, a.a.O., S. 24.

요한 의미가 있는 특징을 포착하는 시각의 방향만이 변경될 수 있다고 한다. 그러므로 오로지 가치관점만이 가변성을 갖고, 사물의 본성 자체는 가치관점들과 확고한 관계를 맺고 있다면, 실정법이 사물의 본성에 구속되는 문제는 전적으로 실정법이 주도적 가치관점에 의존하는지에 달려 있다.[117] 그런데 주도적 가치관점과 사물의 본성 사이의 이와 같은 연결을 고려한다면—그리고 **오로지** 이 연결을 고려할 때만—실정법의 가치평가가 어떤 존재구조에 의해 구속될 수 없다는 견해를 거부할 수 있다고 한다.[118]

요약적으로 말하면 슈트라텐베르트는 실정법이 사물의 본성에 구속되는지 여부는 주도적 가치관점에 의해 결정된다고 한다. 그는 이점을 다음과 같이 명확하게 언급하고 있다. "사물의 본성은 언제나 특정한 가치관점과 관련을 맺는다. 따라서 사물논리적 연관성이 실정법에 대해 구속력을 갖는지 여부는 전적으로 가치관점이 척도가 되는지여부(Maßgeblichkeit)에 의존한다."[119] 슈트라텐베르트는 이로부터 다음과 같은 매우 중요한 결론들이 도출된다고 한다.

첫째, **어떤 법영역에서 사물논리를 확인한다고 해서 이를 곧장 다른 법영역에 적용할 수 없다.**[120] 그렇기 때문에 한 법영역에서 척도가 되는 가치관점이 다른 법영역의 가치관점과 일치할 필요가 없고 실제로도 일치하지 않는다. 예컨대 목적적 행위 개념에 대한 사물논리적 탐구를 통해 형법에서 이룩한 성과는 민법에서는 아무런 도움이 되지 않으며, 이 점에서 양자 사이에 존재하는 '시각의 차이'가 결정적 의미를 갖는다.

---

117) Stratenwerth, a.a.O., S. 25.
118) Stratenwerth, a.a.O., S. 27.
119) Stratenwerth, a.a.O., S. 29.
120) Stratenwerth, a.a.O., S. 29.

둘째, 실질적 가치관점과 개별적인 가치술어(Wertprädikaten) 사이의 구별은 **사물의 본성이 단순히 본질적인 사물관련성만을 확정할 뿐, 이에 따른 개별적 법적 평가까지 사전에 규정하는 것은 아니기 때문에** 사물의 본성으로부터 도출되는 결론을 제한한다.[121] 예컨대 과실의 손괴죄를 처벌해야 마땅한지, 명예훼손은 상해보다 더 중하게 처벌해야 마땅한지에 대한 대답은 사물의 본성으로부터 도출되지 않으며, 가치서열 관계는 특정한 시대의 사회윤리적 관념에 따라 규정될 수 있을 따름이다.

이와 같이 슈트라텐베르트는 사물의 본성의 개념 자체보다는 실정법이 사물의 본성에 구속되는지 여부를 중심으로 사물의 본성론을 전개하고 있다. 즉 그는 행위나 존재사실의 사물논리적 구조를 인정하긴 하지만, 이 구조의 의미내용은 특정한 가치관점에 따라 결정된다고 한다. 따라서 사물의 본성에 대한 실정법의 구속은 전적으로 주도적 가치관점에 대한 구속에 의존할 수밖에 없다고 한다. 그 때문에 개개의 가치관점들 사이의 차이는 개별 법영역에 따라 상대적이고, 단지 각 법영역에 따라 사물논리적 관련성을 드러낸다는 점에서만 **방법론적으로 동일한 경향**을 보일 뿐이라고 한다.

그렇지만 슈트라텐베르트의 견해에 대해서는 다음과 같은 질문을 제기할 수 있다. 즉 슈트라텐베르트가 말하는 '가치관점' 자체의 구속력은 어디에 근거하고 있는가? 다시 말해 우리의 세계에 이미 주어져 있는 사물논리적 '관련'성이 관련'성'을 갖는 이유는 무엇인가? 이 질문이 곧 자연법의 본질에 대한 물음이라는 점은 의심의 여지가 없다. 그러나 슈트라텐베르트가 생각하는 것처럼 사물의 본성이 자연법의 문제와는 다른 차원에 놓여있다면,[122] 결국 슈트라텐베르트의 '사물

---

121) Stratenwerth, a.a.O., S. 28.
122) Stratenwerth, a.a.O., S. 29.

의 본성'은 자연법과는 다른 의미를 갖지 않을 수 없고, 우리의 질문
에 대한 대답이라고 할 수도 없다.

5) 몽테스키외의 견해

끝으로 몽테스키외의 사물의 본성론을 서술해보자. 몽테스키외는
그의 저작 「법의 정신」의 첫머리에 다음과 같은 가상적인 말을 적어 놓
았다. "법이란 가장 넓은 의미에서 사물의 성질에서 생기는 필연적 관
계이다. 그리고 이 의미에서 모든 존재는 자신의 법을 갖고 있다. 신도
그의 법을 갖는다. 물질계도 그의 법을 갖는다. 인간보다 상위의 예지
자도 그의 법을 갖는다. 짐승도 그의 법을 갖는다. 인간도 그의 법을 갖
는다."123) 그러므로 몽테스키외에게 법은 '사물의 성질로부터 발생하
는 필연적 관계'이며 모든 존재는 각자 자신의 법을 갖는다. 또한 몽테
스키외는 "맹목적인 운명이 예지적 존재를 낳는다는 따위의 우스꽝스
러운 일은 있을 수 없다"고 말하면서 그렇기 때문에 "먼저 원시적 이성
이 존재하고 법이라는 것은 법과 다른 여러 가지 존재들 사이에 있는
관계 및 이들 여러 가지 존재들 사이의 상호관계이다"124)라고 한다.

그러므로 몽테스키외가 말하는 '사물의 성질로부터 발생하는 필연
적 관계'는 원시적 이성과 여러 가지 존재 사이에 있는 관계 및 이들
여러 가지 존재들 상호간의 관계를 뜻한다. 그리고 이러한 사물의 성
질은 각각의 사물을 '그렇게 있게끔 만드는 것'이고 또한 각각의 사물
의 '특수한 구조'이기 때문에125) 사물의 성질은 원시적 이성에 기초한
것이다. 이 점에서 몽테스키외에게 '사물의 성질로부터 발생하는 필
연적 관계'는 원시적 이성과 여러 가지 존재 사이의 관계에 관련된 것

123) Montesquieu, De l'esprit des lois(申相楚 역, 「법의 정신」, 7면 참조).
124) 「법의 정신」, 7면.
125) 「법의 정신」, 34면.

이며 이러한 원시적 이성을 기초로 삼는, 존재들 상호간의 관계인 것이다. 따라서 '사물의 성질로부터 발생하는 필연적 관계'는 곧 '존재와 원시적 이성 사이의 관계'라고도 말할 수 있다.

법이 이와 같이 '사물의 성질로부터 발생하는 필연적 관계'이자 동시에 '존재와 원시적 이성의 관계'라면 이것은 분명 로고스(Logos)적인 것을 의미한다. 즉 세계를 하나의 통일적 질서로 보고 이 통일적 질서의 질서로서의 성질을 로고스의 작용으로 보는 셈이다. 몽테스키외가 "물질의 운동에 의해 형성되고 지성이 없는 이 세계가 우리가 보는 것처럼 항구적인 존재를 갖고 있는 이상 이 운동은 반드시 불변의 법을 갖고 있지 않을 수 없다. 또한 만일 이 세계 이외에 또 다른 세계를 상상할 수 있다면 그 세계 역시 항구적인 규율을 갖고 있을 것이다. 그렇지 않다면 그 세계는 멸망하고 말 것이다"라고 말할 때도 그는 보편적이고 항구적인 로고스의 작용을 염두에 두고 있다. 그가 말하는 '원시적 이성'은 바로 이러한 로고스를 의미한다.

그런데 사물과 원시적 이성의 관계, 사물의 성질로부터 발생하는 필연적 관계로서의 법은 몽테스키외에게는 인간의 법뿐만 아니라, 물질계와 짐승의 법도 포함한다. 따라서 법은 물리학적 자연법칙일 수도 있고 생물학적 자연법칙일 수도 있으며 인간학적 규범법칙일 수도 있다. 그러므로 몽테스키외가 말하는 가장 넓은 의미의 법은 자연법칙적 측면과 규범법칙적 측면을 뚜렷이 구별하지 않은 채 양자 모두를 포함하고 있다. 즉 자연법칙적 측면에서의 법은 생물이든 무생물이든 모든 존재를 지배하지만 규범법칙적 측면에서의 법은 예지적 존재로서의 인간에게만 관련된 법이다. 이 규범법칙적 법은 아마도 '예지적 존재'인 인간의 '성질로부터 발생하는 필연적 관계'를 뜻할 것이다. 물론 몽테스키외가 "인간도 생리학적 존재로서 다른 물체와 마찬가지로 불변의 법에 지배당한다"[126]고 말할 때 그가 의미하는 불변의 법이란 명백히 자연법칙을 뜻한다. 하지만 인간은 "예지적 존재로서 끊임없이 신이 정한 법을 어기고 자신들이 정한 법을 고친다"[127]라고 말할 때 신이 정한 법 또는 인간들 자신이 정한 법은 당연히 자연법칙이 아니라 규범법칙을 뜻한다. 왜냐하면 오로지 규범법칙만이 인간이 어기고 인간이 정하며 인간이 변경할 수 있는 법일 것이기 때문이다. 그러므로 몽테스키외가 "인간도 자신의 법을 갖는다"라고 말할 때 법은 이러한 원시적 법(Lois primitives)의 규범법칙적 측면이다.

따라서 몽테스키외가 '불변의 법' 또는 '신이 정한 법'이라고 부르는 원시적 법은 한편으로는 자연법칙적 필연성을, 다른 한편으로는 규범법칙적 필연성을 포괄하는 것이라고 할 수 있다. 즉 생물이나 무생물과 같은 자연계에 작용하는 것은 원시적 법의 자연법칙적 측면이고, 예지자로서의 인간에게 작용하는 것은 원시적 법의 규범법칙적 측면이 될 것이다. 그러나 인간이라 할지라도 생리적 존재로서는 원시적 법의 자연법칙적 측면의 지배를 벗어날 수 없는 것이며, 이를 위반할 가능성조차 갖고 있지 않다. 그러나 인간은 거꾸로 이 측면을 지배하기도 한다. 물론 이 지배는 자연법칙에 순응함으로써만 가능할 뿐, 자연법칙을 위반함으로써 가능한 것은 아니다. 결국 인간은 자연법칙의 작용을 이용할 수는 있지만 이를 변경할 수는 없다. 이와 같이 원시적 법의 자연법칙적 측면은 인간까지도 완벽하게 지배하지만 규범법칙적 측면의 지배는 그렇지 못하다. 즉 인간이 규범법칙을 위반하는 경우가 자주 있다. 그 때문에 인간은 예지적 존재라는 자신의 본성에 기초해 또 하나의 법을 정한다. 그것이 바로 실정법(Lois posi-

---

126) 「법의 정신」, 10면.
127) 「법의 정신」, 10면.

tives)이다.

그렇기 때문에 인간을 지배하는 법칙은 세 가지이다. 즉 원시적 법으로서의 자연법칙, 원시적 법으로서의 규범법칙, 인정법(人定法)으로서의 실정법칙이 인간을 지배한다. 그러나 원시적 법으로서의 규범법칙은 인간에 의해 위반되기는 하지만 그 자체 '불변의 법', '신이 정한 법'임에 반해 인정법으로서의 실정법칙은 인간의 유한적 존재성과 그에 따른 오류의 불가피성 때문에 불변적인 것이 아니다. 그러므로 몽테스키외가 말하는 '가능한 정의관계'[128]는 전자의 규범법칙적 측면을 뜻한다. 즉 "만들어진 법이 있기 전에 가능한 정의관계가 있었다"[129], "실정법에 앞서는 형평의 관계 — 실정법은 이 관계를 확인한다 — 를 인정해야 한다"[130] 또는 "실정법이 명령하거나 금지하는 것 이외에는 정의란 존재하지 않는다고 말하는 것은 원을 그리기 전에는 모든 반경이 같지 않다고 말하는 것이나 다름없다"[131]라는 표현은 인간이 정한 실정법에 앞서 자연적인 규범법칙으로서의 원시적 법이 존재한다는 의미이다. 실정법에 앞서는 이러한 법이 곧 자연법(Lois de la nature)이다.

그러므로 원시적 법의 규범법칙으로서의 '가능한 정의관계'는 실정법이 규정한 내용이 무엇인지에 관계없이 타당성을 갖고 있고, 때로는 인간의 행위를 매개로 실현되기도 하고 때로는 인간이 이를 위반함으로 인해 실현되지 않을 수도 있다. 그러나 이 '가능한 정의관계'의 효력이 실현되는지 여부에 관계없이 이 관계의 존재 자체는 인간의 정립 이전의 자연적 관계이며 우리의 존재구조로부터만 발생하

---

128) 「법의 정신」, 8면.
129) 「법의 정신」, 8면.
130) 「법의 정신」, 9면.
131) 「법의 정신」, 8면.

는 것이기 때문에 '자연법'이라 불린다.132) 물론 '가능한' 정의관계로
서의 자연법은 자연법칙적으로는 자연계에도 타당하지만 인간에 대
해서는 오로지 인간의 행위를 매개로 할 때만 실현된다. 즉 자연법은
규범법칙으로서만 인간관계에서 효력을 갖게 된다. 이러한 의미에서
전자의 자연법이 자연적 자연법칙(natürliches Naturgesetz)이라면 후
자의 자연법은 윤리적 자연법칙(sittliches Naturgesetz)이다. 하지만
그 어느 것도 인간의 자의를 통해 정립되는 것이 아니라 사물의 성질
로부터 **필연적으로** 발생하는 법칙적 관계이다.

결국 몽테스키외가 의미하는 사물의 본성은 사물의 성질로부터 발
생하는 필연적 관계의 '필연성'이고 각 사물들이 "그렇게 있게끔 만드
는 그 무엇"이며, 이 '그 무엇'이 '원시적 이성(raison primitive)'이다.
즉 몽테스키외의 사물의 본성은 원시적 이성이다.

이상의 고찰을 통해 우리는 사물의 본성의 의미를 둘러싼 몇몇 학
자들의 견해를 살펴보았다. 물론 각 학자가 주장하는 내용이 반드시
일치하지는 않는다. 그러나 하나의 공통점을 발견할 수 있다. 즉 어느
견해이든 '이미 주어져 있는 존재질서의 의미'와 관련을 맺고 있다는
점이다. 우리는 이 존재질서의 의미를 다시 한번 음미해 볼 필요가 있
다. 어떠한 의미에서든 법과 관련된 가장 우선적인 관념은 '질서'이
다. 즉 질서는 우리의 사회생활을 가능하게 만들어주는 일차적 요소
이고, 따라서 객관세계가 존립하기 위한 기초이다. 그러나 이 질서는
결코 우연적 관계로 발생한 현상이 아니다. 질서는 필연적 관계로 형
성된 근원적 현상이다. 자연질서의 필연성뿐만 아니라 인륜질서도 결
코 이 근원적 원리로부터 벗어날 수 없다. 의지의 자유가 도덕률을 정

---

132) 「법의 정신」, 11면.

립하고, 도덕률의 정언명령이 인간의 당위적 행위를 규정하긴 하지만, 추상적 인격이 아닌 구체적 인간에게 과연 그러한 의지의 자유가 존재하는지는 여전히 커다란 문제이다. 물론 인간의 행위가 당위법칙의 지배하에 놓인다는 것도 사실이고 또한 그러한 당위적 행위를 규정하는 것이 의지라는 것도 사실이다. 그렇지만 인간행위의 당위성은 의지 이전에 이미 객관적으로 규정되어 있으며, 그 때문에 인간의 의지는 이미 객관적인 원리에 엄격히 구속된다. 만일 그렇지 않다면 행위의 객관적 평가는 불가능하고 인류질서의 통일성을 정당화할 수 없다.

그렇다면 이러한 객관적 원리는 과연 무엇인가? 만일 이렇게 표현해도 좋다면 우리는 그것을 '도(道)'[133]라고 말하고 싶다. '도'는 동양사상만이 갖고 있는 특유한 표현이기 때문에 이를 원용하는 것이 상당히 조심스러운 일이긴 하지만 모든 존재세계의 질서의 근원을 이루는 객관적이고 절대적인 원리를 문자로 표현하는 데에는 이 표현만큼 적절한 것이 없다고 생각한다. 과연 '도'가 실재하는지 여부 그리고 이를 과학적으로 인식할 수 있는지 여부와는 별개로 '도'가 우리의 생활질서의 궁극적인 존재론적 근거라는 것을 부인하기는 어려울 것이다.

'도'는 전체 우주세계에 편재하는 보편적 원리이고 현상세계의 그 어느 것도 이 이법을 벗어나 존립할 수 없다. 하늘의 이법은 천리(天理)이고 인간의 이법은 윤리(倫理)이며 사물의 이법은 사리(事理)이다. 이들은 모두 도리(道理)의 표현이다. 도리는 결코 인격적 존재자의 의지가 아니다. 도리야말로 몽테스키외가 말한 것처럼 '사물의 성질'로부터 발생하는 필연적 관계이고 '사물의 본성'이다. "신도 그의 법을 갖는다"라는 몽테스키외의 말은 아무리 신이라 할지라도 '도리'

---

133) 道는 '로고스', '길', '법칙' 등의 의미로서 진리를 표현한다고 볼 수 있다. 불교의 "不二之法, 謂之道", 周易의 "形而上者謂之道, 形而下者謂之器", 中庸의 "天命之謂性, 率性謂之道" 등의 말은 모두 오직 **하나**의 '진리'에 관련된 것이다.

는 마음대로 좌우할 수 없다는 뜻일 것이다. 모든 사물, 즉 명칭을 갖는 모든 존재는 각각의 성질에 따른 도리를 갖는다. 국가는 국가라는 성질에 따른 도리가 있고, 인간은 — 각 직분주체의 명칭에 따라 — 인간이라는 성질에 따른 도리가 있으며 다른 사물은 그 사물의 성질에 따른 도리가 있다. 만일 도리에 따르지 않는 것이 하나라도 있다면 — 실제로는 있을 수 없는 것이지만 — , 그것은 존재의 기초와 가치의 기초를 상실하고 말 것이다. 왜냐하면 도리만이 만물을 창조한 근원이고 도리만이 가치평가의 궁극적 기준이기 때문이다.

인간의 도리는 윤리이다. 윤리는 각 윤리주체에 따른 성질로부터 발생하는 필연적 관계이다. 이 필연적 관계에 따른 윤리성을 행위의 측면에서 충족시켜야 한다는 요구가 곧 당위이다. 그러므로 당위의 내용은 이미 필연적 관계에 의해 구속받고 있으며 결코 자유롭게 결정할 수 없다. 인류질서는 각 윤리주체가 도리에 부합하는 행위를 함으로써 유지되고, 이 상태는 조화와 평화의 상징이다. 도리에 따르지 않는 행위는 인류질서의 파괴와 무질서를 가져오며, 이 상태는 생활실현을 부정하는 것이다. 법의 과제는 생활실현의 부정 상태를 다시 부정함으로써 긍정 상태를 회복시키는 것이다. 바로 이러한 과제 때문에 법은 자신의 효력을 객관세계에 강요할 수 있는 힘을 갖게 된다.

그러나 '도리' 자체가 정의인 것은 아니다. 도리는 정의와 부정의를 판정해주는 척도이자 기준이다. 이러한 척도는 인간에 의해 정립된 것이 아니고 신에 의해 정립된 것도 아니다. 오로지 사물의 성질에 의해 정립된 것이다. 사물의 성질을 무시하는 것은 '부정(不正)'이고, 사물의 성질을 따르는 것은 '정(正)'이다. 왜냐하면 사물의 성질을 따르는 것만이 질서와 생활을 실현시켜줄 수 있기 때문이다. 그러므로 사물의 성질에 따르는 행위는 정당한 행위이고, 사물의 성질에 따르는

국가는 정당한 국가이며 사물의 성질에 따르는 법은 정법이고 사물의
성질에 따르는 윤리는 선이다. 협동주의라는 세계관의 유형이 정당한
세계관일 수 있는 이유도 인간의 개인성과 사회성이라는 이중의 성질
에 맞는 사회구조이기 때문이고, 평화라는 가치형태가 정당한 사회가
치일 수 있는 것도 인간사회의 생활의 본성에 부합하기 때문이며, 직
분이라는 법률가치가 정당한 법률가치일 수 있는 것도 생활인의 본성
에 합치하기 때문이다. 이는 결코 정치적 이데올로기나 도덕적 확신
또는 종교적 신앙으로부터 도출되는 가치판단이 아니라 자연의 성질
과 존재의 구조로부터 도출되는 필연적 관계를 기준으로 삼아 내려진
결론이다. 바로 그 때문에 이러한 절대적, 보편적 및 객관적 기준을
'자연법'[134]이라고 부른다. 이 기준은 절대적 기준이며 어떠한 이유
에서도 부정할 수 없는 가치척도이다. 자연법은 시대와 장소를 막론
하고 보편적으로 타당한 절대적 원리이며, 이 이외의 다른 어떠한 기
준도 있을 수 없다. 만일 그러한 기준이 있다면 그것은 '거짓(僞)' 기
준이다. 진리는 '하나'이기 때문에.

　그러므로 법의 효력'근거'는 바로 정의의 척도가 되는 이 '사물의
본성'이다. 즉 법은 '사리에 맞는 것(Sachlogikmäßigkeit)'일 때 자신의
타당성을 인정받게 되고, 이때 비로소 자신의 구속력을 객관세계에
강요할 수 있는 힘을 갖게 된다. 법의 효력근거로서의 '법의 힘
(Rechtskraft)'은 바로 이 사물의 본성이고, 법규범의 타당성근거와 정
당성근거 역시 사물의 본성이다. 이 사물의 본성 또는 자연법이 법효
력의 철학적 근거이다.

---

134) 켈젠(H. Kelsen)의 '순수'법학이 모든 정치적 이데올로기, 윤리적 가치 및 사
　　회적 사실을 실정법으로부터 배제하기 때문에 '순수'법학으로 불리는 것과
　　마찬가지로 우리가 여기서 말하는 자연법을 '순수' 자연법이라고 부를 수 있
　　을 것이다.

결   론
— 저항권의 권리성 —

법은 정의의 실현을 목적으로 하고 정의의 실현은 곧 생활의 실현을 의미한다. 생활의 실현은 인륜질서의 토대 위에서만 가능하며 이 토대는 사물의 본성에 따라 각자에게 그의 것을 귀속시킴으로써 형성된다. 이는 각자에게 그의 분수에 맞는 몫이 분배된다는 뜻이며, 이러한 분배가 조화를 이룰 때 생활의 평화는 실현될 수 있다. 이와 같이 각자의 '분'에 맞는 몫을 우리는 직분이라고 명명했다. 따라서 직분의 실현은 곧 평화의 실현, 즉 정의의 실현을 의미한다. 이러한 직분적 정의를 실현시키는 것이 법의 과제이며 이 과제를 수행하기 위해 법은 힘을 갖는다. 그런데 이 직분의 직분성은 결코 자의적으로 결정되는 것이 아니라 각 직분주체의 성질에 따라 결정된다. 직분은 인간이 정립한 법에 의해 정해지는 것이 아니라 존재세계의 주어진 상태로 천부적으로 부여되어 있다. 그러므로 이 상태를 보호하고 또한 이 상태를 실현하는 것은 천부적 사명에 속하고, 따라서 이 사명은 권리이자 동시에 의무이다. 그러나 만일 이러한 천부적 직분관계를 무시하고 직분성에 반하는 인정법이 만들어졌다면 이 인정법의 효력은 어떻게 되는 것인가? 다시 말해 사리에 어긋나고 도리에서 벗어난 법이 제정되었다면 이 법의 효력은 어떻게 되는 것인가? 이 법도 '법'이라는 이름을 달았기 때문에 효력을 가져야만 하는가? 우리는 이 물음을 결론적으로 고찰해보고자 한다.

우리의 역사적 경험에 따르면 결코 도리에 부합하는 법만이 법의 세계에 등장하지는 않는다. 법이라는 이름을 빌려 그리고 법이라는 힘을 빌려 자의와 미망으로 점철된 상태에서 독선과 압제 그리고 수탈의 도구로 법을 악용하는 일이 비일비재하다. 어쩌면 법의 역사는 이러한 치욕의 역사의 연속이었다고 보는 것이 더 옳을지도 모른다.

인류는 생활의 평화와 복지를 위해 법이라는 기틀을 창안하였건만, 오히려 이 기틀에 얽매여 생활이 희생되고 그 굴레 속에서 신음했던 기억을 생생하게 간직하고 있다. 이러한 사례는 법이 정의의 척도를 상실하고 자의의 수중에서 단순한 정책의 실행 수단으로 전락했을 때 더욱 분명해진다. 그릇된 신앙과 확신에 기초해 정치적 목적의 도구가 되어 인민의 피를 빨고, 수족을 묶어버린 법도 법이라는 이름으로 불려야 하는 것인가? "악법도 법"이라는 역설적 언사처럼 자기모순적 표현은 없을 것이다.

"정의의 척도를 벗어난 법은 이미 법이 아니다." 법적 안정성이나 합목적성에 대한 고려가 이 명제에 수정을 가할 수는 없다. 정의에 기초하지 않은 법적 안정성은 사해(死海)의 고요함과도 같은 것이며 정의가 보장되지 않는 합목적성은 자의에 불과하다. 보수주의와 급진주의, 법실증주의와 경찰국가적 법사상은 모두 법적 안정성이나 합목적성이라는 간판을 전면에 내세우지만 이것은 법적 기만일 뿐이며 세련된 정치적 책략이다. 법의 생명은 정의에 있으며, 법적 안정성의 요구와 합목적성의 고려는 이 정의에 포함되어 있는 것이지 결코 정의와 대등한 지위에서 이념의 전시장에 진열할 수 있는 것이 아니다. 그렇기 때문에 부정의한 법을 어떻게 처리해야 할 것인지는 법학에게 심각한 문제를 제기한다. 물론 통상적인 입법적 수단이나 법률개정을 통해 이 문제를 처리하는 것이 가장 현명하겠지만, 문제는 이러한 통상적 처리가 **불가능**할 때 발생한다. 부정의한 법은 어떠한 수단에 호소해서라도 반드시 배제되어야 할 '악(惡)'이고 반드시 부정되어야 할

안티테제이다. 바로 이 지점에서 우리는 '저항권(Widerstandsrecht)'
의 문제를 고려하지 않을 수 없다.

하지만 여기서 우리가 저항권에 관한 역사적 고찰이나 저항권의 행
사방법 및 양태를 자세히 살펴볼 수는 없다. 다만 저항권이 과연 권리
가 될 수 있는가의 문제 그리고 권리가 될 수 있다면 이 권리의 성질은
어떠한 것인지를 잠시 살펴보고자 한다. 이 문제는 법철학의 근본적
인 문제이기 때문이다.

부정의한 법의 효력은 결코 소극적으로만 부정될 것이 아니라 적극
적으로 저항을 받아야 한다. 이는 정의의 본질적 요구이다. 인류의 실
현과 생활의 평화를 부정하는 법은 그 자체 존재해야 할 이유가 없으
며, 부정의한 법에 구속당해야 할 근거는 어디에도 없다. 이러한 논리
는 '직분' 개념을 통해서도 정당화할 수 있다. 정당한 법에 구속당한
다는 것과 부정당한 법에 저항한다는 것은 상호관련적이다. 즉 전자
의 요구가 의무라면, 후자의 요구는 권리이다. 이는 인류 실현의 기본
적 단위인 '직분'이 작용하는 두 측면이다. 각 직분주체는 자신의 직
분을 수호해야 할 권리가 있는 동시에 타인의 직분을 침해하지 말아
야 할 의무도 갖고 있다. 국가와 국민이라는 직분주체 사이의 관계도
예외가 될 수 없다. 국가는 국가 직분을 수행하기 위해 권리와 의무를
갖게 되고 국민은 국민의 직분을 수행하기 위해 권리와 의무를 갖는
다. 각 직분 주체의 직분성의 양 측면, 다시 말해 국가 직분의 권리적
측면은 국민 직분의 의무적 측면으로, 국민 직분의 권리적 측면은 국
가 직분의 의무적 측면으로 나타난다. 이와 동시에 각 직분주체의 직
분성은 어디까지나 각 직분주체의 성질에 따라 결정되는 것이지 결코
다른 이유에 의해 결정되지 않는다. 국가는 통치단체라는 성질 때문
에 통치권을 갖는 것이지만, 공익단체라는 성질 때문에 공익을 실현

해야 할 의무도 부담한다. 국민은 통치객체라는 성질 때문에 통치권
에 복종해야 할 의무를 부담하지만, 인륜주체라는 성질 때문에 인륜
의 실현을 요구할 권리도 갖는다. 따라서 이러한 직분성의 관계는 각
자의 직분의 범위를 전제할 때만 타당할 수 있다. 자신의 직분의 범위
를 벗어난 권리의 행사나 의무의 부담은 직분의 파괴, 즉 각자에게 그
의 '몫'이 귀속되지 않는 부정의한 상태를 의미한다. 직분의 파괴는
결국 인륜조직의 파괴를 의미하는 것이고 생활과 평화를 부정하는 상
태, 즉 부정의로 파악하지 않을 수 없다. 그러므로 자신의 직분을 수호
하는 일은 인륜실현의 본질적 요구이며 동시에 천직에 따르는 도덕적
사명이기도 하다. 따라서 직분의 범위를 이탈한 국가권력의 행사를
부정하는 것은 직분적 권리일 뿐만 아니라 직분적 의무이기도 하다.
저항권의 권리성은 바로 이 직분'수호'의 요구에서 도출되는, 직분성
의 권리적 측면이다. 또한 이러한 권리를 행사하는 것은 직분수호를
위해 요구되는 직분적 의무로 도출된다. 직분이라는 개념은 앞에서
[III. 2. 2) c)] 서술한 바와 같이 이를 동적으로 고찰할 때는 각 직분주
체 상호간의 권리, 의무의 상호적 연관성으로 등장하지만, 이를 정적
으로 고찰할 때는 단일 직분주체의 직분성, 즉 권리가 의무가 되고 의
무가 권리가 되는, 권리 및 의무의 상태로 등장한다. 그러므로 사실상
저항권의 권리성도 양 직분주체 사이의 관계에 비추어 고찰할 때는
직분성의 권리적 측면에서 권리로 등장하지만, 저항권을 행사하는 직
분주체에만 초점을 맞추어 고찰할 때는 저항권의 행사 자체가 자신의
직분의 실행, 즉 권리이자 동시에 의무이고, 의무이자 동시에 권리로
등장한다.[135]

---

135) 1946년의 헤센(Hessen)주 헌법 제147조는 저항권이 권리인 동시에 의무라고
규정하고 있다. 제1항: "헌법에 위반하여 행사된 공권력에 저항하는 것은 모
든 사람의 권리이자 의무이다(Widerstand gegen verfassungswidrig ausgeübte

따라서 "저항권은 권리가 될 수 있는가?"라는 물음에 대해서는 직분성의 동적 측면, 즉 직분성의 권리적 측면에서 "그렇다!"라고 긍정적으로 대답해야 하고, "이 권리가 어떠한 성질을 갖고 있는가?"라는 물음에 대해서는 직분성의 정적 측면, 즉 권리적 의무와 의무적 권리라는 측면에서 대답해야 한다. 그런데 여기에서 주의해야 할 것은 이 저항권의 문제가 반드시 국가와 국민이라는 직분주체 사이에만 국한되지 않는다는 사실이다. 즉 그것이 사법적이든, 공법적이든 아니면 국제법적이든 직분의 수호를 위해 요구되는 권리행사라면 적어도 직분법학의 입장에서는 얼마든지 저항권이 될 수 있다. 그렇기 때문에 악법에 대한 부정만이 저항권이 될 수 있는 것이 아니라 선법(善法)에 대한 요구, 즉 국가가 적극적으로 행해야 할 직분의 실현을 태만할 때도, 다시 말해 직분의 부작위에 대항해 작위를 요구하는 것도 직분법학의 입장에서는 저항권이 될 수 있다. 생존권 보장이라는 현대의 요구와 같은 경우에도 얼마든지 저항권과 관련시켜 이해할 수 있다.

그러나 지금까지 지구상에서 요구하는 저항권의 의의는 정의에 반하는 국가권력의 행사에 대항하는 부정이다. 이러한 저항권은 법의 절망적인 요구에 해당한다. 즉 가능한 입법적 조치를 통한 해결의 길이 단절되었을 때, 생활의 실현을 부정하는 부정당한 법의 굴레로부터 벗어날 수 있는 길은 오로지 이 저항권만이 남아 있을 뿐이다. 천국으로부터 신의 군대가 내려오리라고 기대할 수 없는 것이 지상국의

öffentliche Gewalt ist jedermanns Recht und Pflicht)." 제2항: "헌법파괴 또는 헌법파괴를 지향한 기도에 대해 알게 된 자는 주 헌법재판소에 제소하여 책임자에 대한 형사소추를 강제할 의무가 있다. 자세한 사항은 법률로 정한다 (Wer von einem Verfassungsbruch oder einem auf Verfassungsbruch gerichteten Unternehmen Kenntnis erhält, hat die Pflicht, die Strafverfolgung des Schuldigen durch Anrufung des Staatsgerichtshofs zu erzwingen. Näheres bestimmt das Gesetz)."(이에 관해서는 Carl Heyland, Das Widerstandsrecht des Volkes, 1950, S. 1 참조.)

슬픈 운명이라면, 부정의의 화석은 무엇으로 깨트릴 수 있을 것인가? 인간의 자유와 권위를 말살하고 이를 한낱 정치의 실현 도구로 전락시키는 이데올로기의 제물로 희생되기를 강요하는 법마저도 그 이름이 법이라는 이유만으로 준수해야 한다는 것만큼 커다란 역설은 없을 것이다. 이러한 상황에서 정의의 적나라한 요구는 사실적인 힘을 수반하면서 혁명으로 폭발하는 경우가 있다. 이 점에서 정의의 혁명은 법효력에 대한 최후의 심판이고 기존의 법질서의 효력근거인 정의를 재확인하는 것이다. 그러나 혁명의 실행은 그 자체가 안고 있는 성질 때문에 언제나 법적 안정성을 침해한다. 바로 이 지점에서 평화의 실현을 요구하는 법의 본질은 딜레마에 봉착한다. 어떻게 하면 질서의 혼란을 야기하지 않으면서도 정의를 쟁취할 수 있을 것인지는 법철학에게 주어진 최대의 과제이다. 그러므로 우리는 국가의 통치조직과 법체제를 진지하게 검토하고 평가해보아야 한다. 저항권의 문제와 관련해서도 법철학은 정치적인 차원의 사실적 저항이 아니라, 법적인 제도적 저항을 어떻게 실현할 수 있는지를 논의의 중심으로 삼아야 한다. 그러나 이 논의는 참으로 어려운 문제를 안고 있고 고도의 입법기술적 요구가 수반되어야 한다. 그럼에도 불구하고 이에 대한 논의는 법철학에게 부과된 학문적 직분이다. 본 논문의 제2부가 이어질 수 있다면 아마도 이러한 문제에 대한 고찰을 수행하게 될 것이다. 하지만 제1부는 이것으로 끝을 맺는다.

상대주의의 법철학적 의의와 그 한계
─ 라드브루흐의 사상변천 과정과
상대주의의 극복 여부에 관한 일 고찰 ─

Ⅰ. 서론

　모든 정치적 이데올로기는 그 바탕이 되는 철학을 요구한다. 민주주의의 철학은 상대주의이다. 상대주의만이 민주주의를 합리화시켜 줄 수 있는 유일한 이론적 무기이며, 또한 민주주의는 상대주의에 의하여서만 그의 철학적 기초를 제공 받는다. 법철학에 있어서 상대주의를 체계적으로 완성하여 민주주의에 확고부동한 근거를 부여한 자는 라드브루흐이다. 라드브루흐처럼 전 생애를 통하여 민주주의에 온갖 정열을 바친 법철학자도 아마 없을 것이다. 민주주의를 근거 붙이고 민주주의를 찬미하고 민주주의를 위하여 투쟁하는 가운데 전 생애를 바친 가장 철저한 민주주의의 법철학자이다. 우리가 살고 있는 정치적 세계의 바탕이 민주주의라면, 우리는 적어도 라드브루흐를 이해하는 데 인색해서는 안 될 것이고, 더욱이 오늘날과 같이 민주주의가 부단한 위협하에 놓여있는 때라면, 그 의의는 한층 더 큰 바가 있을 것이다.

　라드브루흐는 그의 생애를 통하여 민주주의가 실험대에 오르는 것을 보았고, 사경에 이르는 것을 보았고, 다시 살아나는 것을 보았다. 즉 성장과 소멸과 재생을 몸소 체험하면서 그의 사상을 전개한 학자이다. 이와 같은 그의 경력이 그의 사상전개 과정에서 3단계에 걸친 수정을 피할 수 없게 하였던 것이다. 우리는 그의 사상을 3단계로 나누어 살펴볼 수 있는데,[1] 이것은 곧 그의 사상의 변천과정의 전모를 의미하게 될 것이다.

제1기는 1932년까지로 잡아 볼 수 있는데, 그것은 민주주의가 나치스의 손에 떨어지던 1933년의 바로 전 해에 해당한다. 이 기간에 있어서 그의 사상의 특징은 전형적인 상대주의이론의 확립에 있으며, 그것은 민주주의에 대한 찬미시대에 해당한다.

제2기는 1933년부터 1944년까지로 확정할 수 있는데, 1933년은 나치스정권이 수립되던 해이며 1944년은 제2차 세계대전이 끝나기 전 해에 해당한다. 이 기간에 있어서 그의 사상의 특징은 상대주의 이론을 더욱 심화시켜 그 길을 통하여 고전적 자연법에 이르러 간다. 여기에서 상대주의가 그의 실천이성의 영역에서 본래의 진정한 모습을 드러내 준다. 동시에 그는 상대주의의 관용에도 한계가 있다는 것을 못박으며, 독재에 항거하는 실천적 무기로 그것을 개조한다. 이 기간은 민주주의의 찬미시대가 아니고 민주주의의 수호를 위한 투쟁시대에 해당한다.

제3기는 1945년부터 1949년까지의 기간이다. 1945년은 제2차 세계대전이 끝나던 해이며 1949년은 그가 세상을 떠난 해이다. 이 기간에 있어서 그의 사상의 특징은 법실증주의를 극복하고 자연법으로 전환한다는 데 있다. 따라서 종래까지 법이념에서 제1순위에 놓이던 법적 안정성은 정의와 자리를 바꾸어 제2순위로 물러난다. 동시에 이 기간은 민주주의에 대한 반성시대라 할 수 있다. 즉 민주주의를 근거

---

1) 학자에 따라서는 그의 사상변천 과정을 2단계로 나누어 보기도 한다. 페어드로스는 제2차대전 종료를 표준으로 하여 그 이전을 제1단계로, 그 이후를 제2단계로 하여 둘로 구분한다(A. Verdroß, *Abendländische Rechtsphilosophie*, 1958, S. 200 이하 참조).

붙이고 수호하는 데 상대주의 법철학만으로는 불충분하다는 것을 자
각한 것이다. 상대주의 철학 이외의 또 하나의 철학이 민주주의에 필
요하다는 것을 깨닫고 또한 절실히 느낀 것이다. 그것은 바로 '정의의
철학'이다. 정의의 궁극적 가치성에 대한 회의와 판단 중지가 상대주
의를 어떠한 모습으로 전락시켰던가를 엄숙히 반성하며, 조용한 가운
데 솔직하게 그러나 대담하게 자연법에 접근한다.[2]

---

2) 라드브루흐의 사상변천 과정을 이와 같이 3단계로 나누어 보는 것은, 그때그
때마다의 저서 및 논문의 내용이 달라지고 있기 때문이다. 각 시기에 해당하는
라드브루흐의 저서 및 논문의 중요한 것과 본고에서의 인용범위는 다음과 같다.
〈제1기〉

(1) *Einführung in die Rechtswissenschaft*, 1910; 7. u. 8. Aufl., 1929; 9. Aufl.,
1952(Verbesserter Neudruck, 1958). 이것은 라드브루흐의 대표작의 하나로 정
평이 있는 것인데, 그 내용은 오히려 법철학적인 면에 가깝다. 이것은 제1판이
1910년에 나왔고, 1929년에는 제8판까지 이르고 있다. 그런데 라드브루흐의
사후인 1952년에 제9판이 나왔는데, 여기에서는 대전 후의 그의 사상의 변천
에 보조를 맞추기 위하여 편집자인 콘라트 츠바이거트(Konrad Zweigert)에 의
하여 가필 증보되어 있다. 그리고 이 제9판에 다시 약간의 보필을 가하여 1958
년에「제9판의 개정신판」의 이름으로 출간되어 있다. 그러므로 이 책의 내용
이 제1기에 해당할 수 있는 것은 개정 증보되기 이전인 1929년에 나온 제8판
까지에 한하며, 이미 편집자에 의하여 가필된 1952년의 제9판(및 1958년의 개
정신판)의 것은 여기에 해당되지 않는다. 이것은 오히려 제3기의 사상내용과
일치되는 것이므로 본고에서의 인용은 제3기의 것에 관계된다.

(2) *Grundzüge der Rechtsphilosophie*, 1914; 2. Aufl., 1929. 이것은 라드브루흐
의 최초의 법철학적 대저(大著)인데, 1932년의 제3판에서는 내용을 개정 체계
화하여 *Rechtsphilosophie*라는 제목을 붙여 출판하였다. 따라서 본고에서의 인
용은 제3판인 *Rechtsphilosophie*에 따랐다.

(3) *Rechtsphilosophie*, 3. Aufl., 1932; 4. Aufl., 1950; 5. Aufl., 1956. 이것은 위에
서 말한 바와 같이 *Grundzüge der Rechtsphilosophie*의 제3판에 해당하는 것인
데, 라드브루흐의 사후 제4판부터는 편집자 에릭 볼프(Erik Wolf)에 의하여 그의
사상과 생애에 대한 60여 면에 걸친 약전(略傳)과 아울러 보주를 달아 현재 제5판
에 이르고 있다. 이것은 라드브루흐의 최대저작으로 그의 법철학의 결정판이다.
제1기에 속하는 그의 근본사상과 진정한 의미에서의 그의 상대주의 이론과 체계
는 이 저서에 완전히 수록·망라되어 있다. 그러므로 제1기에 속하는 그의 사상
의 고찰은 이 책의 제5판에 의존하였으며, 본고에서의 인용도 이것에 따른다. 다
만 그의 법철학적 근본입장이 제2기와 제3기에 속하는 그의 저서 및 논문과 같은
것 또는 다른 것은 제1기의 사상을 서술하는 가운데서도 앞당겨 인용된다.
〈제2기〉

(1) 'Der Relativismus in der Rechtsphilosophie', 1934. 이 논문은 제2기에 속하

 이상과 같은 3단계에 걸친 사상변천 과정을 더듬어 가는 가운데 우
리는 상대주의의 법철학적 의의 및 가치를 아울러 평가하고 또한 그
것이 타당할 수 있는 한계도 찾아보아야 할 것이다. 그러나 그의 다면
에 걸친 방대한 철학이론을 여기에서 전부 망라할 수는 없다. 그의 문
화철학·예술철학·종교철학 등은 본고의 고찰범위를 벗어나고, 여기
에서는 단지 그의 정치철학 및 법철학의 핵심을 이루는 상대주의에

 는 그의 사상의 전환을 가장 잘 표현해주고 있는 논문이다. 이것은 1933년에
나치스정권이 수립되고 그가 강단에서 추방당한 다음에 독일 국내에서의 논
문 발표가 불가능하게 되자 프랑스의 잡지 *Archives de Philosophie du Droit
et de Sociolgie Juridique*, 1934에 게재한 'Le Relativisme dans la Philosophie
du Droit'이다. 이 논문은 논문집인 *Der Mensch im Recht*, 2. Aufl., 1961에 수
록되어 있는데, 본고에서의 인용은 이 책에 따른다. 따라서 인용된 면수 역시
이 논문집의 면수에 해당한다.

(2) 'Der Zweck des Rechts', 1938. 이 논문도 제2기에 속하는 시기에 발표된 것
으로 프랑스의 *Annuaire de l'Institut International de Philosophie du Droit*,
t. III(Paris 1938)에 게재한 'Le but du droit'이다. 이것도 *Der Mensch im Recht*
가운데 수록되어 있으므로 인용은 그것에 의한다.

〈제3기〉

(1) 'Fünf Minuten Rechtsphilosophie', 1945. 이 글은 학생들에게 읽히기 위하여
쓴 짧막한 문장들인데, 그가 종전 후 처음으로 발표한 법철학적 견해에 속한다.
이 글은 신문(*Rhein-Neckar-Zeitung*, 1945년 9월 12일 자)에 게재한 것인데,
그 후 *Rechtsphilosophie*, 5. Aufl., 1956의 부록으로 실려있고, 또한 *Der Mensch
im Recht*에도 'Rechtsphilosophische Besinnung'이라는 제목을 붙여 수록되어
있다. 본고에서의 인용은 *Rechtsphilosophie*의 면수에 따른다.

(2) 'Gesetzliches Unrecht und übergesetzliches Recht', 1946. 이 논문은 제3기에
속하는 그의 사상의 전환을 명백히 표시하여 주는 것으로 1946년에 잡지
Süddeutsche Juristenzeitung, Nr. 5, August 1946, S. 107 이하에 게재되었고,
그 후 *Rechtsphilosophie*에 부록으로 실렸으며 *Der Mensch im Recht*에도 수록
되어 있다. 본고에서의 인용은 *Rechtsphilosophie*에 따른다.

(3) *Vorschule der Rechtsphilosophie*, 1947, 2. Aufl., 1959. 이 저서는
*Rechtsphilosophie*의 축소판에 해당되는 신판이라고 볼 수 있는데, 종전 후의
그의 사상의 변천된 모습을 가장 잘 기록하고 있으므로, 그의 제3기의 사상을
이해하는 데 좋은 참조서가 된다. 본고에서의 인용은 1956년에 나온 제2판에 따
른다.

(4) 'Gerechtigkeit und Gnade', 1949. 이 논문은 카르넬루티-롬(Carnelutti-Rom)
교수의 기념논문집에 기고한 것인데, 아마도 그의 마지막 법철학적 논문일 것
이다. 이 논문도 *Rechtsphilosophie*에 부록으로 실려있으므로 인용 면수는 이
책에 따른 것이다.

관계하여서만 고찰을 진행시켜 나갈 것이다. 그리고 상대주의의 극복
여부도 아울러 살펴보게 될 것이다.

Ⅱ. 제1기(1932년까지)

1. 상대주의의 법철학적 기초

상대주의의 법철학적 출발점은 방법이원론(Methodendualismus)
이다. 즉 존재의 세계와 당위의 세계를 엄격히 준별하는 신칸트학파
의 인식적 방법에 그 기초를 두고 있다. 이에 따르면 당위명제는 오
로지 다른 당위명제로부터만 연역적으로 도출할 수 있을 뿐 결코 존
재사실을 기초로 하여 귀납적으로 근거 붙여질 수는 없다. 따라서 '있
는 것(das Seiende)', '있었던 것(das Gewesene)', '있게 될 것(das
Werdende)'으로부터 '있어야 할 것(das Gesollte)'을 각각 추론하는
실증주의·역사주의·진화주의 등은 모두 거부된다.[3] 그러나 당위와
존재의 이러한 관계는 양자 사이의 논리적 관계를 말하는 것이며, 그
의 인과적 관계를 뜻하는 것은 아니다. 방법이원론은 가치판단으로서
의 평가가 존재사실인 실재로부터 영향을 받지 않는다는 것을 주장하
려는 것은 아니다. 평가행위가 존재사실에 의하여 규정당한다는 것은
의문의 여지가 없다. 즉 평가행위가 그 평가를 하는 자의 사회적 환경
의 인과적 결과로서 나타난 이데올로기적 상부구조임을 부인할 수는
없다. 존재와 당위의 이러한 인과성에 입각하여 평가판단을 완전히
존재사실에 흡수시켜버려 경제적 존재일원론에 이르러 간 것이 소위

---

3) Radbruch, *Rechtsphilosophie*, 1956, 5. Aufl., S. 97.

유물사관의 입장이다. 그러나 방법이원론에 있어서도 결코 평가판단
이 존재사실을 **원인으로 하여 야기되지**(verursacht) 않는다는 것을 주
장하는 것이 아니라, 평가판단이 존재사실을 **이유로 하여 기초 붙여질
수**(begründet) 없다는 것을 주장하는 것이다. 그러므로 여기에서는
가치판단과 존재사실 사이의 인과적(kausal) 관계가 문제되는 것이
아니라 오히려 존재와 가치 사이의 **논리적**(logisch) 관계가 문제되는
것이다.[4] 존재와 당위의 이러한 논리적 연관성을 인식적 전제로 하는
한, 양 세계 사이의 준별은 방법론적 필연성을 가지고 있다.

　법의 세계는 당위의 세계이며, 법철학은 당위법칙으로서의 법규범
의 체계에 대한 평가의 원리를 탐구하는 학문이다. 이 점에서 법철학
은 존재법칙의 인과관계를 서술하는 자연과학의 세계와는 완전히 구
별된다. 법철학에서는 실천적 당위의 규범적 의미가 문제되며, 사실
적 존재의 인과적 과정이 문제되는 것이 아니다. 결국 법철학은 규범적
의미를 문제로 삼는 가치와 평가의 세계에 속하는 것이며, 이는 곧 법철
학이 당위법칙의 세계에 속한다는 것을 의미한다. 그런데 방법이원론
에 있어서 당위법칙은 어디까지나 당위법칙으로부터만 연역되어야 한
다는 것이 그 방법적 요청으로 되어 있다. 여기에서 법규범의 체계의 궁
극에 있는 최후의 당위명제는 어디로부터 연역되어야 할 것인가가 문
제되는데, 바로 그것은 켈젠에 있어서는 '근본규범(Grundnorm)'으로
전제되고, 라드브루흐에 있어서는 '상대주의(Relativismus)'의 문제가
된다.[5] 즉 상대주의는 궁극적 당위명제의 내용을 하나의 객관적 진리

---

4) A.a.O., S. 99.
5) 켈젠과 라드브루흐는 궁극적 당위명제의 내용을 인식에 의하여 확정할 수 있
　는가 없는가에 대하여 다 같이 부정적인 대답을 주고 있다는 점에서 둘 다 불
　가지론(Ignorabismus)에 속하며, 또한 그렇기 때문에 양자는 다 같이 상대주의
　자라는 이름으로 불린다. 다만 전자는 그것을 인식론상의 가정으로 '전제
　(Voraussetzung)'하였고, 후자는 그것을 주관적 결단에 따른 '신념(Bekenntnis)'

로 확정할 수가 없다는 데서부터 출발하는 이론이다. 궁극의 당위명
제는 입증 불가능한 것이며 그것은 마치 공리와 같은 것으로 인식될
수는 없고 다만 확신의 대상이 될 수 있을 따름이다. 결국 궁극적 당
위명제의 내용의 결정은 인식(Erkenntnis)의 문제가 아니라 신앙
(Bekenntnis)의 문제에 속하는 것이다.[6] 다시 말해 궁극적 당위명제
에 관해 서로 대립되는 여러 가치관 및 세계관을 과학적 일의성으로
결정하는 것은 불가능하기 때문에, 즉 어떠한 법적 가치관이 절대적
으로 정당한 것인가를 과학적 일의성으로써 입증해 낼 수 없기 때문
에 각 세계관 주체의 신앙에 선택을 유보시키는 것이다. 이와 같이 학
문상의 인식에 의하여 궁극적인 가치결정을 확정할 수 없다는 점에서
법철학상의 상대주의는 '가치'상대주의에 속하며, 그것은 이론이성
의 영역에 있어서의 회의주의 또는 불가지주의를 의미하게 된다.

　인식의 문제에 관한 한, 상대주의는 이론이성에 속하지만, 신앙의
문제에 있어서는 실천이성의 세계에 속한다. 라드브루흐의 상대주의
는 실천이성의 세계에 있어서까지 회의주의에 머물러 있고자 하지는
않는다. 그의 상대주의는 이론이성과 함께 실천이성까지도 침묵을 지
키고 있는 복음서의 빌라도적 회의주의가 아니라 이론이성의 침묵이
오히려 실천이성에의 가장 강한 요구로 나타나는 희곡 레싱의 나탄적
불가지론에 속한다.[7] 각 세계관적 입장의 정당함을 똑같이 회의하기

의 대상으로 삼았다는 점에서 차이가 있을 뿐이다.

6) A.a.O., S. 100.

7) 빌라도(Pilatus)적 회의주의라 함은 복음서에 나오는 유대 주재 로마총독인 빌
라도의 진리에 대한 회의적 태도를 비유하여 말하는 것이다: 빌라도가 예수에
게 "네가 왕이냐?"하니, 예수께서 대답하시되 "내가 왕이니라"하고, 이어서 "내
가 이를 위하여 낳았으며 이를 위하여 세상에 왔나니 곧 진리에 대하여 증거
하려 함이로다. 무릇 진리에 속한 자는 내 소리를 듣느니라"하시니, 빌라도 가
로되 "진리가 무엇이냐?"라고 하더라 …(요한복음, 제18장).
나탄(Nathan)적 불가지론이라 함은 레싱(Gotthold Ephraim Lessing, 1729－1781)
의 유명한 희곡 「현자 나탄(*Nathan der Weise*)」 가운데 나오는 일화로부터 유

때문이 아니라 그 중의 어느 하나의 정당성을 확신하기는 하나 그것을 입증할 수가 없기 때문에 불가지론에 속한다는 것뿐이며, 오히려 바로 이 점에서 상대주의는 자기의 확신에 대한 정당함을 적극적으로 주장할 수 있는 활동주의(Aktivismus)와 결합되는 것이다.[8] 이 점에 있어서는 상대주의는 거의 주관적 절대주의에 가까우나, 자기의 확신에 대한 정당함을 주장함과 똑같이 타인의 확신의 정당함도 동등한 입장에서 승인한다는 점에서 배타적으로 자기의 것만을 옳다고 주장하는 절대주의와는 다르다. 여기에서 자기에 대해서는 냉정하여야 하고 타인에 대해서는 관용하여야 한다는 윤리관이 수립되는 것이다.

결국 법철학에 있어서의 상대주의는 궁극적 법가치 정립에 대한 일의적 척도를 발견하지 못하기 때문에 각 세계관 주체의 신앙에 선택을 맡기고, 그 선택된 각 법가치에 대하여 동등하게 정당성을 시인하여주는 다원적 가치관에 입각한 입장을 말하는 것이다.

이상을 요약하여 말하면, 라드브루흐의 상대주의는 방법론상의 이

래하는 비유이다. 즉 현자 나탄이 왕으로부터 "유대교·회교·기독교의 3대 종교 중에서 어느 것이 진정한 종교인가?"라는 물음을 받고 이에 하나의 우화로 대답을 하였던 것이다: 옛적에 동방에 한 남자가 있었는데, 그는 애인으로부터 굉장히 고가의 보석 반지 하나를 받았다. 그런데 그것을 끼는 자는 신이나 사람으로부터 사랑을 받고 반드시 행복해진다는 신비한 비력을 가지고 있는 것이었다. 그리하여 이 반지를 가보로 여겨 자자손손에게 전하였는데, 마침 세 아들을 가진 가장이 그 아들 셋을 똑같이 사랑하기 때문에 누구는 주고 누구는 안 줄 수가 없어 각자에게 다 주겠노라고 약속하고 말았다. 그래서 그가 죽을 때에 생각한 나머지 진짜와 똑같은 가짜 반지 두 개를 만들어 세 아들에게 각각 하나씩 나누어 주었다. 그 후 세 아들은 저마다 자기의 것이 진짜라고 다툼이 벌어져 결국 법정에 나가 재판을 하게 되었다. 그때 재판관이 말하기를 "그 반지를 가지면 누구에게나 사랑을 받는다는데, 너희들이 서로 싸우는 것을 보니 그 어느 것도 진짜가 아닌 모양이다. 그러나 너희들이 너희 아버지로부터 각각 반지를 받았다면, 각자 자기의 것을 진짜로 확신하는 것이 좋다. 그리고 너희들은 각자가 자신의 반지의 비력을 나타내기 위하여 힘써 노력하라"고 한 말로부터 연유되는 비유이다. 즉 어느 것이 진짜인지 알 수 없는 바에는 그 어느 것도 가짜라고 단정될 수 없을 것이므로 저마다 자신의 것이 진짜라고 확신하는 것이 적극적인 불가지론에 속한다는 것이다.

8) A.a.O., S. 101.

원주의의 소산이고, 인식론적으로는 회의주의 또는 불가지주의이며, 실천론적으로는 활동주의이고, 그 전반의 밑바닥에 흐르고 있는 보편적인 철학적 정신은 관용이다.

2. 상대주의에 있어서의 가치관 및 세계관

그렇다면 이와 같은 상대주의의 논리는 가치의 세계에 있어서 내용적으로 어떠한 세계관들을 전제로 하며 그것은 어떻게 처리되어 나가는가?

라드브루흐에 의하면 경험적 세계의 전 영역에서 절대적 가치성을 가질 수 있는 대상은 세 개가 있다. 즉 인간적 개인인격·인간적 전체인격·인간적 작품의 셋이 그것이다. 그리고 이러한 3기체에 상응해서 세 개의 가치, 즉 개인가치·단체가치·작품가치가 각각 구별된다. 개인가치의 영역에서는 윤리적 인격이 문제되며, 그것은 특히 여하한 희생을 치를지라도 자신의 도덕적 인격에 성실하고자 하는 '심정윤리(Gesinnungsethik)'에 관계된다. 단체가치의 영역에서도 윤리적 성질이 문제되기는 하나, 그것은 특히 전체의 공공복리를 위하여서는 외교상의 거짓말을 하여도 괜찮다는 의미에서의 '책임윤리(Verantwortungsethik)'가 지배한다.[9] 작품가치는 학문과 예술의 여러 작품 가운데서 구현되는 문화가치로서, 그것은 윤리적 인격의 실현에 지고의 가치를 승인하는 것이 아니라 오히려 작품으로서의 순수한 객관적 사상에 인격이 봉사할 것을 기대한다. 즉 이 영역에서는

---

9) A.a.O., S. 148. 심정윤리와 책임윤리의 구별은 막스 베버에 의한 것이라고 한다. 이 양자의 의의를 비교적 명확하게 해명하고 있는 것으로는 Hans Welzel, *Aktuelle Strafrechtsprobleme im Rahmen der finalen Handlungslehre* (Juristische Studiengesellschaft, Karlsruhe, Heft 4), 1953, S. 15-18 참조.

초개인적 가치가 문제되며, 그것은 사상에 대한 몰아적 헌신으로서의 '사물성(Sachlichkeit)'을 그 기본적 태도로서 요구하게 된다.

그런데 이러한 세 가지 가치유형의 어느 것에 강조점을 두느냐에 따라 그것은 다시 다음과 같은 세 개의 세계관적 유형으로 나타난다. 즉 개인주의(Individualismus)·초개인주의(Überindividualismus)·초인격주의(Transpersonalismus)의 셋이 그것이다. 첫째, 개인주의적 세계관에서는 인간의 개인가치가 지고의 것으로 인정되며, 일체의 정치적·종교적·법률적·경제적 목적은 개인의 완성을 위하여 봉사하는 수단으로 집약된다. 따라서 전반적인 국가목적은 개인가치를 실현시킨다는 이유에 의하여만 정당화되며, 이것을 떠난 여하한 국가목적도 승인이 거부된다. 둘째, 초개인주의적 세계관은 이와는 반대로 일체의 개인을 초월하여 그 상위에 서 있는 단체에 지고의 가치를 부여한다. 즉 국가나 민족과 같은 공동체만이 절대적이며 개인을 포함한 일체의 종교적·학문적·예술적·도덕적 및 국가적·법률적 활동은 단체가치의 실현에 봉사하여야 할 수단의 위치로 전락한다. 이 점에서 그것은 파시스트의 국가유기체주의나 나치스의 민족적 국수주의나 기타 여러 가지 유형의 전체주의에 상응하는 세계관적 형태로 나타난다. 셋째, 초인격주의적 세계관에서는 개인가치도 단체가치도 최고의 위치에 놓일 수는 없고 절대적 가치를 갖는 것은 오직 문화적 작품만이다. 따라서 개인과 단체의 임무는 학문·예술과 같은 문화적 업적을 쌓고 보존하는 데 있다. 결국 여기에서 표방하는 세계관적 형태는 소위 '문화주의'이며, 법도 사회질서의 유지를 통하여 학문이나 예술작품을 유지·발전시키는 데 이바지하여야 할 문화적 사명을 갖는다.

이와 같은 세계관적 유형은 다시 그것을 인간 공동생활의 사회적 형태에도 상응시킬 수가 있는데, 퇴니스의 용례에 따른다면, 개인주의에

의하여 형성되는 공동생활에는 '이익사회(Gesellschaft)'가 해당하고,
초개인주의에 의하여 파악되는 단체형상에는 '전체사회(Gesamtheit)'
가 해당하고, 초인격주의적 형태에는 '공동사회(Gemeinschaft)'가 각
각 해당한다. 공동생활의 유형으로서의 이러한 세 개의 사회형태는
각각 상이한 사회적 인간관계의 정당함을 결정하는 표준으로 되어 각
세계관 주체에 의한 선택을 기다리게 된다.

이상과 같은 세계관적 입장의 가치유형을 표어적으로 요약하면,
개인주의적 견해에서는 자유(Freiheit), 초개인주의적 견해에서는 국
민(Nation),[10] 초인격적 견해에서는 문화(Kultur)가 각각 그 궁극의
목표로 등장한다.[11]

동시에 이러한 이념들은 정당정치에서 각각 구현되는데, 개인주의
적 이념인 '자유'는 자유주의적·민주주의적·사회주의적 정당에 의
하여, 초개인주의적 이념인 '국민(권력)'은 권위주의적·보수주의적
정당에 의하여 구체화된다. 그러나 초인격적 이념만은 아직껏 여하한
정당이론에서도 구체화된 적이 없다고 한다.[12]

그렇다면 이러한 세 개의 법가치관 및 세계관 중에서 어느 것을 정
당한 것으로 취하여야 할 것인가? 상대주의적 법철학의 입장으로부
터는 그 중의 어느 하나만이 정당하다는 결론은 끌어내지도 않으며
또한 끌어낼 수도 없다. 상대주의의 법철학은 가능한 모든 가치관 및
세계관을 체계적으로 분석, 나열할 수 있을 따름이고, 그것을 선택할
권리까지 갖고 있지는 않다. 무엇이 정당한가에 대한 일의적인 객관
적 척도를 모르는 상대주의로서는, 그 선택의 결정을 각 세계관 주체

---

10) *Vorschule der Rechtsphilosophie*, 1959, 2. Aufl., S. 28에서는 이 'Nation'이라는
    말을 빼고, 'Macht'로 대체하고 있다.
11) *Rechtsphilosophie*, S. 147−151.
12) A.a.O., S. 155; *Vorschule der Rechtsphilosophie*, S. 28.

의 신앙에 맡겨버리는 수밖에는 다른 도리가 없다. 즉 상대주의는 인격의 깊이로부터 나오는 각자의 양심에 선택에 대한 실천적 결단을 유보하는 것이다. 이것은 체계의 결함이라기보다는 상대주의 자체의 논리가 가지고 있는 필연적 한계를 의미한다.

3. 상대주의와 법실증주의

라드브루흐에 의하면 법이념에는 세 가지가 있다. 정의(Gerechtig-keit)·합목적성(Zweckmäßigkeit)·법적 안정성(Rechtssicherheit)이 그것이다. 법의 이념은 협의로는 정의만을 지칭하지만, 광의로는 이 세 가지를 모두 포함하는 것으로 이해된다.

라드브루흐 법철학에서 정의는 인간 상호간의 관계의 형식적 구조에만 관계되고 '평등'으로 표현된다. 그에 의하면 주관적 의미에서의 정의와 객관적 의미에서의 정의가 구별되는데, 전자에서는 정의를 인간적 특성, 즉 덕(德)으로서 바라보게 되므로 그 한에 있어서 정의는 윤리적 선(善)의 현상형식으로 나타나게 되지만, 후자에서는 인간 상호간의 관계의 외적 구조에서 정당한 질서적 표상을 바라보게 되므로 그것은 사회질서의 구조형식의 형태로 나타난다. 즉 윤리적 선의 이상은 이상적 인간 가운데 나타나지만, 객관적 정의의 이상은 이상적 사회질서 가운데 나타난다.[13] 이러한 의미에서의 정의는 평등을 의미하게 되는데, 그 표준이 절대적이냐 상대적이냐에 따라서 평균적 정의(ausgleichende Gerechtigkeit)와 배분적 정의(austeilende Gerechtigkeit)로 구별된다. 그러나 이러한 형식적 정의만으로는 특정한 법내용을 끌어낼 수는 없다. 왜냐하면 ─ 이러한 형식적 의미에서의 ─ 정의는

---

13) Radbruch, *Rechtsphilosophie*, S. 125.

물론 같은 것은 같게, 같지 않은 것은 같지 않게 취급할 것을 명하기는 하지만, 누가 그것을 정하며 또한 어떻게 그것을 다루어야 할 것인가에 대하여서는 해답을 주지 않기 때문이다. 이러한 의미에서의 정의는 다만 '정당한 것의 형식(die Form Rechtens)'만을 정하여 줄 수 있을 따름이다.[14] 그러므로 법의 내용을 얻기 위하여서는 형식적이 아닌 다른 하나의 실질적 척도가 필요하게 된다. 그것이 바로 '합목적성'이다.

이 합목적성은 곧 법의 목적으로서 법제도 가운데서 그 내용으로 구현되어야 할 목적이념이다. 이러한 목적이념은 궁극의 가치(개인가치·단체가치·작품가치)와 이에 상응하는 세계관적 유형(개인주의·초개인주의·초인격주의)으로 제시되어 각 세계관 주체에 의한 선택을 기다리게 된다는 것은 이미 위에서 살펴본 바이다.

그러나 이와 같이 각자의 신앙에 세계관의 정당성 여부에 관한 선택을 맡겨버린다면, 구체적인 경우에 무엇을 법으로 정할 것인가에 대한 결정을 내릴 수 없게 된다. 각자가 각각 다른 척도에 의하여 정사(正邪)를 판단하고 그것을 실천적 세계의 행동의 근거로 삼는다면, 통일적인 법질서는 이루어질 수 없다. 공동생활의 '질서'는 그 정당성 여부에 앞서 우선 1차적으로 요구되는 사회존립의 기본조건이다. 정의와 합목적성도 법이 실현하여야 할 최고의 이념적 목표이기는 하지만 그것은 사회성립의 존재가능 위에서만 비로소 타당할 수 있는 2차적 요소들이다. 즉 여러 가지 엇갈리는 법적 견해들 사이의 다툼을 끝장낸다는 것이 **정의롭고**(gerecht) **목적에 부합하는**(zweckmäßig) 결말이 주어진다는 것보다 더 중요한 것이며, 법질서가 존재한다는 것이 그 법질서의 정당성과 합목적성보다 더 중요한 것이다. 정의와 합목

---

14) A.a.O., S. 146.

적성은 제2의 과제이고 만인에 의하여 똑같이 시인받는 제1의 과제
는 질서와 평화, 즉 법적 안정성이다.[15]

　법이념의 이러한 세 측면은 서로 보완을 필요로 하기도 하지만, 동
시에 서로 모순되기도 한다. 즉 합목적성에 의한 목적사상의 난립이
법의 실정성과 안정성을 요구하는 것과 마찬가지로 정의의 형식적 성
격은 그 내용을 채우기 위하여 목적사상을 필요로 한다. 그러나 정의
의 요구인 '일반성(Allgemeinheit)', 법적 안정성의 요구인 '실정성
(Positivität)', 합목적성의 요구인 '유용성(Nützlichkeit)'은 서로 모순
된다. 갑을 내세우면 을이 희생되고 을을 주로 하면 병이 침범된다. 따
라서 서로 상용할 수 없는 이 세 가지는 부단한 긴장관계 속에 있게 되
며, 법철학도 이것을 해결해 주지는 못한다. 다만 법철학이 할 수 있는
일은 그 모순을 모순으로 지적해 내는 것뿐이다.[16] 그러나 라드브루
흐에 의하면, 이것은 상대주의 철학의 체계의 흠결이라고는 볼 수 없
다고 한다. 왜냐하면 철학은 감히 결단을 내려야 할 것이 아니라 바로
그 결단 앞에 멈추어 서야 할 것이기 때문이고, 철학은 인생을 편안하
게 만드는 것이 아니라 오히려 문제적인 것(problematisch)으로 만드
는 것이기 때문이라고 한다.[17]

　그럼에도 불구하고 상대주의 철학은 그 근본에 있어 법적 안정성의
이념에 좌우되지 않을 수 없는 논리적 숙명을 자신 안에 지니고 있는

---

15) A.a.O., S. 169, 181.
16) 이 법이념의 상호관계에서처럼 상대주의적 정신이 잘 묘사되어 있는 곳은 없
　　을 것이다. 거기에는 회의와 양보와 상극(相克)이 서로 엇갈리며 해결책은 어
　　디에도 없다. 그대로 긴장관계를 유지하는 것이 최상의 해결책으로 남겨져 있
　　을 뿐이고 또한 그래야만 한다(이 점에 관해서는 Radbruch, 'Der Zweck des
　　Rechts', in: *Der Mensch im Recht*, 1961, 2. Aufl., S. 104 참조). 결국 그 어느
　　것을 우위에 놓을 것인가는 그때그때마다의 법률관 및 국가관에 따라, 즉 정
　　당의 입장에 따라 결정되는 수밖에 없다(*Rechtsphilosophie*, S. 169 이하, 173
　　참조).
17) A.a.O., S. 173.

것이다. 즉 법실증주의에 철학적 근거를 제공하지 않을 수 없게끔 되어 있는―자의든 타의든―논리적 입장을 자신의 힘으로는 벗어날 수 없다는 점에서 상대주의는 상대주의로서의 한계에 봉착한다. 라드브루흐의 상대주의가 이론이성과 더불어 실천이성까지 침묵을 지키고 있는 빌라도적 불가지주의에 머물러 있었다면 법실증주의와 손을 맞잡게 될 운명에 처하지는 않았을 것이다. 그러나 라드브루흐의 상대주의는 나탄적 활동주의와 결합되어 있기 때문에 무엇이 정당한 것인지를 인식할 수는 없지만, 그 정당한 것에 대한 확신까지 결여되어 있는 것은 아니다. 바로 이 확신이 진리에 대한 인식을 포기하는 대신에 적극적으로 권위(의지와 권력)에 대한 승인을 가져오지 않을 수 없게끔 만드는 것이다. 즉 무엇이 정당한 것인가를 아무도 **확인**(feststellen)할 수 없다면 무엇이 법인가가 **확정**(festsetzen)되지 않으면 안 된다. 더욱이 확정(festsetzen)한 것을 **관철**(durchsetzen)할 수 있는 지위에 의하여 확정되지 않으면 안 되는 것이다.[18] 따라서 상대주의는 법의 실정성(Positivität)을 요구하게 된다. 그리고 이 실정성을 충족시켜줄 수 있는 유일한 법의 이념은 바로 법적 안정성이다. 그러므로 법적 안정성만이 실정법의 구속력의 유일한 근거가 된다. 법은 그것이 유효하게 실현될 수 있기 **때문에**(weil) 타당한 것이 아니라 그것이 유효하게 실현될 수 있을 **때**(wenn) 그리고 그때에만 비로소 법적 안정성을 부여해 줄 수 있기 **때문에**(weil) 타당한 것이다.[19] 실정법

---

18) A.a.O., S. 179; A. Verdroß, *Abendländische Rechtsphilosophie*, 1958, S. 201; Radbruch, *Einführung in die Rechtswissenschaft*, 1958, 9. Aufl.(Neudruck), S. 39; ders., 'Der Relativismus in der Rechtsphilosophie', in: *Der Mensch im Recht*, 1961, 2. Aufl., S. 82; ders., *Vorschule der Rechtsphilosophie*, 1959, 2. Aufl., S. 30.

19) Radbruch, *Rechtsphilosophie*, S. 180. 법의 구속력의 최후의 근거를 법적 안정성에 두고 실정주의를 명백히 각인한 이 분명한 말은 제3기에는 빠지게 된다. 오히려 정반대로 다음과 같이 말하고 있다. "사실상 법의 효력은 실정법규 또

은 역설적이게도 정당한 법(자연법)이 인식될 수도 없고 입증될 수도 없다고 하는 바로 그 사실 때문에 구속력을 승인받게 되는 것이다. 상이한 여러 법적 확신의 진위에 대한 판단이 불가능하기 때문에, 하지만 다른 한편 모든 법주체에 대한 하나의 단일한 법이 없어서는 안 되기 때문에 입법자는 학문이 해결할 수 없는 고르디우스의 매듭(gordische Knoten)을 단칼에 끊어버리지 않을 수 없는 입장에 놓이게 되는 것이다. 다시 말해 진리의 작용이 불가능하기 때문에 진리 대신 권위의 작용이 필요하게 되는 것이다. 따라서 상대주의의 논리가 이르러 가는 지점은 바로 법실증주의이다.[20] 그 밖의 다른 길로 갈 수 있는 권리는 상대주의에게는 주어져 있지 않다.

4. 상대주의와 민주주의

상대주의는 어느 하나의 정치적 세계관만이 절대적으로 정당한 것이라고 단정하지는 않는다. 거꾸로 그것은 자기 이외의 모든 세계관을 절대적으로 부정당한 것이라고 단정하지도 않는다. 상대주의 자체로서는 이러한 세계관의 정당성 여부를 판정하는 객관적 척도를 가지고 있지 않으며, 또한 바로 그 때문에 '상대'주의를 자처하는 것이다.

는 실력이나 승인과 같은 사실에 지탱될 수는 없고, 오직 하나의 보다 높은 또는 가장 높은 당위, 즉 초실정적 가치에만 지탱될 수 있다(*Vorschule der Rechtsphilosophie*, S. 36; *Einführung in die Rechtswissenschaft*, S. 14)."

20) Radbruch, 'Der Relativismus in der Rechtsphilosophie', S. 82. 라드브루흐의 제 1기와 제2기의 사상을 '실증주의'로 낙인찍을 수 있는 근거는 상대주의 자체의 논리가 법적 안정성을 최상의 과제로 인정하지 않을 수 없게끔 되어 있다는 점에 있는 것이며, 이 점은 그 자신도 분명히 언명하고 있다: "그리고 바로 이 자연법을 알 수 없다는 것으로부터만 실정법의 효력은 기초 붙여질 수 있는 것이다. 상대주의는 지금까지는 단순히 우리들의 고찰의 방법에 불과하였지만 여기에서는 그 자체 구성부분으로서 우리들의 체계 내로 들어오는 것이다(*Rechtsphilosophie*, S. 179)."

상대주의 법철학만이 할 수 있는 일은 가능한 모든 세계관적 유형을 체계적으로 분석하여 나열하는 것에 그치며, 그 중의 어느 것이 정당한가에 대한 판정을 내리지는 않는다. 이것은 상대주의 법철학의 권한 밖에 속하는 사항이다. 이미 위에서도 살펴본 바와 같이, 그것은 이론이성의 영역에 속하는 것이 아니라 실천이성의 영역에 속한다. 즉 각 세계관 주체의 신앙으로부터 나오는 실천적 결단만이 그것을 해결한다. 따라서 각 세계관 주체는 각자의 신앙과 양심에 따라 그 중의 어느 하나를 선택하여 그것을 실현시켜 나가는 데 과감히 나서야 할 행동적 주체로 법의 세계에 임하게 된다. 이 측면에서의 상대주의는 분명히 실천철학의 세계이다. 이것은 상대주의가 이론이성의 영역에서 침묵을 지킬 수밖에 없다고 하는 바로 그곳으로부터 나오는 반사적 현상이다. 어느 누구의 주장도 부정당한 것이라 하여 배척될 수는 없는 것이다. 따라서 자신의 입장의 정당성을 확신함과 아울러 타인의 입장의 정당성도 승인하여 주어야 하며, 타인의 부정당성이 가능한 만큼 자기의 부정당성도 가능한 것이다. 결국 정당과 부정당은 '가능성'의 영역에 놓여있는 것이며 '확실성'의 세계에 속해 있는 것이 아니다. 따라서 상대주의는 자신의 입장의 정당성을 내세우되 그것을 절대적인 것으로 고집하지 말아야 하며 타인의 입장의 부정당성을 공격하되 그 나름 상당한 이유가 있다는 것을 승인하고 이를 존중하도록 가르친다. 이것이 곧 상대주의 철학에서의 '관용'의 윤리이다.

이러한 상대주의의 근본정신인 관용성에 입각한 정치원리가 바로 민주주의이다. 민주주의는 어느 특정한 하나의 정치적 세계관에 절대적 가치를 인정하는 것을 거부하며, 다수의 지지를 획득한 그때그때마다의 정치적 견해에 국가의 주도권을 맡긴다. 왜냐하면 민주주의는 여러 정치적 세계관 중에서 어느 것이 정당한 것인지를 판별해 낼 일

의적 기준을 알지 못하며, 여러 정당의 상위에 놓이는 하나의 입장의
가능성을 승인하지 않기 때문이다. 상대주의는 여하한 정치적 견해도
입증할 수 없고 또한 반박할 수 없다고 하는 이론을 통해 정치적 투쟁
에 있어서 흔히 볼 수 있는 독선적 태도를 저지하는 데 이바지한다. 즉
어떠한 정당의 견해도 입증할 수 없는 것이라면 어떠한 견해도 반대
측 입장으로부터 공격을 받을 수 있고 또한 어떠한 견해도 반박될 수
없는 것이라면 어떠한 견해도 반대측 입장으로부터 존중받지 않으면
안 될 것이기 때문이다.[21] 따라서 하나의 입장만을 절대적으로 정당
하다고 주장하는 일당일파(一黨一派)의 독선적 정신과는 상용하지 못
한다. 거기에는 모든 세계관의 등가성을 인정하는 관용의 정신만이
흐르고 있다. 민주주의의 철학은 곧 상대주의의 철학인 것이다.

민주주의의 입법과정은 다수결에 의한다. 대립하는 여러 의견들
가운데서 어느 하나만이 절대적으로 정당하고 다른 것은 정당하지 않
다는 것을 초연한 입장에서 객관적으로 판정하는 권위가 없기 때문이
다. 있을 수 있는 권위는 오직 '수의 권위'뿐이다. 따라서 민주주의에
서 법정립은 정당성의 척도에 의하여 결정되는 것이 아니라 안정성의
이유에 의하여 정당화된다. 다수의 힘이 반드시 정당하다는 보증은
없지만 적어도 상황을 안정시킨다는 보증은 있기 때문이다. 그러므로
상대주의 법철학은 법적 안정성의 이념을 정의의 이념에 우선시킬 수
밖에 없는 선행조건을 암암리에 전제하고 있는 것이다.

그러나 법적 안정성은 상대주의적 요청을 예상하지 않을 수 없게
되어 있다. 왜냐하면 법이 안정되기 위해서는 힘에 의하여 지탱되지
않으면 안 되고 그것을 지탱하는 힘은 다수의 힘이기 때문이다. 다수
의 힘을 가능하게 만드는 것은 관용에 의한 민주적 절차를 통하여 형

---

21) Radbruch, *Rechtsphilosophie*, S. 84(서문).

성되는 정권교체, 즉 의회제도에 따를 수밖에 없다. 의회제도를 통해
서만 다수의 힘은 형성될 수 있는 것이며, 그것은 정당정치의 본태(本
態)를 의미한다. 의회에서의 다수결은 수의 힘에 의하여 입법권을 지
도하게 되며, 입법된 법은 또한 수의 힘에 의하여 지탱된다. 그러나 다
수당의 승리는 결코 절대적인 것이 아니라 어느 정당이든 국민의 다
수에 의하여 지지를 받으면 다수당으로서 입법을 지도할 가능성을 갖
는다. 따라서 법을 지지하는 궁극의 힘은 국민에게 있다. 국민의 수의
힘의 추세(趨勢)가 그때그때마다 법을 지탱하는 힘의 바탕이 된다. 그
러나 수의 힘은 반드시 고정되어 있는 것은 아니다. 그것은 시대의 흐
름에 따라 유동하는 것이므로 법적 안정성도 고정된 안정성이 아니라
움직이는 가운데서의 안정성, 즉 '유동하는 안정성'이다. 이와 같은
안정성은 민주주의제도에 의해서만 얻어질 수 있는 것이며, 한 사람
이나 소수에 의하여 지배되는 독재주의로부터는 얻어질 수 없다. 만
일 여기에서 얻어질 수 있는 안정성이 있다면, 그것은 오직 고정되어
있는 '경화(硬化)된 안정성'일 뿐이다. 이것은 차라리 법적 안정성이
라기보다는 '법적 고정성'이라고 부르는 것이 더 타당할 것이다. 이러
한 안정성은 언제든지 폭발할 위험성을 내포하고 있는, 불안정한 가
운데의 안정성이며, 여기에서 지배하는 논리는 관용이 아니라 편집과
독선이다. 따라서 상대주의의 정신에 입각한 법적 안정성은 민주주의
를 통하는 길 이외에는 다른 방도가 없으며, 민주주의라는 제도를 통
하는 이상 법적 안정성에 중점이 가지 않을 수 없다. 그러므로 라드브
루흐가 세 개의 법이념 중에서 법적 안정성을 특히 강조한 것은 상대
주의의 논리로부터 나오는 필연적 귀결이다.

　이러한 법적 안정성의 요구는 곧 실정성의 요구로 나타나게 되며,
이것은 여러 확신들 사이의 상쟁을 끝장낼 권위의 작용을 필요로 한

다. 이 권위는 바로 학문적 인식이 해결할 수 없는 고르디우스의 매듭을 단칼에 내려쳐 결단하는 입법자이다. 입법자의 이 결정에 의하여 일정한 법목적에 구속력이 부여되고 그것에 입각하여 확립된 법질서는 안정성을 확보하는 것이다. 그러나 이 안정성은, 만일 국가 자신이 법률의 구속으로부터 해방될 수 있을 때는, 즉 입법자 자신이 법을 무시하고 그 구속으로부터 벗어나 자의적으로 행동할 수 있을 때는 완전히 공허한 것이 되고 만다. 따라서 권위에게 입법적 사명을 맡기는 법적 안정성의 사상은 동시에 국가 역시 법률에 구속될 것을 요구하며, 국가에게는 스스로가 법률 자체에 의하여 구속된다고 생각한다는 조건하에서만 입법적 사명이 맡겨진다. 이것이 곧 '법의 지배(rule of law)' 사상이다. 그러므로 상대주의는 모든 국가가 법치국가(Rechtsstaat)일 것을 요구한다.[22]

그러나 이러한 법의 지배의 원리는 입법자의 법에 대한 구속뿐만 아니라 권력을 장악하고 있는 법집행자의 구속도 요구한다. 그런데 권력의 분립이 없이는 이것은 불가능하다. 만일 집행권자가 입법권까지 장악한다면, 그는 자의적으로 법을 제정할 수 있을 것이며, 그로 인해 언제든지 법의 구속으로부터 해방될 수 있을 것이기 때문이다. 그러므로 법치국가를 요구하는 상대주의는 동시에 권력의 분립(Gewaltenteilung)도 요구한다.[23]

상대주의에서 입법작용은 진리의 작용이 아니라 권위와 의지의 작용이다. 그것은 어느 일정한 견해에 구속력을 부여할 수는 있으나 설득력까지 부여하지는 못한다. 그것은 상쟁하는 정파 사이에서 힘의 다툼을 끝장낼 수는 있지만, 의견의 다툼까지 종결지을 수는 없다. 의

---

22) A.a.O., S. 288 – 289; ders., 'Der Relativismus in der Rechtsphilosophie', S. 84.
23) Radbruch, 'Der Relativismus in der Rechtsphilosophie', S. 84.

견의 다툼을 종결하는 것은 입법자의 권한 밖의 일이다. 서로 다른 법
적 확신들 사이의 이념적 투쟁을 방해하지 않고 관용한다는 조건하에
서만 입법자에게 입법권한이 맡겨져 있다. 입법자가 이러한 조건을
무시하고 어느 하나의 입장에만 정당성을 인정하고 여러 세계관 사이
의 투쟁을 봉쇄해버리는 것은 허용되지 않는다. 따라서 상대주의는
국가에게 입법권을 부여하되 각 세계관들 사이의 투쟁에 필요한 법복
종자들의 일정한 자유, 즉 사상의 자유, 학문의 자유, 신앙의 자유, 출
판의 자유 등을 존중할 의무를 부과함으로써 입법권을 제한한다. 이
점에서 상대주의는 자유주의와 합류한다.[24]

　상대주의에 의하여 요구되는 이러한 요소들, 즉 실증주의·법치주
의·권력분립주의·자유주의 등은 서로 결합되어 민주주의의 정치원
리를 형성한다. 따라서 상대주의는 민주주의의 가장 전형적인 철학적
기반이며, 이 점에서 상대주의는 민주주의의 사유의 전제조건이 된
다. 관용의 정신에 입각하여 모든 법적 견해의 등가성을 인정하고, 법
적 안정성의 요구에 의하여 인간의 평등을 전제로 하는 다수결의 원
칙으로 입법을 정하며, 이러한 입법하에서 상대주의를 살려 나가는
무기로서 언론·사상·양심·신앙 등의 자유를 보장하고, 입법자와 법
집행자 그리고 일반 국민도 모두 이러한 법의 구속하에 들어가는 법
의 지배에 입각한 정치조직, 그것이 곧 민주국가인 것이다. 결국 상대
주의는 이러한 민주국가 조직의 법철학적 정신의 표현 이외의 아무것
도 아니며, 그것은 민주주의와 운명을 같이 할, 민주주의의 그림자인
것이다.

　이상으로서 제1기(1932년까지)에 속하는 라드브루흐의 사상을 대
강 살펴보았다. 물론 여기서는 그의 방대한 법철학적 체계의 전부를

---

24) A.a.O., S. 82 이하.

망라한 것은 아니며 다만 상대주의와 관련되는 부분에 한정해 고찰하여 본 것이다. 한 마디로 말하자면, 제1기의 상대주의는 상대주의의 논리에 철저한 전형적인 상대주의이며, 그것은 어디까지나 그저 상대주의일 따름이다. 그 논리는 정연하고 풍성하다. 세계관의 선택을 하나의 이론으로 전개하여 놓았을 뿐, 그 선택의 실행에 들어가는 절박한 모습은 찾아볼 수 없다. 관용은 한계를 모르며 무한한 충일(充溢) 속에서 모든 면에 걸쳐 출렁거리고 있다. 보수적인 안정성의 요구는 정의의 요구를 능가하며 그것은 실증주의의 온상 속에서 따뜻이 살을 찌운다. 마치 폭풍과 뇌우를 알지 못하는 온상의 세월이 영원히 계속되기라도 할 것처럼. 이러한 상대주의를 기초로 삼은 민주주의는 아무런 투쟁적 모습도 보여주지 않는다. 그것은 인간의 평등과 자유의 정신에 입각한 정치조직의 모습을 그려놓은 한 폭의 회화(繪畵)적 이데올로기이며, 자신의 수난과 위기를 방어할 용의를 갖추고 있는 투쟁적 이데올로기는 아니다. 전체주의·독재주의·자유주의·사회주의·카톨릭주의 등등 '주의'로 불릴 수 있는 모든 주의는 민주주의와 아울러 세계관의 무대에서 일대 경연을 벌인다. 어느 것도 자기와 다른 것을 배척할 권한은 없으며 또한 어느 것도 다른 것을 자기에게 흡수할 권한도 없다. 관용은 공존의 세계를 가능하게 만들고 이 공존의 세계에서는 모든 세계관이 어깨를 나란히 하여 페어플레이를 하는 것이다. 그러나 무대에 분장을 하고 나선 그 어느 의상 속에 고양이의 발톱이 숨겨져 있다는 것을 마음 좋은 민주주의가 알 까닭이 없다. 그러나 그다음 해인 1933년에 그 발톱에 목덜미를 잡힌 민주주의는 자신의 철학을 재검토하며 자신을 방어하고자 시도한다. 그렇다면 상대주의는 어떻게 변모되어 갔는가?

Ⅲ. 제2기(1933 – 1944)

1. 궁극적 민주주의

민주주의는 상이한 정치적·사회적 확신의 진리 내용을 과학적으로 인식할 수 없기 때문에 그러한 모든 확신에 실천의 측면에서 동등한 가치를 인정하지 않을 수 없다는 논리이다. 그 결과 자유민주주의뿐만 아니라 전체주의나 독재주의나 계급적 직능국가의 형태도 똑같이 그 존재가치를 승인하지 않을 수 없게 된다. 그럼에도 불구하고 상대주의는 민주주의와만 결합할 것을 요구한다. 이것은 분명히 딜레마에 속한다.

라드브루흐에 의하면 이러한 딜레마의 해결방법은 민주주의의 형식적 성격으로부터 도출된다. 즉 그에 의하면 두 가지 의미의 민주주의가 있다. 하나는 다른 국가형태와 함께 일종의 국가형태로서의 민주주의이고, 다른 하나는 모든 국가형태의 공통적 기초로서의 민주주의이다. 전자는 다른 여러 정치적 세계관과 나란히 하는 하나의 세계관으로서의 민주주의이고, 후자는 모든 세계관의 성립과 존속의 기초가 되는 민주주의이다. 후자를 전자의 민주주의와 구별하기 위하여 '궁극적 민주주의(die letztendige Demokratie)'라고 부른다.[25]

우선 상대주의와의 관계에서 민주주의의 본래의 의미는 그것이 관용의 정신에 입각한 정치원리라는 점에 있다. 이러한 의미에서의 민주주의는 전체주의나 독재주의에 대해서까지도 관용할 수밖에 없다.

---

25) Radbruch, 'Der Relativismus in der Rechtsphilosophie', 1934, in: *Der Mensch im Recht*, 1961, 2. Aufl., S. 86.

따라서 국민은 각자의 자유로운 정치적 결단에 의하여 다수결로 한 사람의 독재자에게 국가의 전권을 맡길 수 있다. 이것은 바로 "자유를 포기할 자유가 자유 자체의 이념에 내포되어 있다"[26]고 하는 역설적 논리로부터만 이해될 수 있다. 국민 각자는 자신의 자유를 행사하여 자신의 자유를 포기할 수 있다. 독재주의가 민주주의의 방법을 통하여 확립되는 경우가 바로 그것이다. 이 경우에 독재주의가 민주주의를 배제하는 현상의 의미는, 궁극적 민주주의에 입각한 독재주의가 똑같이 궁극적 민주주의에 입각하여 구체화된 정치적 세계관의 한 형태로서의 민주주의를 부정하고 있는 것이다. 이러한 의미에서의 독재주의는 승인된다.

그러나 모든 세계관의 성립과 존속의 기초로서의 민주주의까지 부정하는 독재주의의 승인은 허용되지 않는다. 다시 말해 국민 다수의 지지를 받아 확립된 독재주의는 상대주의의 관용의 범위 내에 들어가지만, 국민의 다수가 반대함에도 불구하고 독재를 강행하는 전제주의는 관용의 대상이 아니다. 그런데 오늘의 다수가 내일과 모레의 다수에 대하여서도 불멸의 독재권을 밑받침해 주는 근거일 수는 없고 또한 그러한 권리도 없다. 따라서 오늘의 다수에 의하여 지지를 받아 확립된 독재주의는 내일과 모레의 다수에 의하여서도 지지를 받을 수 있는 한에서만 독재주의로서 존속될 수 있는 근거를 갖고 있는 것이며, 그러한 지지를 받지 못하는 이상 그 순간부터 존속근거는 상실된다. 이것은 매우 역설적이기는 하지만 '민주주의에 기초한 독재주의'라고 표현할 수 있을 것이다. 민주주의는 독재주의적 헌법을 위하여 자신의 자리를 내줄 수는 있다. 그러나 민주주의는 헌법 자체를 결정할 권리까지 포기할 수는 없다. 헌법에 대한 국민투표권은 일종의 불

---

26) A.a.O., S. 85.

문율이며 모든 헌법의 묵시적이고 자명한 구성요소이다. 이와 같이 국가조직을 국민에 의해 결정할 권리는 국민의 주권이며, 독재주의도 이 국민주권하에서만 존립할 가능성을 갖는다. 이것까지도 부정하는 독재주의는 이미 상대주의의 관용의 한계 안에 있지 않다. "따라서 이 궁극적 민주주의, 즉 이 국민주권은 상대주의의 움직일 수 없는 귀결이다(Diese letztendige Demokratie, diese Volkssouveränität ist also eine unerschütterliche Folge des Relativismus)."[27]

이와 같이 '궁극적 민주주의'는 국가조직원리의 하나로서 그것은 독재주의뿐만 아니라 민주주의 자신도 포기할 수 없는 불괴(不壞)의 거점인 것이다. 국민주권에 바탕한 이 '궁극적 민주주의'야말로 문자 그대로 '민주'주의인 것이며, 그것은 민주주의가 민주'주의'로 불릴 수 있는 '궁극적' 근거이다.

2. 상대주의의 한계

민주주의는 무엇이든 할 수 있다. 그러나 자기 자신을 궁극적으로 포기할 수는 없다. 상대주의는 어떠한 의견도 관용할 수 있다. 하지만 자기 자신을 절대적인 것으로 독단하는 의견에 대해서까지 관용할 수는 없다. 민주주의는 다른 의견과 이데올로기적 논쟁을 벌이고자 하는 여하한 의견도 허용할 것이다. 따라서 이 한에서는 민주주의는 반민주주의적 정당에 대해서조차도 자기 자신과의 등가성을 인정한다. 그러나 어느 하나의 의견이 절대적으로 타당할 것을 주장하고 또한 이러한 동기로부터 다수를 무시하고 권력을 독점할 권리가 있다고 믿을 때는, 민주주의 국가는 자신의 고유한 수단을 통해서 뿐만 아

27) A.a.O., S. 86.

니라, 즉 이념이나 논쟁을 통해서 뿐만 아니라 국가의 실력을 통해
서도 단호히 이것과 싸워 이기지 않으면 안 된다. "상대주의는 보편
적인 관용이다 — 그러나 불관용에 대해서까지 관용하는 것은 아니
다(Relativismus ist die allgemeine Toleranz-nur nicht Toleranz gege-
nüber der Intoleranz)."[28)

　이 말은 보편적인 관용으로서의 상대주의에게도 더 이상 양보할 수
없는 최후의 한계가 있다는 것을 고백한 엄숙한 선언이다. 이것은 동
시에 상대주의의 최후의 말이다. 왜냐하면 이 선언과 더불어 상대주
의는 이미 상대주의일 것을 그만두고 절대주의로 환원하였기 때문이
다. 즉 이와 같이 한계지워진 상대주의는 무엇이 정당한가에 대하여
이미 불가지론적 입장에 머물러 있는 것이 아니라 '궁극적 민주주의'
만이 절대로 정당한 것이라고 단정하기에 이르러 있는 것이다. 그것
은 이미 무한한 관용의 미소를 담은 원래의 의미에서의 상대주의가
아니라 결투를 목전에 둔 '굳어버린 상대주의'의 모습이다. 엄격히 말
하면 '굳어버린 상대주의'는 이미 상대주의가 아니다. 그것은 상대주
의의 절대화 또는 절대화된 상대주의인 것이다.

　애당초 상대주의는 상이한 정치적·사회적 확신의 진리내용을 과
학적으로 인식할 수 없기 때문에 그러한 확신들에 등가성을 인정하지
않을 수 없다는 논리로부터 도출된 결론이며, 바로 그 때문에 실천적
윤리로서의 관용의 정신이 등장했던 것이다. 다시 말해 이론이성에서
의 불가지주의가 실천이성에서의 활동주의적 결단을 불가피하게 만
드는 것이며, 이러한 결단의 등가성에 대한 보장의 요구가 '관용의 윤
리'를 불가피하게 만들고 있는 것이다. 따라서 이 관용의 의미는 결국
어느 것이 정당한 것인가를 알 수 없기 때문에, 그 어느 것도 부정당한

---

28) A.a.O., S. 86.

것으로 배척할 수 있는 근거가 되지 못한다는 점으로부터 나오는 소극적 의미에서의 관용이다. 즉 관용할 수밖에 없기 때문에 관용하는 것이며, 관용하지 않을 수 있는데도 불구하고 관용하는 것이 아니다. 그러므로 상대주의에서의 '불가지적 회의', '실천적 결단', '윤리적 관용'은 마치 한 실에 꿴 구슬과 같은 것으로서 연쇄반응적 작용효과의 한 현상에 지나지 않는다. 즉 진리내용에 대한 인식이 불가능하다는 제1명제로부터 제2명제와 제3명제가 나오지 않을 수 없게 되어 있고, 이 주종관계는 엄격히 분석할 필요가 있다. 바로 그 때문에 제1의 명제에서 유동하고 있는 '회의'가 고정적으로 '확정'되기만 한다면 ─ 어떠한 주장이나 결정이 확정되든 관계없이 ─ 상대주의의 체계는 근본부터 무너지는 것이며, 제1명제에 뒤따르는 제2, 제3의 명제도 타당성을 상실한다. 라드브루흐는 이 제1명제를 고정적으로 확정해버렸다. 즉 '궁극적 민주주의'라는 확정을 통해 상대주의를 절대화했다. 이와 동시에 세계관 주체의 실천적 결단과 관용의 윤리가 무한히 타당할 수 있는 여지는 이미 남겨져 있지 않으며, 이제 '궁극적 민주주의'라는 하나의 절대자가 정당성의 상징으로 맹위를 떨치고 있는 것이다. 그리하여 이제는 불관용에 맞서는 또 다른 하나의 불관용이 남겨져 있을 뿐이다. 이것은 상대주의의 두 번째 한계, 즉 상대주의가 상대주의일 수 없는 한계이다.

사실상 이것은 이미 일종의 자연법인 것이다. 원래 법철학적 가치상대주의는 자연법의 부정으로부터 출발했다. 그러나 다시 자연법으로 돌아온 것이다. 물론 형이상학적인 길을 통해서가 아니라 아이러니하게도 상대주의라는 길을 통해 자연법을 긍정하기에 이르른 것이다. 즉 인권·법치주의·권력분립·자유와 평등·국민주권 등 1789년의 인권선언에서 천명된 이념들을 내용으로 하는 근대의 계몽적 자연법에 합류한 것이다. 이 의미심장한 사상의 전환은 다음과 같은 결론적 구절이 잘 표현해주고 있다. "… 논리의 기적은 이루어졌다. 무(無)로부터 모든 것이 생겨 나왔다. 우리는 정당한 법을 인식하는 것은 불가능하다는 것에서 출발했다. 그러나 우리는 이를 통해 정당한 법에 대하여 의의 깊은 인식을 주장할 수 있는 경지에까지 이르렀다. 우리는 상대주의 그 자체로부터 절대적 귀결, 즉 고전적 자연법의 전통적인 요구들을 이끌어냈다. 자연법의 방법적 원리와는 다른 길을 통해 자연법의 내용적 요구들, 즉 인권·법치주의·권력분립·국민주권 등을 기초 붙이는 데 성공했다. 1789년의 이념인 자유와 평등은 회의의 물결에 휘말려 익사할 듯이 보이던 상태로부터 다시 되살아 떠올랐다. 이 이념은 사람들이 그로부터 멀리 떨어질 수는 있지만, 결국에는 다시 되돌아가지 않으면 안 될 불멸의 기반인 것이다."[29]

제1기의 상대주의와 제2기의 상대주의(사실상 이미 상대주의가 아니다) 사이에는 이와 같이 커다란 차이가 있다. 즉 제1기에 속하는 상대주의는 어디까지나 상대주의적 논리에 철저한 상대주의였던 것이며, 그 필연적 귀결로서 자연법을 부정하는 태도로 시종일관하고 있었던 것이다. 또한 이에 바탕한 민주주의도 어디까지나 회화적 이데올로기에 머물러 있었던 것이며, 결코 투쟁적 이데올로기의 성격을 띠고 있지는 않았다. 그러나 제2기의 상대주의는 과격한 모습으로 변모하여 궁극적 민주주의를 절대적으로 정당한 것으로 단정하고, 거기에 자연법이라는 이름을 붙여 끌어 올렸으며 또한 그것과 저촉되는 여하한 세계관도 인정하지 않으려고는 불관용의 극에 이르고 있다. 이것은 오히려 실천이성의 영역에서만 그 본분을 발휘할 수 있는 상대주의의 당연한 귀결일지도 모른다.

---

29) A.a.O., S. 87.

그러나 상대주의의 극복을 상대주의 자신의 힘으로 수행해 낼 수 있을 것인지는 여전히 의문이다. 물론 실천이성의 영역에서는 가능할지도 모른다. 그러나 이론이성에 밑받침되어 있지 않은 실천이성의 결단이 독단적 도그마와 얼마만큼 구별될 수 있을지 의문이다. 라드브루흐는 상대주의를 비상대주의가 아닌 바로 그 상대주의에 의해 극복했다고 말하고 있지만, 적어도 상대주의로 상대주의를 극복한다는 것은 논리의 모순이거나 상대주의가 아니거나 둘 중의 어느 하나일 것이다. 바로 여기에 상대주의가 궁극적으로 타당할 수 없는 한계가 있는 것이다. "불관용에 대해서까지 관용할 수 없다"는 의미에서의 한계는 상대주의를 전제한 한계이지만, 그와 같이 전제한 한계에 그에 상당한 이유가 있느냐 없느냐 하는 것은 상대주의 자체의 한계인 것이다. 다시 말해 "불관용에 대해서까지 관용할 수 없다"라는 말을 상대주의라는 표식을 붙이고 언도할 권한과 자격이 있느냐 없느냐 하는 것은 상대주의 자체의 타당성 한계를 의미하게 되는 것이다. 이것은 상대주의의 세 번째 한계이다. 이 점에 관해서는 절을 바꾸어 다시 살펴보게 될 것이다.

Ⅳ. 제3기(1945 – 1949)

제2차 세계대전 종료 후에 라드브루흐의 사상은 다시 수정을 겪는다. 당대에 세 번의 전환을 가져오지 않을 수 없었던 상대주의의 고충은 충분히 이해할 수 있다. 민주주의에 철학적 근거를 제공하는 이론으로서 상대주의만큼 탁월한 것도 없을 것이며 또한 그것은 유일한 것이다. 그러나 민주주의를 방어하는 무기치고는 무력하기 이를 데

없는 것이 또한 상대주의이다. 그것은 상대주의가 세 번이나 수정을
겪지 않을 수 없었다고 하는 바로 그 사실이 웅변으로 증명해주고 있
다. 상대주의는 1933년 이후 쓰라린 경험을 겪어 왔으며, 따라서 자
신의 논리를 재검토하기 시작했으며, 동시에 그로부터 벗어나기 위한
탈출구를 찾으려는 심한 고통을 겪어 왔다. 이러한 노력은 이미 제2
기에 나타났지만 제3기에도 계속되고 있다.

　제3기에서 라드브루흐의 사상전환의 특징은 — 한마디로 말하
면 — 실증주의를 극복하고 자연법에 접근한다는 점이다. 물론 이미
제2기에 '궁극적 민주주의'를 자연법적인 것으로 인정하고 있었으므
로 제2기의 계속을 의미하는 것으로 볼 수도 있겠으나 그 시야와 각도
가 다르다. 즉 제2기에는 상대주의라는 길을 통해 '궁극적 민주주의'
에 이르러 갔지만, 제3기에는 그러한 길을 통한다는 조건 없이, 제2차
세계대전 이후의 여러 자연법론과 똑같이 위로부터 곧바로 정의의 가
치를 승인하고자 한다. 다시 말해 제2기에는 자연법을 전면적으로 승
인하기보다는 상대주의의 관용의 한계를 지적하면서 궁극적 민주주
의라는 자연법적 요소에 봉착한 반면, 제3기에는 초실정적 법을 처음
부터 인정하고 들어간다.

　또한 제1기와 제2기에는 실증주의를 그대로 고수하고 법적 안정성
의 가치에 의연히 우선권을 주고 있었지만,[30] 제3기에는 오히려 자연
법을 전제하고 정의의 가치를 우선시키고자 하는 경향을 보인다. 즉
종래까지는 법이념의 세 가지 요소 중에 법적 안정성을 제1위에 두고
그다음에 정의와 합목적성을 위치시켰으나, 지금에 와서는 정의를 제
1위에 두고 그다음으로 법적 안정성과 합목적성을 순차로 위치시키

---

30) 제1기는 물론이지만, 제2기에서도 의연히 실증주의와 법적 안정성에 집착한
　다(이 점에 관해서는 'Der Zweck des Rechts', 1938, S. 103; 'Der Relativismus in
　der Rechtsphilosophie', 1934, S. 81 이하 참조).

고자 한다.[31] 더욱 주목할 만한 것은 이 세 개의 법이념을 3원성으로 대립시키지 않고 정의에 다른 두 요소를 포섭시켜 하나로 종합하고자 한다는 점이다.

이러한 여러 점으로 보아, 제3기에 속하는 라드브루흐의 사상은 법실증주의로부터 자연법으로 전환하는 과정에 놓여있다고 말할 수 있을 것이다. 그러나 어느 정도까지 그 전환에 성공했는지는 완성된 체계를 제시하기 전에 고인이 되었으므로, 쉽사리 단정할 수는 없겠지만, 적어도 상대주의라는 근본 입장을 고수하는 이상 실증주의를 그토록 치밀한 논리로 밑받침하여 쓸 수 있었던 것만큼 자연법도 밑받침하여 줄 수 있으리라고는 생각되지 않는다. 적어도 자연법을 정면으로 인정한다면, 상대주의 이외의 다른 무기가 필요할 것으로 생각

31) 이 법이념의 순위문제는 원칙적으로는 상대주의에서는 해결을 보지 못하며, 다만 이 세 가지 법이념 사이의 상호관계와 상호모순이 지적될 수 있을 따름이다. 그러나 라드브루흐는 암암리에 법적 안정성에 중점을 두고 있는데 (*Rechtsphilosophie*, S. 179, 182, 288), 이것은 상대주의의 입장을 철저히 취하는 이상 당연한 논리적 귀결이고 또한 그래야만 상대주의의 입장과 모순이 발생하지 않는다. 전형적인 상대주의의 논리로 일관하는 제1기에는 순위가 그렇게 될 수밖에 없다. 그러나 제2기에 와서는 원칙적으로는 상대주의의 입장을 여전히 고수하고 있지만('Der Zweck des Rechts', S. 104) 그 이전에 비해 조금 더 명확하게 자신의 소신을 밝히고 있다. 즉 합목적성은 초개인주의적 사상의 요구에 응하는 이념이고, 정의와 법적 안정성은 개인주의적 사상의 요구에 응하는 것이라고 한다(A.a.O., S. 95, 98, 103). 따라서 공공의 복리라는 미명하에 전체의 이익만을 유일의 것으로 삼는 권위주의 국가나 전체주의 국가는 오직 합목적성만을 안중에 두기 때문에 개인주의나 민주주의와는 도저히 상용될 수 없을 뿐만 아니라 그것은 단순한 자의이며 이미 객관적 질서로서의 법이 가능한 토대를 발견할 수 없다고 한다(A.a.O., S. 89, 94). 그러나 정의와 법적 안정성은 상호보충적일 때만 각각의 요구를 충족시킬 수 있으므로 양자 모두 개인주의적 사상에 필요한 것이라고 한다(A.a.O., S. 97, 98, 103). 이러한 그의 소신의 피력으로 보아, 분명하게 말하고 있지는 않지만 합목적성을 제일 마지막 순위에 놓고 있다고 보아도 무방할 것 같다. 그러나 제3기에는 합목적성이 제일 마지막 순위에 놓인다는 것을 명시적으로 언명하고 있으며 ('Gesetzliches Unrecht und übergesetzliches Recht', 1946, S. 353), 정의와 법적 안정성 사이의 순위는 서로 양보할 수 있는 한계선의 결정에 따라 정할 문제라고 한다(*Vorschule der Rechtsphilosophie*, S. 32 이하). 그러나 정의가 우선하게 된다는 것은 앞으로 차차 밝혀질 것이다.

된다. 이 점에 관한 것은 결론에서 다시 살펴보기로 하고 우선 여기에
서는 제2차 세계대전 후의 그의 사상의 변모된 줄거리를 대강 추려 더
듬어 보기로 한다.

1. 법실증주의의 극복

이미 위에서 살펴본 바이지만, 상대주의는 법실증주의와 합류하지
않을 수 없는 논리를 자신 안에 지니고 있다(I. 3. 상대주의와 법실증주의
참조). 상대주의의 논리로부터 나오는 이러한 실증주의적 귀결은 제1
기와 제2기에 걸쳐 변함없이 일관된 전개를 보여주고 있다.[32] 그러나
법이라는 형식을 뒤집어쓰고 자행되는 비인도적 폭력행위의 무시무
시한 감행을 몸소 체험한 그는 제3기에 들어와서는 종래의 실증주의
적 입장을 포기하고 자연법에 접근한다. 종전 후 처음으로 발표한 소
논문에서 그는 다음과 같이 말하고 있다. "'법률은 법률이다(Gesetz
ist Gesetz)' … 법률은 그것이 법률이기 때문에 타당한 것이며, 또한
그것은 일반적으로 자신을 관철시켜 나가는 힘을 가지고 있을 때 법
률이다―이것이 실증주의의 견해이다. 법과 힘을 동일시하고 힘이
있는 곳에만 법이 있다고 하는 이 견해는, 국민이나 법률가로 하여금
그토록 자의적인 법률, 그토록 무자비한 법률, 그토록 범죄적인 법률
에 대해 무방비하게끔 만들었다."[33] 이것은 법실증주의의 가치를 회
의하는 제일성(第一聲)이다. "법은 정의를 향한 의지다 … 따라서 법

---

32) Radbruch, *Rechtsphilosophie*, S. 178–183; ders., 'Der Relativismus in der
   Rechtsphilosophie', S. 82. 이 점은 제1기와 제2기의 실증주의적 사상은 상대
   주의에 충실하고 있었다는 증거이다. 또한 그래야만 이론상의 모순도 발생하
   지 않는다.
33) Radbruch, 'Fünf Minuten Rechtsphilosophie', 1945, in: ders., *Rechtsphilo-
   sophie*, S. 335.

률이 정의를 향한 의지를 의식적으로 부정한다면, 예컨대 인권을 함부로 주고 빼앗고 한다면, 이러한 법률은 타당성을 갖지 않으며, 국민은 이러한 법률에 복종할 의무가 없고, 법률가는 이러한 법률로부터 법적 성격을 박탈할 용기를 갖지 않으면 안 된다."[34] 이것은 법실증주의에 대한 반항을 고무하는 제이성(第二聲)이다. " … 그것으로부터 타당성을, 아니 오히려 법적 성격을 박탈해버리지 않을 수 없을 만큼 부정의하고 공공에 유해한 법률들이 **있을 수 있다** … 따라서 개개의 법규보다 더 강한 법원칙이 존재한다. 그 결과 이 법원칙에 반하는 법률은 효력을 상실한다. 이 근본원칙은 일반적으로 자연법 또는 이성법이라고 불린다 … 이 원칙은 프랑스 인권선언에서 명확하게 선언되어 있고 의도적으로 회의하고자 할 때만 의문을 겨우 제기할 수 있을 정도로 광범위하게 인정을 받고 있다."[35] 이것은 법실증주의를 부정하고 자연법의 입장에 설 것을 언명한 제삼성(第三聲)이다.

이상과 같은 언명은 정의의 척도를 상실한 법실증주의가 가져다준 결과가 무엇인지에 대한 강한 반성의 표현이다. 따라서 법률 위에 그것을 초월하는 '초법률적 법(übergesetzliches Recht)'이 있다는 것을 스스로 시인하기에 이른다. 초법률적 법은 실정법의 구속성과 실정법의 법적 성격 및 정당성 여부를 측정하는 척도이다. 법실증주의는 논리필연적으로 전체주의 국가와 법률을 승인하지 않을 수 없게끔 된다.[36] 실제로 실증주의는 "법률은 법률이다"라는 확신을 통해 독일의 법률가의 지위를 자의적이고 범죄적인 내용의 법률에 대해 무방비하게끔 만들었을 뿐만 아니라, 사실상 실증주의는 자신의 힘으로 법률

---

34) A.a.O., S. 336.
35) A.a.O.
36) Radbruch, 'Gerechtigkeit und Gnade', 1949, in: ders., *Rechtsphilosophie*, S. 337.

의 타당성을 근거 붙일 수가 없는 것이다. 실증주의는 법률을 관철할 수 있는 힘을 갖고 있다는 사실만으로 이미 법률의 타당성이 증명된다고 믿는다. 그러나 힘은 필연(Müßen)의 기초가 될 수 있을지언정 결코 당위(Sollen)와 타당(Geltung)의 기초가 되지는 못한다. 오히려 법률에 내재해 있는 가치만이 당위와 타당의 기초가 될 수 있는 것이다.[37] 라드브루흐에 따르면 이러한 가치는 '정의'이다. 그러나 종전까지 라드브루흐에게 정의는 '정당한 것의 형식(die Form Rechtens)'이었음에 반해 이제는 내용적인 것으로 명시된다. 즉 '인권(Menschenrechte)'이 그것이다. 인권을 완전히 부정하는 것은 절대적으로 부정당한 법이다.[38] 정의가 전혀 추구되지 않는 곳에서는, 즉 정의의 핵심을 이루는 인권·자유·평등이 실정법의 규정에서 의식적으로 부정되는 곳에서는, 그 법률은 단지 '부정당한 법(unrichtiges Recht)'에 그치는 것이 아니라 이미 일반적으로 법적 성격(Rechtsnatur) 자체를 결하고 있는 것이다. 다시 말해 그것은 이미 법일 수 없는 것이다. 따라서 국가사회주의의 모든 법, 즉 인간을 인간 이하로 취급하고 인권을 박탈하였던 모든 법률, 범죄의 경중을 가리지 않고 오직 그때그때마다의 위협적 필요에 의하여 사형을 부과했던 모든 법률, 모든 정당의 부분적 성격을 무시하고 국가사회주의 정당만이 국가의 전부일 것을 요구한 모든 법률 등은 벌써 부정당한 법이나 악법에 그치는 것이 아니라 아예 법이 아닌 것이다.[39] 만일 그것을 '법'이라고 한다면, 그것은 법률의 탈을 쓴 불법, 즉 '법률적 불법(gesetzliches Unrecht)'이다.

---

37) Radbruch, 'Gesetzliches Unrecht und übergesetzliches Recht', 1946, in: ders., *Rechtsphilosophie*, S. 352.

38) Radbruch, *Vorschule der Rechtsphilosophie*, S. 29.

39) Radbruch, 'Gesetzliches Unrecht und übergesetzliches Recht', S. 353–354.

이 '법률적 불법'은 "법률은 법률이다"라는 실증주의의 대명제와 정면으로 충돌한다. 그러나 이 양자는 그들만으로서는 이 충돌을 해결하지 못한다. 왜냐하면 전자의 명제를 더 철저하게 표현하면 "불법은 법이 아니다"라고 표시되지만, 이와 반대로 후자의 경우는 "악법도 법이다"라고 표시될 것이기 때문이다. 바로 이 지점에서 법률을 초월하여 그 상위에 놓이는 '초법률적 법'이 나타나게 된다. 이것만이 법실증주의를 근본적으로 극복할 수 있을 것이기 때문이다.

라드브루흐는 이와 같이 법률을 초월하는 '법'이 있다는 것을 승인하고, 이로부터 법률적 '불법'의 개념을 도출함과 동시에 불법의 법적 성격을 부인함으로써 법이 아닌 '비법'의 세계로 그것을 추방하여버렸다. 결국 그는 '초법률적 법'을 통해 법실증주의를 극복한 것이다.

이로써 극단적인 불법의 문제는 처리된 셈이다. 다음은 이와 같은 경지에까지 이르지 않은 불법에 관한 효력의 문제를 논의해보자.

2. 법이념의 순위의 전도에 의한 자연법으로의 전환

제3기의 라드브루흐의 사상에서 가장 주목할 만한 것은 법이념의 순위가 바뀌고 있다는 점이다. 종래에는 법적 안정성이 정의에 우선하였지만, 이제는 오히려 정의가 법적 안정성에 우선한다. 그리고 독재주의나 경찰국가에 구실을 주는 합목적성은 제일 마지막에 위치시킨다. 이것은 그의 사상전환을 이해하는 데 극히 중요한 요소이며, 바로 여기에서 그가 실증주의와 상대주의를 극복하고 자연법으로 전환하였다고 볼 수 있느냐 없느냐가 판가름이 나게 된다.

종래까지의 그의 사상이 법적 안정성을 강조한 데에는 다음과 같은 두 가지 이유가 있다. 첫째는 법적 안정성이 공동생활을 가능하게 만

드는 사회존립의 기초가 된다는 것이고, 둘째는 상대주의의 입장을
취하는 이상 그 자체의 논리가 이르러 가는 필연적 귀결이 법적 안정
성이라는 점이다.

원래 상대주의적 입장에서는 법적 안정성과 정의와 합목적성은 등
가적 위치에 놓이는 것이 원칙이며, 그 어느 것에 중점을 두는가는 각
시대와 각 사회의 국가관 및 법률관에 의하여 결정될 문제이다. 즉 시
대적으로 보아 자연법 시대는 정의를, 법실증주의 시대는 법적 안정
성을, 경찰국가 시대는 합목적성을 각각 우선시키는 경향을 보여 준
다.[40] 그러나 어느 시대 어느 사회를 막론하고 우선 질서가 있어야 한
다는 것은 생활공동체의 존립의 제1의 선결조건이다. 물론 법은 정의
에 봉사할 것을 사명으로 하지만, 이 봉사는 우선 공동체의 규율을 통
해서만 가능한 것이므로 질서를 확립한다는 것이 제1의 목적으로 전
제되어 있다. 정의는 제2차적 목적이며 그보다 앞서는 것은 질서와
평화이다. 이러한 요구는 더 나아가서 "무질서를 참는 것보다 차라리
부정의가 행하여지는 편이 낫다", "우리에게 평안을 주는 자가 주님
이다"라는 괴테의 논리로까지 비약하게 된다. 아마도 이것은 정의 없
는 사회는 가능할 수 있어도 질서 없는 사회는 그 자체 존립할 수 없다
고 하는 이유에 근거할 것이다. 이러한 의미에서의 법적 안정성은 다
른 법이념들과 대등한 입장에서 등가적 위치에 놓이기보다는 오히려
가능한 모든 가치입장에 대해 타당성을 갖는 토대라고 볼 수 있을 것
이다.[41]

---

40) Radbruch, *Rechtsphilosophie*, S. 173; ders., 'Der Zweck des Rechts', S. 104.
41) 페어드로스는 만일 이러한 의미에서의 법적 안정성이라면, 즉 "실제적으로
   '법적 안정성은 정의에 우선한다'라는 원칙이 모든 가치입장에 대하여 타당하
   다면, 그것으로써 적어도 객관적으로 입증 가능한 **하나의** 보편타당한 법가치
   를 찾아낸 셈이 아니겠는가? 또한 이로써 라드브루흐 자신의 가치상대주의는
   극복된 것이 아니겠는가?"라고 말한다(A. Verdroß, *Abendländische Rechts-*

법적 안정성의 이념이 제1순위에 놓이게 되는 또 다른 이유는 상대
주의 자체의 논리가 그렇게 될 수밖에 없기 때문이다. 상대주의의 근
본입장은 최고의 법가치는 이성과 과학의 힘으로는 인식 불가능하다
는 데 있다(불가지주의). 따라서 각자는 자신의 확신에 따라 선택에 대
한 실천적 결단을 내리게 된다(활동주의). 그러나 이렇게 되면 통일된
질서상을 형성할 수가 없다. 즉 공동생활의 질서를 각 개개인의 법률
관에 맡겨버린다면, 단일한 법질서의 형성은 불가능하게 된다. 따라
서 하나의 초개인적 입장으로부터 일의적으로 규제될 것이 요구된다.
그러나 상대주의적 견해에 따르면, 이성과 과학은 이러한 과제를 이
행하지 못하기 때문에 의지와 권력이 이 과제를 대신 받아들이지 않
을 수 없다(실증주의). 그런데 이 의지와 권력, 즉 권위는 카리스마적
권위가 아니라 '다수의 권위'이다. 다수에 의하여 지지를 받은 권위만
이 입법권을 지배하게 된다(민주주의). 결국 이 권위는 정당성에 근거
를 두고 있는 것이 아니라 다수에 근거를 두고 있는 것이다. 이것이 보
장하겠다고 약속해 주는 것은 바로 안정성이다. 왜냐하면 다수의 힘
에 입각한 질서는 반드시 정당하다는 것을 보장해 주지는 못하지만,
적어도 사태를 안정시켜 준다는 보장은 있기 때문이다. 이와 같이 상
대주의는 정의보다는 법적 안정성의 가치에 중점을 두지 않을 수 없
게끔 되어 있다. 동시에 법이 효력을 갖는 것도 그 내용의 타당성 때문
이 아니라 실효성을 확보하여 안정성을 부여해 주기 때문이다. 법적

---

philosophie, 1958, S. 201). 페어드로스의 견해대로 한다면, 물론 상대주의는
극복되었다고 볼 수도 있을 것이다. 왜냐하면 법적 안정성이 절대의 유일한
가치라면, 그것은 정의나 합목적성과 같은 다른 모든 가치들을 측정하는 척도
의 역할을 할 것이기 때문이다. 따라서 충돌의 여지도 생기지 않을 것이다. 그
러나 그렇다고 할지라도 이를 통해 상대주의는 극복될 수 있을지 모르지만 실
증주의의 문제는 여전히 남는다. 왜냐하면 법적 안정성의 가치가 궁극적으로
손잡을 수 있는 것은 실증주의뿐이기 때문이다.

안정성만이 실정법의 필연성과 구속성의 유일한 근거가 된다.[42]

  그러나 여기에서 특히 주의해야 할 점은 법적 안정성에 우위를 둔
다고 해서 그것이 곧 정의나 합목적성보다 **가치적**으로 우월하다는 것
을 뜻하지는 않는다는 사실이다. 법이념의 세 가지 측면은 가치적으
로는 동등하며, 이 가치들 사이에 충돌이 있을 때는 개인의 양심에 의
하여 해결하는 것 이외에는 다른 방도가 없다. 따라서 여기에서 '우
선'의 의미는 '가치적 이유'에 따른 우선이 아니라 '정당화의 이유'에
따른 우선이다. 즉 모든 실정법에 의하여 충족되는 법적 안정성의 요

---

42) 라드브루흐 법철학에서 법적 안정성의 이념은 극히 중요한 위치를 차지하는
데, 이 이념의 일반적 개념은 다음과 같은 세 가지 의미로 파악된다. (1) 법을
통한 안정(Sicherheit durch das Recht). 예컨대 살인이나 살해로부터의 안전,
절도나 강도로부터의 안전, 교통에 있어서의 안전 등등이 여기에 해당한다.
이러한 의미의 안정성은 합목적성의 요소로서 직접 법적 안정성에 관계되어
있는 것은 아니다. 물론 법을 통한 안정이 법 자체가 안정되어 있다는 것을 전
제하는 것이므로 법적 안정성과 밀접한 관계가 있기는 하다. (2) 법 자체의 안
정(Sicherheit des Rechts selbst). 이것은 법규의 확실한 인식가능성, 법이 적용
될 사실의 확실한 입증가능성, 확정된 법의 확실한 집행가능성 등을 요구한다.
이것은 그때그때마다의 현행법에 관계되어 있는데, 만일 입법자가 특수한 동
기로부터 그것을 무효화할 수 있을 때는 현행법의 안정성은 공허한 것이 되고
말 것이다. 그러므로 다시 보완을 필요로 하게 되는데, 그것은 (3) 법이 변경되
지 않으리라는, 어느 정도의 안정성(ein gewisses Maß von Sicherung des
Rechts gegen Abänderung)이라는 의미의 법적 안정성이다. 예컨대 헌법개정
을 일반 법률의 개정보다 더 어렵게 만드는 것, 기득권 보호, 권력분립제도에
의한 견제 등이 여기에 해당한다. 그러나 이는 어떠한 경우에도 변경을 배제
하려는 보수적 원칙으로서의 기존상태 보호와 같은 것을 뜻하지 않는다. 오로
지 변경으로부터 법을 안정시키지 않으면 현행법의 안정성조차도 공허한 것
으로 되어버릴 우려가 있는 경우에만, 즉 시시각각으로 아무런 견제도 받지
않고 함부로 변경하는 것으로부터 법을 안전하게 만든다는 의미일 뿐이다
('Der Zweck des Rechts', S. 96 이하. 또한 *Vorschule der Rechtsphilosophie*, S.
30도 참조).
그러므로 결국 법적 안정성은 법 자체의 안정성을 뜻하는 것인데, 물론 이것
은 법의 고정성과는 다르다. 변경과 고정 사이에 어느 정도의 긴장관계를 필
요로 하며 이를 통해 질서의 형성에 이바지한다는 의미의 안정성인 것이다.
그러나 법 자체의 안정성은 실정성(Positivität)을 요구하지 않을 수 없다. 실정
화하지 않은 법을 법으로 안정시킬 재주는 없기 때문이다. 이 의미에서 법적
안정성은 실정성을 요구하게 되며, 동시에 실정법이 효력을 입증하여 주는 근
거가 되는 것이다.

구가 실정법에 의하여 충족되지 않은 채 남겨져 있는 정의나 합목적
성의 요구에 무조건적으로 우선한다는 뜻이 아니라, 단지 실정법에
의하여 주어진 법적 안정성이 부정의한 법이나 비합목적적인 법의 효
력까지도 **정당화**(rechtfertigen)할 수 있다는 점에서 우선하는 것이다.
즉 부정당한 법이라 할지라도 그것이 법적 안정성에 이바지하기 때문
에 효력을 가져야 할 이유가 발견된다는 것이며, 법적 안정성이 정의
보다 가치적으로 월등하기 때문에 우선한다는 것은 아니다. 거꾸로
말하면, 법적 안정성을 부여해 주지 못하는 법은 설령 그 내용이 정당
하다고 할지라도 그것만을[43] 이유로 효력을 가질 수는 없다는 것이다
(물론 일반적으로는 내용이 정당하고 법적 안정성도 갖기 때문에 양자가 분리
될 필요는 없을 것이다). 이러한 현상은 특히 소송법에서 부정당한 판결
이 기판력을 갖는 경우에 현저하게 드러나는데, 이 경우에도 기판력
을 정당화하는 것은 오직 법적 안정성뿐이다. 그런데 법내용의 부정
당성, 즉 법내용의 부정의성과 비합목적성의 정도가 너무나도 심한
나머지 일단 제정된 법의 효력에 의하여 보장된 법적 안정성의 가치
가 반대로 조금도 의미를 갖지 못하는 경우도 생각할 수 있다. 이와 같
이 법내용의 부정당성으로 말미암아 제정법이 효력을 갖지 못할 경우
가 있다는 것은, 특정한 실체법 및 절차법의 하자를 이유로 기판력이
있는 판결을 절대적으로 무효로 만든다는 생각과 같은 이치이다. 그
러나 이 경우에도 기판력을 갖는 판결의 효력을 부정하는 것은 단순
히 판결의 내용이 부정의하거나 비합목적적이라는 데에만 이유가 있
는 것이 아니라, 오히려 법적 안정성 내부에서의 충돌(Konflikt in-
nerhalb der Rechtssicherheit)이 중요한 역할을 한다고 한다. 즉 법적

---

43) 자연법론은 부정당한 법을 부정당하다는 이유만으로 효력을 부정하고, 정당
   한 법에는 정당하다는 이유만으로 효력을 인정하는 오류를 범하였다고 한다
   (A.a.O., S. 178).

안정성에 의하여 요구되는 판결의 기판력과 이에 못지않게 중요한 의미를 갖는 법적 안정성의 사상으로부터 출발하는 실체법과 절차법의 실현(Verwirklichung)이라는 요구가 서로 맞서고 있는 것이다.[44] 따라서 부정당한 법이 효력을 갖지 못하는 것도 결국 그 내용이 부정당하다는 데 이유가 있는 것이 아니라, 오히려 그 내용이 부정당함으로 인하여 법적 안정성을 가져다줄 수 없다는 데 이유가 있는 것이다. 다시 말해 법은 정당하기 때문에 효력을 갖는 것이 아니라 **법적 안정성을 부여해 주기 때문에** 효력을 갖는 것이다. 따라서 법적 효력의 근거는 오로지 법적 안정성이라는 척도에 의하여 판단되는 것이며, 정의나 합목적성은 언제나 이 척도에 따라 그 자신의 존재성을 입증받게 된다. 제1기와 제2기에서 법적 안정성이 정의에 우선한다는 것은 이러한 의미에서의 우선인 것이다. 즉 '정당화'의 의미에서의 우선이다.

그런데 바로 이러한 정당화의 의미에서의 우선의 순위가 제3기에 와서는 거꾸로 된다. 정의와 법적 안정성이 충돌할 때 어느 것을 우선시켜야 하는가에 관하여 제3기에 와서는 거의 어느 저서나 논문에도 빠짐없이 언급함으로써[45] 그 중요성을 암시하고 있는데, 산발적으로 표현된 문장들을 피상적으로 파악하여서는 그의 사상이 획기적으로 전환하였다는 것을 포착하기 어렵다. 종래의 입장의 취지와 현재의 입장의 본의를 논리적으로 비교 검토하여 추론할 때만 법이념의 순위가 바뀔 수밖에 없다는 결론에 도달할 수 있다.

먼저 라드브루흐가 쓴 한 구절을 인용해보자. "정의와 법적 안정성 사이의 충돌은, 만일 정의와 실정법 사이의 모순이 상용할 수 없을 정

---

44) A.a.O., S. 282-283.
45) Radbruch, *Vorschule der Rechtsphilosophie*, 1959, S. 32 이하, 37, 114; ders., 'Fünf Minuten Rechtsphilosophie', 1945, S. 336; ders., 'Gesetzliches Unrecht und übergesetzliches Recht', 1946, S. 353, 355, 357; ders., *Einführung in die Rechtswissenschaft*, 1958, S. 42 이하.

도에까지 이르지 않는다면, 다시 말해 '부정당한 법'으로서의 법률이
정의에 길을 양보하지 않을 수 없을 정도에까지 이르지 않는다면, 실
정법, 즉 제정과 힘에 의하여 안정된 법이 설령 내용적으로는 부정당
하고 비합목적적이라 할지라도 우선한다는 식으로 해결될 수 있을 것
이다. 법률적 불법의 경우와 부정당한 내용에도 불구하고 효력을 갖는
법률의 경우를 하나의 날카로운 선으로 그어 구별하는 것은 불가능하
다."⁴⁶⁾ 이 구절을 형식적으로 보아서는 양자가 충돌할 때 정의가 우선
한다는 결론을 도출하기 어렵다. 하지만 라드브루흐는 더 나아가 다
음과 같이 말하고 있다. "… **따라서 법적 안정성은 정의의 한 형식이기
때문에**⁴⁷⁾ **정의와 법적 안정성 사이의 모순은 정의와 그 자신 사이의 충
돌**(ein Konflikt der Gerechtigkeit mit sich selbst)이다. 그러므로 이
러한 충돌은 일의적으로 해결될 수 없다. 다만 그 정도의 문제
(Maßfrage)만이 중요할 뿐이다. 즉 실정법의 부정의성이, 그 실정법에
의하여 보장된 법적 안정성이 이러한 부정의성에 대하여 전혀 중요성
을 가질 수 없을 정도에까지 이르렀는지, 즉 그와 같은 경우에 부정당
한 실정법이 정의(초실정적 법)에게⁴⁸⁾ 길을 양보하지 않을 수 없을 정
도에까지 이르렀는지 여부만이 중요할 따름이다. 그러나 일반적으로
실정법이 부여하는 법적 안정성은 **바로 정의의 부수적 형식으로서**
(eben als eine mindere Form der Gerechtigkeit) 부정당한 실정법의 효
력도 정당화할 수 있을 것이다."⁴⁹⁾ 또한 "법적 안정성과 정의 사이의

---

46) Radbruch, 'Gesetzliches Unrecht und übergesetzliches Recht', S. 353.
47) 다른 곳에서도 이와 동일한 문장이 사용되고 있다: "법적 안정성 자체는 정의
　의 한 부분이기 때문에(… da Rechtssicherheit selber ein Teil der Gerechtigkeit
　ist …)[a.a.O., S. 357]".
48) Radbruch, *Einführung in die Rechtswissenschaft*, 1958, S. 43. '초실정적 법
　(überpositives Recht)'이라는 표현은 *Vorschule der Rechtsphilosophie*에는 없
　다. 아마도 편집자가 의미를 명백하게 하기 위하여 삽입한 것으로 짐작된다.
49) Radbruch, *Vorschule der Rechtsphilosophie*, S. 32-33(강조는 필자).

충돌, 즉 내용적으로는 부정당하나 실정법인 것과 정당하기는 하나
법률적 형식으로 이루어져 있지 않은 법 사이에 충돌이 있는 곳에서
는 실은 정의와 그 자신 사이의 충돌, 즉 형식적 정의와 실질적 정의
사이의 충돌(in Wahrheit ein Konflikt der Gerechtigkeit mit sich selbst,
ein Konflikt zwischen scheinbarer und wirklicher Gerechtigkeit)이 존재
하고 있는 것이다."50) 우리는 이러한 구절들에서 비로소 정의가 법적
안정성에 우선한다는 논리적 추정을 내릴 근거를 찾아볼 수 있다. 제1
기에는 양자의 충돌을 '법적 안정성 내부에서의 충돌'이라고 표현했
지만, 제3기에 와서는 '정의와 그 자신 사이의 충돌' 또는 '실질적 정
의와 형식적 정의 사이의 충돌'이라고 표현하고 있고 또한 법적 안정
성은 바로 '정의의 부수적 형식'이라고 설명하고 있다. 이미 이것만으
로 명백히 알 수 있는 바와 같이 제3기에 와서는 법적 안정성을 정의
의 한 형식으로, 즉 정의의 한 부분으로 보고 있는 것이다. 그렇다면
정의의 부수적 형식인 법적 안정성은 어디까지나 정의의 제1형식에
의하여 존재의 가치성을 인증받을 수밖에 없을 것이다. 즉 부정당한
법이 법적 안정성을 가져다줄 수 있을 것인가 없을 것인가에 관한 판
정은 어디까지나 정의 — 제1형식으로서의 정의 — 가 내리고 있는 것
이며, 바로 이 정의에 의하여 법적 안정성 — 정의의 부수적 형식 —
은 법적 안정성으로서 정당성(Rechtfertigkeit)을 부여받는다. 그렇기
때문에 제3기에서 법적 안정성은 정당성을 부여받은 법적 안정성이
며, 결코 종전과 같이 정당성을 부여하는 법적 안정성이 아니다. 이와
같이 실정법의 효력을 정당화하는 근거가 법적 안정성으로부터 정의
로 옮겨진 것이다. 또한 그렇기 때문에 법적 안정성의 요구로 말미암

---

50) Radbruch, 'Gesetzliches Unrecht und übergesetzliches Recht', S. 353(강조는
   필자).

아 부정당한 법이 **결과적으로 아무리 우선한다**고 할지라도(이것은 이미 법적 안정성이 정의의 내용으로 전환되었기 때문에 정의 자체의 실현 요구로부터 나오는 현상이다), 이 우선권을 재가(裁可)한 것, 즉 부정당한 법의 효력을 인정한 것은 어디까지나 정의이기 때문에 어떠한 경우에도 자신을 재가한 정의를 능가하여서까지 효력을 주장할 수는 없게 된다. 만일 부정당한 법이 법적 안정성을 빌미로 정의를 능가하려고 한다면, 정의는 언제든지 그에 대한 재가를 철회하고 말 것이다. 이 점에서 정의는 이제 그 존립을 확고하게 보장받고 있는 셈이다.

그렇다면 다시 처음으로 돌아가 라드브루흐의 명제를 음미해보기로 하자. 즉 "'부정당한 법'으로서의 법률이 정의에 길을 양보하지 않을 수 없을 정도에까지 이르지 않는다면, 실정법, 즉 제정과 힘에 의하여 안정된 법이 설령 내용적으로는 부정당하고 비합목적적이라 할지라도 우선한다는 식으로 해결될 수 있을 것이다 …"라고 운운한 구절은 얼핏 보아서는 여전히 법적 안정성을 우선시키고 있는 듯한 인상을 주지만, 그것은 다음과 같이 이해되어야만 할 것이다. 첫째, "'부정당한 법'으로서의 법률이 정의에 길을 양보하지 않을 수 없을 정도에까지 이르지 않는다면 …"이라고 했기 때문에 "… 정의에 길을 양보하지 않을 수 없을 정도에까지 이른다면" 그것은 법적 성격을 결하는, 극단적으로 부정당한 법으로서 그 효력이 완전히 배제될 것이고, 둘째, "… 그 정도에까지 이르지 않았다면"이라는, 양보의 경계선의 문제만 남는다. 그러나 어느 경우를 막론하고 문제의 초점은 '정도'를 어떻게 결정하느냐에 달려 있다. 다시 말해 양보할 수 있는 또는 양보할 수 없는 정도를 어떠한 기준에 입각하여 결정하느냐가 문제이다. 즉 양보 여부의 경계선을 어디에 긋느냐의 문제가 아니라, 무엇이 이 경계선을 긋는 결정의 토대가 되는지가 문제인 것이다. 이것은 이미 정도에 대한 결정이 내려져 해결된 결과를 묻고 있는 것이 아니라 바로 그러한 해결에 이르게 된 원인이 무엇인지를 묻고 있는 것이다. 그러나 라드브루흐 자신은 정의에게 길을 양보하지 않을 수 없을 정도에까지 이르면 정의가 우선하고, 그 정도에까지 이르지 않으면 법적 안정성이 우선한다는 말만 하였을 뿐이고, 이 정도 자체를 결정하는 척도가 무엇인지에 대해서는 한마디도 언급하지 않고 있다.

그러나 이 척도가 법적 안정성이 아닌 제1형식인 정의로 추론될 수밖에 없다는 것은 이미 위에서 살펴보았다. 따라서 결과적으로 "실정법이 우선한다"라는 말만 보고 곧장 법적 안정성이 정의에 우선한다고 속단해서는 안 된다.[51] 여기서 우선은 경계가 설정된 결과로서의 우선을 의미하는 것이지, 경계설정의 근거가 되는 원인의 우선을 의미하는 것은 아니다. '정당화의 문제'는 결과로 나타난 현상이 무엇이든 관계없이, 즉 우선하든 우선하지 않든 우선을 판단하기 위한 척도가 무엇인지에 따라 결정될 문제이다. 제3기에 이러한 척도는 어디까지나 '정의'이다.

그렇다면 여기서 하나의 문제가 발생한다. 라드브루흐는 그의 「법철학입문(Vorschule der Rechtsphilosophie)」에서 여전히 실정법의 효력은 법적 안정성에 의하여 **정당화**된다고 말하고 있기 때문이다. 즉 극단적으로 부정의한 법은 예외이지만, "일반적인 경우에는 실정법(내용이 부정당하다고 할지라도 극단적인 경우에까지 이르지 않은 법)의 효력은 법적 안정성에 의하여 정당화될 수 있다"[52]라고 말한다. 그러

---

51) 페어드로스는 라드브루흐의 말을 액면 그대로 받아들이고 있는 것 같다. "라드브루흐는 '… 정의에게 길을 양보하지 않을 수 없을 정도에까지 이르지 않는다면'이라고 하면서 원칙적으로 법적 안정성의 가치를 법적 기본가치로 보고 있지만 … (Verdroß, *Abendländische Rechtsphilosophie*, S. 202)"이라고 쓰고 있기 때문이다.

52) Radbruch, *Vorschule der Rechtsphilosophie*, S. 37.

나 라드브루흐 자신이 이 말을 어떠한 의미로 사용했든 여기서의 법적 안정성은 이미 정의에 의하여 재가를 받은, 즉 정의에 의하여 정당화된 법적 안정성으로 보아야 할 것이며, 결코 정의를 정당화하는 법적 안정성으로 보아서는 안 될 것이다. 따라서 이 구절은 정의에 의하여 법적 안정성으로서의 자격을 부여받는 법적 안정성이 다시 실정법의 효력을 정당화하는 것으로 이해해야 한다. 만일 그렇지 않다면 논리의 모순을 해결할 방도가 없다.

이와 같이 제3기에서 정의가 법적 안정성에 우선한다는 것의 의미는 양자가 충돌할 때는 양보할 수 있는 또는 양보할 수 없는 경계를 설정하는 '기준'을 법적 안정성으로부터 정의로 옮겨놓은 데에 따른 결과이며, ― 이미 지적한 바와 같이 ― 이는 가치적 이유가 아니라 정당화의 이유에서, 법의 효력의 근거를 정당화하는 척도가 정의라는 이유에서 우선하는 것이다(그러나 사실상 정당화의 우선은 궁극적으로는 가치의 우선을 의미할 수밖에 없다).

이상의 고찰을 통해 우리는 라드브루흐가 상대주의를 극복하고 자연법으로 전환했다고 결론을 내릴 수 있다.[53] 상대주의를 극복했다는 것은 여러 가치의 상대적 우위에 종지부를 찍는 하나의 궁극적 가치를 최후의 법적 당위로 승인했다는 것을 뜻하고, 자연법으로 전환했다는 것은 정의의 이념을 초법률적인 것으로 인정했다는 것을 뜻한다. 한마디로 말해 제3기에서 이루어진 라드브루흐 사상의 전환은 초법률적 법에 의하여 실증주의를 극복하고, 정의의 이념을 법의 궁극

---

53) 만일 이와 같이 '정당화'의 우선을 통해 상대주의 극복 여부를 결정한다면 제1기에는 법적 안정성이 이러한 의미에서 우선하고 있었기에 이미 그때에도 상대주의는 극복되었다고 볼 수 있을 것이다. 그러나 이를 통해 상대주의는 극복했을지 모르지만 자연법으로 전환했다고 볼 수는 없다. 정의가 아닌 법적 안정성을 통해 상대주의를 극복하면 법실증주의로 전환할 수는 있으나 자연법으로 전환할 수는 없는 것이다(위의 각주 41 참조).

적 당위로 인정함으로써 상대주의를 극복한 것이다. 그러나 만일 법적 안정성의 이념을 궁극적 당위로 인정함으로써 상대주의를 극복했다면, 그것만으로도 상대주의는 극복될 수 있을 것이다. 그러나 실증주의는 극복되지 않은 채 의연히 남아 있게 된다. 왜냐하면 법적 안정성이 궁극적으로 손을 잡을 수 있는 것은 실증주의일 뿐이기 때문이다. 그러나 만일 ― 도저히 있을 수 없는 일이기는 하지만 ― 합목적성의 이념으로써 상대주의를 극복했다면 남아 있는 것은 전제주의와 경찰국가일 뿐이다. 왜냐하면 합목적성의 이념이 궁극적으로 손잡을 수 있는 것은 오직 자의일 뿐이기 때문이다.

그러나 여하한 경우에도 상대주의를 의연히 고집하는 한, 실증주의를 극복하고 자연법으로 넘어올 가교는 놓여있지 않으며, 또한 전제주의를 막아낼 확실한 보장도 없는 것이다. 왜냐하면 무엇이 정당한 것인지를 알 수 없다면서, 객관적 정당성을 전제로 하는 자연법으로 넘어올 권한은 없는 것이며, 또한 어떠한 유형의 세계관도 부정당하다는 이유로 배척할 권리도 없을 것이기 때문이다. 따라서 상대주의의 극복가능성 여부는 상대주의를 고집할 것인지 여부에 달려 있다고 할 수밖에 없다. 더욱이 상대주의를 상대주의로 극복한다는 것은 심한 논리의 모순이 아닐 수 없다. 만일 상대주의를 진정으로 극복하였다면 상대주의를 상대주의가 극복했다고 말할 수는 없을 것이다.[54]

---

54) 라드브루흐는 제2기에 '궁극적 민주주의'를 일종의 자연법으로 선언했었다. 그는 이 자연법마저도 상대주의를 통해 정당화하려고 시도하였지만, 그것은 이미 진정한 의미의 상대주의가 아니다. 자연법을 인정하면, 이미 무엇이 정당한 법질서인가에 대하여 최종의 말을 한 셈이므로 무엇이 정당한 것인지를 알 수 없다는 의미에서의 진정한 상대주의는 될 수 없는 것이다. 그러나 그것이 이미 상대주의가 아니고 자연법이라 할지라도, 그 자연법은 이론이성에 의하여 밑받침되어 있는 자연법은 될 수 없으며 오로지 실천이성의 세계에서만 타당할 수 있는 자연법이다. 그것은 일종의 절대주의인 것이다. 그것이 다른 모든 절대주의의 독단적 도그마와 어떻게 구별될 수 있을지 의문이다.

우리는 라드브루흐가 상대주의를 극복하였다고 보지만, 만일 그가 상
대주의만은 의연히 버리지 않으면서 '정당성', 즉 정의를 자신의 것으
로 주장하였다면[55] 이것은 그의 법철학에서 영원한 논리적 비극으로
남을 수밖에 없을 것이다.

V. 결론

이상의 서술을 통해 우리는 라드브루흐의 사상변천 과정을 개관해
보았다. 그의 사상이 전형적인 상대주의로부터 출발하여 비전형적인
상대주의로 끝났다는 느낌을 주는 것은 어쩔 수 없는 노릇이다. 상대
주의는 민주주의에 철저한 철학적 기초를 제공하지만, 그것이 곧 민

---

55) 그가 상대주의를 버렸느냐 버리지 않았느냐는 썩 확실하지 않다. 제3기에 와
서 상대주의를 많이 완화한 흔적은 보이나, 어느 곳에서도 상대주의를 포기한
다고 선언한 것은 찾아볼 수 없다. '사물의 본성(Natur der Sache)'을 통해 방법
이원론을 완화하려고 했고(이에 관해서는 *Vorschule der Rechtsphilosophie*,
S. 20-23; *Einführung in die Rechtswissenschaft*, S. 35-36 참조), '초법률
적 법(Übergesetzliches Recht)'을 통해 실증주의를 배척했으며(이에 관해서
는 *Vorschule der Rechtsphilosophie*, S. 113-114; 'Fünf Minuten Rechts-
philosophie'; 'Gesetzliches Recht und übergesetzliches Recht' 참조), 종래의 형
식적인 정의개념을 수정하여 '인권(Menschenrechte)'으로 내용을 규정했고(이
에 관해서는 *Vorschule der Rechtsphilosophie*, S. 20, 97-99; *Einführung in
die Rechtswissenschaft*, S. 7, 39 참조), 법의 효력의 근거를 법적 안정성으로
부터 '정의(Gerechtigkeit)'로 옮긴 것(이에 관해서는 *Vorschule der Rechts-
philosophie*, S. 36; *Einführung in die Rechtswissenschaft*, S. 14) 등으로 미루
어 보아 상대주의의 입장을 떠났다고 볼 수도 있겠으나, 그와 같은 전향을 이
론이성에서 근거 붙여 줄 수 있을 것으로 생각되는 '사물의 본성'은 자연법이
아니라고 말하고 있다(이에 관해서는 Thomas Würtenberger, 'Wege zum
Naturrecht in Deutschland' in: *Archiv für Rechts- und Sozialphilosophie*,
1949, Bd. 38, S. 117 참조). 그렇다면 라드브루흐의 자연법을 이론이성으로 근
거 붙여 줄 수 있는 것은 무엇인가? 그것이 있다면 '인권' 밖에는 없을 것이다.
그러나 인권이 자연법의 요소가 되는 한 가지 속성일 수는 있겠지만, 자연법
이 있다 할 때의 그 '있다(sein)'를 대신할 수는 없을 것이다.

주주의를 방위할 수 있는 무기의 구실을 할 수 없다는 데서 너무나도 역설적인 비운을 자신 속에 품고 있는 철학이다. 이러한 딜레마는 민주주의의 온상 안에서 자라난 독재주의가 거꾸로 민주주의를 온상 밖으로 추방하여버린 역사적 사실이 너무나도 아이러니하게 그려주고 있다. 자유의 미명하에 행해진 사상의 탄압, 민주주의의 미명하에 수행된 국가의 감옥화 등은 모두 이러한 패러독스 현상들이다. 그러므로 우리는 결론으로서 이 슬픈 민주주의의 철학을 다시 한번 반성해볼 필요를 느낀다. 즉 상대주의만으로는 민주주의의 철학이 확고부동할 수 없다는 것이 문제이다.

라드브루흐는 독재의 마수에 조국이 넘어가자 상대주의의 관용에도 한계가 있다는 것을 자각하고 다음과 같은 최후의 말을 남긴다. "상대주의, 그것은 보편적 관용이다—그러나 불관용에 대해서까지 관용하는 것은 아니다." 하지만 상대주의의 관용의 한계를 뜻하는 이 말과 더불어 상대주의는 이미 상대주의일 것을 그만둔 것이다. 즉 상대주의적 관용 대신에 극단화된 절대주의적 불관용이 양극에 맞서고 있을 따름이다. 그는 상대주의의 한계의 보루로서 '궁극적 민주주의'를 내세웠다. 그러나 이 궁극적 민주주의야말로 진정한 의미에서의 법철학적 상대주의의 구현인 것이다. 오히려 정치적 이데올로기의 일종으로서의 민주주의는 다른 이질적 이데올로기에 대하여 일대일로 맞설 수 있는 투쟁적 형태를 갖출 수 있지만, 국가조직 원리의 근본으로서의 국민주권을 바탕으로 하는 이 궁극적 민주주의는 다수의 지지만 얻으면 여하한 국가형태의 존립도 가능하게 만드는 것이며, 또한 그것을 막을 권리도 없는 것이다. 이러한 의미에서 궁극적 민주주의는—켈젠이 적절하게 지적한 바와 같이—바로 '무주의'인 것이다. 법철학적 상대주의를 근거로 하여 확립될 민주주의는 바로 이 '무주

의'에 해당하는 민주주의인 것이다.[56] 그러므로 이것에 의하여 지탱
되는 국가형태라면 독재주의의 수립도 가능하다. 물론 독재주의의 성
립뿐만 아니라 존속도 국민의 다수에 의한 지지를 받는 한에서라면
가능할지도 모른다. 이것은 궁극적 민주주의가 안고 있는 논리의 맹
점이다. 라드브루흐가 궁극적 민주주의를 내걸었을 때, 독재주의는
여하한 경우에도 국민의 지지를 받지 못하리라고 예상했을 것이다.
또한 일단 확립된 독재주의는 국민주권으로서의 궁극적 민주주의를
인정하지 않으리라는 것도 예상했을 것이다. 독재주의는 그것을 확립
하기까지는 국민의 지지를 필요로 할지 몰라도 일단 확립되면 그러한
것을 필요로 하지 않는 것이 특징이며, 바로 그렇기 때문에 독재주의
라는 이름으로 불리는 것이다. 궁극적 민주주의를 실질적으로 보장하
는 여러 가지 요소, 즉 법치주의 권력분립제도, 언론·출판의 자유 등
여러 형태의 자유, 정치적 참여의 평등, 다수정당제도의 확립 등을 인
정하는 독재주의는 애당초부터 없다. 이러한 요소들을 인정하면 그것
은 벌써 독재주의가 아니다. 그렇다면 일단 확립된 독재주의의 '존속'

---

56) 제3기에 와서 그는 민주주의가 무(無)주의(Gesinnungslosigkeit)가 아니며 오
히려 일종의 특정한 정치적 주의임을 인식하여야 한다고 하며, 특히 그 주의
의 내용의 총체는 '자유'라고 한다(*Vorschule der Rechtsphilosophie*, S. 105).
제2기에 내세운 '궁극적 민주주의'는 국가조직 또는 정치기구의 원리로서의
민주주의이고, 제3기의 민주주의는 다시 정치적 이데올로기의 일종으로서의
민주주의이다. 그렇다면 그의 민주주의는 세 가지 종류라고 말할 수밖에 없
다. 제1기의 민주주의는 유(有)주의로서의 민주주의이되 다른 이데올로기들
과 등가적 위치에 놓이며 관용을 하는 민주주의이고, 제2기의 민주주의는 무
주의로서의 민주주의이되 관용을 안 하는 민주주의이며, 제3기의 민주주의는
유주의로서의 민주주의이되 관용도 안 하는 민주주의이다. 그때그때마다의
필요에 따라 편리하게 민주주의의 의미를 개조하고 있지만, 본래의 상대주의
적 의미에서의 민주주의는 바로 무주의로서의 민주주의이다. 민주주의의 약
점을 아무리 막아 보려고 애쓸지라도 상대주의 철학만으로는 해결이 안 나는
것이며, 만일 해결이 난다면 그것은 벌써 진정한 의미의 상대주의는 아닐 것
이다. 왜냐하면 민주주의의 약점과 강점은 동시에 상대주의의 약점과 강점을
의미하고 있기 때문이다.

을 궁극적 민주주의를 통하여 다시 배제할 가능성은 이미 남겨져 있지 않다고 보아야 할 것이다. 확립된 독재주의를 도괴(倒壞)하는 길은 저항권 이외에는 없을 것이다. 그러나 이것은 상대주의의 권한을 벗어나는 문제이다.[57] 그런데 독재주의의 '성립'은 궁극적 민주주의를 통하여 얼마든지 가능하다. 따라서 독재주의의 성립을 막아내자면, 그것이 궁극적 민주주의라는 통로를 통하지 못하게끔 봉쇄하는 방법 밖에 없다. 그러나 이것도 상대주의의 권한을 벗어나는 문제이다. 왜냐하면 궁극적 민주주의를 인정하자니 독재주의의 성립을 막아낼 길이 없고, 그것을 인정하지 않자니 상대주의가 부정되기 때문이다. 따라서 독재주의를 막을 수 있는 이 두 개의 길 — 궁극적 민주주의를 통한 독재주의 성립의 저지와 일단 성립된 독재주의의 존속을 배제하는 저항권 — 은 그 어느 것도 상대주의로부터는 무기를 제공받지 못한다. 바로 이 점으로부터 상대주의는 민주주의를 근거 붙여 주기는 하지만 침탈로부터 막아주지는 못한다는 결론이 나오는 것이다.

그러면 어디에 잘못이 있는가? 한마디로 말하면, 그것은 바로 궁극적 민주주의인 국민주권에 대해 단순히 다수라는 이유만으로서 정당성까지 의제했다는 점에 있다. '수(數)'를 곧 '정의'의 척도로 삼은 데 잘못이 있는 것이다. '수'는 '정당성'을 찾는 한 가지 방법에 불과한 것이지, 결코 그 자체가 '정당성'을 대신할 수는 없다. 그러나 이론이성

---

57) "어느 하나의 의견이 절대적으로 타당할 것을 주장하고 또한 이러한 동기로 부터 다수의 지지를 받음이 없이 권력을 장악·보지(保持)할 권리가 있다고 믿을 때는, 민주주의의 고유한 수단인 이념과 논쟁을 통하여서 뿐만 아니라 국가의 실력을 들어서도 싸워 이기지 않으면 안 된다('Der Relativismus in der Rechtsphilosophie', S. 86)"라고 하여 저항권을 시사하여 주고는 있으나, 그 근거는 이미 상대주의는 아니다. 또한 "인권을 부정하는 법률은 그 타당성을 결하고, 국민은 이러한 법률에 복종할 의무가 없으며, 법률가는 이러한 법률로부터 그 법적 성격을 박탈해버릴 용기를 갖지 않으면 안 된다('Fünf Minuten Rechtsphilosophie', S. 336)"라고 하여 여기서도 악법에 대한 저항권을 시사하여 주고 있기는 하나, 그 근거는 역시 상대주의가 아니다.

에서 불가지론적 입장을 취하는 상대주의로서는 무엇이 정당한 것인가를 알 수 없기 때문에 수의 힘으로 정당성을 의제화한다. 상대주의가 객관적 정당성, 즉 진리가 무엇인지 알 수 없다고 하여 판단중지를 명하는 것은 그 나름대로 용인될 구석이 있긴 하지만, 그렇다고 하여 각자의 주관적 확신에 정당성과 진실을 의제한다는 것은 사변의 불손(不遜)이다. 민주주의가 저마다의 정치적 견해에 등가성을 인정하는 것에는 충분한 이유가 있고 또한 이 점에서 상대주의의 정신은 충분한 근거가 있다. 그러나 이러한 등가성은 어디까지나 잠정적인 것이어야 하며 결코 궁극적인 것이어서는 안 된다. 각자의 확신에 따르는 여러 견해 가운데 어느 것이 정당한 것인가를 입증할 수 없다는 의미에서는 저마다 정당한 것일 수 있는 가능성은 갖고 있지만, 진실로 정당한 것은 그 중의 어느 하나일 것임에 틀림없다. 인간의 힘으로 '진실로 정당한 것'을 찾아낼 수 없다면 '가장 정당한 것'이라도 좋다. 어쨌든 이 가능성으로 주어져 있는 정당성을 찾아내기 위하여 부단의 노력을 계속해야 하며, 이처럼 부단히 추구한다는 의미에서 그리고 이 부단한 추구를 통해 더 나은 것을 찾아낼 수 있다는 의미에서 여러 견해의 등가성은 언제나 잠정적인 것으로 남겨져 있어야 한다. 이러한 의미의 민주주의는 이미 수의 힘에 의한 판단중지 명령을 해제해 버리는 것이고, 이 점에서 상대주의적 입장에 머물러 있을 수 없다. '정의의 힘'이 '다수의 힘'에 의하여 압도당할 때, 민주주의는 가장 큰 비극을 당하는 것이다. 정의를 향한 방향감각이 상실된 다수의 힘의 횡포는 '민주주의적 실력 결정주의'라는 색다른 전제주의의 한 모습 이외의 아무것도 아니며, 그것의 철학은 '가치 니힐리즘'일 수밖에 없다. 제3기에 들어와서 라드브루흐가 정의에 우선권을 주고 종래의 실증주의를 극복하였던 것은 참으로 의의 있는 일이다. 왜냐하면 민주

주의를 수호하는 힘이 '다수의 힘'이 아니라 '정의의 힘'이라는 것을
잘 시사하여 주고 있기 때문이다. 정의의 힘을 지향하고 또한 정의의
힘에 밑받침되어 있는 다수의 힘만이 민주주의를 살려 나가고 지켜나
갈 수 있는 가장 강하고 가장 확실한 힘이 될 것이다. 따라서 민주주의
에는 또 하나의 철학이 필요하다. 그것은 바로 '정의의 철학'이다.

　상대주의가 '다수의 힘'의 철학이라면, 정의의 철학은 '정당한 힘'
의 철학이다. 전자가 실천이성의 영역에서의 민주주의의 철학이라면,
후자는 이론이성의 영역에서의 민주주의의 철학이다. 이 가운데 어느
한쪽만 없어도 진정한 민주주의는 이루어질 수 없다. 이 양자가 합해
질 때만 진정한 민주주의는 근거 붙여질 수 있고 또한 침탈로부터 수
호될 수 있을 것이다. 따라서 우리는 상대주의를 무조건 배척하는 것
이 아니라 오히려 그 방법적 가치를 시인한다. 그것은 불완전한 인간
세계에서 진실을 알 수 있는 가장 현명한 방법적 통로이기 때문이다.
그러나 정의를 궁극적 당위로 전제하지 않는 상대주의의 법철학적 의
의는 어떠한 의미에서도 시인할 수 없다. 진실과 정의를 향한 의지를
결한 상대주의라면, 그것은 법철학에 있어서는 오로지 극복의 대상일
따름이다.

　그러나 역사는 좋은 교훈을 남겨주고 갔다. 정의의 철학은 근 백 년
동안이나 실증주의에 의하여 극복 당했다. 그러나 오늘날에 이르러서
는 실증주의를 다시 극복하고 있다. 정의의 철학의 무기는 이미 낡은
절대주의적 자연법이 아니라 '법의 객관성'[58]이라는 새로운 형태의

---

58) 종래의 자연법론은 시간과 공간을 초월하여 어느 시대 어느 사회에도 보편적
　으로 타당한 하나의 이념적 절대명제를 내걸었지만, 오늘날의 자연법론은 이
　러한 형이상학적 독단을 불식하고 오히려 시간과 공간 속으로 기어들어가 그
　시대 그 사회에 구체적으로 타당한 하나의 객관적 존재구조의 법칙을 찾고자
　하는 경향이 있다. 이것은 어디까지나 이론이성의 영역에서 자연법을 기초 붙
　이는 태도이다. 법은 인간의 자의로부터 떠나서 자신의 존재구조를 객관적으

자연법이다. 실증주의가 지배한 한 세기가 지나고 난 다음에 법철학
에는 하나의 새로운 길이 열려 있다. 상대주의가 끝난 바로 그곳을 출
발점으로 하는 법철학이다. 그것은 라드브루흐가 그의 「법철학입문」
의 맨 마지막에서 하나의 출발점으로 제시하여 놓고 간 대명제, 즉
'자연법(Naturrecht)'이다. 우리는 라드브루흐가 제시만 하여 놓고 해
결하지 않은 채 남겨두고 간 이 명제로부터 다시 출발하여야 할 과제
를 걸머지고 있는 것이다.

로 가지고 있다는 것이며, 이러한 의미에서의 자연법은 그의 절대성에 의하여
고집되는 것이 아니라 그의 객관성에 의하여 입증되고자 한다. 이것은 오늘날
의 자연법론의 일반적 경향이며, 이러한 각도에서 자연법을 근거 붙이고자 하
는 학자로서 다음과 같은 몇 사람을 들 수 있을 것이다.

Arthur Kaufmann, *Naturrecht und Gerechtigkeit*, 1957(Recht und Staat, Heft 197), S. 20−31 참조.

Erich Fechner, *Rechtsphilosophie*, 1956, S. 129−222 참조.

Hans Welzel, *Naturrecht und materiale Gerechtigkeit*, 1955, 2. Aufl., S. 196 이하 참조.

Adolf Reinach, *Zur Phänomenologie des Rechts*, 1953, S. 11−20, S. 165−226 참조.

Werner Maihofer, *Recht und Sein*, 1954, S. 120 이하 참조.

인간의 존엄과 법질서
— 특히 칸트의 질서사상을 중심으로 —

1. 서언

"아직도 법학자들은 법에 관한 그들의 개념의 정의를 찾고 있다."[1]
이것은 칸트가, 수천 년을 내려오면서 아직도 법의 정의(定義)를 내리지 못하고 있는 법학자들을 두고 한 말이다. 그리고 법학자가 아닌 철학자로서의 그가 다음과 같이 법의 정의를 내려준다.

"법이란 한 사람의 자의가 다른 사람의 자의와 자유의 일반법칙에 따라 서로 상용될 수 있는 조건의 총체이다(Das Recht ist Inbegriff der Bedingungen, unter denen die Willkür des einen mit der Willkür des anderen nach einem allgemeinen Gesetz der Freiheit zusammen vereinigt weden kann)."[2]

칸트의 이 간결한 법의 정의는 그 후 법학서 가운데서 마치 하나의 수학공리와 같이 즐겨 인용된다.
그러나 왜 이러한 법의 정의가 내려지게 되었는가를 해명하고자 시

---

1) I. Kant, *Kritik der renien Vernunft*, in: Kant—Werke, Bd. 4, 1968, S. 625 Anm.: "Noch suchen die Juristen eine Definition zu ihrem Begriffe vom Recht" (이하 본 논문에서 인용되는 칸트 전집은 Kant—Werke, hrsg. von Wilhelm Weischedel, Wissenschaftliche Buchgesellschaft, Darmstadt, 1968년도 판에 의한다).
2) I. Kant, *Die Metaphysik der Sitten*, in: Kant—Werke, Bd. 7, 1968, S. 337.

도하는 자는 드문 것 같다. 칸트의 이 법의 정의는 그의 인간존재에 대한 깊은 철학적 통찰로부터 얻어진 하나의 필연적 결론이었던 것이다. 따라서 그의 철학적 인간학(philosophische Anthropologie)의 출발점을 이해하지 않고서는 그에 의하여 내려진 이 법의 정의의 참뜻도 이해할 수 없는 것이다. 그 출발점을 이루는 것은 인간의 존엄(Würde des Menschen)이라는 개념이다. 이 인간의 존엄이라는 개념은 칸트에 의하여 비로소 철학적으로 근거 붙여졌으며, 그러한 용어는 오늘날 법의 세계에 있어서까지 사용되기에 이르렀다.[3]

본고의 목적은 이러한 인간의 존엄이라는 개념으로부터 출발하여 인간질서의 있어야 할 모습을 밝혀놓은 그 법의 정의를 법철학적으로 재음미하는 데 있고 동시에 그것이 우리 인간세계에서 영구히 타당할 수 있는 하나의 질서원리라는 것을 재확인하는 데 있다.

2. 인간질서와 인간의 존엄

칸트에 의하면 인간은 목적 자체로서 실존하는 존재이다.[4] 인간은 결코 어느 존재의 수단이나 대상이 될 수는 없다. 왜냐하면 인간은 물건이 아니며 인격의 소유자이기 때문이다. 인격의 소유자라 함은 자율적으로 자기의 존재를 실현하며 자기의 행위를 입법하는 도덕적 자유를 가지고 있는 존재라는 뜻이며 바로 이 점에서 인간은 존엄성을 갖

---

3) 서독헌법 제1조 1항: "Die Würde des Menschen ist unantastbar. Sie zu achten und zu schützen ist Verpflichtung aller staatlichen Gewalt"
한국헌법 제8조 : "모든 국민은 인간으로서의 존엄과 가치를 가지며, 이를 위하여 국가는 국민의 기본적 인권을 최대한으로 보장할 의무를 진다."
4) I. Kant, *Grundlegung zur Metaphysik der Sitten*, in: Kant-Werke, Bd. 6, 1968, S. 59: "Der Mensch, und überhaupt jedes vernünftige Wesen existiert als Zweck an sich selbst."

는다고 한다. "따라서 자율이 인간성의, 즉 모든 이성적 존재의 존엄의 근거이다(Autonomie ist also der Grund der Würde der menschlichen und jeder vernünftigen Natur)."[5]

인간을 마치 하나의 물건과 같이 수단으로 사용하는 것은 이 자율성에 근거한 인간의 존엄을 침해하는 것이다. 노예는 인격이 박탈되어 있는 인간 아닌 인간이며 주인의 목적을 위한 한낱 수단으로 전락되어 있는 하나의 물건이다. 주인과 노예라는 인간관계에서 침해되고 있는 것은 생명도 신체도 재산도 아니며 바로 '사람으로서의 격', 즉 '인격(Persönlichkeit)'이다. 인간에게는 두 가지 실존조건이 필요하다. 하나는 주관적 실존조건이고, 다른 하나는 객관적 실존조건이다. 객관적 실존조건이란 사람이 사는 데 필요한 객관적 조건, 즉 생명, 신체, 재산, 명예 등이다. 이와는 달리 주관적 실존조건이란 사람이 사람일 수 있는 조건, 즉 인격이다. 사람이 생존하기 위하여는 우선 생명과 신체의 안전이 있어야 하고 재산과 명예의 보전이 필요하다. 그러나 인간은 목숨과 건강과 재산과 명예를 위하여 살고 있는 것이 아니라 사람답게 살기 위하여 그러한 조건들이 필요한 것이다. 따라서 객관적 실존조건들은 주관적 실존조건을 위한 수단에 지나지 않으며 그 자체 자기목적을 가지고 있는 것은 아니다. 물론 생명과 신체의 안전, 재산과 명예의 보전이 없는 한, 인격의 실현은 이미 그 가능전제를 결(缺)하게 된다는 점에서 전자의 요구는 후자의 요구에 '논리적으로 (logisch)' 선행하고 있음이 분명하다. 그러나 '존재론적으로는(onto-logisch)' 그 반대이다. 인간에 있어서 인격의 개념은 인간존재에 대한 존재론적 의미성(ontologische Sinnbedeutung)에 근거하고 있는 것이지, 결코 그 존재적 필연성(ontische Notwendigkeit)에 구속되어 있는

---

5) I. Kant, a.a.O., S. 69.

개념은 아니다. 두 실존조건에 있어서 목적-수단의 관계는 결코 거꾸로 이해되어서는 안 된다.

칸트에 의하면 인격의 본질은 자율성에 있다. 따라서 인간은 근원적으로 자율적 존재이다. 인간존재를 그 마지막 추상에서 특징지울 수 있는 이 유일한 속성 가운데서 '존엄'의 개념을 바라보고 있는 칸트의 철학적 인간학은 인간존재의 창조성에 착안하고 있음을 간과할 수 없다. 그에게 있어서 인간은 스스로를 창조하는 존재이다. 왜냐하면 인간은 단순히 '이성적 존재(ein vernünftiges Wesen)'가 아니라 '이성능력이 부여되어 있는 존재(ein mit Vernunftfähigkeit begabtes Wesen)'로서[6] 이성력을 구사하여 자기 자신을 비로소 하나의 이성적 존재로 만들어나가는 존재로 파악되기 때문이다.[7] 그런데 이 이성능력은 인간이 하나의 동물로서 가지고 있는 본질을 훨씬 능가하는 목적정립적 창조능력이며 그 기획력(Entwürfe)은 한계를 모른다고 한다.[8] 따라서 이러한 능력을 부여받은 존재로서의 인간은 본능에 따라 비창조적으로 살아가는 동물이 아니라 그의 이성능력을 발휘하여 무한히 발전하여 나아가는 가운데 스스로의 존재를 보다 인간답게 완성하여 나아가는 존재라고 한다. 다시 말하면, 신은 인간을 하나의 동물로서는 완성품으로 만들어 놓았지만 인간으로서는 미완성품으로 만들어 놓고 그 대신 인간에게 이성을 부여해 줌으로써 그것을 구사하

---

6) I. Kant, *Die Metaphysik der Sitten*, S. 593 이하.
7) I. Kant, *Anthropologie in pragmatischer Hinsicht*, in: Kant－Werke, Bd. 10, 1968. S. 673: "Er hat einen Charakter, den er sich selbst schafft; indem er vermögend ist, sich nach seinen von ihm selbst genommenen Zwecken zu perfektionieren; wodurch er, als mit *Vernunftfähigkeit* begabtes Tier(animal rationabile), aus sich selbst ein *vernünftiges* Tier(animal rationale) machen kann."
8) I. Kant, *Idee zu einer allgemeinen Geschichte in weltbürgerlicher Absicht*, in: Kant－Werke, Bd. 9, 1968, S. 35.

여 스스로의 존재를 인간으로 완성하게끔 그렇게 만들어 놓았다는 것
이다.[9] 그러므로 인간은 이성의 힘으로써 자기 자신을 인간적 존재로
개발하여(kultivieren) '창조의 공백(das Leere der Schöpfung)'을 스스
로 메우지(ausfüllen) 않으면 안 될 존재로 운명지어져 있는 것이다.[10]
결국 칸트에 있어서는 창조능력은 신만이 가지고 있는 속성은 아니
다. 신은 인간을 창조할 능력은 있지만, 그 창조된 존재를 인간으로 완
성할 능력은 가지고 있지 않으며 또한 이에 대하여 책임도 지지 않는
다. 그러나 인간은 자기 자신을 시원적으로 창조할 능력은 없지만, 스
스로를 인간존재로 완성할 능력은 가지고 있으며 또한 이에 대하여
책임을 져야 할 존재이다. 제1의 선천적 창조능력에서 신의 절대적
권능이 승인되지 않을 수 없는 것과 같이, 제2의 후천적 창조능력에
서 인간의 절대적 권위가 확인되지 않을 수 없다. 이와 같이 인간은 이
성을 통하여 자기창조(Selbsterzeugung)를 할 수 있는 능력을 가지고
있다는 점에 그의 인간으로서의 존엄이 깃들어 있는 것이다. 이 인간
의 존엄은 어느 누구에 의하여서도 불가침이다. 왜냐하면, 그것은 인
간이 하나의 인간적 존재로 되기 위한 유일하고 절대적인 실질적 윤
리가치이기 때문이다.[11]

　바로 이 점에서 인간존재가 하나의 수단적 존재가 아닌 목적적 존
재로 다루어질 것이 이론적으로 요구된다. 사람은 물건이나 동물을

---

9) 자연(신)이 그것을 원하였다고 한다. I. Kant, a.a.O., S. 36: "Die Natur hat
　gewollt: daß der Mensch alles, was über die mechanische Anordnung seines
　tierischen Daseins geht, gänzlich aus sich selbst herausbringe, und keiner
　anderen Glückseligkeit, oder Vollkommenheit, teilhaftig werde, als die er sich
　selbst, frei von Instinkt, durch eigene Vernunft, verschafft hat."
10) 이에 관해서는 I. Kant, a.a.O., S. 35, 38, 44, 49 참조.
11) 자세히는 I. Kant, *Die Metaphysik der Sitten*, S. 569, 570, 600; ders.,
　Grundlegung zur Metaphysik der Sitten, S. 67, 68 이하, 74 참조. 또한 Hans
　Welzel, *Naturrecht und materiale Gerechtigkeit*, 4. Aufl., 1962, S. 170도 참조.

수단으로 사용할 수는 있어도 인간을 수단으로 사용하는 것은 허용되지 않는다. 내가 나의 목적을 위하여 너를 일방적인 수단으로 사용해서는 안 되는 것과 같이, 너도 또한 나를 너의 목적을 위하여 일방적인 수단으로 사용해서는 안 된다. 인간과 인간과의 관계는 서로서로 목적으로서 존중되는 관계에 놓여있지 않으면 안 된다. 이 인간 사이의 상호존중의 원칙은 인간질서의 있어야 할 제1의 존재형식이며, 그것은 동시에 인간행위를 구속하는 제1의 논리규범으로 나타난다. 따라서 칸트는 다음과 같은 정언명령(kategorischer Imperativ)을 내린다:

"너는 인간을, 그것이 너 자신이든 타인이든, 항상 동시에 목적으로 존중할 것이며 결코 단순히 수단으로 사용하지 말라(Handle so, daß du die Menschheit, sowohl in deiner Person, als in der Person eines jeden andern, jederzeit zugleich als Zweck, niemals bloß als Mittel brauchest)."[12]

3. 인간의 자기 자신에 대한 존중의무

칸트에 의하면, 인간의 인격은 타인으로부터 존중될 것이 요구됨은 물론, 이미 자기 자신으로부터도 존중될 것이 요구된다. 그러나 어떻게 인간은 자기 자신에 대한 존중의무를 자기 자신에게 부과할 수 있을 것인가? 칸트는 인간을 두 가지 의미에서 바라보고 있다. 즉 물리적 존재로서의 인간(homo phaenomenon)과 도덕적 존재로서의 인간(homo noumenon)이다. 물리적 존재로서의 인간은 동물적 존재로서의 인간을 말하며, 도덕적 존재로서의 인간은 인격적 존재로서의

---

12) I. Kant, *Grundlegung zur Metaphysik der Sitten*, S. 61.

인간을 말한다.[13)]

　자기 자신에게 존중의 의무를 부과하는 주체는 이 후자의 존재, 즉 인격적 존재로서의 인간이다. 왜냐하면 동물로서의 인간이 아닌 이 인격적 존재로서의 인간만이 도덕적 실천이성의 주체가 될 수 있기 때문이다. 이 '이성 존재(Vernunftwesen)' — 이것은 '이성적 존재(ein vernünftiges Wesen)'와 같은 뜻이 아니다 — 로서의 인간만이 자기 자신에 대해서도 존중의 의무를 부과할 수 있는 능력이 있다고 한다.[14)]

　이러한 이성존재는 자기 자신에게 두 가지 의무를 이행할 것을 명한다. 즉 자기보존(Selbsterhaltung)과 자기발전(Selbstentfaltung)이 그것이다. 전자는 인간의 도덕적 보존(moralische Gesundheit des Menschen)에 관계되어 있는 의무이고, 후자는 인간의 도덕적 발전 (moralische Kultur des Menschen)에 속해 있는 의무이다. 따라서 전자의 명제는, "너의 자연의 완전성 가운데서 너 자신을 보존하라 (Erhalte dich in der Vollkommenheit deiner Natur)"라고 명하여지며, 후자의 명제는 "자연이 단순히 너를 창조하였던 것보다 너 자신을 더 완전하게 만들라(Mache dich vollkommner, als die bloße Natur dich schuf)"라고 명하여진다.[15)] 여기에서 특히 주의를 요하는 것은, 이 양 명제의 요구는 타인과의 관계에 있어서 권리화되기에 앞서 우선 먼저 자기 자신에 대한 인간의 도덕적 의무로 되어 있다는 점이다.

　그것은 자기에게 자연이 부여한 자연력(Naturkräfte)[16)]을 이성을

---

13) 이 두 존재에 관하여 상세한 내용은 I. Kant, *Die Metaphysik der Sitten*, S. 333, 347, 508, 550, 563, 568 이하; ders., *Kritik der praktischen Vernunft*, in: Kant–Werke, Bd. 6, 1968, S. 156 이하 참조.

14) 자세히는 I. Kant, *Die Metaphysik der Sitten*, S. 550 이하 참조.

15) I. Kant, a.a.O., S. 552.

16) 이 자연력 가운데는 정신력, 영혼력 및 육체력(Geistes–, Seelen– und Leibeskräfte)이 전부 포함된다. 이에 관해서는 I. Kant, a.a.O., S. 580 이하 참조.

통하여 보존하고 개발하여야 할 의무를 말하며, 자기의 자연력을 사용하지 않음으로써 녹슬게 해서는 안 된다는 작위의무이다.[17] 다시 말하면, 자기 자신을 창조되어진 동물 그대로 내버려 두지 말고 하나의 인간존재로 만들어야 할 인간적 의무를 뜻한다. 인간은 결코 태어날 때부터 인간이었던 것은 아니다. 따라서 하나의 동물로 태어난 자기를 인간으로 만들어야 할 인간적 의무는 인간존재에게 있어서는 가장 순수한 본래적 의무에 속하는 것이며, 바로 그것이 도덕적 실천이성에 의하여 명하여져 있는 바이다. 이 명령에 거스르는 것은 도덕적 의무위반이다.[18] 인간은 법적 의무로부터 해방될 수는 있지만, 도덕적 의무로부터 자유로울 수는 없다. 왜냐하면 이 의무로부터 벗어나는 것은 자기의 인간실존에 대한 부정을 의미하기 때문이다. 하나의 도덕적 존재로서의 인간은 자기 자신에 대하여 자유롭지 못하다는 것을 알아야 할 것이다. 그러므로 칸트는 다음과 같이 말한다:

"나는 나의 인격 가운데 있는 인간에 대하여 아무것도 자유로이 처분할 수도 없고, 훼손할 수도 없고, 파멸시킬 수도 없고, 그리고 죽일 수도 없다."[19]

자살은 법적으로는 죄가 되지 않는다. 그러나 도덕적으로는 의무위반이다. 인격적 존재로서의 인간이 자기 자신에게 부과하는 존중의무는 실은 인간의 실존의무인 것이다. 칸트에 있어서의 이 실존으로의 자기의무지움의 자율적 자유성(die Freiheit der Selbstverpflichtung

17) I. Kant, a.a.O., S. 580.
18) I. Kant, a.a.O., S. 516 이하, 522.
19) I. Kant, *Grundlegung zur Metaphysik der Sitten*, S. 61: "Ich kann über den Menschen in meiner Person nichts disponieren, ihn zu verstümmeln, zu verderben, oder zu töten." 또한 I. Kant, *Die Metaphysik der Sitten*, S. 555도 참조.

zur Existenz)이 후일의 사르뜨르의 실존개념에 연결되는 것은 결코 우연이 아니다. 인간은 이 자유의 영역 가운데서 비로소 스스로의 존재를 기획하는 존재자로서의 존재성을 확인받게 되는 것이다. 결국 인간은 하나의 피조물이기는 하지만, 피규정적 존재(ein bestimmtes Seiende)는 아니며, 오히려 자기의 존재를 스스로 규정하는 규정적 존재(ein bestimmendes Dasein)라는 점에서 동물과는 달리 자유의 개념을 필요로 하는 것이다. 이 내면적인 자기규정적 자유의 구사의 무가 칸트에게 있어서는 도덕적 실천이성의 요구로서 명하여져 있는 것이다.[20]

이러한 인간존재의 자기 자신에 대한 실존적 의무부과는 자기와 자기 자신의 사이에서만 타당한 것이 아니라 자기와 타인의 사이에 있어서도 마찬가지로 타당하다. 즉 자기 자신이 자기의 인간으로서의 존엄과 가치를 부정하는 것이 자기 자신에게 거부되어 있는 것과 마찬가지로 타인에 의한 그것의 부정도 단호히 거부된다. 그런데 이때 그 부정의 부정태, 즉 자기의 인간으로서의 존엄과 가치의 부정에 대한 재부정은, 하나의 권리이기에 앞서 여기에서도 또한 하나의 의무에 속한다. 다시 말하면, 인간의 인격적 존엄에 대한 침해는 어떠한 경우에도 방어하여야 할 것이 의무로 명하여져 있다. 그러한 침해를 방어하지 아니하고 감수하는 것은 자기 자신에 대한 존엄의무의 위반이다. 따라서 칸트는 다음과 같이 말한다:

"자기의 권리를 타인의 발밑에 짓밟히게 하는 것은 인간의 자기 자신에 대한 의무위반이다(Wergwerfung seiner Rechte unter die Füße anderer ist Verletzung

---

20) I. Kant, *Die Metaphysik der Sitten*, S. 517, 522; ders., *Idee zu einer allgemeinen Geschichte in weltbürgerlicher Absicht*, S. 36 이하.

der Pflicht des Menschen gegen sich selbst). 자기 자신을 벌레로 만드는 자는 나중에 짓밟혔을 때 아무런 호소도 할 수 없다(Wer sich zum Wurm macht, kann nachher nicht klagen, daß er mit Füßen getreten wird)."

그는 이어서 명령조로 다시 말한다:

"남의 종이 되지 말라! 너희들의 권리를 타인에 의하여 짓밟히지 말아라!(Werdet nicht der Menschen Knechte. Laßt euer Recht nicht ungeahndet von an — deren mit Füßen treten!)."[21]

칸트에 있어서는 자기 자신의 인격가치 실현의 해태(懈怠)만이 아니라 이와 같이 타인에 의한 인격침해를 막지 아니하는 것도 도덕적 의무위반이 되는 것이다. 이것은 예링이 '권리를 위한 투쟁'을 인간의 자기 자신에 대한 의무로 보았던 것과 똑같은 경우이다.[22]

그런데 양자에 있어서 공통되는 것은 인격존중의무에 앞서 그 존중의 대상이 되는 인격 자체의 권리성에 대한 승인이다. 다시 말하면, 그 의무는 '우리 자신 가운데 있는 인간성의 권리로부터 오는 구속성(Verbindlichkeit aus dem Rechte der Menschheit in unserer eigenen Person)'[23] 자체인 것이다.

이 우리 자신 가운데 있는 인간성, 즉 인격은 어느 누구에 의하여서도 불가침이다. 그것은 자기 자신이나 타인에 의하여서는 물론이고 심지어 신에 의하여서조차도 침해될 수 없다. 왜냐하면 신도 인격의 주권자로서의 인간에 대하여는 타인에 속하는 것이므로 그 다른 타인

21) I. Kant, *Die Metaphysik der Sitten*, S. 571 이하, 599.
22) 이에 관해서는 R. v. Jhering. *Der Kampf ums Recht*, 4. Aufl., 1874. S. 20.
23) I. Kant, *Die Metaphysik der Sitten*, S. 344.

인 인간을 자기의 목적을 위한 수단으로 사용하는 것은 금지되어 있
기 때문이다. 따라서 칸트는 정당하게 다음과 같이 말한다:

"인간은 어떠한 존재에 의하여서도 (타인뿐만 아니라 자기 자신에 의하여
서도) (그리고 신에 의하여서조차도)[24] 단순한 수단으로 사용될 수는 없고, 항
상 동시에 목적으로서 존중되지 않으면 안 된다. 왜냐하면 그 속에는 바로 그
의 인간으로서의 존엄(즉 인간성)이 깃들어 있기 때문이다[Der Mensch kann
von keinem Menschen (weder von anderen noch so gar von sich selbst) (selbst nicht
von Gott) bloß als Mittel, sondern muß jederzeit zugleich als Zweck gebraucht werden
und darin besteht eben seine Würde(die Persönlichkeit)]."[25]

4. 인간의 타인에 대한 존중의무

이 의무는 인간 상호간에 있어서의 인격의 존중의무이다. 칸트에
있어서 인간의 자기 자신에 대한 존중의무가 개인윤리의 측면을 말하
여 주는 것이라면, 인간의 타인에 대한 존중의무는 그의 사회윤리의
측면에 해당한다. 모든 인간은 행위시에 타인의 인격의 존재를 승인
하지 않으면 안 된다. 왜냐하면 그 타인도 인간인 이상 목적주체로서
실존하고 있는 존재이기 때문이다. 어느 누구도 타인을 자기의 목적
을 위한 수단으로 사용할 권리는 없다. 그러나 어느 누구도 또한 자기
를 타인의 목적을 위한 수단으로 사용하게 해서도 안 된다. 양자는 하
나의 금지규범의 표리(表裏)에 해당하는 것이다.

그러나 과연 인간은 다른 인간을 수단으로 삼지 않고 살 수 있는가?

---

24) I. Kant, *Kritik der praktischen Vernunft*, S. 263.
25) I. Kant, *Die Metaphysik der Sitten*, S. 600.

오히려 우리는 모든 생활분야에서 현실적으로 타인을 자기의 목적을 위한 수단으로 이용하고 있지 않은가! 사용자는 근로자를 이용하고, 학생은 선생을 이용하고, 자식은 부모를 이용하고, 남자는 여자를 이용하고, 환자는 의사를 이용하고, 승객은 운전수를 이용하고 … 이와 같이 인간이 인간을 이용하지 아니하는 생활관계라는 것은 따지고 보면 어느 곳에서도 찾아볼 수 없는 것이다. 그렇다면 "타인을 수단으로 이용하지 말라!"는 칸트의 명제는 무엇을 뜻하는 것인가?

우리는 여기에서 그에 의하여 내려지는 모든 정언명령의 표현에 특별한 주의를 기울일 필요가 있다. 그는 모든 정언명령에서 언제나 타인을 '단지 수단으로(bloß als Mittel)' 사용하지 말라고 표현한다.[26] 다른 말로 바꾸어 쓰면, 타인을 결코 '일방적인 수단으로' 삼아서는 안 된다는 것이다. 이 말의 적극적 의미는, 인간관계는 반드시 쌍방적으로 목적-수단, 수단-목적의 관계에 놓여있어야 한다는 것이다. 하나의 행위가 동시에 쌍방적으로 이용하고 이용당하는 관계에 놓일 때만 그 인간관계는 인간적일 수 있고, 반대로 일방적으로 이용하고 이용당하는 관계에 놓일 때는 그것은 비인간적일 수밖에 없다는 것이다. 남자가 여자를 일방적으로 이용할 때 소위 여권이 침해되는 것이며, 사용자가 근로자를 일방적으로 혹사할 때 소위 노동권이 침해되는 것이며, 자식이 부모를 또는 부모가 자식을 일방적으로 이용할 때 소위 친권 또는 자권(子權)이 침해되는 것이다. 모든 생활관계에 있어서 이와 같이 타인을 일방적으로 이용할 때 그 타인은 상대방의 목적을 위한 단순한 수단 또는 도구로 전락되어 인격성을 상실하게 되며, 따라서 인간관계는 예속적 질서로 타락하게 된다. 이것은 소위 지배

---

26) I. Kant, *Grundlegung zur Metaphysik der Sitten*, S. 62. 66; ders., *Kritik der praktischen Vernunft*, S. 263; ders., *Die Metaphysik der Sitten*, S. 60 이하, 600.

단체인 국가가 국민을 일방적으로 그의 국가목적을 위한 수단으로 삼
아서 지배할 때도 마찬가지이다. 이뿐만 아니라 그것은 국제사회에
있어서 약소국이 강대국의 일방적 지배하에 들어가서 그의 주권성을
상실하였을 때도 마찬가지인 것이다. 따라서 이로부터 연역되는 질서
원리는 질서주체 사이에 반드시 독립성이 있어야 하고, 그 독립성에
바탕하여 서로 쌍방적으로 수단화하고 목적화하는 관계가 수립되어
야 한다는 것이다. 이것을 상호성의 원칙(Prinzip der Gegenseitigkeit
od. Wechselseitigkeit) 또는 황금률(Goldene Regel)이라고 칭한다.[27]

칸트의 이른바 '목적의 왕국(Reich der Zwecke)'의 질서구조는 바
로 이 상호성의 원칙에 입각하고 있다.[28] 즉 '목적의 왕국' 안에서 모
든 인간존재는 타인과의 관계에 있어서 결코 일방적인 수단으로 전락
되어 있지 않고 항상 동시에 목적 자체로서 상호존중되는 관계에 놓
여있는 것이다. 타인을 수단으로 이용하되 일방적인 도구로 전락시키
지 않고, 타인을 목적으로 존중하되 일방적인 존대(尊待)로 고양되어
있지 않은 상태가 바로 이 목적의 왕국의 윤리적 질서상태인 것이
다.[29] 이 왕국 안에서는 만인이 평등하게 자유롭다는 것이 그 특징이
다. 소위 그의 '자유의 일반법칙(allgemeines Gesetz der Freiheit)' ―
때로는 단순히 '일반법칙(allgemeines Gesetz)'이라고도 한다 ― 은
만인이 평등하게 자유로울 수 있는 이 목적의 왕국의 질서구조의

27) 사회윤리에 있어서 황금률의 의미에 관하여 상세한 내용은 W. Maihofer, Vom
Sinn menschlicher Ordnung,. 1956, S. 86 이하; ders., 'Die Natur der Sache', in:
Die ontologische Begründung des Rechts, hrsg. von A. Kaufmann, 1965, S. 78
이하 Anm. 75 참조.
28) 목적의 왕국에 관하여는 I. Kant, *Grundlegung zur Metaphysik der Sitten*, S.
66 이하, 72 이하 참조.
29) 따라서 일방적으로 타인을 존대하고 자기의 인격을 격하시키는 행위 또는 일
방적으로 타인의 행복을 위하여 자기 자신을 희생시키는 행위 등은 목적의 왕
국에 들어갈 자격이 없다. 왜냐하면 그는 수단적 존재로 되어 있기 때문이다.
이 점에 관하여는 I. Kant, *Die Metaphysik der Sitten*, S. 524 참조.

원칙을 두고 하는 말이다.[30] 그래서 칸트는 그의 도덕적 목적설 (moralische Zwecklehre)에서 다음과 같은 실천적 정언명령을 내린다:

"모든 사람이 목적적 존재일 수 있는 일반법칙의 격률에 따라 행동하라 (Handle nach einer Maxime der Zwecke, die zu haben für jedermann ein allgemeines Gesetz sein kann)."[31]

타인에 대한 존중의무에 기초한 칸트의 사회윤리는 이와 같이 하나의 보편적 질서법칙의 확립에 이르러 가지만, 그것은 그의 인간에 대한 존재규정, 즉 "이성적 존재는 목적 주체로서 실존한다"는 명제로부터 출발하고 있음을 간과해서는 안 된다.[32] 그에 의하면, 모든 이성적 존재는 이성의 힘으로 자기 자신의 존재를 규정하고 목적할 수 있는 자유를 가지고 있는 존재이다. 그런데 이 도덕적 자유는 인간에게 있어서는 방임된 자유가 아니라 구속된 자유이다. 즉 도덕적 자유는 반드시 구사하여야 할 것이 의무로 요청되어 있다. 그 까닭은, 인간은

---

30) 루소의 이른바 '일반의지(volonté générale)'도 칸트의 이 '일반법칙'에 해당한다. 양자는 완전히 동일한 질서구조의 원칙을 의미하고 있다. 이에 관해서는 J. J. Rousseau, *Du contrat social(Der Gesellschaftsvertrag)*, hrsg. von Heinrich Weinstock, 1963. II. 4, S. 63 참조.

31) I. Kant, *Die Metaphysik der Sitten*, S. 526.

32) 카우프만(A. Kaufmann)은 이 점을 간과하고 있다. 그에 의하면 칸트에 있어서의 '자율(Autonomie)'은 실은 '상대적 자율(relative Autonomie)'이며, 따라서 그것은 '자기입법(Selbstgesetzgebung)'을 뜻할 수 없다고 한다. 왜냐하면 그 입법자는 객관적인 일반법칙에 맞추어 자기의 행위를 입법하지 않으면 안 되기 때문이고, 후자는 전자의 가능전제가 되기 때문이며, 따라서 실은 일반법칙에 합치하는 입법을 하게 되는 셈이라고 한다(A. Kaufmann, *Recht unt Sittlichkeit*, 1964, S. 13 이하, 21 이하, 26 이하 Anm. 43). 그러나 일반법칙은 목적 자체로 실존하는 자율적 존재의 자기입법의 조건(Bedingung)은 되지만, 그 전제(Voraussetzung)는 아니다. 이 점에 관하여 상세한 내용은 Zai-Woo Shim, *Widerstandrecht und Menschenwürde*, 1973 (Dissertation), S. 58 이하 Anm. 13, S. 61 Anm. 17 참조.

이 자유를 구사하여 자기의 동물성(Tierheit)으로부터 벗어나야 하기 때문이다. 이것이 칸트에 있어서 이른바 '계몽(Aufklärung)' 또는 '문화(Kultur)'의 의미이다.[33] 인간이 도덕적 존재라 함은 이 '인간화작업(Arbeit der Vermenschlichung)'에 대하여 자기 자신에게 의무를 지고 있는 존재라는 뜻이다. 따라서 이 의무를 해태하는 것은 자기 자신의 인간성(Menschheit)에 대한 도덕적 범죄를 저지르게 되는 것이다. 그리고 이 도덕적 자기범죄는 타인과의 관계에 있어서는 윤리적 범죄가 되며 동시에 그것은 법적 범죄가 되는 것이다. 그러면 어떻게 하면 인간은 타인과의 관계에 있어서 이 윤리적 또는 법적 범죄를 범하지 않을 수 있을 것인가? 칸트의 사회윤리의 비밀은 바로 이 물음 가운데 놓여있는 것이다. 그는 다음과 같이 설명한다. 첫째, 그 사회윤리는 하나의 인간으로서의 나 자신에 관계하여 "자기 자신의 완성을 목적으로 삼으라(Du sollst dir die eigene Vollkommenheit zum Zweck machen)"라고 요구하고, 둘째, 하나의 인간으로서의 타인에 관계하여 "타인의 행복을 목적으로 삼으라(Du sollst dir die fremde Glückseligkeit zum Zweck machen)"라고 요구한다.[34] 이 두 윤리명제는 결코 거꾸로 명하여질 수는 없다. 즉 "타인의 완성을 목적으로 삼으라" 또는 "자기의 행복을 목적으로 삼으라"라고 요구할 수 없다. 왜냐하면 성질상 타인 자신만이 할 수 있는 어떤 것을 내가 대신하여야 할 의무를 진다는 것은 불가능에 속하며(자기에 의한 타인의 인간완성 불가능성) 또 각자가 이미 즐겨서 스스로 추구하는 바는 성질상 의무의 개념에 들어가지는

---

33) 이에 관해서는 I. Kant, *Die Metaphysik der Sitten*, S. 516 이하, 522, 580 이하; ders., *Idee zu einer allgemeinen Geschichte in weltbürgerlicher Absicht*, S. 36 이하; ders., *Beantwortung der Fage: Was ist Aufklärung?*, in: Kant-Werke, Bd. 9, 1968, S. 53 이하 참조.

34) I. Kant, *Die Metaphysik der Sitten*, S. 515.

않기 때문이다(자기의 행복추구의 의무개념 부적합성).[35] 그런데 여기
에서도 '행복'의 개념은 칸트 윤리학의 일반적 방향인 엄숙주의
(Rigorismus)로 말미암아 쾌락주의적으로 파악되는 것은 배척된다.
즉 그 '타인의 행복'이란 실은 그 타인의 입장에서는 '자기의 완성'을
의미하는 것이다. 결국 그의 사회윤리의 전체적 구조는 '자기완성'을
자기 및 타인에 대하여 가능하게 하는 윤리의 최대한도의 외연을 그
리는 데 있다. 그리고 그 외연은 윤리의 최소한도로서의 법의 외연과
접하게 된다. 바로 이 한계지점에서 윤리적 권리와 의무는 법적 권리
와 의무로 전환된다.

　이와 같은 관계는 타인에 대한 존중의무의 한계로부터 유래하고 있
음에 주의하여야 한다. 타인에 대한 존중의무는 실은 소극적 의무
(negative Pflicht)이며 적극적 의무(positive Pflicht)가 아니다. 즉 그것
은 "타인의 인격을 적극적으로 존중하라(Du sollst die Persönlichkeit
Anderer achten)"라는 요구명제(Gebotssatz)에 기초하고 있는 의무가
아니라 "타인의 인격을 무시하지 말라(Du darfst die Persönlichkeit
Anderer nicht mißachten)"라는 금지명제(Verbotssatz)로부터 오는 소
극적 의무인 것이다.[36] 그리고 이 소극적 의무의 위반은 법적 제재의
대상이 되지만, 적극적 의무의 해태는 법적 제재의 대상은 될 수 없고
다만 도덕적으로 비난할 수 있을 따름이다. 왜냐하면 법은 타인의 인
격을 침해하는 행위를 금지할 수는 있지만, 타인의 인격을 적극적으
로 존중할 것을 요구할 수는 없기 때문이다. 말하자면, 어느 누구도 타
인으로부터 자기 자신에 대한 존경과 존대를 하나의 권리로 강요할
수는 없는 노릇이다.[37] 그러나 타인의 인격을 침해하는 경우는 사정

---

35) I. Kant, a.a.O., S. 515 이하.
36) I. Kant, a.a.O., S. 524, 603.
37) I. Kant, a.a.O., S. 606: "Ich bin nicht verbunden, andere(bloß als Menschen

이 다르다. 이 경우에는 그 침해의 배제는 하나의 권리로서 주장될 수 있고 또한 주장되어야 한다. 이 인격침해 배제의 주장권(Anspruch auf Nicht-Antastung der Persönlichkeit)이 다름 아닌 윤리적 권리인 것이다.

이 권리는 법에 앞서 있는 인간의 자연권인 것이며, 법은 이에 구속될 것이 요청되어 있다. 이 구속으로부터 벗어나는 것, 즉 인격의 침해를 명하거나 허용하는 것 또는 스스로 침해하는 것, 그것이 이른바 '악법(schlechtes Recht)'이다.

그러나 여기에서 인간의 자연권으로 파악되고 있는 그 윤리적 권리는 기실은 하나의 청구권(Anspruch)임에 주의하여야 한다. 그리고 그것을 발생하게 한 기초와 혼동해서는 안 된다. 그 기초되는 요소는 칸트에 있어서는 '인격', 즉 '인간의 존엄' 그 자체이다. 인격'권'이라는 것은 다만 자기 이외의 타인에 대하여서만 타당한 개념이다. 그러나 이때 그 인격의 '권리'는 이미 인격의 '존재'를 전제하고 있음을 간과해서는 안 된다. 왜냐하면 사물의 논리상 '없는' 인격을 '주장'할 수는 없기 때문이다. 이것은 마치 '없는' 물건에 대한 소유권을 주장할 수 없는 것과 마찬가지 논리이다. 인격권의 존재근거로서의 인간의 존엄에 대한 존중의무가 자기 자신에 관계하여서는 도덕적 의무로 나타나고, 타인에 관계하여서는 윤리적 의무 및 권리로 나타나고, 동시에 그것이 법으로 전환되면, 법적 의무 및 권리로 되는 것이다. 인간의 존엄으로부터 나온 이 윤리적 의무 및 권리를 전체적인 관계에서 조화할 수 있게끔 조건지어 놓은 것이 이른바 자유의 일반법칙이고, 그 조건의 총체를 보장하여 놓은 것이 이른바 법질서이며, 이러한 법질서에 의하여 구성되어지고 다스려지는 국가가 이른바 법치국가(Rechtsstaat)이다.

---

betrachtet) zu *verehren*, d. h. ihnen *positive* Hochachtung zu beweisen."

5. 자유의 일반법칙과 법질서

칸트에 있어서의 생래적 인권(angeborenes Menschenrecht)으로서
의 자유와 평등의 권리도 결코 무제한한 자유로 파악되어 있지는 않
고 타인의 자유와의 공존의 필요에서 그 한계를 발견한다. 물론 생래
적 인권 그 자체는 모든 인간 존재에서 인간이기 때문에 자연적으로
(von Natur) 귀속되는 자연권이지만,[38] 그것은 타인과의 관계에 있어
서는 무제한하게 타당한 것은 아니다. 왜냐하면 자연권은 타인과의
관계에 있어서는 타인의 자의로부터 독립할 권리, 즉 자유가 모든 다
른 사람의 자유와 서로 공존할 수 있는 한에 있어서만 주장될 수 있는
권리이기 때문이다. 상호공존의 한계를 넘은 자유권은 타인의 자유를
침해하는 것이므로 이미 권리로서 승인될 수 없다. 이것이 이른바 인
권의 내재적 제약의 법철학적 근거이다.

그러나 그 내재적 제약의 한계지점은 결코 제멋대로 획정될 수는
없다. 소위 권리의 사회성 또는 공공성은 전체로서의 질서의 일반법
칙으로부터 나오는 필연적인 제약한계 내에서만 법적 의미를 가질 수
있고 그 한계 바깥의 것은 정치적 의미 이외의 아무것도 아니다. 그러
면 어디에다 그 한계선을 그어야 할 것인가? 이것이 자유의 일반법칙
의 문제이다.

칸트에 있어서 자유는 언제나 평등을 전제하고 있다. 즉 자유'권'은
2인 이상의 주체 사이의 '공존(Koexistenz)' 가운데서 상호독립성을
주장하는 권리이므로 동시에 또한 평등'권'을 의미하지 않을 수 없다.
'어느 누구도 상호적으로 구속될 수 있는 것 이상으로 타인에 의하여
구속당하지 아니할 독립성에의 권리(das Recht auf die Unabhängig-

---

38) I. Kant, a.a.O., S. 345.

keit, nicht zu mehrerem von anderen verbunden zu werden, als wozu man sie wechselseitig auch binden kann)'가 바로 그것이다.[39] 그러므로 공존상황에 있어서는 자유와 평등이 각각 독립되어 있는 개념요소가 아니라 상호의존적으로 일방이 타방을 전제하고 있는 것이다. 즉 자유는 평등 가운데서만 존재할 수 있는 개념이고, 반대로 평등은 자유 없이는 있을 수 없는 개념이다. 왜냐하면 불평등은 이미 자유의 공존을 가능하게 하지 않으며, 또한 부자유는 이미 평등성의 바탕을 결하게 되기 때문이다. 자유와 평등의 이 개념적 상호제약성은 인격의 독립성을 갖고 인간존재가 살고 있는 인간세계에서 타당한 질서의 의미로부터 나오는 필연적 귀결이다. 따라서 인격의 독립성을 예정하지 아니하는 동물의 세계에서는 자유의 개념도, 평등의 개념도 있을 수 없는 것이다. 군거하는 동물에게는 동등성(Gleichartigkeit)의 개념은 타당하지만, 평등성(Gleichgewicht)의 개념은 타당할 수 없다. 왜냐하면 그들에게는 평등성의 전제가 되는 독립성(Unabhängigkeit)이라는 개념이 없기 때문이며, 또한 그럼으로써 예속성(Abhängigkeit)이라는 개념도 따로 있을 수 없기 때문이다. 그들은 공'생'하고 있지, 공'존'하고 있는 것은 아니다. 따라서 그것들은 단순한 생존자일 따름이지 실존자는 아니다. 오직 실존자로서의 인간만이 평등이라는 개념을 필요로 하고, 차별대우에 대한 불평등의식도 가지고 있는 것이다. 이와 같이 동물의 군집과는 달리 오직 인간사회에만 평등의 개념이 존재하며, 그것은 자유로부터 출발하여 다시 자유를 제약하는 요소가 되는 것이다. 따라서 '자유의 일반법칙'은 자유의 평등성이 균형 잡혀 있는 상태, 즉 만인이 평등하게 자유로울 수 있는 질서상태의 존재구조에

---

39) I. Kant, a.a.O., S. 345. 또한 I. Kant, *Zum ewigen Frieden*, in: Kant‒Werke, Bd. 9, 1968, S. 204. Anm.도 참조.

관한 법칙을 뜻하는 것이다. 이것을 일반적으로 인간질서의 '근본상
태(Grund-situation)'이라 부르며[40] 그 상황의 존재구조는 일체의 법
질서에 있어서 타당한 원칙이다.[41] 인간질서의 이러한 객관적 존재구
조는 또한 '자연법(Naturrecht)' 이외의 아무것도 아니다. 왜냐하면 자
연법은 '자연권(The Right of Nature)'의 객관적 존재조건 이외의 다른
것을 의미하는 것은 아니기 때문이다. 그리고 그 자연권의 존재근거
로서의 '자연(Natur)'은 인간의 자연(또는 본성)(Natur des Menschen),
즉 인간의 '존엄(Würde)'이다.[42]

인간의 존엄은 불평등에 의한 예속상태에서 침해된다. 즉 일방이
타방을 단순한 수단으로 사용할 때 침해되는 것이다. 이러한 불평등
상황은 인류의 역사 가운데서 여러 가지 모습으로 나타났었다. 예컨
대 신분적 불평등, 성별적 불평등, 인종적 불평등, 계급적 불평등, 민
족적 불평등, 정치적 불평등, 경제적 불평등 그리고 적나라한 힘의 물
리적 불평등 등등이 그것이다. 이러한 모든 불평등 요소들에 의하여
인간관계는 균형성을 상실하게 되고, 인격의 독립성은 배제되고 노예
상태가 현출하며, 인간의 실존조건은 부정된다. 이러한 상황을 일반
적으로 '한계상황(Grenzsituation)'이라고 부른다.[43] 법은 이 한계상
황을 다시 근본상황으로 환원시켜야 할 임무와, 그 환원된 상황이 다
시 한계상황으로 전도되지 않도록 보장하여야 할 임무를 띠고 있는
것이다. 법의 기능은 ─ 한마디로 말하면 ─ 근본상황을 회복, 유지 및

---

40) 이에 관해서는 W. Maihofer, *Rechtsstaat und menschliche Würde*, 1968. S. 12
   이하, 27 참조.
41) 이에 관해서는 I. Kant, *Die Religion innerhalb der Grenzen der bloßen
   Vernunft*, in: Kant─Werke, Bd. 7, 1968, S. 757. Anm. 참조.
42) 여기에서의 인간의 본성은 인간의 도덕적 본성을 말하는 것이지 인간의 경험
   적 본성을 뜻하는 것은 아니다.
43) 이에 관해서는 W. Maihofer, *Rechtsstaat und menschliche Würde*, S. 1968, S.
   12 이하, 27 이하 참조.

발전시키는 데 있다. 그러나 법이 이러한 기능을 다하자면 힘이 필요
하다. 그 힘의 주체가 바로 국가이다.

6. 법질서의 보장자로서의 국가

칸트가 파악하는 국가개념에는 두 가지 의미가 있다. 하나는 '이념
으로서의 국가(Staat als Idee)'이고, 다른 하나는 '힘으로서의 국가
(Staat als Macht)'이다. 이념으로서의 국가는 그에게 있어서는 순수한
실천이성의 원칙의 선험적 형식(eine Form von reinem praktischem
Vernunftprinzip a priori)을 뜻하며, 이 원칙에 따라 하나의 시민헌법
(bürgerliche Verfassung)이 사회계약의 관념을 매개로 하여 인간사회
에 확립된다.[44] 그러므로 그는 국가를 정의하여, '다수의 인간이 법률
하에서 결합된 것(Vereinigung einer Menge von Menschen unter
Rechtsgesetzen)'[45]이라고 한다. 이러한 의미에서의 국가는 루소의 국
가개념과 흡사하다. 왜냐하면 루소도 일반의지(volonté générale)가 시
민헌법으로 구현된 그 개념적 통일체를 국가로 파악하기 때문이다.[46]
이와는 달리, 힘으로서의 국가는 이 질서원칙에 따라서 구성된 시
민헌법의 보장자를 뜻한다. 이러한 의미에서의 국가는 홉스의 국가개
념에 접근되어 있다. 즉 홉스도 국가를 '다수인의 계약을 통하여 모든
사람의 의지가 한 사람의 의지로 응집되어 있는 단 하나의 인격(eine
Person)'으로 파악하기 때문이다.[47] 따라서 힘으로서의 국가는 국가

44) I. Kant, *Die Metaphysik der Sitten*, S. 431, 438; ders., *Über den Gemeinspruch*,
　　in: Kant–Werke, Bd. 9, 1968, S. 157, 160, 163 이하.
45) I. Kant, *Die Metaphysik der Sitten*, S. 431.
46) J. J. Rousseau, a.a.O., I. 6, 55; I. 7, S. 47; II. 4, S. 60.
47) Th. Hobbes, *Vom Menschen Vom Bürger*, hrsg. von Günter Gawlick, 1959,
　　Kap. 5, Art. 9, S. 129.

원수(Staatsoberhaupt) 자체를 두고 하는 말이다. 이는 일종의 의인화된 국가개념이다. 이 지배자로서의 국가에게 일체의 법적 권한이 주어지나, 그 자신은 법의 적용을 받지 않는 초월자이다. 따라서 그는 어느 누구에 의하여서도 재판을 받거나 처벌받지 않는다.[48] 그는 국가에 있어서의 최고의 유일한 명령권자이며, 국민에 대하여서는 오로지 강제권만 가질 따름이고 강제의 의무는 지지 않는다. 그 이유는, 만일 최고의 유일한 명령권자도 강제된다면 그는 이미 '지배자(Herrscher)'는 아니며, 따라서 지배단체로서의 국가의 종적 질서는 성립할 수 없기 때문이다.[49] 그런데 지배단체로서의 국가의 본질상 그 최고의 지배권자에게는 법적으로 최종의 힘이 귀속될 뿐만 아니라 사실적으로 최강의 힘까지 주어져 있지 않으면 안 된다. 만일 이러한 최강의 힘이 주어져 있지 않다면, 지배자는 사실상 지배를 할 수 없는 것이다. 지배자보다 피지배자의 힘이 더 강하다면, 사실상 강제를 통한 법률의 집행은 불가능하다. 실효성 없는 강제질서는 있으나 마나이다. 즉 그것은 국가 부재 상황이나 다름없다. 따라서 국가는 그의 명령에 항거하는 어떠한 힘도 단호히 압도할 수 있을 만한 최강의 힘을 사실상 가지고 있어야 하는 것이다.[50]

그러나 이 최종 또는 최강의 힘은 결코 맹목적 또는 무목적적 힘은 아니다. 그것은 법질서를 보호하고 보장하기 위한 힘이라는 점을 간과해서는 안 된다. 국가는 개념상으로는 분명히 하나의 지배단체(Herrschaftskörper)이다. 그러나 이념상으로는 하나의 봉사단체(Dienstwesen)이다. 국가의 지배 그 자체는 악이다. 그러나 국가는 악을 위하여 지배하는 것은 아니다. "지배자는 결코 악을 행할 수 없다

48) I. Kant, a.a.O., S. 436, 437.
49) I. Kant, *Über den Gemeinspruch*, S. 146 이하.
50) I. Kant, a.a.O., S. 156.

(The king can do no wrong)"[51]라는 국가이론적 대명제는 국가이념의 근본규범으로 되어 있는 것이다. 이 전제 없이는 어떠한 국가철학의 이론구성도 성립할 수 없음을 알아야 할 것이다. 왜냐하면 이 전제 없이는 국가를 기껏해야 강도단체로 파악할 수밖에 없을 것이기 때문이다. 국가는 강제단체이긴 하지만 강도단체는 아니다. 그러나 현실적으로 국가가 강도단체로 변하였을 때는 어떻게 할 것인가?

칸트의 국가론은 여기에서 딜레마에 빠진다. 그에 의하면, 자연상태(Naturzustand)에는 두 가지 종류가 있다. 하나는 '부정의의 자연상태(Naturzustand der Ungerechtigkeit)'이고, 다른 하나는 '무법의 자연상태(Naturzustand der Rechtlosigkeit)'이다.[52] 전자는 국가가 존재하되 그 국가가 시민의 자유와 안전을 보호하는 대신 오히려 거꾸로 침해하는 경우이고, 후자는 국가 없는 무정부상태를 말한다. 그런데 칸트에 있어서의 사회계약의 1차적 의미는 이 무정부상태를 극복하는 데 있다. 시민의 자유와 안전을 보호하는 것은 오히려 2차적인 계약목적이다. 이 점이 로크나 루소의 사회계약론과 근본적으로 다른 점이다. 로크나 루소에 있어서는 사회계약은 1차적으로 보호계약(Schutzvertrag)이며, 복종계약 또는 통합계약(Unterwerfungs- bzw. Vereinigungsvertrag)은 아니다. 그러나 칸트에 있어서는 그 반대이다. 따라서 로크나 루소에 있어서는 개인의 자유와 안전에 대한 보호가 없는 한, 사회계약은 무효가 되고 국가는 해체되며 자연상태로 되돌아 온다.[53] 그러나 칸트에 있어서는 그러한 보호가 없다고 하여 계약

51) 이 명제의 의미에 관하여는 I. Kant, a.a. O., S. 150; ders., *Die Metaphysik der Sitten*, S. 432, 436 참조
52) I. Kant, *Die Metaphysik der Sitten*, S. 430.
53) 이에 관해서는 J. Locke, Two Treaties of Government, by Peter Laslett, 2. edition, 1967, II. cap. 19, § 222. p. 430 u. § 243, p. 446; J. J. Rousseau, a.a.O., III. 10, S. 130; III. 16, S. 143; I. 6, S. 43; I. 1, S. 30 참조.

의 효력이 곧 상실되는 것은 아니며, 오히려 그것이 무효가 되는 것은 반란이나 정복에 의해서이다. 왜냐하면 그것은 국가조직체 주체를 파괴하여 무정부상태를 야기하기 때문이다.[54] 이 점에 관한 한, 칸트는 결코 관념론자(Idealist)는 아니며, 오히려 철두철미한 현실주의자(Realist)이다. 왜냐하면 국가라는 공적 조직체가 없는 이상 국민의 자유와 안전을 보호할 주체가 결하게 되기 때문이다. 따라서 국가의 존재는 시민의 보호에 선행하지 않으면 안 된다.[55] 결국 칸트에 있어서 국가는 그의 법질서를 통하여서만 비로소 개인을 보호해줄 수 있다는 사실이 예리하게 통찰되어 있다. 그러나 사회계약의 목적은 단순히 국가를 탄생시키는 데 있는 것이 아니라, 시민의 보호에 있다는 것은 재언할 필요가 없다.

로크나 루소에 따라 사회계약을 보호계약으로 보는 한, 그 보호주체인 국가 스스로가 시민의 자유를 침해할 때는 사회계약은 무효가 되어 그 국가는 배제되어야 할 것이지만, 만일 그것을 배제하면 이번에는 시민상호간의 자유의 침해 및 외적으로부터의 자유의 침해를 막아줄 자가 없게 된다. 그 어느 쪽이든 시민의 자유와 안전이 보장되어 있지 않은 자연상태에 처하게 된다는 것은 매한가지인 것이다. 부정의의 자연상태를 배제하자니 무법의 자연상태가 나타나고, 무법천지의 자연상태를 초래하지 말자니 부정의의 자연상태를 감수하는 길밖에 없다. 그 어느 국가철학자의 국가론에 있어서도 이 딜레마에 대한 순수한 해결은 발견되지 않는다. "국가는 결코 악을 행할 수 없다"라는 대전제를 결하는 한, 자연상태를 극복하기 위한 사회계약의 논리

---

54) I. Kant, *Über den Gemeinspruch*, S. 143 이하, 156; ders., *Die Metaphysik der Sitten*, S. 464. 498.

55) I. Kant, *Zum ewigen Frieden*. S. 247, 249: "Zuvorderst exitiere irgendein rechtlicher Zustand."

는 논리의 모순으로 남을 수밖에 없을 것이다.

그러나 우리가 칸트의 국가론에서 국가존재의 이해에 대한 가장 큰 시사를 받아야 할 것이 있다. 도대체 왜 인간사회에는 법과 국가가 필요한가이다. 그리고 어디에 그 권위가 깃들어 있는가이다. 즉 국가의 존재이유와 국가의 권위에 대한 국가철학적 정당화의 문제가 그것이다. 인간의 도덕적 본성으로부터 바라보는 한, 지배단체로서의 국가는 그 자체가 악이다. 왜냐하면 지배는 인간의 자율성과 상용할 수 없는 개념이기 때문이다. 그러나 인간의 경험적 본성으로부터 바라보는 한, 그것은 필요한 악이다. 왜냐하면 인간의 경험적 본성은 이리(Wolf)이기 때문이다.[56] 칸트는 인간의 경험적 본성을 '비사교적 사교성(ungesellige Geselligkeit)'이라는 말로 표현하고 있다.[57] 그 뜻은, 인간은 일면에서는 서로 어울리려는 본성(Geselligkeit)을 가지고 있고, 타면에서는 반대로 서로 어울리지 않으려는 본성(Ungesellig-keit)을 가지고 있다는 것이다. 이 모순되는 두 성질이 인간의 본성 가운데 동시적으로 뿌리 깊이 박혀 있다는 것이다. 인간은 타인과 사교하는 가운데서 자기의 소질을 더욱 잘 발전시킬 수 있다고 믿고 있으

---

56) 홉스가 자연상태에서의 인간을 표현하여, "인간은 인간에 대하여 늑대이다(homo homini lupus)"라고 말하였지만, 이 명제는 결코 인간의 본성 자체가 악하다는 데 근거하고 있는 것은 아니다. 인간의 경험적 본성으로서의 욕망 자체(Begierde an sich)는 악하지도 선하지도 않고, 다만 그것이 타인과의 관계에 있어서 유해한 요소가 될 수 있다는 것뿐이다. 이와 같이 타인에 대하여 유해한 영향을 미친다는 의미에서 "인간은 인간에 대하여 늑대이다"라는 표현을 사용하였던 것이다. 그러므로 이것은 거꾸로 시민상태에 들어가서는 '신(神)'에 비유하여 말하여진다. 결국 인간이 어떤 상태에 처하여 있느냐에 따라서 타인에 대하여 '늑대'적 존재가 되기도 하고, '신'적 존재가 되기도 한다. 다음의 명제는 이 점을 알려주고 있다. "Der Mensch ist ein Gott für den Menschen, und; Der Mensch ist ein Wolf für den Menschen(Th. Hobbes, a.a.O., S. 59 이하)." 칸트에 있어서도 이 점에 있어서는 홉스의 견해와 완전히 동일하다.

57) I. Kant, *Die Metaphysik der Sitten*, S. 585, 611; ders., *Idee zu einer allgemeinen Geschichte in weltbürgerlicher Absicht*, S. 37 이하.

나 이때 반드시 자기의 주장을 고집하고 만사를 자기 뜻대로 하려는 독선적 경향이 있어 항상 타인과의 충돌을 면하지 못한다고 한다. 더 나아가 인간은 언제나 자기를 다른 사람과 비교하는 버릇이 있어 그 타인과의 우열을 재보며 자기가 남보다 잘 되려는 의욕을 갖게 된다고 한다. 그 의욕(Wollen)이 자의(Willkür)이며 그것에는 일체의 욕망(Begierde)이 포함된다. 예컨대 소유욕, 지식욕, 명예욕, 지배욕, 금욕 등등 이러한 욕망에의 본성이 나쁘게는 타인을 수단으로 이용하게 되지만, 좋게는 서로 자기가 잘 되려고 노력하고 경쟁하게 된다고 한다. 칸트는 인간의 이러한 성질이 없었던들 인류의 역사에 단 한치의 발전도 있을 수 없었을 것이라고 한다. 그래서 그는 신이 인간을 그러한 욕망으로 가득 찬 존재로 만들어 놓은 것에 대하여 불평을 하기는커녕 오히려 감사한다.[58] 그러나 바로 그 때문에 인간사회에는 국가에 의한 법질서가 필요불가결하다는 결론에 도달한다.

왜냐하면 인간의 욕망은 한이 없고, 따라서 그것은 타인과의 사이에 있어서 필연적으로 마찰과 충돌을 불러일으켜 무법천지의 상태를 가져올 것이기 때문이다. 만일 이러한 충돌관계(Antagonismus)에 이르는 상태를 법으로 규제하지 않는다면, '만인의 만인에 대한 투쟁상태'[59]는 면할 길이 없고, 따라서 약자는 강자에 의하여 수단으로 이용되고 착취되고 그리고 심지어는 절멸되기까지 한다. 인간은 인간을 잡아먹지는 않지만(식인종을 제외하고), 인간을 이용할 줄 아는 동물이

---

58) I. Kant, *Idee zu einer allgemeinen Geschichte in weltbürgerlicher Absicht*, S. 38: "Dank sei also der Natur für die Unvertragsamkeit, für die mißgünstig wetteifernde Eitelkeit, für die nicht zu befriedigende Begierde zum Haben, oder auch zum Herrschen! Ohne sie würden alle vortreffliche Naturanlagen in der Menschheit ewig unentwickelt schlummern."

59) 홉스의 이 명제 "status hominum naturalis est bellum omnium in omnes"는 자연상태에 있는 인간상에 관한 한, 칸트에게도 그대로 타당하다. 위의 각주 55 참조.

다.[60] 인간의 욕망 그 자체가 나쁘다고 할 것은 없지만 — 아니 오히려 인간의 발전을 위하여는 없어서는 안 될 요소이다 —, 그것이 타인을 일방적인 수단으로 이용하는 근원적 요소가 되기 때문에 그 한도 내에서는 욕망의 발동은 규제받아야 하는 것이다. 그러므로 칸트에 있어서의 법질서는 두 가지 사명을 동시에 충족시키지 않으면 안 된다. 즉 한편으로는 인간의 욕망을 억제함과 동시에 다른 한편으로는 그것을 촉진해야 할 사명이다. 더 정확히 말하면, 욕망을 억제하되 아주 말살시켜서는 안 되고, 그것을 촉진하되 아주 방임하여서는 안 된다.[61] 이러한 법질서의 요청은 인간 사이에 그 자의의 한계를 규범으로 정하여 보장함으로써만 가능하다. 그래서 칸트는 "법이란 한 사람의 자의가 다른 사람의 자의와 자유의 일반법칙에 따라 서로 상용될 수 있는 조건의 총체이다"라고 말하는 것이다. 그리고 이 조건의 총체를 힘으로 보장할 임무를 띠고 있는 자가 바로 국가이다.[62]

그런데 이 법질서는 칸트에 있어서는 1차적으로 인간 사이의 외적 자유(äußere Freiheit)의 형식적 조건에만 관계되어 있다.[63] 이 점에서 그것은 합법성의 원칙(Legalitätsprinzip)으로 이해된다. 즉 법률은, 그 수범자의 행위가 어떠한 내면적 동기에 의하였든지에 관계없이, 외면

---

60) I. Kant, *Zum ewigen Frieden*, S. 210.

61) I. Kant, *Idee zu einer allgemeinen Geschichte in weltbürgerlicher Absicht*, S. 39 이하, 44.

62) 인간사회에 왜 법과 국가가 존재하여야 하는가에 대하여 칸트와 홉스는 이와 같이 그 근거를 인간의 경험적 본성에서 바라본다. 그리고 이러한 의미에서의 국가는 오직 질서의 보장자로서의 기능을 할 따름이지 적극적으로 국민의 복지를 증진시키는 보호자로서의 기능을 하는 것은 아니다. 그러므로 국가는 본질상 법치국가(Rechtsstaat)이지 사회국가(Sozialstaat)는 아니다. 이 점에 관하여는 W. Maihofer, *Rechtsstaat und menschliche Würde*, 1968, S. 149 이하 Anm. 221; ders., Rechtsstaat und Sozialstaat, in: Rechtsstaat—Sozialstaat, hrsg. Willi Weyer, 1972, S. 13 이하 참조.

63) I. Kant, *Die Metaphysik der Sitten*, S. 509.

적으로 법률에 합치하는 행위를 하였으면 그것으로 만족한다. 그리고 이러한 외면적 행위의 합법성은 강제될 수 있다. 그러나 도덕성의 원칙(Moralitätsprinzip)은 이와는 다르다. 도덕성은 도덕률에 대한 도덕 주체의 자율적 입법과 자율적 복종을 의미하며, 따라서 여기에서는 의무이행의 내면적 동기가 중요하고, 그것은 성질상 강제할 수 있는 것은 아니다. 인간에게 실천이성에 따르는 의무이행을 명하는 점에서는 법과 도덕 사이에 아무런 차이도 없으나, 그 의무이행을 밖으로부터 힘으로 강제할 수 있느냐 없느냐에 따라서 양자는 구별된다.[64] 그런데 합법성의 원칙에 따른 외적 자유의 보장은, 도덕성의 원칙에 따른 내적 자유의 구사보다 더 직접적인 1차적 중요성을 갖고 있다. 왜냐하면 전자는 후자의 필요불가결한 전제조건이기 때문이다. 법적 자유는 도덕적 자유를 위한 수단에 지나지 않지만, 그러나 전자 없이는 후자의 작용은 불가능하다. 사회의 외적 법질서가 바로 잡혀 있지 않는 한, 인간은 그의 행위의 격률을 일반법칙의 보편적 입법원리에 따라 정립할 수 없는 것이다. 따라서 합법성의 원칙은 도덕성의 원칙에 우선한다.[65]

이와 같이 외견상 순전히 형식적인 것으로만 보이는 칸트의 법의 정의는, 인간의 도덕적 자기실현을 타인과의 사이에 있어서 가능하게 하는 필요불가결한 인간화 가능조건으로 파악되어 있는 것이다.

이 내적 자유의 가능조건으로서의 외적 자유의 보장은 국가권력에게 맡겨져 있다. 국가권력 그 자체(Staatsgewalt an sich)는 폭력

---

64) 도덕성의 원칙과 합법성의 원칙에 관하여는, I. Kant, *Kritik der praktischen Vernunft*, S. 191, 203. 247 이하, 287 이하; ders., *Die Metaphysik der Sitten*, S. 318. 324 참조.

65) I. Kant, *Zum ewigen Frieden*, S. 239; E. Bloch, *Naturrecht und menschliche Würde*, 1961, S. 270 이하.

(Gewalt)이다. 그러나 그것은 인간사회에 있어서는 필요한 폭력 (notwendige Gewalt)이고, 더 나아가 이념적으로는 도덕적 폭력 (moralische Gewalt)이다. 왜냐하면 그것은 '자유의 저해를 저지(Ver-hinderung eines Verhindernisses der Freiheit)'[66]하여 줌으로써 인간의 윤리적 자기실현과 도덕적 자기완성을 가능하게 해주기 때문이다. 결국 국가권력은 힘에 의한 법적 자유의 보장을 통하여 인간의 도덕적 자유의 실현에 봉사하고 있는 것이다.[67] 이 점에서 그 힘은 신성한 권력(heilige Gewalt)인 것이다.[68] 칸트에 있어서도 ─ 루소에 있어서와 마찬가지로 ─ 국가권력이란 인간을 '자유에로 강제(Zwang zur Freiheit)'하는 수단이라는 점에서 그 힘은 도덕적으로 정당화되는 것이다.[69] 오직 그 한에 있어서만 그 힘은 법적 힘(Rechtsgewalt)으로 승인되며, 그 한계 바깥의 것은 정당화되지 않는 힘, 즉 적나라한 폭력 이외의 아무것도 아니다. 국가권력의 한계는 그 정당화의 한계와 일치되어 있다. 따라서 그 한계를 벗어난 국가권력의 남용은 구속력이 없다. 이유 없는 힘에 복종하여야 할 이유는 적어도 법학적으로는 발견되지 않는다. 왜냐하면 법학은 근원적으로 정당화의 학문(Legitimationswissenschaft)이기 때문이다.

---

66) I. Kant, *Die Metaphysik der Sitten*, S. 338 이하, 527.

67) 따라서 원래 인간을 위하여 국가가 존재하는 것이지, 국가를 위하여 인간이 존재하는 것은 아니다(Der Staat ist der Menschen willen da, nicht der Mensch um des Staates willen). 이에 관해서는 W. Maihofer, *Rechtsstaat und menschliche Würde*, 1968. S. 9 참조.

68) 이러한 의미에서 칸트는 '국가의 존엄(Staatswürde)'이라는 표현까지 사용한다. 이에 관해서는 I. Kant, a.a.O., S. 434 참조.

69) 이에 관해서는 J. J. Rousseau, a.a.O., I. 7, S. 48 참조.

7. 영구평화질서와 인류의 장래

자의의 한계를 자유의 일반법칙에 따라 정확히 규정하고 그것을 보장하는 데서 법과 국가의 모든 사명을 바라보고 있는 칸트로서는 국제사회의 헌법 구조에 있어서도 마찬가지로 그 자유의 일반법칙이 타당성을 갖는다. 그의 「영구평화론(Zum Ewigen Frieden, 1795)」은 국가간의 자유의 한계를 그어서 그들 상호간의 공존원칙을 구조적으로 그려놓은 것이다. 그래서 그는 이것을 또한 '세계시민적 헌법(weltbürgerliche Verfassung)'이라고도 한다.[70] 그에 의하면, 완전한 시민적 헌법의 확립의 문제는 국내헌법의 문제에 그치는 것이 아니라 동시에 국제헌법의 문제에 필연적으로 관련되어 있고, 이 후자 없이는 해결될 수 없다고 한다.[71] 왜냐하면 후자는 전자의 가능조건이기 때문이다. 한 국가가 다른 국가에 의하여 주권적 자유를 박탈당한 식민지상태 또는 정복상태하에서는, 그 예속된 국가의 시민적 헌법은 이미 존재근거 자체에 있어서 정면으로 부인된다. 국가 자체가 주권성을 상실하고 국가에 예속되어 있을 때, 그 속에서 살고 있는 전체 국민도 예속되어 있다는 것은 사물의 논리상 당연한 귀결이다. 따라서 주권성 없는 국가의 시민적 헌법이란 것은 무의미한 것이다. 그러므로 하나의 완전한 시민적 헌법의 확립의 문제는 우선 먼저 그 주체가 되는 국가의 주권성을 세계시민적 헌법에 의하여 보장받고 난 다음에 비로소 가능한 문제이다.

칸트의 눈에는, 인류의 역사가 수천 년을 내려오면서 계속하고 있는 전쟁은 이 세계시민적 헌법으로서의 영구평화질서를 지구상에 확

---

70) I. Kant, Zum ewigen Frieden, S. 203, 214.
71) I. Kant, *Idee zu einer allgemeinen Geschichte in weltbürgerlicher Absicht*, S. 41.

립하기 위한 자기노력이다. 말하자면 영구평화를 확립하기 위한 평화
파괴행위가 다름 아닌 전쟁의 역사철학적 의미이다. 평화의 파괴를
통하여 평화를 확립하고자 하는, 이 전쟁이라는 자기모순적 수단은
인류의 역사에 있어서 하나의 패러독스적 현상이다. 그러나 전쟁이
없이 고요하되, 한 국가가 다른 국가에 의하여 주권적 자유를 상실하
고 있는 상태는 그의 이른바 영구평화상태는 아니며 잠정적 휴전상태
에 지나지 않는다.[72] 이 상태하에서는 상실된 주권성을 회복하려는
전쟁이 언제 다시 폭발할지 알 수 없다. 따라서 이러한 자유 없는 평온
상태는 하나의 가장된 평화(ein scheinbarer Friede)일 뿐이며, 그것은
영구평화 상태가 아니다.

칸트는 그의 영구평화론에서 영구평화상태(ewiger Friedens-
zustand)로서 결코 어떤 영구평온상태(ewiger Ruhezustand)를 그린
것이 아니라 하나의 영구자유상태(ewiger Freiheitszustand)를 그렸던
것이다. 평화라는 개념은 그에게 있어서는 결코 그 자체 자기목적을
갖고 있는 것은 아니며, 그것은 자유를 보장하기 위한 하나의 수단 또
는 방편이었던 것이다. 다음의 구절은 이 점을 확인하여 준다:

"이 연맹은 결코 한 국가에게 힘을 독점시키려는 것이 아니라 오로지 자국
및 타연맹국의 자유의 보전과 보장을 목적으로 하고 있다(Dieser Bund geht auf
keinen Erwerb irgendeiner Macht des Staates, sondern lediglich auf Erhaltung und
Sicherung der Freiheit eines Staates, für sich selbst und zugleich anderer verbündeten
Staaten)."[73]

---

72) I. Kant, Zum ewigen Frieden, S. 218 이하, 251.
73) I. Kant, a.a.O., S. 221.

　그러므로 칸트의 '영구평화'는 자유의 공동묘지 위에 세워진 고요
한 전제주의(seelenloser Despotismus), 즉 세계군주제(Universal-
monarchie)에 의하여 수립되는 것이 아니라 자유롭고 평등한 주권국
가들로 연합된 하나의 국제연맹의 연방주의(Föderalismus)에 의하여
서만 실현될 수 있는 것이다.[74] 칸트가 이와 같이 영구평화질서의 모
델로서 하나의 세계정부를 택하지 아니하고 연방제를 추천한 까닭은,
그 하나의 확립된 세계정부적 국가가 세계시민적 헌법을 무시하고 자
의적으로 지배하게 되면 이에 대하여 속수무책일 뿐만 아니라 오히려
연방제에 의한 상호견제를 통한 자유상태의 보존(자연은 이 상태를 바
란다)보다 더 악화된 상태를 감수하지 않을 수 없을 것이라는 데 있
다.[75] 칸트에 의하여 구상된 세계시민적 헌법에는 최강의 힘을 가진
보장자가 예정되어 있지 않기 때문에, 어느 한 국가가 다른 국가에 의
하여 자유의 침해를 받았을 때도 어떤 세계국가적 정부에 의한 안전
보장은 바랄 수 없고 오직 자력으로 또는 다른 국가들의 조력을 받아
해결할 수밖에 없지만, 그보다 앞서 전제되어야 할 것은 인간의 이성
의 힘에 대한 신뢰이다. 이성의 힘에 바탕한 법을 통하여 인류에게 영
구평화상태를 가져오는 것은 영구히 불가능한가![76] 인류의 역사는
영구평화질서를 확립하기 위하여 이성보다는 무기를 택하였다. 과연
전쟁은 우리에게 영구평화를 가져다주었는가? 그렇지 못하다면, 영
구평화를 위하여서는 무력(武力) 역시 무력(無力)하기 이를 데 없는
것이다. 자연은 인간의 이성의 힘을 신뢰하지만, 오히려 그 이성의 주
체로서의 인간은 그것을 신뢰하지 않는다. 칸트의 영구평화론은 자연

---

74) I. Kant, a.a.O., S. 225 이하.
75) I. Kant, a.a.O., S. 225 이하.
76) 칸트는 이것이 가능하다고 믿고 있으며, 또한 자연이 바라는 바도 그것이라고
　　한다. 이에 관해서는 I. Kant, a.a.O., S. 225: "Die Natur will unwiderstehlich,
　　daß das Recht zuletzt die Obergewalt erhalte."

의 조화는 인간의 이성의 힘만이 알 수 있고 또한 그에 따르리라는 인간 이성에 대한 강한 신뢰를 전제하고 출발하였던 것이다.[77] 그러나 오늘날까지 그 신뢰는 배신되고 있다.

우리 지구상에는 아직도 칸트의 영구평화상태로서의 세계시민적 헌법구조는 확립되어 있지 않다. 이것은 어느 날엔가는 우리 인류의 역사 가운데서 실현되어야 할 질서 과제로 남아 있는 것이지만, 우리가 여기에서 먼저 알아 두어야 할 것은 무엇을 위하여 반드시 그러한 세계시민적 헌법이 인류에게 필요한가이다. 칸트가 영구평화를 그토록 갈망한 것은 결코 평화 그 자체 때문이 아니었다는 것을 특히 여기에서 인식할 필요가 있다. 그에게 있어서 영구평화의 확립의 문제는 결코 단순한 국제평화의 문제도, 국가간의 안전보장의 문제도 아니었으며, 그것은 인간성(Menschheit)에 대한 가장 중대한 문제였다. 따라서 자연은 이 문제를 해결할 것을 인류에게 강제하고 있는 바라고 한다.[78] 왜냐하면 오직 세계시민적 헌법 가운데서만 자연의 가장 높은 뜻, 다시 말해 인간에게 부여된 자연적 소질의 완전한 전개가 인류 가

---

[77] I. Kant, a.a.O., S. 223 이하, 225. 여기에서 자연의 조화(Naturkunst)는 세계시민적 헌법조직을 뜻하고 있는데, 이 조직 또는 제도의 문제는 합리성의 문제로서 전적으로 이성에 그 해결이 맡겨져 있는 것이다. 그럼에도 불구하고 인류는 오늘날까지 그 단순한 조직의 문제를 해결하지 못하고 있다. 칸트에 있어서 국가 또는 국제조직의 문제는, 그것이 아무리 어려운 것처럼 들릴지 모르지만 악마의 나라의 국민조차도, 그들이 최소한 오성만 가지고 있다면, 능히 해결할 수 있는 것이라고 한다. 그와 같은 문제는 인간 세상에서는 얼마든지 해결할 수 있어야 한다. 왜냐하면 그러한 문제는 인간을 도덕적으로 개선하는 문제가 아니고 단순히 자연의 기계조직을 개선하는 문제에 지나지 않기 때문이다. 이에 관해서는 I. Kant, a.a.O., S. 224 참조: "Das Problem der Staatserrichtung ist, so hart wie es auch klingt, selbst für ein Volk von Teufeln(wenn sie nur Verstand haben), auflösbar … Ein solches Problem muß auflöslich sein. Denn es ist nicht die moralische Besserung der Menschen, sondern nur der Mechanism der Natur."

[78] I. Kant, *Idee zu einer allgemeinen Geschichte in weltbürgerlicher Absicht*, S. 39.

운데서 이루어질 수 있을 것이기 때문이다.[79] 자연은 인간이 일체의 것을 이성의 힘에 의하여 알고 터득하고 창조하여 나가는 가운데서 자기 자신을 인간존재로 완성할 것을 원하였다고 한다.[80] 인류역사의 철학적 의미는 그에게 있어서는 인간존재의 자기완성에 지향되어 있는 의미심장한 시간의 흐름이다. 인류의 태초로부터 이 인간성 개발의 역사는 흘러 내려오고 있다. 따라서 그것은 인간의 자기발전의 역사를 의미하며 결코 세계정신의 변증법적 자기발전의 역사도 아니고 유물변증법적 자기역사의 전개과정도 아니며 또한 신의 자기예정적 역사진행의 현상도 아니다. 역사의 주체는 인간이고 그리고 그 자기의 역사에 대하여 인류는 책임져야 할 위치에 놓여있는 것이다. 그 책임은 인간화의 책임(Schuld an die Vermenschlichung)이다. 한마디로 말하면, 인간성의 개발(Kultur der Menschheit)이 인간역사의 시간성의 의미이다. 그는 다음과 같이 말한다:

"우리는 예술과 학술을 통하여 고도하게 '문화화'되어 있다. 우리는 모든 사교적 예법에 있어서 귀찮을 정도로 '문명화'되어 있다. 그러나 우리가 이미 '도덕화'되어 있다고 생각하기에는 아직도 너무나 먼 거리에 있다. 왜냐하면 도덕성의 이념은 아직도 개발단계에 놓여있기 때문이다(Wir sind im hohen Grade durch Kunst und Wissenschaft *kultiviert*. Wir sind *zivilisiert*, bis zum Überlästigen, zu allerlei gesellschaftlicher Artigkeit und Anständigkeit. Aber uns für schon *moralisiert* zu halten, daran fehlt noch sehr viel. Denn die Idee der Moralität gehört noch zur Kultur)."[81]

---

79) I. Kant, a.a.O., S. 39, 49.
80) I. Kant, a.a.O., S. 36.
81) I. Kant, a.a.O., S. 44.

인류가 대내 및 대외관계에 있어서 자연상태를 극복하고 시민상태를 확립할 때까지 이 지구의 역사 가운데서 인간이란 종자(das menschliche Geschlecht)는 그의 동물성(Tierheit)으로부터 벗어나지 못한 채 미개발 상태에 머물러 있을 것이라고 한다.[82] "인간에 있어서 미개발상태는 인간 자신의 탓으로 돌아간다. 스스로 이 미성년 상태로부터 벗어나는 것이 이른바 계몽이다(Aufklärung ist Ausgang des Menschen aus seiner selbst verschuldeten Unmündigkeit)."[83] 이 계몽에 대한 태만은 인간실존의 자기부정이다. 왜냐하면 "인간의 실존은 미리 주어진 어떤 것으로 확정되어 있는 것이 아니라, 역사의 진행 가운데서 그에게 완성하도록 과제로 안겨준 어떤 것으로 비로소 드러나는 것이기"[84] 때문이다. 이와 같이 인간의 인간화 작업 가운데서 실존의 인간학적 의미를 바라본다면, 이것을 인간 사이에서 가능하게 하는 질서의 의미도 인간학적으로 파악하는 수밖에 없다. 그래서 이러한 의미로 파악된 인간질서의 존재구조를 법의 존재론적-인간학적 기본구조(ontologisch-anthropologische Grundstruktur des Rechts)라고 말하게 되는 것인데, 이것이 바로 칸트에 의하여 내려진 법의 개념정의의 법철학적 의미인 것이다.

칸트의 영구평화론은 이러한 인간 및 인간질서의 본질적 의미로부터 이끌어내진 국제헌법의 초안이었던 것이다. 그는 인간의 존엄이라는 개념으로부터 그의 가능태로서의 시민적 헌법을 구상하였고, 그리고 다시 이 시민적 헌법의 가능태로서의 세계시민적 헌법을 구상하였

---

82) I. Kant, a.a.O., S. 44 이하.

83) I. Kant, *Beantwortung der Frage: Was ist Aufklärung?*, S. 53.

84) W. Maihofer, *Naturrecht als Existenzrecht*, 1963, S. 49: "Seine Existenz, die nicht als ein *Vorgegebenes feststeht*, sondern die sich erst als ein ihm zur Vollbringung *Aufgegebenes herausstellt* im Gang der Geschichte."

던 것이다. 그는 평화를 갈망하였지만, 결코 평화 그 자체를 위하여서가 아니라 인간에 대한 철학적 정열과 염려 때문이었던 것이다. 즉 영구평화질서 가운데서만 인류는 모두 그의 인간으로서의 존엄과 가치를 승인받고 실현시키며 사람답게 살 수 있다고 확신하였기 때문이다. 그의 영구평화 질서는 어느 날엔가는 우리 인류의 역사 가운데서 구체화되어야 할 국제헌법의 질서원리이다. 이 질서원리를 하나밖에 없는 우리의 지구상에 확립하는 것은 20세기에도 아직 해결하여야 할 질서 과제로 우리에게 안겨져 있는 책무인 것이다.

결정주의적 헌법개념과 규범주의적 헌법개념
― 존재론적 헌법개념의 확립을 위한 비판적 고찰 ―

1. 실증주의적 헌법개념과 자연주의적 헌법개념

결정주의적 헌법개념(dezisionistischer Verfassungsbegriff)과 규범주의적 헌법개념(normativistischer Verfassungsbegriff)은 그 형식에 있어서는 여러 가지 차이점을 보여주지만, 그 본질에 있어서는 동일한 것임을 알 수 있다.[1] 즉 양자는 모두 실증주의적 헌법개념(positivistischer Verfassungsbegriff)에 속한다. 하나는 법실증주의(Rechtspositivismus)에, 다른 하나는 권력실증주의(Machtpositivismus)에 입각하고 있다. 양자 사이에 차이점이 있다면, 헌법을 파악하는 데 있어서 전자는 규범으로부터 출발하였고, 후자는 정치로부터 출발하였다는 것뿐이다. 그 결과 헌법개념에서 전자는 헌법의 법률성을 바라보았고, 후자는 헌법의 정치성을 바라보게 되었다. 그러나 양자 모두 헌법의 헌법성을 파악하는 데는 실패하고 있다. 물론 헌법은 규범이기 때문에 그 형식의 법률성을 결(缺)할 수 없을 것이고, 또한 그것은 정치생활을 규율대상으로 하기 때문에 그 내용의 정치성을 도외시할 수 없을 것이다. 따라서 헌법은 정치화하여 바라보는 것도 가능하지만 정치를 헌법화하여 바라보는 것도 불가능한 것이 아니다.

---

1) 엠케(Ehmke)도 같은 입장에 서 있다. 이에 관해서는 H. Ehmke, *Grenzen der Verfassungsänderung*, 1953, S. 33 이하, 특히 S. 36, Anm. 69 참조.

그러나 이와 같은 고찰에 의하여서는 헌법의 헌법성은 밝혀지지 않는다. 왜냐하면 결정주의와 규범주의는 헌법의 본질을 파악하는 데 있어서 모두 가치맹목적 태도를 취하고 있기 때문이다. 즉 그들의 헌법개념은 순수한 형식적 개념이며 헌법내용의 가치적 구속을 알지 못한다. 이 점에서 그것은 일종의 '백지헌법(Blanko-Verfassung)'이다.[2] 백지헌법은 그 내용이 일정한 가치에 의하여 채색되어 있지 않기 때문에 순수 형식적으로는 헌법의 이데올로기적 중립을 표방하고 있지만, 그러나 실질적으로는 오히려 이데올로기적 난립을 가능하게 만들고 있음을 간과할 수 없다. 일정한 가치적 구속을 알지 못하는 가치맹목적 헌법은 결국 그 내용이 어떠한 이데올로기에 의해서도 채색될 수 있기 때문이다. 이러한 헌법개념은 필연적으로 상대주의적일 수밖에 없다.[3]

법철학상의 상대주의가 정의의 가치보다는 법적 안정성의 가치에 우선적 지위를 승인하지 않을 수 없는 것과 같이,[4] 헌법상의 상대주의도 이념(Idee)보다는 힘(Macht)에 우선권을 주지 않을 수 없다. 결정주의적 입장에서 바라보는 한, 힘없는 헌법은 '종이 헌법(papiere Verfassung)'에 불과하며, 따라서 그것은 무정부상태의 카오스(Chaos)를 평정하여 질서를 회복하는 현실적 능력이 없는 허수아비이다. 그래서 슈미트는 "비상사태를 결판내는 자, 그 자가 주권자이다"라고 말하게 되는 것이다.[5] 여기에서는 학문의 진리가 해결할 수 없는 '고

---

2) 백지헌법에 관하여는 H. Ehmke, a.a.O., S. 30, 35 참조.

3) 이에 관하여는 H. Ehmke, a.a.O., S. 30 이하, 32 이하 참조.

4) 상대주의에 관하여는 G. Radbruch, *Rechtsphilosophie*, 5. Aufl., hrsg. von Erik Wolf, 1956, S. 180; ders., *Einführung in die Rechtswissenschaft*, 9. Aufl., 1958(Neudruck), S. 39; ders., 'Der Relativismus in der Rechtsphilosophie', in: *Der Mensch im Recht*, 2. Aufl., 1961, S. 82 참조.

5) C. Schmitt, *Politische Theologie*, 2. Aufl., 1934, S. 11: "Souverän ist, wer über den Ausnahmezustand entscheidet."

르디우스의 매듭(gordischer Knoten)을 한칼로 내려쳐서 결단할 수 있는 힘의 소유자만이 헌법의 주인일 수 있고, 오로지 그 실력자에게만 헌법적 권위와 권력이 귀속될 수 있다. 실력주의적이고 권위주의적 헌법관이 여기에서 확립되는 것은 논리의 필연적 귀결이다.

다른 한편 규범주의는 이 적나라한 힘의 헌법개념에 '규범(Norm)'이라는 옷을 입혀 바라보고 있다. 소위 '근본규범(Grundnorm)' 또는 '법논리적 의미의 헌법(Verfassung im rechtslogischen Sinne)'이라고 불리는 것의 내용은 단순한 힘 이외의 아무것도 아니다. 그 힘의 내용이 정당한가 그렇지 않은가는 완전히 문제 밖의 일이고 오로지 그것이 현실적으로 사회질서를 유지할 능력이 있느냐 없느냐만이 안중에 있을 뿐이다. 그리고 그러한 능력이 있는 힘에게만 헌법창설권이 주어진다.[6] 그러므로 근본규범 자체에는 아무런 고유한 규범의미도 포함되어 있지 않으며, 그것은 어떠한 내용의 힘이건 간에 그것이 강력하기만 하면 서슴지 않고 헌법창설권을 부여해 준다. 여기에 근본규범의 매춘부적 성격이 깃들어 있는 것이며, 이것은 헌법개념에 있어서 극단적인 상대주의를 야기한다.[7]

이러한 가치맹목적 상대주의적 헌법개념은 기껏해야 '있는 헌법(seiende Verfassung)'을 정당화하여 줄 수 있을 뿐, '있어야 할 헌법(sein-sollende Verfassung)'을 기획하여 주지는 못한다. 왜냐하면 그것은 헌법내용의 당위에 관한 일정한 가치척도를 가지고 있지 않기 때문이다. 그러나 후자의 헌법개념은 일정한 가치척도를 갖고 있으며 하나의 이상적 헌법으로서 실정헌법 이전에 또는 그 상위에 당위를

---

6) 이에 관하여는 H. Kelsen, *Reine Rechtslehre*, 2. Aufl., 1960, S. 196 이하, 특히 S. 203, 215 이하, 219 참조.

7) H. Kelsen, a.a.O., S. 203 이하; ders., *Vom Wert und Wesen der Demokratie*, 2. Aufl., 1929, S. 101.

설정한다. 따라서 그것은 일종의 자연법적 헌법개념이라 할 수 있다. 그러나 이 자연법적 헌법개념은 일정한 가치에 엄격히 구속되어 있는 객관적 질서구조의 존재의미에 관계되어 있는 '존재론적 헌법개념(ontologischer Verfassungsbegriff)'을 말하는 것이며 결코 형이상학적, 신학적 헌법개념을 뜻하는 것이 아니다. 즉 여기에서 말하는 자연법적 헌법개념은 헌법구조를 존재론적-인간학적 관점에서 해석함으로써 얻어지는 하나의 의미적 헌법개념이다.

헌법은 결코 맹목적인 힘의 작용을 정당화하기 위하여 만들어져 있는 것은 아니다. 헌법 자체의 작용은 물론 힘의 개념이지만 그 내용까지도 힘으로 채워져 있는 것은 아니다. 그 내용은 일정한 가치에 봉사하여야 할 의미로 충만되어 있는 것이다. 그러므로 헌법 자체는 자기목적을 가지고 있는 것이 아니며 일정한 가치를 실현시키기 위한 수단에 지나지 않는다. 그 가치는 '인간의 존엄(Menschenwürde)'이다.[8] 우리는 이 인간의 존엄에 대한 존중과 보호를 맹세하는 헌법을 가진 지가 아직 오래되지 않았다.[9] 헌법사에 있어서 이것은 하나의 신기원을 이루는 것이라 해도 과언이 아닐 것이다.

우리의 인류 역사를 돌이켜 볼 때 얼마나 비인간적 헌법구조가 인간을 괴롭혀 왔는가를 알 수 있다. 고대의 노예제도적 헌법, 중세의 봉건제도적 헌법, 근대의 절대주의적 헌법, 현대의 이데올로기적 헌법 등을 돌이켜 볼 때, 과연 인간이 인간답게 살 수 있었던 시대가 얼마나

---

8) 이에 관하여는 W. Maihofer, *Rechtsstaat und menschliche Würde*, 1968, S. 17 이하, 44 이하 참조. 인간의 존엄의 개념에 관하여는, Zai-Woo Shim, *Widerstandsrecht und Menschenwürde*, 1973(Dissertation), S. 57 이하 참조.

9) 예컨대 현 서독헌법 제1조 1항: "Die Würde des Menschen ist unantastbar. Sie zu achten und zu schützen ist Verpflichtung aller staatlichen Gewalt." 한국헌법 제8조: "모든 국민은 인간으로서의 존엄과 가치를 가지며, 이를 위하여 국가는 국민의 기본적 인권을 최대한으로 보장할 의무를 진다."

될 것인가? 헌법은 결코 인간을 괴롭히는 괴물일 수 없다. 인간 자체
가 애당초 하나의 '국가적 동물(zoon politikon)'이기 때문에 헌법의
테두리 밖에서 살 수는 없지만, 그 속에서 인간은 인간답게 살 수 있어
야 하는 것이다. 인간을 위하여 헌법이 존재하는 것이지 결코 헌법을
위하여 인간이 존재하는 것은 아니다.[10] 이와 같이 논리는 간단명료
하지만 현실은 암담하다. 오늘날 지구의 붉은 반쪽은 현대판 노예사
회를 건설하고 그 이데올로기적 헌법을 위하여 인간으로 하여금 신명
(身命)을 바칠 것을 강요하고 있다. 그러고 보면 20세기 역시 결코 밝
은 헌법시대는 아니다. 언젠가 인류는 이 헌법의 노예로부터 해방되
어야 할 것이다. 그리고 인간다운 삶을 영위할 수 있는 헌법을 가지고
새로운 헌법의 역사를 창조하여 나가야 할 것이다. 그러면 어떠한 헌
법구조가 인간의 존엄과 가치를 존중하고 보호하는 것이 될 수 있을
것인가? 이 물음에 대답을 주고자 하는 것이 본고의 취지이다.

2. 결정주의와 규범주의

법철학에 있어서 일반적으로 법의 궁극적인 연원을 규범적 요소에
서 구하는 학설을 규범주의라 말하고, 그것을 결정적 요소에서 구하
는 학설을 결정주의라 말한다. 즉 전자는 법의 근원적인 존재의 확인
을 규범에서 구하고, 후자는 그것을 결정에서 구한다. 법률관에 있어
서의 이러한 두 주장의 대립은 이미 논리적으로 서로 충돌되는 개념

---

10) 패전 후 1948년의 독일 헤렌킴제 헌법초안(Herrenchiemseer Entwurf) 제1조에
도 다음과 같이 명시되어 있다.: "1) Der Staat ist um der Menschen willen da,
nicht der Mensch um des Staates willen. 2) Die Würde der menschlichen
Persönlichkeit ist unantastbar. Die öffentliche Gewalt ist in allen ihren
Entscheidungsformen verpflichtet, die Menschenwürde zu achten und zu
schützen."

을 전제하고 있으며, 그것은 결국 법과 힘의 대립으로 귀착되고 만다. 결정주의에서는 결정을 내리는 힘이 법의 최후의 근거라고 본다. 결국 법의 근원으로서 결정력과 규범력이 갖는 의미는 결정이 앞서느냐 규범이 앞서느냐에 달려 있다.

결정주의에서는 힘에 의하여 내려진 결정이 그 결정을 통하여 비로소 창설되는 법보다 논리적으로 앞선다는 것이며, 그것은 법의 최후의 연원이 된다는 것이다. 다시 말하면, 법을 만드는 힘은 결정 그 자체이며, 그 만들어진 법으로부터 결정의 힘이 유출되는 것은 아니라는 것이다. 그러므로 순수한 결정주의에 있어서는 주권자의 권위에 의한 의지적 결정이 곧 법이 되는 것이다. 즉 lex(법)는 결국에 가서는 rex(왕)의 결정에 의하여 만들어진다는 것이다.

그러나 규범주의에 있어서는 결정에 의하여 비로소 법이 창조되는 것이 아니라 법은 어디까지나 규범에 의하여 창조된다. 즉 여기서는 법은 결정의 산물이 아니라 규범의 산물인 것이며, 그 규범은 어디까지나 결정을 구속하는 요소이지, 결코 결정에 의하여 구속당하는 요소는 아니다. 다시 말하면, 사실상의 결정력을 가진 자가 내리는 결정이 법의 존재의 최후의 근거가 되는 것이 아니라 규범으로서의 타당성이 법의 존재의 최후의 근거가 되는 것이다. 따라서 순수한 규범주의에 있어서는 법을 만드는 것은 어디까지나 법이며, 그것은 결정을 내리게 될 주권자의 의지를 구속하게 되는 것이다. 즉 rex(왕)도 lex(법)에 복종하지 않으면 안 된다는 것이다.[11]

법의 최후의 근거가 rex인가 lex 인가, 다시 말하면 lex를 만드는

---

11) 이에 관하여는 C. Schmitt, *Über die drei Arten des rechtswissenschaftlichen Denkens*, 1934, S. 14 이하 참조. 또한 핀다루스(Pindarus)는 "Nomos는 모든 인간과 여러 신의 왕이다"라고 규범주의적 표현을 간결하게 나타내고 있다고 한다(Ebd., S. 14 참조).

것이 rex인가 그렇지 않으면 rex를 구속하는 것이 lex인가 하는 이 미묘한 대립이 지니고 있는 의미적 표상은 법을 인식하는 데 있어서나 법의 효력을 근거 붙이는 데 있어서나 법사상을 전개하는 데 있어서나 각각 대립되는 입장을 취하게 된다.

우선 법을 인식하는 데 있어서 규범주의는 법을 객관적 요소로 파악하지만, 결정주의는 그것을 주관적 요소로 파악한다. 규범주의에 있어서는 법은 하나의 객관적 사실(veritas)과 합리(ratio)의 요소이지 주관적 자의(voluntas)나 권위(auctoritas)의 요구는 아니다. 자의와 권위에서는 힘의 바탕은 찾아볼 수 있지만 법의 본질은 찾아볼 수 없다. 그러나 결정주의에 있어서는 이와 반대의 입장이 타당하게 된다.[12)]

또한 객관성과 주관성의 대립으로부터 도출되는 이와 같은 차이는 규범성과 사실성의 대립에서도 나타난다. 규범주의에 있어서는 법은 타당하는 것(Gelten)이지 명령하는 것(Befehlen)은 아니며, 또한 규율하는 것(Regeln)이지 지배하는 것(Herrschen)은 아니다. 명령과 지배에서는 의지의 요소는 찾아볼 수 있지만 규범의 본질은 찾아볼 수 없다. 그러나 여기서도 결정주의에 있어서는 이와 정반대의 입장이 타당하게 된다.[13)]

또한 양자의 차이는 당위성과 존재성의 대립에서도 드러난다. 규범주의에 있어서는 법은 의미의 세계에 속하며 그 의미내용의 본질적 속성은 당위(Sollen)이다. 의지는 사실의 세계에 속하며 그 사실내용의 본질적 속성은 의욕(Wollen), 즉 존재(Sein)이다. 법의 인식은 규범적 의미의 당위성에서만 가능한 것이며 사실적 의욕의 존재성에서는 찾아볼 수 없다.[14)] 그러나 여기서도 결정주의에 있어서는 이와 정반

---

12) C. Schmitt, a.a.O., S. 14, 24; ders., *Legalität und Legitimität*, 1932, S. 15 이하.
13) C. Schmitt, *Legalität und Legitimität*, 1932, S. 8.
14) 이에 관하여는 H. Kelsen, *Reine Rechtslehre*, 1960, 2. Aufl., S. 5 이하, 10 이

대의 관점이 타당하게 된다.

법의 효력에 있어서도 양자는 그 인증의 근거를 달리한다. 규범주의에서는 법은 합법성(Legalität)에 의하여 그 효력을 인증받지만, 결정주의에서는 정당성(Legitimität)에 의하여 그 효력을 인증받는다. 즉 전자에서는 법의 효력은 합법성에 의하여 그 정당성이 의제(擬制)되지만, 후자에 있어서는 정당성에 의하여 그 합법성이 승인된다.[15] 따라서 전자에서는 합법성의 원리에 입각한 규범의 타당성(Geltung)에서 법의 효력의 근거를 발견하지만 후자에서는 정당성의 원리에 입각한 규범의 실효성(Wirksamkeit)에서 그것을 발견한다. 즉 결정주의에 있어서는 법은 실효성을 잃어버리면, 이미 그것은 법으로서의 규율적 효과를 가지지 못하지만, 규범주의에서는 법은 규범적인 타당근거를 가지고 있는 한, 그 실효성의 여부에 의하여 법으로서의 효력이 좌우되지는 않는다.[16]

그러나 규범주의와 결정주의의 대립에 있어서 가장 근본적인 것은 그들의 법률관과 세계관의 차이에서 발견된다. 순수한 규범주의는 법으로부터 초법률적인 요소를 완전히 배제하고, 오로지 법률 그 자체만을 법적 고찰의 대상으로 삼는다. 법을 일체의 세계관적 요소, 심리적 요소, 도덕적 요소, 경제적 요소, 정치적 요소로부터 완전히 해방시켜 순수성(Reinheit)을 갖게 만들어 법을 사회학적 현실이나 주관적 자의 또는 형이상학적 독단으로부터 보호하고 이데올로기적 중립을

하; G. Radbruch, *Rechtsphilosophie*, 1965, 5. Aufl., S. 174 참조.

15) 합법성과 정당성의 상호관계에 대해서는 C. Schmitt, *Legalität und Legitimität*, S. 14 이하 참조.

16) Kelsen은 실효성은 타당성의 요건이기는 하나, 타당성 그 자체는 아니라고 하며, 그것은 타당성에 대한 필요조건이지 충분조건은 아니라고 한다. 이에 관해서는 H. Kelsen, *General Theory of Law and State*, 1945, p. 119; ders., *Reine Rechtslehre*, S. 220 참조.

기하고자 한다. 이와 같이 순수한 법은 오로지 실정법체계 속에서만 발견되며, 그것은 합법성의 원리에 의하여 형식적인 논리적 통일을 이루어 거대한 실정법질서를 구축하기에 이른다. 그리고 이 실정법질서의 규범통일체에서 곧 법공동체의 질서적 관념을 발견하게 된다. 그러므로 사회질서는 법질서를 떠나서는 별도로 존재할 수 없고, 이러한 사회질서의 조직체인 국가는 곧 법질서의 통일체를 의미하게 된다. 즉 국가가 별개로 존재하는 것이 아니라 법질서의 통일체가 바로 국가인 것이다.

그러므로 국가는 이 용어의 엄밀한 의미에서 법치국가(Rechts-staat)[17]인 것이다. 규범주의의 국가관은 이와 같이 논리적으로 법적 국가에로 이르지 않을 수 없는 것이지만, 동시에 국가가 지배단체인 한, 그 법적 국가는 법으로 구성된 국가일 뿐만 아니라 법으로 지배하는 국가도 의미한다. 일체의 법생활은 법에 의하여 규율된다. 이와 같이 인간의 지배 대신 법에 의한 지배는 결과적으로 법생활의 안정성(Sicherheit), 확실성(Gewißheit), 확정성(Festigkeit), 예측가능성(Berechenbarkeit)과 같은 실정적 가치에 이바지하게 되며,[18] 이러한 법적 안정성의 가치는 그 완전한 실현을 입법국가[19]의 형태 속에서 약속받게 된다. 동시에 입법국가의 합법성의 체계에 의하여

---

17) 그러나 보다 더 엄격히 말하면, 이것은 법률국가(Gesetzesstaat)라고 해야 할 것이다. 이에 관하여는 C. Schmitt, Über die drei Arten des rechtswissenschaft-lichen Denkens, S. 14, 35 참조.

18) C. Schmitt, a.a.O., S. 31, 35 이하, 38.

19) Schmitt는 국가를 그의 성격상 넷으로 나누어 각각 그들에 상응하는 가치적 특징을 규정짓고 있다. 즉 1) 입법국가(Gesetzgebungsstaat)는 법적 안정성의 가치에 이바지하고, 2) 지배국가(Regierungsstaat)는 정치적 안정성의 가치에 이바지하며, 3) 행정국가(Verwaltungsstaat)는 합목적성의 가치에 이바지하고, 4) 사법국가(Jurisdiktionsstaat)는 정의의 가치에 이바지한다고 한다. 이에 관하여는 *Legalität und Legitimität*, S. 7 이하 참조. 특히 입법국가에 관한 설명으로는 C. Schmitt, *Der Hüter der Verfassung*, 1931, S. 76 참조.

보장된 법적 안정성은 어디까지나 실정적 가치, 즉 실정성의 정의
(Gerechtigkeit der Positivität)[20]를 의미할 수밖에 없기 때문에 규범주
의의 법률관은 실증주의(Positivismus)[21]에서 그 본연의 모습을 드러
내게 된다. 결국 규범주의는 '순수규범논리주의', '법치주의', '실증주
의', '합리주의' 등으로 특징지어질 수 있으며, 이러한 여러 가지 특징
은 결정주의의 그것들과 완전히 대립된다.

결정주의에서는 법의 순수성으로 인한 규범논리주의에 대해 형식
주의(Formalismus)라는 낙인을 찍어 이를 완전히 배척한다. 법으로부
터 정치적 요소, 세계관적 요소와 같은 여러 가지 요소를 제거하여 버
리면, 남는 것은 내용 없는 법률의 외각뿐이며 그것은 법질서 속에서
하나의 규범으로서 스스로 타당할지는 모르나 현실세계에서 실효성
을 갖는 법은 아니다. 정치적 의지의 힘과 주권자의 권위에 의하여 밑
받침되지 않는 법과 법질서는 하나의 허구에 불과하며 규범의 가상에
지나지 않는다.

법은 의지의 결정이며 당위의 근원으로서의 존재의 표현이다.[22]
모든 법적 효력과 가치의 최종적 근거는 의지의 과정, 즉 결정에서만
발견될 수 있으며, 이 결정에 의하여 비로소 법이 만들어진다. 따라서
법질서는 규범의 통일체로서 타당한 것이 아니라 정치적 존재의 의지
가 내린 결정의 결정체(結晶體)이다. 이 정치적 존재의 주권적 의지는
기존 질서나 기존 규범에 의하여 구속당하는 것이 아니라 오히려 거

---

20) C. Schmitt, *Über die drei Arten des rechtswissenschaftlichen Denkens*, S.
    33, 40.
21) Schmitt는 특히 19세기의 실증주의를 결정주의와 규범주의의 결합된 형태로
    본다. 왜냐하면 입법국가적 형태에 있어서의 입법도 우선 먼저 입법자가 결정
    을 하고, 그 결정된 입법자의 의지를 법률의 의지로 규범화하여 법률 자체를
    만들기 때문이라고 한다(a.a.O., 특히 S. 35, 39 참조).
22) C. Schmitt, *Verfassungslehre*, 1957, 3. Aufl., S. 9.

꾸로 그 결정이 내려짐으로써 비로소 처음으로 질서와 규범이 창설되는 것이다.

그러므로 주권적 결정은 절대적 시원(absoluter Anfang)이다.[23] 그렇다면 이 주권적 결정은 누가 내리는가? 그것은 주권자이다. 그러면 누가 주권자인가? 평화와 안정과 질서를 가져올 수 있는 자만이 주권자이다.[24] 그러한 자만이 모든 권위를 가지며 그러한 자만이 결정력을 소유한다. 그러나 여기서의 안정은 규범주의에서와 같은 법의 안정 또는 법에 의한 안정이 아니라 힘의 안정 또는 힘에 의한 안정이다. 즉 법적 안정성이 아니라 정치적 안정성이다.[25] 그러므로 규범주의에서는 법의 지배에 의한 법치주의적 세계관이 확립되지만, 결정주의에서는 힘의 지배 또는 권위의 지배에 의한 권력주의적 세계관이 연역된다. 또한 전자에 있어서는 인간의 지배 대신 객관적인 법의 지배를 통하여 주관적 자의를 배제하고자 하는 합리주의의 요구가 작용하지만 후자에서의 지배는 원칙적으로 인간의 지배를 의미하며 그것이 권위에 의하여 카리스마화하면 지배양식의 객관적 합리성은 찾아볼 수 없게 된다.

따라서 그것은 권위주의[26] 또는 비합리주의의 요구에 상응한다. 또한 그럼으로써 결정주의는 법률에 의해서만 힘이 정당화되는 합법성의 원리에 기초를 두는 법실증주의 대신 오히려 힘과 권위에 의하여 법이 정당화되는 정당성의 원리에 입각한 정치적 실증주의로 이르

---

23) C. Schmitt, *Über die drei Arten des rechtswissenschaftlichen Denkens*, S. 28.
24) A.a.O. 이에 관하여는 또한 G. Radbruch, *Rechtsphilosophie*, 5. Aufl., 1956, S. 181도 참조.
25) C. Schmitt, a.a.O., S. 38.
26) 권위주의는 지배국가(Regierungsstaat)의 특징으로 그것은 에토스보다는 파토스의 표현이며, 특히 절대군주정에서의 군주는 majestas, splendor, excellentia, eminentia, honor, gloria 등의 찬사로 특징지어진다고 한다(C. Schmitt, *Legalität und Legitimität*, S. 12 이하 참조).

러가지 않을 수 없다. 결정주의의 논리는 명백하다. 거기서는 결정을 내릴 수 있는 자는 힘과 권위를 가지고 있는 자, 즉 주권자이고, 이러한 주권자의 지배의지의 표현이 명령이며 이 명령의 규범화가 곧 법이다. 순수한 결정주의에서의 법은 어디까지나 규범력이 아닌 결정력에 의하여 창조되고 또한 파괴되는 것이다. 결국 결정주의는 '권력주의', '권위주의', '비합리주의', '정치적 실증주의' 등으로 특징지어질 수 있으며, 이러한 여러 가지 특징은 규범주의의 그것들과 완전히 대립된다.

이상과 같이 각각 다른 법률관에 입각한 두 주의의 원칙상의 대립은 헌법의 개념을 규정하는 데뿐만 아니라 헌법의 창설과 파괴에 이르는 여러 가지 과정에서도 견해의 차이를 보여준다. 이것은 결국 규범주의와 결정주의의 법본질관의 차이로부터 연역되는 당연한 귀결에 지나지 않는다.

3. 절대적 의미의 헌법과 법논리적 의미의 헌법

슈미트에 의하면 우선 헌법(Verfassung)과 헌법률(Verfassungs-gesetz)은 개념상 날카롭게 구별된다. 헌법은 정치적 통일체의 존재 및 존재형식으로서 국가와 더불어 시원적인 것이지만 헌법률은 이 헌법에 근거해서만 비로소 타당한 개개의 헌법규정을 말하며 그것은 2차적인 것에 지나지 않는다. 다시 전자의 의미에서의 헌법에는 두 가지 유형이 구별되는데, 하나는 절대적 의미의 헌법(Verfassung im absoluten Sinne)이고, 다른 하나는 실정적 의미의 헌법(Verfassung im positiven Sinne)이다.

첫째, 절대적 의미의 헌법은 정치적 통일체의 구체적인 존재상태를 의미한다. 따라서 이러한 의미의 헌법은 국가의지의 형성과 국가 활동의 행사를 규율하는 일련의 규범체계를 가리키는 것이 아니라 독일, 프랑스, 영국 등과 같이 구체적인 정치적 존재에서의 구체적인 개별 국가를 의미한다. 여기서는 헌법의 존재와 국가의 존재가 증명의 일치를 이루고 있다. 즉 국가라는 사회학적 실체가 존재하는 한, 헌법은 언제나 존재하고 또한 헌법으로 사고되는 구체적인 질서와 통일이 있는 한, 국가는 언제나 존재한다. 헌법은 마치 국가의 영혼(Seele)과 같은 것이다. 그러므로 국가는 헌법을 갖는 것이 아니라 국가가 곧 헌법이다(Der Staat hat nicht eine Verfassung, sondern der Staat ist Verfassung).[27] 즉 "국가 = 헌법"이다.

둘째, 절대적 의미의 헌법은 정치적 통일체의 지배형식을 말한다. 국가가 정치적 통일체를 의미하는 한, 거기에는 언제나 정치적인 지배형식이 따르게 마련이다. 그것이 군주정이든 귀족정이든 민주정이든 또는 그 밖의 어떠한 형태이든 관계없이 지배형식이 없는 정치적 통일체는 생각할 수 없다. 따라서 여기에서의 지배형식은 정치적 통일체의 존재상태의 어떤 종류를 의미하는 것으로서 그것은 애당초부터 국가와 더불어 존재하는 것이다. 그러므로 국가는 군주정적 헌법, 민주정적 헌법, 귀족정적 헌법 등을 갖는(hat) 것이 아니라 국가는 시원적으로 군주정이든 민주정이든 귀족정이든 또는 그 밖의 어떤 형태 중의 하나이다(ist).[28] 즉 여기에서는 "국가형태 = 헌법"이다.

이와 같이 절대적 의미의 헌법은 국가 그 자체의 존재상태와 존재형식을 의미하며, 결코 어떤 규범적인 것이 아니다. 그러므로 헌법은 존재적으로 실존하는 사회학적 실체의 그림자 이외의 아무것도 아니

---

27) C. Schmitt, *Verfassungslehre*, S. 4.
28) C. Schmitt, a.a.O., S. 5.

다. 이러한 의미에 있어서의 헌법은 국가 이전에 존재하는 것도 아니며, 국가 이후에 존재하는 것도 아니며, 바로 국가와 동시적으로 존재하는 것이다. 정치적 통일과 질서가 이루어져 있는 한, 국가는 존재하고 국가가 존재하는 한, 정치적 통일과 질서, 즉 헌법이 존재한다.

켈젠에 의하면, 이러한 절대적 의미의 헌법은 정치적 통일체의 구체적인 존재상태가 아니라 법적 통일체의 추상적인 당위규범이다. 따라서 여기에서의 헌법은 어디까지나 어떤 규범적인 것(etwas Normatives), 어떤 당위적인 것(etwas Sollenmäßiges)이지 결코 어떤 사실적인 것(etwas Faktisches), 어떤 존재적인 것(etwas Seinsmäßiges)은 아니다.

그러나 이 경우에 있어서 헌법으로 사고되는 어떤 규범적인 것은 절대로 실정규범을 의미하는 것이 아니다. 그것은 하나의 이념적 규범이며 국가질서의 최상위에 위치시켜 놓은 하나의 가설적 규범이다. 그러나 그것 없이는 법질서의 통일적 체계는 인식될 수 없으며, 동시에 법적 통일체로서의 국가의 존재는 확인되지 않는다. 국가질서하에 있는 일체의 실정규범은 이 하나의 전제된 최고규범에서 그들의 존재근거와 타당성근거를 발견하게 된다. 이것을 일컬어 근본규범(Grundnorm)[29]이라고 한다.

이것은 규범 중의 규범(Norm der Normen)으로서 실정법 질서의 최상위에 놓이는 헌법도 이에 근거해서만 타당하다. 이것이 바로 실정법적 의미의 헌법과 구별되는 이른바 법논리적 의미의 헌법(Verfassung im rechtslogischen Sinne)[30]이다.

순수한 규범주의의 입장에서 국가는 규범을 떠나 따로 존재할 수

---

29) H. Kelsen, *Reine Rechtslehre*, 2. Aufl., 1960, S. 196–227; ders., *General Theory of Law and State*, 1945, p. 115–124.

30) H. Kelsen, *Reine Rechtslehre*, S. 202.

없다. 국가의 사회학적 개념은 여기서는 철저히 배척된다.[31] 국가의
존재는 규범의 존재에 의해서만 확인되고 그 밖의 어떤 것에 의해서
도 그 존재의 증명은 불가능하다. 따라서 국가는 근본규범에 입각하
여 체계로 성립된 법규범의 통일, 즉 법질서의 통일체로 파악된다.[32]
여기에서의 국가는 마치 법질서의 그림자와 같은 것이다. 그런데 그
법질서의 통일은 근본규범을 전제할 때만 가능하다. 그것 없이는 법
질서의 통일적 체계는 이루어질 수 없다. 그러나 이 근본규범, 즉 법논
리적 의미의 헌법은 결코 실정규범은 아니다. 그것은 실정법질서의
앞에 세워 놓은(voraus-gesetzt) 하나의 가설적 규범이다.

그런데 이 가설적 규범은 그 실정성에 의하여 타당한 규범이 아니
라 그 '이념성'에 의하여 타당한 규범이다. 따라서 그것은 구성적으로
는 전 규범체계의 최상위의 일부를 이루는 것이지만─왜냐하면 이
것 없이는 규범통일체의 구성은 불가능하기 때문이다─'이념적'으
로는 그 자체가 하나의 전체(Ganzheit)를 이루고 있으며, 그것은 실정
규범의 통일체와 운명을 함께 하는 하나의 이념적 통일체인 것이다.
여기에서 법논리적 의미의 '헌법'이라는 말은 이 이념적 통일체의 전
체성을 뜻하고 있는 것이며, 이러한 의미에서 헌법을 국가와 동일시
하는 것도 가능한 것이다[33] 따라서 여기에서의 공식은 "헌법 = 국가"
로 표시될 수 있다.

결국 규범주의에서의 헌법(법논리적 의미의 헌법)의 개념도 결정주
의에서의 그것(절대적 의미의 헌법)과 마찬가지로 하나의 절대적 개념
이다. 다만 법과 국가의 일치성에 있어서 전자의 경우는 "헌법 = 국

31) H. Kelsen, a.a.O., S. 288.; ders., *General Theory of Law and State*, 1945, p.
188 이하.
32) H. Kelsen, *Reine Rechtslehre*, S. 289 이하.
33) C. Schmitt, *Verfassungslehre*, S. 7.

가"로 나타나지만 후자의 경우는 거꾸로 "국가 = 헌법"으로 표시된다는 차이가 있을 따름이다. 이와 같은 순서상의 차이는 전자가 헌법을 하나의 규범학적인 개념, 즉 당위로 파악하고 있음에 반하여, 후자는 그것을 하나의 사회학적인 개념, 즉 존재로 파악하고 있기 때문이다. 따라서 전자에서는 국가가 헌법의 그림자로 나타나지만 후자에서는 헌법이 국가의 그림자로 나타나게 되는 것이다. 이러한 의미에서 헬러 (H. Heller)의 적절한 표현을 빌리자면, 켈젠의 이론은 '국가 없는 국가론(Staatslehre ohne Staat)'[34]이라고 할 수 있으며, 마찬가지로 슈미트의 이론은 '헌법 없는 헌법론(Verfassungslehre ohne Verfassung)'이라고 할 수 있을 것이다.

규범주의적 헌법개념과 결정주의적 헌법개념에서의 이와 같은 차이는 양자의 법인식론적 출발점이 다르다는 데서 도출되는 필연적 귀결이다. 즉 전자는 헌법의 본질을 헌법적 규범에서 바라보지만, 후자는 그것을 헌법적 현실에서 끌어내고 있는 것이다. 바꾸어 말하면, 하나는 헌법의 법적 개념이고, 다른 하나는 헌법의 정치적 개념이다. 그러나 어느 경우를 막론하고 헌법의 개념을 규정하면서 초헌법적 개념을 전제하고 있다는 점에서는 공통점을 발견한다. 즉 실정헌법의 상위에 하나의 관념적 헌법을 전제하고 실정헌법의 존재근거와 타당성근거를 이에 의존시키고 있다는 점에서는 양자가 일치한다. 그 명칭이 절대적 의미의 헌법이든 법논리적 의미의 헌법이든 관계없이 '헌법 중의 헌법'으로서 마치 실정헌법의 영혼과 같은 것으로 되어 있다.

실정헌법의 존재성은 바로 이 초헌법적인 헌법에 의해서만 확인된다. 그렇다면 실정헌법의 배후에 있는 이 절대적 개념의 헌법은 어떻게 실체화되는가?

---

34) H. Heller, *Staatslehre*, 3. Aufl., 1963, S. 198.

4. 정치적 결단으로서의 헌법과 법창설권위로서의 헌법

슈미트에 의하면, 절대적 의미의 헌법 이외에 '실정적 의미의 헌법 (Verfassung im positiven Sinne)'이 있다고 한다. 이 실정적 의미의 헌법은 정치적 통일체의 결단에 의하여 생긴다. 즉 이것은 정치적 통일체가 자기의 특수한 존재형식에 관하여 내리는 의식적인 결단을 의미한다.[35] 이 결단에 의하여 정치적 통일체의 새로운 존재형식이 결정된다. 그러므로 이 결단은 헌법제정행위(Akt der Verfassunggebung) 또는 헌법제정권력의 행위(Akt der verfassunggebenden Gewalt)로서[36] 그것은 헌법제정권력의 실행자(Träger)에 의하여 내려진다. 누가 헌법제정권력의 실행자인가는 그 정치적 통일체의 존재형식에 따라 다르다. 즉 군주정에 있어서는 군주이고, 민주정에 있어서는 국민이고, 귀족정에 있어서는 일부 귀족이고, 소비에트체제에 있어서는 노동계급이다.[37] 그런데 이 실행자가 어떠한 존재형식에 대하여 결단을 내리는가는 자유이다.

단지 결단이 내려짐으로써, 즉 헌법제정행위가 행해짐으로써 정치적 통일체의 형식과 특질이 새로운 것으로 형성된다는 것일 뿐이다. 이것은 일종의 헌법창설행위로 볼 수 있지만, 그러나 용어의 엄밀한 의미에서는 헌법형성행위로 보는 것이 옳을 것이다. 왜냐하면 정치적 통일체는 헌법이 창설됨으로써 비로소 생겨나는 것은 아니며 그것은 애당초부터 존재하는 것으로 전제되어 있고,[38] 그것이 존재하는 한, 이미 거기에는 정치적 통일체로서의 형식과 특질이 구비되어 있기 때

---

35) C. Schmitt, *Verfassungslehre*, S. 21.
36) A.a.O.
37) C. Schmitt, a.a.O., S. 77 이하.
38) C. Schmitt, a.a.O., S. 21.

문이다. 그러므로 실정적 의미의 헌법, 즉 결단으로서의 헌법은 어떤 종류의 절대적 의미의 헌법을 결단을 통하여 다른 종류의 절대적 의미의 헌법으로 새로이 형성하는 것을 의미한다. 이러한 의미에서 그것은 일종의 헌법의 '형성(Gestaltung)'에 속한다.[39] 결단은 이 형성을 위하여 내려지는 것이다. 물론 이때 그 형성된 헌법도 상대적 개념의 헌법, 즉 헌법률과는 엄격히 구별되는 절대적 개념의 헌법이다.

그런데 헌법제정권력의 실행자에 의하여 내려지는 이 기초적인 정치적 결단은 그 성질상 어떤 규범적인 것은 결코 아니다. 그것은 일체의 규범화에 선행하는 의지의 결단(Dezision)이다. 그것은 헌법제정권력, 즉 정치적 의지의 의식적 표현이며 그 의지는 규범에 앞서 실존하는 것으로 전제되어 있는 것이다. 의지는 모든 규범창설의 근원이며 그 타당성의 원동력이다. 그것 없이는 정치적 존재를 전제로 하는 모든 법적 개념은 생각할 수 없다. 헌법은 정치적 존재를 전제로 한 개념이며, 따라서 그 내용과 의미는 규범으로부터 얻어지는 것이 아니라 정치적 존재의 구체적인 현실로부터 얻어지는 것이다. 정치적 존재로 실존한다는 것 그 자체는 이미 법률적으로도 존재할 만한 가치가 있는 것이다.[40]

헌법이 타당한 것은, 그 규범내용의 정당성이나 그 규범체계의 논리적 완결성에 의해서가 아니라 그 헌법을 정립하는 실존적인 정치적 의지의 힘 때문인 것이다. 이와 같이 정치적으로 실존하는 힘과 권위에 의하여 내려지는 결단이 곧 헌법을 형성하는 것이며 그 형성된 헌법의 규범화가 곧 헌법률이다. 그러므로 모든 규범적 규율은 이러한 기초적인 정치적 결단에 비하면 2차적인 것이며, 그의 존재근거 및

---

39) A.a.O.
40) C. Schmitt, a.a.O., S. 22.

타당성근거는 이 결단에 의존되어 있는 것이다.

켈젠에 의하면, 헌법제정행위는 결단에 의해서가 아니라 법창설권위를 부여해주는 수권행위(授權行爲)에 의하여 행해진다. 그 법창설권위를 부여해주는 것은 근본규범이고 그것을 부여받는 것은 헌법제정권력이다. 그러나 여기서는 결정주의의 경우와 같이 헌법제정권력의 존재 여부가 정치적 존재의 힘으로 인하여 실증되는 것이 아니라 근본규범에 의하여 확인되는 것이다. 다시 말하면, 정치적 존재가 있기 때문에 헌법제정권력이 타당한 것이 아니라 법창설권위를 승인해주는 근본규범의 수권행위가 있기 때문에 헌법제정권력의 존재가 확인되는 것이다. 근본규범에 의한 수권행위가 없는 한, 헌법제정권력은 사실상의 권한에 그치며 헌법을 창설할 수 있는 법적 권한이 될 수 없다. 규범주의에서는 근본규범이 없으면 법규범의 통일, 즉 법의 질서(Rechts-Ordnung)의 인식은 불가능할 뿐만 아니라 모든 법규범은 그들의 창설연원능력을 잃어버리게 되며 그것은 법적으로는 '無(Nichts)'를 의미하게 된다. 헌법제정행위로서의 정치적 결단도 규범주의적 입장에서 본다면 무로부터 생겨나온 하나의 사실행위에 지나지 않는 것이다.[41] 그러므로 헌법을 창설하는 권위는 근본규범으로부터만 부여받게 되고 그리고 이때에만 그 창설행위는 권원(權原) 있는 법적 행위가 되는 것이다. 이와 같이 헌법창설권위는 헌법의 상위에 있는 또 하나의 헌법, 즉 법논리적 의미의 헌법에 의하여 주어지는 것이다. 따라서 헌법에는 만드는 헌법과 만들어진 헌법, 즉 구속하는 헌법과 구속당하는 헌법이 있는 것이다.

그러면 무엇에 근거하여 정치적 결단이 내려지는가? 규범주의적

---

41) C. Schmitt, *Über die drei Arten des rechtswissenschaftlichen Denkens*, S. 38; ders., *Politische Theologie*, 1934, S. 22, 42.

입장에서 말한다면, 무엇에 근거하여 법창설권위가 부여되는가? 우선 슈미트에 의하면, 정치적 결단은 헌법제정권력에 근거하여 내려진다. 그에 의하면, 헌법제정권력은 정치적 의지이며 그 정치적 의지의 힘과 권위가 스스로의 정치적 존재의 형식과 특질에 관한 구체적인 전체 결단을 내리게 된다.[42] 그리고 이 정치적 의지는 어떤 규범적인 것은 아니며 구체적인 정치적 존재이다.[43] 그러므로 헌법제정권력은 정치적 존재의 자기표현 이외의 아무것도 아니며, 그것은 슈미트에 있어서는, 전제되어 있는 개념이며 — 마치 켈젠에 있어서 근본규범이 전제되어 있는 것과 같이 — 이 권력이 어떻게 형성되었으며, 그것이 어떻게 헌법을 제정할 수 있는 권한으로 승인되는가는 묻지 않는다. 사회계약 이론은 그에게서 무시된다. 즉 정치적 통일체 자체의 구성근거는 문의되지 않으며 그것은 현존하는 것(vorhanden sein)으로 전제되어 있다.

그러므로 그것은 "어떤 의미에서는 스스로 구성되어 있다"[44]라고 말할 수밖에 없을 것이다. 따라서 그에게는 정치적 통일체의 존재의 자기표현이 곧 정치적 의지이고, 이 정치적 의지가 곧 헌법제정권력이며, 이 헌법제정권력의 행위가 바로 정치적 결단이다. 그러므로 엄밀한 의미에서 볼 때, 정치적 결단은 헌법제정'권력'의 행위이지 헌법제정권력'자'의 행위는 아니다. 국민, 군주, 귀족과 같은 헌법제정권력자는 헌법제정권력을 실행하는 자(Träger), 즉 그것을 행사하는 주체(Subjekt)에 불과하지 그들이 헌법제정권력을 갖고(haben) 있는 것은 아니다. 이와 같이 헌법제정'권력'을 헌법제정권력의 '실행자'로부터 분리시킴으로써 그는 이것을 **순수하게 존재하는 것**(rein ex-

---

42) C. Schmitt, *Verfassungslehre*, S. 75.
43) C. Schmitt, a.a.O., S. 76.
44) C. Schmitt, a.a.O., S. 50.

istentiell)으로 파악할 수 있었던 것이다.[45] 결론적으로 말하면, 정치적 결단은 정치적 의지의 힘, 즉 헌법제정권력의 힘이 내리는 것이며—이 힘을 실행하는 자가 헌법제정권자이다—그 힘에 의하여 내려진 결단의 내용이 곧 헌법이며, 그 헌법의 규범화가 곧 헌법률이다.

그러나 규범주의에 의하면 이 점에 관한 한, 무엇에 근거하여 법창설권위가 부여되는가가 문제이다. 켈젠에 의하면, 법창설권을 부여하는 최후의 권위는 근본규범이다. 근본규범에 의한 수권행위(Authorization)가 없는 한, 어느 누구도 헌법을 창설할 권한이 없다. 근본규범에는 크게 나누어 두 가지 중요한 기능이 있는데, 첫 번째 기능은 법질서를 하나의 통일된 체계로 파악하기 위한 인식론적 전제가 된다는 것이고, 두 번째 기능은 최고의 법창설권위를 설정하는 창설주체 역할을 한다는 점이다.[46] 후자의 경우는 법창설과정에서의 근본규범의 동태적 기능을 의미하는 것으로서, 그것은 오직 규범의 타당성근거(Geltungsgrund)만을 규율하고 결코 그 타당성내용(Geltungs-inhalt)을 규율하는 것은 아니다.[47] 하나의 규범이 타당한 것은 그보다 상위에 있는 규범에 근거했기 때문에, 즉 그 상위규범이 규정한 일정한 기관과 절차에 따라 창설되었기 때문에 타당한 것이지 결코 그 내용의 정당성 여부에 의하여 타당한 것은 아니다. 법단계설에 의한 규범창설과정은 오직 그 타당성근거에만 관계되며 그것은 규범창설연원에 대한 소급에서 의미를 발견하게 된다. 최하위의 법창설단계로서의 판결 및 처분으로부터 명령, 법률, 헌법으로 거슬러 올라가면, 최종적으로는 헌법의 단계를 넘어서 그 법질서에 속하는 모든 법규범의 궁극적인 창설연원이 되는, 더 이상 소급할 수 없는 하나의 권위적

---

45) H. Ehmke, *Grenzen der Verfassungsänderung*, S. 43.
46) H. Kelsen, *General Theory of Law and State*, p. 116, 405 이하.
47) H. Kelsen, *Reine Rechtslehre*, S. 119, 201 Anm. 443.

인 최고규범에 도달하게 된다. 이것이 바로 '근본규범'이다.

이 근본규범은 스스로 타당한 것이며 그 이상의 어떤 권위에 근거하여 타당한 것은 아니다. 그것은 스스로 타당한 것으로 전제해 놓은 규범이다. 하나의 전제해 놓은 규범이기 때문에 실정규범과는 다르지만, 그러나 실정규범은 그것 없이는 논리적으로 스스로의 존재근거를 인정받을 수 없다. 이러한 의미에서 그것은 법논리적 의미의 헌법이라고 불리기도 하며 규범창설과정에 있어서 '실정법적 헌법'에 대한 '조건(Bedingung)'이 되어 있다. 따라서 근본규범 이외의 법규범은 어떠한 것이든 모두 조건이 붙어 있는 규범이지만 이 근본규범만은 무조건적으로 타당한 규범이다.

법창설 과정에 있어서 근본규범의 이러한 제약 작용은 최고의 법창설권위를 인정하는 데서 나타난다. 즉 최고의 법창설권을 부여받지 않은 한, 법창설행위는 하나의 사실행위이지 법적 행위가 될 수 없기 때문이다. 따라서 역사적으로 최초의 입법자의 행위, 즉 헌법창설권자의 행위가 하나의 사실행위로 그치지 아니하고 '법'창설행위로 간주될 수 있으려면, 논리필연적으로 근본규범에 의한 수권을 전제하지 않을 수 없는 것이다. 이 점에서 법논리적 의미의 헌법은 실정헌법의 창설 근원이 되는 하나의 제약적 권위이다.

그러나 문제는 최고의 법창설권한을 부여하는 이 권위 자체도 결코 완전히 자유로운 절대적 권위가 아니라는 점에 있다. 근본규범은 법창설권자를 지정하여 법정립의 권위를 부여해 주지만, 그것은 결코 임의적이지 않으며 오로지 전체로서의 실효적인 질서를 창설하고 적용할 수 있는 사실에 대해서만 부여할 수 있는 것이다.[48] 하나의 질서를 창설하고 적용한다는 사실, 이러한 질서의 규율을 받는 인간의 행

---

48) H. Kelsen, a.a.O., S. 219.

위가 대체로 이 질서에 따르고 있다는 사실에 대해서만, 즉 대체로 사회질서를 유지하고 있는 실효적인 '힘'에 대해서만 법창설권을 부여하는 것이다. 그러므로 결국 근본규범의 내용은 그것에 의하여 시원적인 법창설 사실로서의 자격을 부여받은 개별적인 역사적 사실을 말하는 것이며, 그것은 오로지 실정법으로 받아들이게 될 사실적 소재(Material)에 의존되어 있는 것이다.[49]

물론 근본규범의 내용의 **형식**은 어디까지나 당위이며, 그것은 "인간은 헌법이 규정한 대로 행동해야 한다"[50]라는 당위적 명제로 표시되지만, 그 내용의 **실질**은 실효적인 법적 현실, 즉 '힘'인 것이다.[51] 근본규범의 내용의 실질에 착안하는 한, 헌법을 정립하는 것은 어디까지나 힘이다. 근본규범은 다만 이 사실적인 힘을 법적인 힘으로 의제하기 위하여 고안된 하나의 논리적 조건 또는 전제이며, 그것은 힘 있는 곳에는 언제나 예외 없이 따라다니는 충실한 그림자인 것이다. 군주제가 붕괴되고 공화제가 성립되면, 그것은 곧 공화제의 근본규범이 되고, 공화제가 혁명에 의하여 독재제로 환원되면, 그것은 곧 그 독재제의 근본규범이 되는 것이다. 힘의 내용의 정당성 여부에 의해서가 아니라, 그 실효성 여부에 따라 그것이 강력하기만 하면 서슴지 않고 법창설권위를 인증하여 줄 수밖에 없는 것이 근본규범의 운명이고 또한 그의 생리이다. 따라서 하나의 힘이 근본규범으로부터 최고의 법창설권위를 부여받게 되면, 그때부터 그 힘은 곧 법적 힘이 되고, 그 행위는 곧 법적 행위가 되며, 그 산물은 곧 법규범이 된다. 그러므로 켈젠은 어떤 의미에서는 근본규범은 "힘의 법으로의 전환(The transformation of power into law)"를 의미하는 것이라고 말할 수 있었던

---

49) H. Kelsen, *General Theory of Law and State*, p. 436.
50) H. Kelsen, *Reine Rechtslehre*, S. 204.
51) H. Ehmke, a.a.O., S. 33.

것이다.[52]

그러나 이와 같이 법에 대한 힘의 영향력을 한편으로 시인하면서도 순수한 규범주의의 법철학적 인식론에 있어서는 규범의 타당성근거를 현실로부터 이끌어내는 방법론적 혼동은 적극적으로 배척된다.[53] 신칸트학파의 방법이원론에 의하면, 규범을 창설하는 것은 오직 규범뿐이다. 규범창설과정에 있어서 헌법이 타당한 것은, 그 창설을 규율하는 근본규범이 타당한 것으로 전제되어 있기 **때문에**(weil) 타당한 것이지 그 헌법이 실효적이기 때문에 타당한 것은 아니다. 실효성은 타당성의 요건이기는 하나 타당성 그 자체는 아니다.[54] 그러나 그 헌법은 자기 자신이 실효성이 있는 한에서만, 오로지 그때에만(nur wenn) 타당한 것이다.[55] 규범주의에서는 당위를 존재로부터 연역하는 것이 불가능한 것과 같이, 타당성을 실효성과 동일시하는 것도 불가능하다. 실효성의 개념을 힘의 개념으로 대신한다면, 법질서의 타당성과 실효성 사이의 관계는 결국 법과 힘 사이의 관계에 상응하게 된다. 이 점에 관한 규범주의의 대답은 "법은 물론 힘 없이는 존재할 수 없으나, 그러나 힘과 동일하지는 않다"라는 것이다.[56]

이상의 고찰을 통해 우리는 앞에서 제시한 질문, 즉 무엇에 근거하여 법창설권위가 부여되는가에 대한 대답을 할 수 있으리라고 본다. 즉 근본규범은 오직 '힘'에 **근거해서만** 법창설권을 부여한다. 다시 말하면, 근본규범이 법창설권을 부여하는 것은 틀림없는 사실이지만, 그것은 힘을 매개로 해서만 부여할 수 있는 것이다. 그러므로 근본규

---

52) H. Kelsen, *General Theory of Law and State*, p. 437.

53) H. Kelsen, *Reine Rechtslehre*, S. 196. 이에 관하여는 또한 G. Radbruch, *Rechtsphilosophie*, S. 97도 참조.

54) H. Kelsen, a.a.O., S. 220.

55) H. Kelsen, a.a.O., S. 219.

56) H. Kelsen, a.a.O., S. 220.

범은 법창설권을 부여하는 주체(Subjekt)이지 그 권원은 아니다. 마치 결정주의에 있어서 헌법제정권력자가 헌법제정권력의 실행자에 지나지 않는 것과 마찬가지로, 규범주의에서도 근본규범은 헌법창설권을 '부여해 주는 자'와 법창설'권'을 분리시킴으로써 이것을 **순수하게 타당한 것**(rein geltend)으로 파악할 수 있었던 것이다(마치 슈미트가 헌법제정권력을 순수하게 존재하는 것으로 파악할 수 있었던 것과 같이). 결론적으로 말하면, 규범주의에서도 헌법을 창설하는 것은 역시 '힘'이다. 그리고 이 힘에 의하여 정립된 헌법을 헌'법'으로 인증해 주는 것이 근본규범, 즉 법논리적 의미의 헌법이고 이 논리적 의미의 헌법을 창설연원으로 삼아 타당성을 갖는 최상위의 실정법규범이 헌법률, 즉 '실정법적 헌법(positivrechtliche Verfassung)'이다.

5. 양 헌법개념에 대한 비판

첫째, 규범주의적 헌법개념과 결정주의적 헌법개념은 표면상 대립되는 것처럼 보이지만 사실상 똑같은 대상을 서로 정반대의 관점에서 바라보았을 뿐이다. 그들의 헌법개념은 모두 실증주의적 힘의 헌법개념이다. 전자는 법에서 힘의 존재를 실증적으로 확인하였고, 후자는 정치에서 힘의 존재를 실증적으로 확인하였기 때문에 양자는 똑같이 실증주의이며,[57] 또한 그 실증된 힘 자체의 내용의 정당성 여부를 문제삼지 않는다는 점에서 양자 모두 자연법을 부인하고 있는 것이다.

---

[57] 이에 관하여는 G. Leibholz, *Strukturprobleme der modernen Demokratie*, 1958, S. 280; C. Schmitt, *Über die drei Arten des rechtswissenschaftlichen Denkens*, S. 38 참조. 슈미트 자신도 기초적인 정치적 결단은 실증주의 법학에 대해서도 결정적인 것이며 '원래 실증적인 것(das eigentliche Positive)'이라고 말하고 있다(*Verfassungslehre*, S. 25).

그렇기 때문에 규범주의와 결정주의의 논거는 각각 힘의 개념의 일면
성에서 표리관계에 놓일 수밖에 없으며, 다만 뒤집고 뒤집힘에 따라
그 개념의 일치하는 순서가 바뀔 뿐이다. 즉 규범주의에서는 "법 =
힘"이 되고, 결정주의에서는 "힘 = 법"이 된다는 차이가 있을 뿐이다.
동시에 이러한 개념상의 아이러니는 그들의 헌법개념에서는 언제나
"헌법 = 국가"가 아니면 "국가 = 헌법"이라는 배열관계로 표현되기
마련이다. 실증주의적 헌법개념은 바로 이것이 실증주의이기 때문에
단순한 힘의 헌법개념을 벗어날 수 없었고, 단지 그 힘을 하나는 규범
적 측면에서 바라보았고 다른 하나는 존재적 측면에서 바라보았다는
차이가 있을 뿐이다.

둘째, 양자는 모두 헌법을 개념정의하면서 하나의 가설적 전제에
입각하고 있다는 점이다. 하나는 존재를 전제한 헌법개념이요, 다른
하나는 규범을 전제한 헌법개념이다. 즉 슈미트에 있어서는 정치적
'존재'가 전제되어 있고, 켈젠에 있어서는 근본'규범'이 전제되어 있
다. 슈미트에 있어서는 정치적 통일체의 존재의 증명은 필요치 않으
며 그것은 논리 이전의 자명한 실체로서 현존하고 있다. 어떻게 그러
한 정치적 통일체가 형성될 수 있었는가를 묻고 있는 사회계약설은
그에게는 무의미하다. 왜냐하면 국민의 정치적 통일체, 즉 국가는 헌
법이 제정됨으로써 비로소 생겨나는 것은 아니며, 오히려 이미 존재
하고 있는 정치적 통일체의 의식적인 결단이 바로 헌법이 되기 때문
이다. 즉 국민은 그것이 헌법제정권력의 주체일 수 있기 위해서는 정
치적 통일체로서 현존하고 있지 않으면 안 되고, 따라서 그것은 전제
되지 않으면 안 되는 것이다.[58] 그러므로 국민의 정치적 통일체를 비
로소 근거 붙이는 사회계약은—만일 그와 같은 구성이 일반적으로

---

58) C. Schmitt, *Verfassungslehre*, S. 61.

필요한 것으로 여겨진다면 — 국민의 헌법제정권력론에서는 이미 전제되어 있다고 할 수밖에 없다.[59] 그래서 슈미트는 정치적 통일체로서의 국민은 계약통일체가 아니라 운명통일체로서 "어떤 의미에서는 스스로 구성되어 있다"[60]라고 한다. 따라서 그에게 정치적 존재는 헌법제정에 선행하는 자명한 존재로 현존하고 있다. 자기의 정치적 운명을 스스로 결정하는 국민의 의식적 행위인 기초적 결단은 우선 그 정치적 존재의 현존이 전제되어 있을 때만 가능한 것이며 그 존재의 현존 자체에 대한 구성의 논증은 필요치 않다. 이러한 의미에서 헬러의 적절한 표현을 빌리자면, "아마도 그것은 정치적 신학일지는 모르지만 분명 국가론은 아니다."[61]

켈젠에서도 법논리적 의미의 헌법은 하나의 전제된 개념이다. 현실적으로 헌법을 정립한 자가 있다 할지라도 그것을 재가(裁可)해 주는 근본규범을 전제하지 않고서는 그 정립을 법의 창설로 파악할 수 없는 것이다. 근본규범은 인식론적 전제로서 법의 세계에서 모든 경험적 사실을 인식하기 위한 선험논리적 전제인 것이다. 그것 없이는 법적 통일체로서의 국가의 존재는 확인될 수 없고, 모든 실정법질서는 인식론적으로는 '無'로 환원될 수밖에 없다. 이와 같이 전제된 개념인 근본규범은 법창설과정에서 스스로 타당한 당위규범으로서 궁극적인 창설연원이 된다. 그러나 근본규범은 이와 같은 창설연원의 자격에서는 단지 법창설권을 부여해 주는 '주체'에 지나지 않으며 그 자체가 법창설권을 '갖고' 있는 것은 아니다. 법창설권을 가지고 있는 것은 실효적인 질서를 유지할 수 있는 사실, 즉 힘인 것이다.

그러므로 엄밀한 의미에서 볼 때 전제되어 있는 것은 그 '주체'뿐이

---

59) C. Schmitt, *Verfassungslehre*, S. 61.
60) C. Schmitt, *Verfassungslehre*, S. 50, 63.
61) H. Heller, *Staatslehre*, 3. Aufl., 1963, S. 278.

다. 바로 이 점에서 켈젠과 슈미트는 같은 결론에 이르지 않을 수 없는 것이다. 즉 슈미트에서는 헌법제정권력을 행사하는 '주체의 존재적 통일체'가 전제된 개념으로 나타나게 되고, 켈젠에서는 헌법창설권을 부여하는 '주체의 관념적 통일체'가 전제된 개념으로 나타나게 되는 셈인데, 여기서 양자가 전제하고 있지 않은 개념, 즉 헌법제정'권력' 과 헌법창설'권'은 다름 아닌 '힘' 그것이라는 것을 스스로 입증하고 있는 것이다. 하나는 정치적 의지의 '힘'이고, 다른 하나는 실효적인 사실의 '힘'이다. 말만 다를 뿐이지 실상은 같은 '힘'인 것이다. 이 힘 이 그리고 이 힘만이 헌법을 창설하고 유지하고 파괴하는 것이다. 결 국 양자는 모두 법철학상의 권력설에 속하지 않을 수 없고, 그들의 헌 법개념은 가장 철저하게 순화된 '힘'의 헌법개념인 것이다.[62]

셋째, 결정주의에서는 헌법제정권력은 기초적인 정치적 결단의 행 위에 의하여 '확증(sich bestätigen)'[63]되지만, 규범주의에서의 그것 은 근본규범의 수권행위에 의하여 법규범으로서 '창설(erzeugen)'된 다.[64] 즉 전자에서는 결단이라는 '행위'를 통하여 비로소 헌법제정권 력의 존재가 확인되지만, 후자에서는 수권이라는 '행위'를 통하여 비 로소 헌법창설권이 법창설사실로서 인증을 받게 되는 것이다. 이것도 같은 사실을 입장을 바꾸어 말하였다는 차이 이외에는 아무것도 다를 것이 없다.[65] 왜냐하면 확인받고 인증받은 그 '실체'는 똑같은 '힘'이 기 때문이다. 다만 전자는 이 힘에다 정치라는 옷을 입혀 현실적으로

---

62) 그렇다면 그들은 힘의 헌법개념을 정립하는 데 있어서 왜 각각 전제된 개념을 하나씩 내세웠는가? 힘을 정치적으로 포장하지 않고 법적으로 포장하지 않는 다면, 그것은 사회학의 대상은 될 수 있겠지만 법학의 대상은 될 수 없을 것이 기 때문이다. 그러므로 그들의 법학은 엄밀히 말하면 하나는 정치적 법학이요 다른 하나는 법적 정치학이라 할 수 있을 것이다.

63) C. Schmitt, *Verfassungslehre*, S. 91.

64) H. Kelsen, *Reine Rechtslehre*, S. 200 이하.

65) 이에 관하여는 H. Ehmke, a.a.O., S. 43 Anm. 91 참조.

바라보았고, 후자는 이 힘에다 법이라는 옷을 입혀 규범적으로 바라
보았을 뿐이다. 그렇기 때문에 전자의 힘은 그 힘의 현실적 행사에 의
하여 비로소 그 존재가 '확증'되었고, 후자의 힘은 그것을 규범적으로
인증하는 권위에 의하여 비로소 법으로 '창설'되었던 것이다. 만일 우
리가 그 반대의 방향에 서서 바라본다면, 즉 '확증' 또는 '창설'이라는
관점으로부터 바라본다면, 헌법제정권력의 주체에 의한 결단이라는
실현행위가 없으면 헌법제정권력도 찾아볼 수 없는 것이며, 헌법창설
권의 주체에 의한 수권이라는 인증행위가 없으면 헌법창설권도 찾아
볼 수 없는 것이다. 그러므로 그 힘은 양 주체에 의한 행위를 매개로
하여서만 비로소 그 존재가 드러난다. 행위가 없는 한, 그 힘은 없는
것으로 되겠지만, 행위는 바로 그 없는 '힘'을 행사하는 것이다. 그러
나 헌법을 만들 수 있는 힘은 그 행위(결단, 수권)가 갖고 있는 것이 아
니라 '없는 힘(헌법제정권력, 헌법창설권)'이 갖고 있는 것이다. 이것은
일종의 힘의 신학이라 할 수밖에 없을 것이다.[66]

넷째, 슈미트에 의하면 헌법제정권력은 항구적으로 현존하는 것으
로서 그것은 그 성질상 양도될 수 없고, 처분될 수도 없으며, 흡수될
수도 없고, 소진될 수도 없다. 그것은 항상 현존하여 남아 있으며, 그
것으로부터 생겨나온 헌법 및 이 헌법의 테두리 안에서 타당한 모
든 헌법률적 규정의 상위에 또는 그와 나란히 존재하고 있다.[67] 그
러므로 헌법제정권력이 존재하는 곳에는 언제나 '헌법의 최소한도
(Minimum von Verfassung)'가 남아 있기 마련이다. 이 최소한도는 헌
법의 창설근원으로서의 헌법제정권력이 남아 있기만 하면, 헌법의 파
괴, 혁명, 쿠데타 등에 의하여 영향을 받을 필요가 없는 최소한도이

---

66) 그래서 Schmitt 자신도 그의 국가론에 '정치적 신학(Politische Theologie)'이라
는 표제를 달고 있다.

67) C. Schmitt, *Verfassungslehre*, S. 91.

다.[68] 결국 헌법제정권력이 존재하는 한, 헌법도 그 한에서는—그 형태가 어떻게 바뀌든 관계없이—언제나 존재 가능성을 상실하지 않는다는 것이다.

이것은 켈젠에서도 마찬가지이다. 왜냐하면 헌법을 창설하는 힘이 존재하는 한, 근본규범이 존재하기 때문에 헌법을 창설하는 힘이 생기는 것이 아니라 헌법을 창설하는 힘이 존재하기 때문에 그것을 법창설사실로 인증하기 위하여 근본규범이 필요하게 되는 것이다. 근본규범은 힘에 대한 필요조건이지 충분조건은 아니다. 슈미트에서 정치적 존재가 헌법제정에 선행하듯이 켈젠에서도 힘은 근본규범에 선행하고 있는 것이며, 그 힘은 헌법의 최소한도로서 언제나 남아 있는 것으로 가정되어 있는 것이다.[69] 그 힘 자체의 존재에 대한 논증은 그들의 학문적 체계로서는 불가능한 것이며 또한 그들에게 필요한 것도 아니다. 단지 그것을 정치에 붙여보고 법에 붙여봄으로써 비로소 겨우 정치화된 힘, 법화(法化)된 힘을 확인할 수 있었을 따름이다. 그러므로 엄밀한 의미에서는 그들의 헌법개념은 하나는 정치화된 힘의 헌법개념이고 다른 하나는 법화된 힘의 헌법개념이라 할 수 있을 것이다.

다섯째, 마지막으로 우리가 말해야 할 것은 결정주의적 헌법개념과 규범주의적 헌법개념 모두 상대주의적 헌법개념에 속한다는 점이다. 이미 보았듯이 그들의 헌법개념의 밑바닥에는 힘이 자리 잡고 있고 이 힘이 헌법을 만들어내기도 하고 유지하기도 하고 또한 파괴하기도 한다. 즉 힘의 추이에 따라 헌법의 운명은 좌우된다. 그 힘이 정치적 의지의 힘이든 실효성 있는 사실의 힘이든 그 힘 자체에 아무런 객관적 제

---

68) C. Schmitt, a.a.O., S.92.
69) H. Ehmke, a.a.O., S. 43.

약도 발견하지 못한다는 데서 양자는 똑같이 상대주의적 헌법개념이 되지 않을 수 없다. 그 힘의 가치내용의 정당성 여부나 존재구조의 당위성 여부 등은 묻지 않으며, 단지 그것이 '강'하기만 하면 헌법을 만드는 것이다. 그리고 그 힘이 소진하면 헌법도 사라지는 것이다.

따라서 결단을 내릴 만한 강한 힘이 있는 한, 그 결단은 **완전히 자유로우며**, 규범을 창설할 만한 강한 힘이 있는 한, 그 힘은 **완전히 예외 없이** 법률화된다. 그러나 그 힘 자체에 대한 과학적 증명은 그들로서는 불가능하고, 그것은 다만 신비적인 무언가로 전제되어 있을 따름이다. 이와 같이 정치와 법률을 떠나서는 그 힘 자체의 순수한 모습은 그들로서는 확인할 방도가 없음에도 불구하고 그 힘은 '있다'라고 전제하고 있으며, 그 힘은 적어도 그들에게는 일종의 신학적 존재가 아닐 수 없는 것이다. 그 힘을 떠나서는 헌법제정권력을 '가진 자'는 따로 있을 수 없다.[70]

그런데 그들에게는 그 힘이 어떠한 종류의 것이어야 하는지는 알 바가 아니다. 다만 강하기만 하면, 즉 질서와 안정을 가져다줄 수만 있으면 그것으로 충분하다. 사회주의적 힘이든 공산주의적 힘이든 민주주의적 힘이든 독재주의적 힘이든 무엇이든 상관없다. 헌법제정권력의 **자유로운** 결단을 통하여 어느 체제나 임의로 선택할 수 있고 또한 근본규범의 수권에 의하여 임의로 선택받을 수 있다. 그들은 결단과 수권을 구속하는 어떠한 객관적 척도도 갖고 있지 않기 때문에 결국 그 힘은 자의적인 권력의 도구로 변화하지 않을 수 없는 것이다.[71] 그

---

[70] 헌법제정권을 '갖고 있는 자'는 바로 그 헌법제정권력 자체이다. 슈미트에서 국민, 군주 등은 헌법제정권력을 '실행하는 자'에 지나지 않으며, 켈젠에서 근본규범은 법창설권을 '부여해 주는 자'에 지나지 않는다. 그러므로 그들에게 헌법제정'권'자는 따로 없다. 그것을 '갖고 있는 자'라는 것은 헌법제정권력 자체를 의인화한 표현에 지나지 않는다.

[71] 이에 관하여는 E. Sterling, *Studie über Hans Kelsen und Carl Schmitt*, in:

러므로 양자의 헌법개념은 극단적으로 철저한 힘의 헌법개념임과 동시에 극단적으로 순수한 상대주의적 헌법개념인 것이다.

6. 존재론적 헌법개념

헌법의 생명이 힘에 의존되어 있다는 것은 틀림없는 사실이다. 그러나 그 힘은 객관적 척도를 가질 것이 요구된다. 객관성 없이는 단순한 힘의 전환으로서의 헌법은 정치적 권력의 단순한 지배수단에 지나지 않으며, 그것은 이른바 '의미론적 헌법(semantische Verfassung)'[72]일 따름이다. 거기에는 헌법의 '정치성'은 찾아볼 수 있어도 헌법의 헌법성은 찾아볼 수 없다. 그러나 헌법적 현실과 유리되어 있는 헌법은 활자 이외의 아무것도 아니며, 그것은 이른바 '명목상의 헌법(nominalistische Verfassung)'[73]으로 남을 수밖에 없다. 거기에서는 헌법의 '법률성'은 찾아볼 수 있어도 헌법의 헌법성은 찾아볼 수 없다.

그러므로 헌법의 본성상 정치의 헌법화는 필요한 것이지만 그것이 곧 헌법의 정치화를 의미해서는 안 될 것이고, 헌법의 정치화는 배척되어야 할 것이지만 그것이 곧 헌법의 법률화를 의미해서도 안 될 것이다. 헌법을 중심으로 하여 헌법적 현실과 헌법적 규범은 항상 긴장관계하에 놓여있지 않으면 안 될 것이다.[74] 그러나 그 긴장관계를 유지하는 핵심적 계기는 헌법적 현실만일 수도 없고 헌법적 규범만일 수도 없다. 그것은 이 양자에 내재하면서도 그것들을 초월하여 이 양자를 매개하고 구속하는 하나의 객관적 의미요소이다. 이에 의하여

ARSP, 47(1961), S. 570 참조.

72) K. Loewenstein, *Verfassungslehre*, 1959, S. 153.

73) K. Loewenstein, a.a.O., S. 152 이하.

74) G. Leibholz, *Strukturprobleme der modernen Demokratie*, S. 280 이하.

파악된 헌법개념은 물론 하나의 이념적 헌법에 속할 것이지만, 그것
은 신비의 베일로 덮여 있는 형이상학적 헌법개념을 뜻하는 것은 아
니며, 오로지 실존론적으로 해석되고 정의된 존재론적 헌법개념을 말
한다.[75] 실정헌법의 내용과 형식은 이 존재론적 헌법에 구속될 것이
요청된다. 왜냐하면 이 헌법은 실정헌법의 '헌법성'을 규정하는 객관
적 가치척도이기 때문이다.

실증주의적 헌법론자들은 그들의 헌법개념에 있어서 이 객관적 가
치척도를 알지 못한다. 즉 슈미트의 결정주의적 헌법개념과 켈젠의
규범주의적 헌법개념에 있어서는 어떤 하나의 헌법의 힘에 의하여 만
들어지는 사실적 과정만이 설명되어 있을 뿐, 어떠한 가치내용의 헌
법이 만들어져야 하는가에 관하여는 아무런 언급도 없다. 그들의 헌
법개념은 순수한 형식적 개념이며, 헌법내용에 관해서는 가치중립적
(wertfrei)인 '백지헌법'에 속하는 것이다. 헌법내용의 가치적 구속을
전혀 알지 못하는 이러한 가치맹목적 헌법개념에서는— 엠케(H.
Ehmke)가 적절히 지적한 바와 같이 — 노예제도를 법제도로 끌어들
이는 것도 얼마든지 가능한 것이다.[76] 슈미트와 켈젠 양자 모두 나치
의 공범으로 지탄받는 이유가 바로 여기에 있다. 헌법개념을 파악하
는 데 있어서 이러한 현상은 결국 그들이 정치적 통일체 또는 법적 통
일체를 스스로 구성되어 있다고 가정한 데 있다.[77]

그러나 우리는 그러한 통일체가 스스로 구성되어 있다고 볼 수 없
다. 소위 정치적 통일체로서의 국가는 자연적으로 존재하는 것이 아

---

75) 마르치취(R. Marcic)도 '존재론적 의미의 헌법(Verfassung im ontologischen
 Sinne)'이라는 용어를 쓰고 있으나 그 개념내용은 신비주의적 형이상학적 존
 재개념에 관련되어 있다. 이에 관하여는 R. Marcic, *Verfassung und Ver-*
 fassungsgericht, 1963, S. 1 이하 참조.
76) H. Ehmke, a.a.O., S. 30.
77) 위의 각주 59 참조.

니라 헌법적으로 구성화될 때 비로소 존재하는 것이다. 따라서 헌법의 존재는 사유논리적으로 국가의 존재에 선행하여야 하는 것이다. 슈미트는 이것을 거꾸로 보고 있고, 켈젠은 그 거꾸로 본 것을 다시 뒤집어 보고 있을 따름이다.

1) 사회계약설과 시민적 헌법구조

존재론적 헌법개념은 실증주의자들이 스스로 구성되어 있다고 가정하는 그 헌법의 구성화 과정으로부터 출발한다. 그리고 그러한 헌법의 구성화 과정을 존재론적-인간학적 관점에서 해석함으로써 일종의 의미적 헌법개념을 획득하게 된다. 이러한 헌법개념은 사회계약의 관념을 매개로 할 때만 가능하다.[78] 사회계약설은 — 흔히 잘못 인식하고 있는 것과는 달리 — 단순히 국가의 성립을 설명하여 주는 이론적 가설에 불과한 것이 아니라 국가의 존재이유와 존재구조 및 국가권력의 정당화 한계를 밝히고 있는 이론이라는 사실을 알아야 한다. 물론 사회계약 자체는 하나의 의제된 가설이지만, 그 논리의 배후에 있는 의미까지 의제되어 있는 것은 아니다. 홉스, 로크, 루소, 칸트 등의 사회계약설은 모두 국가성립의 사실적 과정을 말하여 주는 것이 아니라 국가성립의 필연성과 국가구조의 당위성 및 국가권력의 한계성을 존재론적-인간학적 관점에서 해명하여 주고 있는 것이다. 존재론적 헌법개념이 사회계약설을 원용하는 까닭이 바로 여기에 있다.

사회계약에는 그 내용상 두 가지 형태가 있다. 하나는 보호계약(Schutzvertrag)이고, 다른 하나는 복종계약(Unterwerfungs- bzw. Vereinigungsvertrag)이다. 전자는 헌법의 내용에 관계되어 있고 후자

---

78) 실증주의적 헌법론자들은 그들의 헌법개념을 정의할 때 사회계약의 이념을 완전히 무시 또는 배척하는데, 바로 그 때문에 그들의 헌법개념은 가치맹목적 상대주의적 헌법개념이 되지 않을 수 없었던 것이다.

는 헌법의 성립에 관계되어 있다. 홉스, 로크, 루소의 계약이론은 전
자에 주안점이 놓여있고, 칸트의 그것은 후자에 중점이 놓여있다. 그
러나 그 어느 누구의 경우에 있어서도 헌법상태 이전에 자연상태
(Naturzustand)를 가정하고 있다는 점에서는 마찬가지이다. 그리고
그 자연상태를 '만인의 만인에 대한 투쟁(bellum omnium in omnes)상
태'[79)로 묘사한 것은 홉스이지만, 기타의 계약론자들도 그러한 표현
을 직접 사용하지는 않았지만 거기에서 약육강식의 무정부상태를 예
상하고 있다는 점에서는 마찬가지이다.[80) 다만 이러한 자연상태로부
터 벗어나 국가상태로 들어가야 할 이유를 홉스는 일차적으로 개인의
안전을 보호하는 데서 찾았고, 다른 계약론자들은 개인의 자유를 보
장하는 데 중점을 두고 바라보았다. 그러나 그 어느 경우를 막론하고

---

79) 홉스가 자연상태를 이와 같이 표현한 것은 결코 인간의 본성이 악하다는 데
근거하고 있는 것은 아니다. 인간의 경험적 본성은 무한한 욕망(Begierde)으
로 가득 차 있는데 그 욕망 자체는 악할 것도 없고 선할 것도 없으며, 오히려
인간의 발전을 위하여 없어서는 안 될 요소이지만, 단지 그것이 타인에 대한
관계에 있어서 유해하게 작용할 수 있다는 의미에서 "인간은 인간에 대하여
늑대이다(homo homini lupus)"라고 말하였던 것이다. 그러므로 각자의 욕망
의 한계가 법률로 그어져 국가권력에 의하여 보장되어 있는 시민상태에 들어
와서는 인간은 오히려 '신(神)'에 가까운 존재라고 한다. 결국 인간은 그가 처
하여 있는 상태에 따라 타인에 대하여 '늑대'적 존재가 되기도 하고 '신'적 존
재가 되기도 하는 것이다. 그래서 홉스는 다음과 같이 말하고 있다. "Der
Mensch ist ein Gott für den Menschen, und; Der Mensch ist ein Wolf für den
Menschen(Th. Hobbes, *Vom Menschen Vom Bürger*, hrsg. von Günter
Gawlick, 1959, S. 59 이하, 68 이하)." 인간의 이러한 경험적 본성으로부터 국
가의 존재의 필연성을 연역하는 점에서는 칸트의 입장도 마찬가지이다(이에
관하여는 I. Kant, *Idee zu einer allgemeinen Geschichte in weltbürgerlicher
Absicht*, in: Kant−Werke, Bd. 9, 1968, Darmstadt−Ausgabe, S. 37 이하; ders.,
Zum ewigen Freiden, in: Kant−Werke, Bd. 9, 1968, S. 210 참조).
80) 이에 관하여는 J. Locke, *Two Treatises of Government(A critical edition with
an introduction and apparatus criticus)*, 2. edition, by Peter Laslett,
Cambridge, 1967, S. 287 이하, 298 이하, 348; J. J. Rousseau, *Du contrat
social(Der Gesellschaftsvertrag)*, hrsg. von Heinrich Weinstock, 1968, S. 42,
49; I. Kant, *Die Metaphysik der Sitten*, in: Kant−Werke, Bd. 7, 1968, S. 430,
464, 498 및 위의 각주 77 참조.

사회계약은 무조건적으로 아무 목적 없이 체결된 것이 아니라 일정한 법익을 보호하기 위하여, 즉 자유와 안전을 보장할 목적으로 시민 각자 사이에서 체결되었던 것이다.[81] 계약체결과 더불어 각자가 자연상 태에서 가지고 있었던 자기보존권은 지배자의 수중으로 이양되고 그 것은 국가권력으로 탈바꿈하게 된다.[82] 결국 국가권력이란 것은 자연 상태에서 각자가 자연권으로 가지고 있었던 자기보존권 또는 자기방 어권(Selbsterhaltungs- bzw. Selbstverteidigungsrecht)의 전화된 형태 이며, 그 행사는 계약 체결 후에는 일반 시민에게는 금지되어 있고 오 로지 국가의 지배자에게만 허용되어 있다.

바로 그렇기 때문에 그 국가권력은 어떠한 경우에도 그 본래의 목 적에 반하여 사용될 수는 없는 것이다. 왜냐하면 각자는 그것을 자기 보존을 위하여 내주었던 것이며, 따라서 그것은 그 본질상 결코 시민 의 자유와 안전을 침해하는 데 남용될 수는 없기 때문이다. "지배자는 결코 악을 행할 수 없다(The king can do no wrong)"라는 국가철학적 명제는 이 점을 말하는 것이며,[83] 국가권력의 궁극적 한계도 여기에 근거하고 있는 것이다.

그런데 이 국가권력은 그 적용대상으로서 법질서의 존재를 전제하 지 않을 수 없다. 왜냐하면 국가권력은 법질서를 통하여서만 작용할

---

81) 이에 관하여는 Th. Hobbes, a.a.O., S. 124 이하, 139 이하; ders., *Leviathan*, hrsg. von Iring Fetscher, 1966, S. 131 이하, 171; J. Locke, a.a.O., S. 342 이하, 348 이하, 368, 370 이하, 399 이하; J. J. Rousseau, a.a.O., S. 42, 43, 48 이하; J. Milton, *The Tenure of Kings and Magistrates*, in: The works of John Milton, Vol. 5, New York Columbia University Press, 1932, S. 8 참조.

82) 이 점에 관하여 자세한 것은 Zai–Woo Shim, *Widerstandsrecht und Menschen-würde*, 1973(Dissertation), S. 163 참조.

83) 이 명제의 국가철학적 의미에 관하여는 I. Kant, *Die Metaphysik der Sitten*, S. 432. 436; ders., *Über den Gemeinsruch*, in: Kant–Werke, Bd. 9, 1968, S. 146 이하; Th. Hobbes, *Vom Bürger*, S. 115, 138 Anm.; ders., *Liviathan*, S. 139 참조.

수 있는 공권력이기 때문이다. 그러나 그 법질서의 존재구조 자체도 결코 계약목적에서 벗어난 것일 수는 없고 오직 그것과 상응하는 질서원칙에 따라야 한다. 즉 각자의 자유와 안전을 평등하게 보호해 줄 수 있는 법질서의 존재구조이어야 한다. 따라서 그것은 지배자의 자의로 결정될 수는 없고 오로지 사물의 논리에 구속되지 않으면 안 된다. 모든 인간이 평등하게 자유로울 수 있는 질서구조는 그 질서구조 자체의 논리법칙에서 도출되는 것이지 입법자의 자의에 의하여 결정되는 것은 아니기 때문이다.

그러므로 여기에서 입법자의 헌법적 결단은 이미 객관적 법칙에 구속된 결단일 수밖에 없다. 즉 그 결단에 의하여 헌법은 발견되는 것이지 결코 발명되는 것이 아니다. 만인이 평등하게 자유로울 수 있는 이 헌법구조에 관한 원칙을 칸트는 '자유의 일반법칙(allgemeines Gesetz der Freiheit)'이라 하였고,[84] 루소는 '일반의지(volonté générale)'라고 부른다.[85] 그리고 이 원칙에 따라 구성된 조직통일체를 칸트는 '시민헌법(bürgerliche Verfassung)이라 일컬으며,[86] 그것이 곧 국가이다. 그래서 그는 국가를 정의하여 "다수의 인간이 법률하에 통합된 것(Vereinigung einer Menge von Menschen unter Rechtsgesetzen)"이라고 한다.[87] 이와 유사하게 루소도 일반의지가 시민헌법으로 구체화된 그 개념적 통일체를 국가로 파악한다.[88] 이와 같이

---

84) 칸트의 법에 대한 다음과 같은 개념정의 참조: "Das Recht ist Inbegriff der Bedingungen, unter denen die Willkür des einen mit der Willkuer des anderen nach einem allgemeinen Gesetz der Freiheit zusammen vereinigt werden kann(I. Kant, *Die Metaphysik der Sitten*, S. 337)."

85) J. J. Rousseau, a.a.O., S. 54 이하, 63, 149 이하.

86) I. Kant, *Die Metaphysik der Sitten*, S. 431, 438; ders., *Über den Gemeinspruch*, S. 157, 160, 163 이하.

87) I. Kant, *Die Metaphysik der Sitten*, S. 431.

88) J. J. Rousseau, a.a.O., S. 47, 55, 60.

칸트와 루소의 계약설에 있어서는 헌법과 국가는 동일시된다.[89]

2) 인간질서의 근본상황과 한계상황

계약론자들에 의하여 파악되고 있는 헌법개념은 일종의 자연법적
헌법개념이다. 그런데 여기에서 자연법이라 함은 직접 인간의 자연,
즉 인간의 본성(Natur des Menschen)으로부터 연역된 자연법을 말한
다. 그러면 그들은 인간의 본성을 어떻게 파악하였으며, 왜 이로부터
그러한 자연법적 헌법개념을 필연적으로 도출할 수밖에 없었는가를
살펴보아야 할 것이다.

칸트와 루소에 있어서 인간은 '이성능력이 부여된 존재(ein mit der
Vernunftfähigkeit begabtes Wesen)로 파악되며,[90] 바로 그 때문에 자
유를 필연적으로 가져야 할 존재로 규정된다.

인간은 그 이성능력을 구사하여 하나의 동물로 태어난 자기를 살아
가는 가운데 스스로 이성적 존재, 즉 인간존재로 만들어야 할 도덕적
실존의무를 지고 있다는 것이다.[91] 결국 인간은 하나의 피조물이긴 하
지만, 피규정적 존재(ein bestimmtes Seiende)는 아니며 오히려 자기
의 존재를 스스로 규정하는 규정적 존재(ein bestimmendes Dasein)라

---

89) 켈젠과 슈미트에 있어서도 헌법과 국가는 동일시되지만, 그 구성화 과정은 생
　　략되어 있고, 따라서 그 의미도 여기에 있어서의 것과는 전혀 다르다. 위 본문
　　참조.
90) I. Kant, *Die Metaphysik der Sitten*, S. 593 이하; J. J. Rousseau, a.a.O., S. 49.
91) 이 점에 관하여 다음의 칸트의 구절 참조: "Er hat einen Charakter, den er sich
　　selbst schafft; indem er vermögend ist, sich nach seinen von ihm selbst
　　genommenen Zwecken zu perfektionieren; wodurch er, als mit Vernunftfähigkeit
　　begabtes Tier(animal rationabile), aus sich selbst ein vernünftiges Tier(animal
　　rationale) machen kann(I. Kant, *Anthropologie in pragmatischer Hinsicht*, in:
　　Kant-Werke, Bd. 10, 1968, S. 673)." 또한 I. Kant, *Idee zu einer allgemeinen
　　Geschichte in weltbürgerlicher Absicht*, S. 35, 38, 44, 49도 참조. 인간의 자기
　　자신에 대한 존중의무에 관하여 상세한 것은 심재우, '인간의 존엄과 법질서',
　　법률행정논집 12(1974), 108면 이하 참조.

는 점에서 다른 동물과는 달리 자유의 개념을 필요로 하는 것이다. 인간을 제외한 어느 동물도 그것을 필요로 하지 않는다. 왜냐하면 동물들은 이성을 구비하고 있지 않기 때문에 자기 자신을 규정하는 규정적 존재가 될 수 없기 때문이다. 그들은 본능에 의하여 '생존'하고 있을 따름이지 이성에 의하여 '실존'하고 있는 것이 아니다. 따라서 자기규정적 자유는 이성적 존재만이 가지고 있는 특권이며 바로 그 점에 인간의 인간으로서의 존엄이 깃들어 있는 것이다. 즉 인간의 존엄성은 인간존재가 자율적으로 자기입법(Selbstgesetzgebung)을 하고 그 입법에 스스로 복종하는 실천이성의 주체라는 점과 이것을 구사하여 자기 자신을 동물로부터 인간으로 만드는 자기창조(Selbsterzeugung) 능력을 가지고 있다는 점에 있는 것이다.[92] 따라서 이 인간화 작업은 궁극적으로 '인간으로의 해방(Emanzipation zum Menschen)'을 뜻한다.

그런데 이 '인간으로의 해방'은 '인간으로부터의 해방(Emanzipation vom Menschen)'을 전제하고 있다. 왜냐하면 자유 없이는 자율은 있을 수 없기(keine Autonomie ohne Freiheit) 때문이다. 여기에서의 자유는 바로 법적 의미의 자유를 말하며, 그것은 타인과의 사이에서 한계를 발견하는 제약적 자유이다. 그러나 자유의 이 제약한계는 제멋대로 그어질 수는 없고 질서의 일반법칙으로부터 나오는 필연적 한계에 구속되어야 한다. 이른바 기본권의 내재적 제약은 여기에서 그 법철학적 근거를 발견하게 된다. 그런데 이 한계는 자유의 평등성으

---

92) I. Kant, *Die Metaphysik der Sitten*, S. 569, 570, 600; ders., *Grundlegung zur Metaphysik der Sitten*, in: Kant-Werke, Bd. 6, 1968, S. 67, 68 이하, 74; ders., *Kritik der praktischen Vernunft*, in: Kant-Werke, Bd. 6, 1968, S. 263 이하. 이에 관하여는 또한 W. Maihofer, *Naturrecht als Existenzrecht*, 1963, S. 49; ders., *Rechtsstaat und menschliche Würde*, 1968, S. 62; A. Kaufmann, *Recht und Sittlichkeit*, 1964, S. 12 이하도 참조.

로부터 개념필연적으로 도출된다. 자유는 평등을 전제한 개념이다. 왜냐하면 불평등은 이미 자유의 공존을 불가능하게 하기 때문이다.

그러나 반대로 부자유는 이미 평등의 바탕을 결하게 된다. 왜냐하면 타인과의 사이에 있어서 어느 한쪽이 부자유한 한, 평등은 이루어질 수 없기 때문이다. 그러므로 자유와 평등은 각각 따로 떨어져 있는 개념요소가 아니고 상호의존적으로 한쪽이 다른 쪽을 전제하고 있는 것이다. 결국 평등은 자유로부터 출발하여 다시 자유를 제약하는 한계요소를 이루고 있는 것이다.[93] 이와 같이 하여 만인이 평등하게 자유로울 수 있는 질서구조의 선험적 형식이 드러나게 되는데, 이것이 이른바 '자유의 일반법칙'에 따른 인간질서의 '근본상황(Grund-situation)'이다.

이러한 근본상황이 거꾸로 뒤집힌 상황을 '한계상황(Grenz-situation)이라고 한다.[94] 여기에서는 '자유의 일반법칙' 대신 '부자유의 일반법칙'이 타당하게 된다. 즉 질서주체의 한쪽이 다른 쪽에 의하여 완전히 자유를 박탈당한 예속상태에 놓여있는 상황이 그것이다. 이러한 상황은 인류의 역사 가운데서 여러 가지 불평등상황에 의하여 그 모습을 드러냈었다. 예컨대 신분적 불평등, 성별적 불평등, 인종적 불평등 그리고 국가 사이의 물리적인 힘의 불평등 등이 그것이다. 왜냐하면 여기에서는 한 쪽이 다른 쪽을 완전히 압도하여 단순한 수단 내지 도구로 부려먹는 노예상태를 만들어내며, 따라서 인간의 실존조건은 완전히 부정되기 때문이다.[95]

---

93) Vgl. I. Kant, *Die Metaphysik der Sitten*, S. 345; ders., *Zum ewigen Frieden*, S. 204 Anm.

94) 인간질서의 근본상황과 한계상황에 관하여는 W. Maihofer, *Rechtsstaat und menschliche Würde*, 1968, S. 12 이하, 27 이하.

95) 칸트의 다음 정언명령 참조: "Handle so, daß du die Menschheit, sowohl in deiner Person, als in der Person eines jeden andern, jederzeit zugleich als

그러나 역사적으로 볼 때 이러한 상황은 그 시대 그 사회의 헌법제
도로 정당화되고 보호되고 심지어는 보장되기까지 하지 않았던가!
인류의 역사를 거꾸로 거슬러 올라가게 만드는 이러한 반인간적인 지
배조직에 헌법성이 부여되어야 할 것인가? 지배질서는 결코 '인간성
에 대한 범죄(Verbrechen gegen die Menschlichkeit)'를 저지를 수는
없는 것이다.[96] 따라서 헌법의 헌법성은 그 도덕성 가운데서 일차적
의미를 획득할 수밖에 없다.

3) 세계시민적 헌법구조

인간질서의 근본상황에 바탕한 존재론적 헌법개념은 모든 법질서
에 대하여 타당한 보편적 질서원칙이다.[97] 즉 이 원칙은 국가헌법구
조뿐만 아니라 국제헌법구조에 대하여도 마찬가지로 타당하다. 왜냐
하면 국제조직의 문제도 국가 사이의 자유의 한계를 긋는 법질서의
일반법칙의 적용대상에서 벗어나는 것은 아니기 때문이다. 칸트의
「영구평화론(Zum ewigen Frieden, 1795)」은 국가 간의 자유의 한계를

Zweck, niemals bloß als Mittel brauchest(I. Kant, *Grundlegung zur Metaphysik der Sitten*, S. 61)." 위의 정언명령을 어길 때 거기에서 침해되는 것은 바로 인간의 존엄성이라는 것을 명백히 하고 있는 명제: "Der Mensch kann von keinem Menschen(weder von anderen noch so gar von sich selbst) bloß als Mittel, sondern muss jederzeit zugleich als Zweck gebraucht werden und darin besteht eben seine Würde(die Persönlichkeit)(I. Kant, *Die Metaphysik der Sitten*, S. 600)."

96) 이 점에 관하여는 칸트의 다음 구절 참조: "Für die Allgewalt der Natur, oder vielmehr ihrer unerreichbaren obersten Ursache, ist der Mensch wiederum nur eine Kleinigkeit. Daß ihn aber auch die Herrscher von seiner Gattung dafür nehmen, und als eine solche handeln, indem sie ihn teils tierisch, als bloßes Werkzeug ihrer Absichten, belasten, teils in ihren Streitigkeiten gegen einander aufstellen, um sich schlachten zu lassen, ⋯ das ist keine Kleinigkeit, sondern Umkehrung des Endzweckes der Schöpfung selbst(I. Kant, *Der Streit der Fakultäten*, in: Kant–Werke, Bd. 9, 1968, S. 362)."

97) I. Kant, *Die Religion innerhalb der Grenzen der bloßen Vernunft*, in: Kant–Werke, Bd. 7, 1968, S. 757 Anm.

그어 그들 상호간의 공존원칙을 구조적으로 그려놓은 국제헌법의 초안
이었다. 그래서 그 자신은 이것을 '세계시민적 헌법(eine weltbürger-
liche Verfassung)'이라고 부른다.[98] 우리 지구상에는 아직도 이 세계시
민적 헌법구조는 확립되어 있지 않다. 이것은 인류의 장래에 맡겨져 있
는 영원한 질서과제에 속하는 것이지만, 우리가 여기에서 우선 알아 두
어야 할 것은, 그것이 단순한 전쟁 없는 평화상태가 아니라는 점이다.
소위 영구평화상태는 '잠정적 휴전상태(vorläufiger Waffenstillstand)'
를 뜻하는 것이 아니라 '영구자유상태(ewiger Freiheitszustand)'를 말
하는 것이다.[99] 평화라는 개념은 칸트에게 있어서는 자기목적을 가지
고 있는 것이 아니라 자유의 보장을 위한 하나의 수단 또는 방편이었
던 것이다. 따라서 전쟁이 없이 고요하되 한 국가가 다른 국가에 의하
여 주권적 자유를 박탈당한 식민지상태 또는 정복상태하에 놓여있을
때는 영구평화상태는 존재하지 않는다. 오히려 어떤 의미에서는 전쟁
의 역사는 이 영구평화질서, 즉 세계시민적 헌법을 지구상에 확립하
기 위한 자기노력의 표현으로 볼 수 있는 것이다.

평화의 파괴를 통하여 평화를 확립하고자 하는 이 전쟁이라는 자기
모순적 수단은 인류의 역사에 있어서 하나의 패러독스적 현상이긴 하
지만, 그러나 영구평화를 향한 주권적 자유의 의지는 세계시민적 헌
법투쟁을 멈추지 않을 것이다. 다만 그 투쟁수단이 무기로부터 이성
으로 대치되지 않는 것이 아쉬울 따름이다.

세계시민적 헌법은 어떠한 일이 있어도 이 지구상에 확립되어야 한
다. 그것은 단순한 국제평화의 문제나 국가 간의 안전보장의 문제에
서 끝나는 것이 아니라 인간 역사의 의미에 관계된 가장 중대한 문제

---

98) I. Kant, *Zum ewigen Frieden*, S. 203, 214.
99) I. Kant, a.a.O., S. 196, 211, 218 이하, 251.

이기 때문이다.[100] 인류가 이 문제를 해결하지 못하는 한, 인류는 동물성으로부터 벗어나 인간존재로 해방되지 못할 것이며 영원히 미개발상태에 머물러 있을 수밖에 없을 것이다.[101] 인류의 태초로부터 인간성 개발의 역사는 흘러내려 오고 있지만, 아직도 그것은 초기단계에 머물러 있는 상태이다.[102]

왜냐하면 아직도 그것을 가능하게 하는 세계시민적 헌법구조가 확립되어 있지 않기 때문이다. 과연 이 영구평화의 국제헌법의 확립은 영원히 불가능한 일에 속하는 것인가?[103] 이성의 눈은 영원히 장님이될 수는 없다. 어느 날엔가 우리 인류의 역사 가운데서 구체화되어야할 이 세계시민적 헌법은 인류의 가장 큰 희망이고 당위임에 틀림없다. 왜냐하면 그 헌법구조 속에서만 인류는 그의 인간으로서의 존엄과 가치를 갖고 인간답게 살 수 있을 것이기 때문이다.

---

100) I. Kant, *Idee zu einer allgemeinen Geschichte in weltbürgerlicher Absicht*, S. 39.

101) I. Kant, a.a.O., S. 44 이하.

102) 칸트의 다음 구절 참조: "Wir sind im hohen Grade durch Kunst und Wissenschaft kultiviert. Wir sind zivilisiert, bis zum Überlästigen, zu allerei gesellschaftlicher Artigkeit und Anständigkeit. Aber uns für schon moralisiert zu halten, daran fehlt noch sehr viel. Denn die Idee der Moralität gehört noch zur Kultur(I. Kant, a.a.O., S. 44)."

103) 칸트는 이것이 인간세상에서 얼마든지 가능할 수 있고 또한 가능하여야만 한다는 확신을 가지고 있다. 왜냐하면 그것은 인간을 도덕적으로 개선하는 문제가 아니고 단순히 자연의 기계조직을 개선하는 문제에 지나지 않기 때문이다. 국가 또는 국제조직의 문제는, 그것이 아무리 어려운 것같이 들리기는 하지만, 악마의 나라의 국민조차도 그들이 최소한의 오성만 가지고 있다면 능히 해결할 수 있는 것이라고 한다. 그럼에도 불구하고 인류는 오늘날까지 이 단순한 조직의 문제를 해결하지 못하고 있다. 인간이성에 대한 칸트의 강한 신뢰는 영원히 배신되어야 할 것인가?(이에 관하여는 I. Kant, *Zum ewigen Frieden*, S. 223 이하, 225 참조).

루소의 법철학

1. 서언

루소(J. J. Rousseau)는 그의 사회계약론 첫머리에서 "인간은 자유롭게 태어났다. 그러나 도처에서 쇠사슬에 묶여있다"라고 한탄한다. 이러한 사실을 전제하고 난 다음에 어떻게 하면 인간을 자유롭게 할수 있을 것인가를 그의 사회계약이론으로 설명한다. 그의 사회계약론은 가히 '자유의 바이블'이라 칭할 만하다. 루소의 사회계약론이 발표된 것은 1762년이다. 그 후 27년이 지난 1789년에 '자유' '평등' '연대'를 슬로건으로 한 프랑스혁명이 발발하였으며 새로운 질서의 세계가 문을 열었던 것이다. 그 새로운 질서를 규범화한 프랑스 인권선언에는 루소의 법사상이 그대로 반영되어 있다. 즉 인권선언 제1조는 "인간은 자유롭게 태어났으며 평등한 권리를 가진다"라고 되어 있으며, 제6조는 "법률은 일반의지의 표현이다"라고 언명되어 있다. 루소의 사회계약론이 프랑스혁명에 얼마나 큰 영향을 미쳤는가는 이것만으로도 충분히 알 수 있다.

그러나 그의 사회계약론의 핵심사상은 '자유'이기보다는 오히려 '인간'이었음을 간과해서는 안 될 것이다. 그는 자유를 인간화 가능조건으로 파악했으며 그것 없이는 인간의 계몽은 불가능하다고 굳게 믿고 있었다. 즉 그는 자유 그 자체를 위해서가 아니라 인간의 계몽을 위해서 자유가 필요하다고 보았다. 그는 인간을 계몽된 존재로 만들기 위하여 두 가지 필수조건을 제시한다. 그 하나는 「에밀」에서 제시한 교육이고, 다른 하나는 「사회계약」에서 제시한 자유의 법질서이다.

칸트도 1783년에 발표한 '계몽이란 무엇인가?(Was ist Aufklärung?)'라는 논문에서 이와 같은 두 조건을 제시한 바 있다. 칸트에게 인간의 계몽을 저해하는 요인은 자기 자신을 교육하지 아니하는 내적 태만과 자유를 속박하는 외적 제도였다. 그리고 "만일 인간에게서 자유를 박탈하지 않고 남겨둔다면 계몽은 가능할 뿐만 아니라 거의 확실하다"라고 단언한다. 이를 위하여 그는 자유의 일반법칙에 따르는 법질서의 확립을 그 선결조건으로서 요구하였던 것이다. 우리가 계몽주의 법철학의 대표자로 루소와 칸트를 드는 것은 바로 그 때문이다.

또한 루소는 그의 사회계약론에서 '민주주의'를 이론적으로 기초했다. 오늘날 '민주주의'라는 용어는 동서양에서 모두 원용하고 있는 유행 개념이다. '인민민주주의', '자유민주주의', '사회민주주의', '기독교민주주의', '한국적 민주주의' 등 그 종류는 무한하나 '민주주의'라는 점에서는 공통점을 갖고 있다. 그렇다면 '민주주의'는 하나의 정치적 슬로건 또는 객관성 없는 지배형태의 단순한 이데올로기적 대명사에 지나지 않는 것인가 아니면 자신의 객관성을 입증할 수 있는 어떤 고유한 질서구조와 가치를 가지고 있는 것인가?

루소는 국민주권의 이론과 자율적 지배원리의 이론을 통해 민주주의의 객관적 질서구조와 가치가 무엇인지를 정확하게 알려주고 있다. 민주주의는 이현령비현령이 될 수 없다는 것을 우리는 루소의 민주주의이론에서 확인할 수 있을 것이다.

더 나아가 우리는 루소의 법의 지배이론에서 법치주의의 진정한 모습을 찾아볼 수 있다. 루소에 있어서 법은 결코 지배자의 시녀로 전락되어 있는 것이 아니라 그 반대로 지배자의 상전으로 군림하고 있다.

국가와 국민을 지배하는 것은 일반의지로서의 법이지 개별의지로서
의 지배자의 정치적 의지는 아니다.

오늘날 우리는 민주주의와 법치주의의 세계에서 살고 있다. 이 제
도의 본질과 고유한 가치를 재차 확인하기 위해서도 루소 연구는 필
요한 학문적 과제로 되어 있음이 틀림없다.

2. 사회계약

루소는 사회계약의 목적을 다음과 같이 묻고 있다.

"어떻게 하면 전체의 공동의 힘에 의하여 모든 사회구성원의 신체 및 재산
을 방위하고 보호할 수 있는 사회형태를 발견할 수 있을 것인가? 그리고 그것
에 의하여 개개인이 다른 모든 사람과 결합하였음에도 불구하고 여전히 자기
자신에게만 복종하고 이전과 마찬가지로 자유로울 수 있을 것인가?"[1]

이 물음의 전반부는 국민의 생명과 재산을 안전하게 보호할 수 있
는 법치국가형태를 어떻게 발견할 수 있을 것인가에 관련되고, 그 후
반부는 자율적인 지배형태로서의 민주주의가 어떻게 가능할 것인가
에 관련된다. 사회계약은 이 물음에 대답을 주고자 하는 것이다. 그러
면 사회계약은 어떠한 이론구성에 의하여 이에 대한 대답을 줄 수 있
을 것인가?

다른 사회계약론자들과 마찬가지로 루소도 자연상태(status natu-
ralis)를 전제한다. 이 자연상태는 법질서 이전의 상태로서 무제한한

---

1) J. J. Rousseau, *Du Contrat Social(Der Gesellschaftsvertrag)*, hrsg. von
   Heinrich Weinstock, 1968, I. 4, S. 43.

자연적 자유(natürliche Freiheit)가 타당한 곳이다. 여기서는 각자가
자신의 자연적 자유를 통하여 자기보존을 한다. 이 자연적 자유는 자
기보존을 위한 자연권으로서 타인과의 사이에 있어서 아무런 제한도
받지 아니한다. 자기보존을 위하여 필요한 한, 타인의 생명·신체를
해치는 것이나 타인의 재산을 약탈하는 것이나 타인을 노예로 삼는
것도 허용되어 있다. 여기는 힘이 지배하는 곳이지 법이 지배하는 곳
은 아니다. 약육강식의 자연법칙이 타당한 곳에서는 아직 이성의 법
칙으로서의 법은 존재하지 않는다.

　이러한 자연상태에서는 각자에게 자연권이 주어져 있지만 그것은
체력이나 정신력의 불평등성 때문에 약자에게는 자기보존의 수단으
로서 무용할 뿐만 아니라 각자의 자연권의 충돌로 말미암아 전쟁상태
는 그칠 날이 없다. 이러한 상태는 오래 지속될 수 없고, 따라서 인간
이 그들의 생활양식을 바꾸지 아니하는 한, 인종은 멸망하고 말 것이
라고 한다.[2]

　그렇다면 어떻게 인간은 그들의 생활양식을 바꿀 수 있을 것인가?
루소에 의하면 그것은 사회계약을 통하여 국가를 창설하고 법질서를
확립하는 길밖에 없다. 왜냐하면 인간은 새로운 힘을 만들 능력이 없
고 다만 종래에 갖고 있던 힘을 합하여 하나의 결합체를 만들어 자연
상태를 극복할 수 있도록 운용하는 것 이외의 다른 방법이 없기 때문
이다.[3] 그 하나로 뭉친 결합체가 국가이며 그 결합행위가 사회계약
이다.

　루소의 사회계약은 사회구성원 전원이 그들의 자연권을 완전히 포
기함으로써 성립한다. 이와 같이 사회구성원 전체가 그들의 자연권을

2) Rousseau, a.a.O., I. 6, S. 42.
3) Rousseau, a.a.O., I. 6, S. 42.

모두 포기함으로써 비로소 만인은 평등한 상태에 놓이게 된다. 왜냐
하면 자연상태에서 각자가 가지고 있었던 자연권은 불평등한 것이었
기 때문이다. 이 점을 루소는 다음과 같이 말한다.

"기본계약은 자연적 평등을 없애는 것이 아니라 오히려 그 반대로 자연에
의하여 인간 사이에 야기시켜 놓은 사실상의 불평등 대신에 도덕적 및 법적 평
등을 마련하여 주고 그 결과 비록 그들이 신체적 및 정신적 능력에 있어서 불
평등하다 할지라도 합의와 권리에 의하여 만인이 평등하게 되는 것이다."[4]

이와 같이 사회계약은 권리 불평등의 자연상태를 권리평등의 법적
상태로 바꾸어 놓는다.

자연상태에 있어서는 법적 권리개념은 존재하지 않으며 다만 사실
적 권리개념이 존재할 뿐이다. 이것은 타인의 권리를 고려하지 않은
자기만의 권리개념이다. 즉 각자의 자연권이다. 이 자연권은 타인의
권리에 의하여 제한을 받지 않는 일방적 권리이며 힘에 바탕한 무제
한의 권리이다. 이러한 권리는 강자에게는 실효성이 있을지 모르지만
약자에게는 아무런 소용도 없다. 따라서 그것은 불평등한 권리이며
법적으로 무의미한 것이다. 왜냐하면 법은 타인의 권리를 전제한 상
대적인 권리만을 인정하기 때문이다. 즉 법적 권리는 타인의 권리와
충돌하지 않는 한도 내에서만 그 권리성이 승인된다. 이런 의미에서
법적 권리는 쌍방적이며, 상대적이며, 제한적이다. 그리고 이러한 권
리가 객관화되면 공존조건으로서의 법이 성립되는 것이다. 따라서 법
상태에 있어서는 권리평등이 전제되며 자연상태에 있어서는 권리불
평등이 전제된다. 루소가 사회계약에 의하여 확립된 시민상태의 법질

---

4) Rousseau, a.a.O., I. 9, S. 53.

서를 권리평등에 두고 있음은 법의 본질상 당연한 논리적 귀결이다.
그래서 "사회계약은 만인이 동등한 조건에 대하여 의무를 지고 만인
이 동등한 권리를 향유하는 평등을 시민 사이에 확립하는 데 있다"라
고 말하는 것이다.[5]

사회계약을 체결함에 있어서 각자가 자연적 권리를 포기 또는 양도
하는 것은 아무것도 손해볼 것이 없다. 왜냐하면 계약체결시에 각자
가 포기 또는 양도하는 그 자연적 권리는 법적 권리에 의하여 교환되
기 때문이다. 이 점을 루소는 다음과 같이 표현한다.

"사회계약에 의하여 인간이 입는 손해는 그의 자연적 자유를 포기하였다는
데 있다. 그러나 그 대신 얻는 이익은 시민적 자유를 획득하였다는 데 있다. 어
느 쪽이 이익이 되는지를 똑바로 알기 위하여 우리는 개인의 힘에만 의존되어
있는 자연적 자유와 일반의지에 의하여 제한된 시민적 자유를 정확히 구별하
지 않으면 안 된다."[6]

이러한 구별을 받아들인다면 사회계약에 있어서 개인 측으로부터
정말로 권리를 포기하였다고 주장하는 것은 잘못된 것이며 오히려 그
계약의 결과 그들의 상태는 이전보다 훨씬 나아졌다는 것이 밝혀진
다. 따라서 그들은 양도에 의하여 유리한 교환을 한 셈이다. 즉 불안전
하고 불확실한 생활양식을 보다 낫고 보다 안전한 생활양식으로 바꾸
며, 자연적 고립을 자유로 바꾸고, 타인을 해치는 힘을 그들 자신의 안
전으로 바꾸며, 타인을 굴복시킬 수 있는 힘을 사회적 결합에 의하여
단단한 권리로 바꾼 것이다.[7]

5) Rousseau, a.a.O., II. 4, S. 63.
6) Rousseau, a.a.O., I. 8, S. 49.
7) Rousseau, a.a.O., II. 4, S. 64.

이상의 설명에서 알 수 있듯이 사회계약은 힘이 지배하는 사실상태를 법이 지배하는 권리상태로 바꾸어 놓는 정당화 작업 이외의 아무것도 아니다. 그래서 루소도 사회계약은 권리의 기초를 마련하는 데 있으며, 그 권리는 자연으로부터 오는 것이 아니라 약속으로부터 온다고 말한다.[8] 물론 여기서 말하는 권리는 법적 권리이다. 그런데 이 법적 권리는 항상 동시에 의무를 수반한다. 즉 타인의 실존조건을 존중할 의무를 수반하는 권리이다. 왜냐하면 의무 없는 권리는 공존조건으로서의 법의 세계에서는 있을 수 없기 때문이다. 따라서 사회계약을 규범적 관점에서 바라보면 그것은 공존자 상호간의 존중의무를 내용으로 하는 약속이다.[9] 이렇게 해서 공존조건으로서의 법질서의 기초가 확립된다. 그러므로 사회계약에 있어서 자연적 자유를 포기하고 시민적 자유를 획득하는 것은 유리한 교환일 뿐만 아니라 사회형식의 필수적 기본조건이다. 이 조건 없이는 인간 상호간의 자유의 공존은 불가능하다.

사회계약을 통하여 인간이 얻는 이익은 이러한 시민적 자유에만 국한되는 것이 아니다. 더 나아가서 인간에게 있어서 가장 중요한 '도덕적 자유(sittliche Freiheit)'를 동시에 얻는다는 점이 간과되어서는 안 된다. 이 자유는 루소에 있어서는 인간의 자기발전조건(Selbstentfaltungsbedingung)으로 파악되어 있다. 그는 다음과 같이 말한다.

"이 시민상태에서는 인간의 능력은 발현될 수 있고 그의 이념은 신장될 수 있고 그의 감정은 순화될 수 있고, 그의 전 영혼은 높이 승화될 수 있을 것이다. 그리고 인간이 이러한 새로운 상태를 남용함으로 인하여 그가 탈출한 자연상

---

8) Rousseau, a.a.O., I. 1, S. 30.
9) 이에 관해서는 H. Reiner, 'Rousseaus Idee des Contrat Social und die Freiheit der Staatsbürger', in: *ARSP* 39(1950), S. 48 이하 참조.

태로 자신을 다시 밀어 넣지 않는 한, 그를 자연상태로부터 영원히 탈출시켰던 그리고 아직 도덕화되어 있지 않은 하나의 제한된 동물을 이성적 존재인 인간으로 만들었던 저 행복한 순간을 축복하지 않을 수 없을 것이다."[10]

이와 같이 루소에 있어서 도덕적 자유는 "인간을 비로소 진정한 자기 자신의 주인으로 만드는 것이다. 왜냐하면 단순한 욕구의 동물은 본능의 노예를 의미하는 것이지만 자기 자신이 확립한 법칙에 종속하는 것은 자유를 의미하기 때문이다."[11] 이 점에서 루소의 도덕적 자유 개념은 칸트의 그것과 완전히 동일하다.[12] 우리는 여기에서 칸트에 앞서 또 한 사람의 위대한 계몽주의 철학자를 쉽게 찾아볼 수 있다.

루소의 사회계약은 보다 높은 차원에서 인간실존의 깊은 의미에 연관되어 있다. 즉 사회계약은 단순히 동물적 존재로서의 인간의 생존을 가능케 한다는 데서 그 의의를 다하는 것이 아니라 오히려 도덕적 존재로서의 인간의 실존을 가능케 한다는 점에 그 중점을 두고 있다. 그래서 그는 이렇게 말한다.

"자연상태로부터 시민상태로의 이행은 인간에게 아주 괄목할만한 변화를 가져다준다. 즉 인간의 행위는 본능 대신에 정의에 좇게 되고 그것에 종래까지 결하여 있었던 도덕적 의미가 부여된다. 이때 비로소 의무의 소리는 본능적 동물과 탐욕의 권리를 추방하고 지금까지 오로지 자기 자신만을 위하여 행동했던 인간은 다른 원칙에 따라 행동하지 않을 수 없음을 알게 된다. 즉 인간은 자기의 본능적 성향에 따르기에 앞서 그의 이성에 조언을 구하게 된 것이다."[13]

---

10) Rousseau, a.a.O., I. 8, S. 49.
11) Rousseau, a.a.O., I. 8, S. 49.
12) 칸트의 도덕적 자유개념에 관하여는 심재우, '인간의 존엄과 법질서', 법률행정논집 제12집(1974), 104면 이하 참조.
13) Rousseau, a.a.O., I. 8, S. 48.

자연상태에서 인간은 도덕화되어 있지 않은 제한된 동물로서 동물적 법칙에 따라 살 수밖에 없었지만 사회계약을 통하여 시민상태에 들어와서는 인간은 하나의 도덕적 존재로서 이성의 법칙에 따라 살 수 있게 된 것이다.

결국 사회계약에 의하여 인간은 자기보존조건과 자기발전조건을 동시에 얻은 셈이다. 전자는 시민적 자유의 획득에 의하여, 후자는 도덕적 자유의 획득에 의하여 인간의 실존조건의 기초가 마련된 것이다.

3. 일반의지와 법률

사회계약에 의하여 일반의지가 탄생된다. 그런데 루소의 사회계약론에 있어서 특히 난해한 것은 '일반의지(volonté générale)'의 개념이다.[14] 일반의지는 '전체의지(volonté de tous)'와는 구별되는 개념이다. 전체의지는 주관적 '특수의지(volonté particuliére)'의 총화를 의미하는 것이지만,[15] 일반의지는 이러한 개별적 특수의지의 집합개념이 아니라 하나의 객관적 의지를 말한다. 그러므로 일반의지는 결코 다수결주의를 뜻하는 것이 아니다. 아무리 다수의 의견이 합치한다 할지라도 그것은 일반의지와 일치하지 않을 수 있으며, 그 반대로 아무리 소수의 의견이라 할지라도 그것은 일반의지에 부합할 수 있다.

---

14) 루소의 '일반의지'는 해석자에 따라서는 유토피아적 이념으로 보기도 하고(예컨대 H. Höffding, *Rousseau und seine Philosophie*, 1897, S. 135 이하), 보편타당한 의지로 보기도 하며(예컨대 R. Stammler, 'Begriff und Bedeutung der volonté générale bei Rousseau', 1912, in: *Rechtsphilosophische Abhandlungen und Vorträge von Rudolf Stammler*, 1925, Bd, I, S. 377 이하), 현실적인 질서원칙으로 보기도 하고(예컨대 R. Smend, *Verfassung und Verfassungsrecht*, 1928, S. 69 f.), 이성에 기초한 자연력으로 보기도 한다(예컨대 I. Fetscher, Rousseaus politische Philosophie, 2. Aufl., 1968, S. 119 이하).

15) Rousseau, a.a.O., II. 3, S. 58.

왜냐하면 집합된 전체의지는 어디까지나 사익의 총합에 지나지 않는 것이며 그 자체 공익의 일반성을 뜻하는 것이 아니기 때문이다.[16) 결국 "의지를 일반적으로 만드는 것은 투표자의 수에 의하는 것이 아니라 그들을 결합시키는 공통의 이익이다."[17) 즉 일반의지는 공통의 이익을 기초로 한 사회의 구성원리를 말하는 것이며 어떤 현실적인 인간의 개별의지나 집합의지를 말하는 것이 아니다. 그것은 그 본질에 있어서 규범(Norm)이며 의지(Wille)가 아니다.[18) 그것은 법질서의 척도(Maß)이며 의지의 작용(Akt)이 아니다.[19) 그것은 공공복리(Gemeinwohl)에 지향되어 있는 국가목적을 말한다. 그래서 루소는 다음과 같이 말한다.

"일반의지만이 국가의 설립목적인 공공복리에 따라 국가의 힘을 지도할 수 있다. 왜냐하면 개개인의 이익의 대립이 사회의 설립을 필요하게 하였다면 그 설립을 가능하게 하였던 것은 그 이익의 일치이기 때문이다. 서로 대립되는 이러한 이익의 공통점이 사회의 결합을 가능하게 한다. 모든 이익을 일치시키는 하나의 초점이 없다면 사회는 존립할 수 없을 것이다. 사회는 오로지 이 공통이익에 따라 통치되지 않으면 안 된다."[20)

일반의지의 내용이 무엇인지 이것으로 명백하게 되었다. 그것은 결코 모호한 개념이 아니며 모든 개인의 이익을 수렴하여 균제하는 공통의 이익을 뜻하는 것이다. 즉 일반의지는 일반이익이다. 일반이

---

16) Rousseau, a.a.O., II. 3, S. 59.
17) Rousseau, a.a.O., II. 4, S. 63.
18) M. Imboden, *Rousseau und die Demokratie*(Recht und Staat, Nr. 267), 1963, S. 11.
19) M. Imboden, a.a.O., S. 11.
20) Rousseau, a.a.O., II. 1, S. 54.

익은 어느 한쪽의 이익 때문에 다른 쪽의 이익을 희생시킬 수 없다. 그
렇게 되면 이익의 일반성이 상실되기 때문이다. 그러므로 이익의 일
반성은 이익의 평등성에 기초하고 있다. 즉 모든 사람의 이익을 평등
하게 규제하는 공통이익이 일반이익이므로 평등의 개념이 전제되어
있다. 그래서 루소도 "일반의지는 성질상 평등에 지향되어 있고 특수
의지는 불평등에 지향되어 있다"라고 말한다.[21]

그런데 여기서 말하는 평등은 자유의 평등을 뜻하는 것이지 부자유
의 평등을 의미하는 것은 아니다. 자유 없는 평등은 자유로운 인간사
회의 질서개념으로서는 무의미한 것이며 획일적인 부자유의 동등사
회로 전락할 수밖에 없다. 예컨대 공산주의 사회에서의 자유 없는 평
등의 질서구조가 여기에 속한다. 그러나 "자유는 평등 없이는 성립하
지 아니한다."[22] 왜냐하면 어느 한쪽의 자유가 다른 쪽의 자유와 평등
을 유지할 수 있는 한에 있어서만 공존조건으로서의 자유는 존재할
수 있기 때문이다. 결국 자유와 평등은 상관적인 표리(表裏) 개념으로
되어 있으며 어느 한쪽이 부정되면 다른 쪽도 부정된다. 그러므로 자
유는 평등 가운데서만 존재할 수 있고 평등은 자유 없이는 존재할 수
없다. 거꾸로 말하면 불평등은 자유의 공존을 불가능하게 하고 부자
유는 평등의 조건을 결하고 있다. 자유와 평등의 이러한 개념적 상호
의존성은 인간사회의 존재론적 구조에 근거하고 있다. 인간은 타인과
공존하고 있는 사회적 존재이다. 혼자 살고 있는 또는 혼자 살 수 있는
인간존재는 현실세계에는 존재하지 아니한다. 타인과의 공존을 전제
할 때 각자의 자연적 자유는 타인의 자연적 자유와 서로 조화되는 한
도 내에서 제한되어야 한다. 이와 같이 타인 때문에 제한된 자유가 바

---

21) Rousseau, a.a.O., II. 1, S. 54.
22) Rousseau, a.a.O., II. 11, S. 87.

로 법적 자유이다. 따라서 이 법적 자유 안에 평등은 이미 개념필연적
으로 내포되어 있다. 모든 사람이 다 같이 평등하게 자유로울 수 있는
질서원칙, 바로 이것이 루소에 있어서의 '일반의지'이며, 칸트에 있어
서의 '일반법칙'이다.[23]

일반의지가 자유와 평등의 질서원칙을 뜻하는 것이라면 그것은 또
한 정의의 원칙을 의미한다. 왜냐하면 정의의 구성적 내용은 자유와
평등이기 때문이다. 그래서 루소는 일반의지는 항상 정당하며 절대로
오류를 범할 수 없다고 한다. 그것은 언제나 만인의 평등한 이익에 지
향되어 있기 때문이다.[24] 따라서 그 일반의지는 그것이 단순히 존재
한다는 사실에 의하여 곧 따라야 할 당위가 된다고 한다.[25] 그것은 정
의로 지향되어 있는 '법의지(Rechtswille)'의 대명사이며 법적 이성으
로서의 '자연법(Naturrecht)'이다.[26] 루소는 일반의지의 개념하에서
법과 정치가 준거해야 할 '정의의 법칙(règle de justice)'으로서의 자
연법을 제시하였던 것이다. 그는 사회계약론 제1편 서두에서 이 점을
밝히고 있다.

"나는 인간을 있는 그대로 받아들이고 법을 있을 수 있는 가능한 형태로 받
아들일 때 시민적 헌법질서 속에 어떠한 정당하고 확실한 통치의 원칙이 있을
수 있는가를 연구하고자 한다. 이 연구에서 나는 정의와 이익이 분리되지 않도
록 권리가 허용하는 바와 일반이익이 명하는 바를 항상 결합시키고자 노력할
것이다."[27]

---

23) 칸트의 자유의 일반법칙에 관해서는 심재우, '인간의 존엄과 법질서', 118면
이하 참조.
24) Rousseau, a.a.O., II. 3, S. 58.
25) Rousseau, a.a.O., I. 7, S. 47.
26) I. Fetscher, *Rousseaus politische Philosophie*, 1968, S. 119 이하; M. Imboden,
a.a.O., S. 11.
27) Rousseau, a.a.O., I. Vorwort, S. 29.

법질서를 확립하는 입법의 목적이 이 일반의지의 실현에 있음은 두 말할 나위도 없다. 왜냐하면 법질서는 사회계약의 목적인 자유와 평등을 실현시키는 수단이기 때문이다. 이 점을 루소는 다음과 같이 말한다.

"모든 입법체계의 목적이 되어야 할 만인의 최대의 행복이 어디에 존재하는가를 살펴보면 우리는 그것이 두 가지 중요한 대상, 즉 자유와 평등에 귀착됨을 알 수 있을 것이다."[28]

루소에 있어서 법률은 일반의지의 문서이다.[29] 그것은 우리들 자신의 계약의지의 내용을 기록해 놓은 것이다. 오늘날 자유민주주의 국가의 헌법을 '사회계약의 문서'라고 일컫는 것도 이러한 의미이다. 자유와 평등을 사회의 기본질서로 확립하고 보장하기 위하여 만들어지는 법률이 일반의지의 표현임은 당연하다. 그러므로 법률은 일반의지의 본질에 따라 공공의 이익과 공공의 복리에 지향되어진 정의의 의지를 실현하는 것이다.

루소의 사회계약론은 법철학적 관점에서 바라보면 일종의 자연법론이다. 일반의지는 사회계약에 의하여 탄생된 자연법 이외의 아무것도 아니다. 다만 그것이 고대나 중세의 자연법개념과 다른 점은 '자연의 본성'이나 '신의 본성'에 근거한 것이 아니고 '인간의 본성'으로부터 출발하였다는 점에 있다. 즉 인간존재의 본질적 속성인 자유를 기초로 한 계몽적 자연법개념을 사회계약의 이론을 통하여 확립한 것이다.[30]

---

28) Rousseau, a.a.O., II. 11, S. 87.
29) Rousseau, a.a.O., II. 6, S. 70; III. 11, S. 133; III. 15, S. 140.
30) 이러한 루소의 자연법개념은 프랑스 인권선언에 그대로 반영되어 있다.
　　제1조: "인간은 자유롭게 태어났으며 평등한 권리를 갖고 있다."
　　제4조: "자유란 타인에 대하여 유해하지 아니한 일체의 행위를 할 수 있는 권

4. 국가의 본질과 국가권력의 한계

일반적으로 사회계약에 의하여 탄생되는 국가개념에는 두 가지가 있다. 하나는 '이념으로서의 국가(Staat als Idee)'이고, 다른 하나는 '힘으로서의 국가(Staat als Macht)'이다. 이념으로서의 국가는 계약목적에 상응한 시민헌법의 구조 자체를 말하며, 힘으로서의 국가는 그 시민헌법의 보장자를 뜻한다.

칸트에 있어서의 국가는 '순수한 실천이성의 원칙의 선험적 형식(eine Form von reinem praktischem Vernunftprinzip a priori)'을 뜻하는 것인데 이것을 그는 시민헌법(bürgerliche Verfassung)이라고 말한다.[31] 그러므로 그는 국가를 정의하여 '다수의 인간이 법률을 통하여 결합된 것(Vereinigung einer Menge von Menschen unter Rechts-gesetzen)'이라고 한다.[32] 이러한 의미에서의 국가는 하나의 이념적인 법적 통일체로 파악되어 있다.

홉스에 있어서의 국가는 이와는 달리 하나의 힘으로서의 국가이다. 그는 국가를 '다수인의 계약을 통하여 모든 사람의 의지가 한 사람의 의지로 결합되어 있는 단 하나의 인격(eine Person)'으로 파악한다.[33] 이것은 일종의 의인화된 국가개념에 해당하는 것이며 그 단 하나의 인격은 현실적인 주권자를 뜻한다.

리이다. 모든 인간의 자연적 권리의 행사는 사회의 다른 구성원에게도 이러한 자연적 권리의 향유를 보장하기 위하여 갖는 한계 이외의 다른 한계를 갖지 아니한다. 이 한계는 법률에 의해서만 정해질 수 있다."

31) Kant, *Die Metaphysik der Sitten*, in: Kant—Werke, Hrsg. von Wilhelm Weischedel, Bd. 7, 1968, S. 431, 438; ders., *Über den Gemeinspruch*, in: Kant—Werke, Bd. 9, 1968, S. 157, 160, 163 이하.

32) Kant, *Die Metaphysik der Sitten*, S. 431.

33) Hobbes, *Vom Menschen Vom Bürger*, hrsg. von Günter Gawlick, 1959, Kap. 5, Art.9, S. 129.

그러나 루소에 있어서 주권자는 사회계약에 의하여 형성된 공적 인
격체로서의 국가주체이다.[34] 그러므로 여기서의 주권자는 현실적인
지배자나 통치자를 뜻하는 것이 아니고 사회계약에 의하여 결합된 하
나의 이념적 통일체를 말한다. 그래서 루소는 "국가를 형성하는 도덕
적 인격은 인간이 아니기 때문에 하나의 이념으로서만 파악될 수 있
다"라고 한다.[35] 결국 루소의 국가는 칸트의 그것과 마찬가지로 하나
의 이념으로서의 국가이다. 따라서 루소는 그것을 '정신적 통일체
(geistiger Gesamtkörper)'라고 표현하기도 한다.[36]

이념으로서의 국가는 힘에 의하여 정당화되는 것이 아니라 가치에
의하여 정당화된다. 즉 어떠한 법가치를 실현할 것인가에 따라 그 권
위는 승인되기도 하고 부정되기도 한다. 여기서는 단순히 자연상태를
극복하고 질서상태를 마련할 힘이 있다는 데서 그 권위성을 승인받는
것이 아니라 정당한 질서를 형성한다는 데 그 권위의 근거를 가지고
있다. 즉 정의의 가치가 법적 안정성에 우선한다. 이념으로서의 국가
는 정의의 가치를 실현시키는 데 있으며 그 한계 내에서 국가권력은
정당화된다.

루소에 있어서 그 이념은 일반의지이다. 국가는 일반의지의 화체
(化體)이며, 국가권력은 일반의지의 작용이다. 따라서 국가의 본질과
국가권력의 한계는 일반의지에 구속된다. 우선 국가는 정의를 실현하
는 단체로서 악(惡)을 행할 수 없다. 국가가 악을 행하는 것은 국가의
도덕성의 요청에 정면으로 반하는 것이며 그것은 강도단체로 전락한
다. 국가는 강제단체이기는 하지만 강도단체는 아니다. 따라서 국가
는 자기의 존재근거인 계약목적에 반할 수 없으며 그의 구성원을 해

---

34) Rousseau, a.a.O., I. 6, S. 44.
35) Rousseau, a.a.O., I. 7, S. 47.
36) Rousseau, a.a.O., I. 6, S. 44.

칠 수 없다. 국가가 계약목적에 위반한다는 것은 그의 존재의미를 상실케 하는 것이며, 국가가 그의 구성원을 해친다는 것은 자해행위를 의미하기 때문이다. 그래서 루소는 다음과 같이 말한다.

"주권자는 그것을 구성하는 개개인으로부터만 성립되므로 그들의 이익과 상충되는 어떠한 이익도 가지고 있지 않으며 또한 가질 수도 없다. 그 결과 주권자의 권력은 신민에 대하여 아무런 보증도 필요하지 않다. 왜냐하면 국가가 그의 구성원을 해칠 의지를 갖는다는 것은 불가능하기 때문이다."37)

여기에서 알 수 있듯이 루소의 국가는 본질상 악을 행할 수 없는 존재이다.38)

루소에 있어서 국가권력은 일반의지의 행위이다. 국가가 일반의지의 화체로서의 정신적 인격이라면 국가권력은 그 인격체의 생명을 유지, 보존하기 위한 작용이다.39) 이를 위하여 국가는 보편적인 강제력을 필요로 하며, 그것은 마치 인간에게 그의 수족을 지배할 힘이 주어지는 것과 같이 국가에게도 그의 구성원을 지배하기 위하여 주어진다. 그리고 그 힘은 일반의지에 의하여 지도되며 그 한계 내에서 국가권력으로 정당화된다.40) 일반의지는 사회계약의 합의내용, 즉 만인이 평등하게 자유로울 수 있는 질서구조를 뜻하므로 국가권력의 작용도 이러한 질서를 형성하고 보장하기 위한 목적을 위하여서만 사용될 수 있다. 그 밖의 다른 목적을 위하여 국가권력은 남용될 수 없다. 그래서 루소는 "주권적 권력은 그것이 아무리 무제한하고 신성하고 불

---

37) Rousseau, a.a.O., I. 7, S. 47.
38) "The King can do no wrong!"이라는 명제는 루소의 국가철학에서도 타당성을 갖는다.
39) Rousseau, a.a.O., II. 4, S. 60.
40) Rousseau, a.a.O., II. 4, S. 60.

가침이라 할지라도 결코 일반적 합의의 한계를 벗어나지 아니하며 또한 벗어날 수도 없다"라고 말한다.[41] 국가권력의 본질적 내용과 한계는 이렇게 명시되어 있다. 그것은 오로지 사회계약의 일반적 합의내용으로 되어 있는 평등한 자유를 실현시킬 목적을 위해서만 사용될 수 있는 것이다. 국가권력의 행사는 강제로 나타나지만 그것은 강제를 위한 강제가 아니라 자유를 위한 강제이다. 왜냐하면 일반의지에 반하는 행위는 그 자체 자유의 세계를 벗어나는 것이므로 그것은 강제에 의하여 다시 자유의 세계로 밀어 넣어져야 하기 때문이다. 즉 '자유로의 강제(Zwang zur Freiheit)'이다. 이 점을 루소는 다음과 같이 언급한다.

"사회계약이 공약(空約)이 되지 않기 위하여는 다음과 같은 의무를 묵시적으로 내포한다. 즉 그 의무는 일반의지에 복종을 거부하는 자는 국가에 의하여 그곳으로 강제된다는 점에 있다. 이것은 바로 인간을 자유로 강제한다는 것을 뜻한다."[42]

이와 같이 루소에 있어서 국가권력은 그 본질상 선(善)을 위하여서만 작용할 수 있는 것이며 결코 악을 위하여 남용될 수는 없다.

그럼에도 불구하고 국가권력은 현실적으로 남용된다. 그러나 루소에 있어서는 이 경우에도 국가가 그의 권력을 남용하는 것이 아니라 정부가 국가의 권력을 남용하는 것이다.

루소에 있어서 국가와 정부는 동일한 개념이 아니다. 국가는 일반의지의 이념적 통일체로서 주권자이지만 정부는 그 주권자의 주권,

41) Rousseau, a.a.O., II. 4, S. 64.
42) Rousseau, a.a.O., I. 7, S. 48.

즉 국가권력을 위임받아 집행하는 통치자에 지나지 않는다. 이 점을 루소는 다음과 같이 설명하고 있다.

"국가권력은 그 힘을 총괄하고 그것을 일반의지의 지도하에서 작용시킬 수 있는 자신의 업무상의 대리인을 필요로 한다 … 이것이 국가에 있어서 정부가 존재하는 이유이다. 따라서 그 정부는 국가의 도구에 지나지 않는다. 그럼에도 불구하고 양자는 종종 혼동된다. 그러면 도대체 정부란 무엇인가? 그것은 신민과 주권자 사이를 연결시키고 법률의 집행과 시민적 및 정치적 자유를 유지할 임무를 담당하고 있는 하나의 매개단체이다. 이것을 왕(Roi) 또는 통치자(Prince)라고 부르는데 … 그는 주권자의 단순한 관리로서 주권자에 의하여 위임된 권력을 주권자의 이름 아래 행사하는 수임자, 즉 하나의 관직에 지나지 않는다."43)

그러므로 정부가 국민에게 내리는 명령은 주권자의 의지를 위임받아서 내리는 것이며 결코 자기 자신의 의지에 기초한 것이 아니다. 정부는 계약에 의하여 생긴 것이 아니기 때문에 자신의 의지를 가질 수 없고 단지 주권자의 의지를 집행할 따름이다. 이러한 집행자에 지나지 않는 정부가 주권자의 의지를 자기 것으로 탈취하여 사용하는 경우가 국가권력의 남용이다.

국가권력의 남용에는 두 가지 형태가 있다. 하나는 폭정(Tyrannei)이고 다른 하나는 찬탈(Usurpation)이다. 전자는 통치자가 법률에 따라 통치하지 않고 자기의 자의(恣意)에 따라 다스리는 경우이고, 후자는 법률에 따라 통치권을 획득하지 않고 비합법적으로 왕권을 손에 넣는 경우이다.44) 루소에 있어서는 그 어느 경우를 막론하고 이때 사

43) Rousseau, a.a.O., III. 1, S. 93.
44) Rousseau, a.a.O., III. 10, S. 130 이하.

회계약은 무효로 되며 국가는 해체된다.[45] 국가가 해체되면 자연상태
가 되돌아오고 각자는 그들의 자연권을 다시 획득하며 그것은 저항권
(Widerstandsrecht)으로 변화한다. 이러한 결론은 사회계약의 이론으
로부터 필연적으로 도출된다. 국가성립 이전의 자연상태에서 각자는
자기보존을 위하여 자연권을 갖고 있다. 그러나 이 자연권은 각자의
체력과 정신력의 차이로 인하여 자기보존의 기능을 발휘하지 못한다.
그래서 모든 사람은 사회계약을 통하여 그들의 자연권을 국가에게 양
도한다. 그 양도된 자연권이 국가권력이다. 결국 국가권력은 자연권
의 전화된 모습이다. 그러므로 국가권력은 자연권의 본래적 기능, 즉
개인의 생명, 신체, 재산을 보호해야 할 기능 이외의 다른 기능을 가질
수 없다. 이것이 국가권력의 내재적 한계이다. 그럼에도 불구하고 국
가권력이 정부에 의하여 남용될 때는 이 내재적 한계를 벗어나는 것
이며 그것은 오히려 역기능을 발휘하게 된다. 이것은 명백한 계약위
반이다. 그런데 이 계약위반의 효과는 자연권이 각자에게 되돌아온다
는 점에 있다. 왜냐하면 국가에 의하여 보호를 받지 못하는 한, 각자는
자기보호를 스스로 떠맡지 않으면 안 되기 때문이다. 그리고 이와 같
이 되돌아온 자기보존권은 저항권으로 변화한다. 결국 저항권의 행사
는 자기보존권의 행사 이외의 아무것도 아니다.[46]

국가권력의 남용은 사회계약을 파기하고 국가의 해체를 가져오는
대변화를 초래한다. 이것은 인간이 자연상태로 되돌아가 원점에 놓인
다는 것을 뜻한다. 이 점을 루소는 다음과 같이 서술한다.

"통치자가 이미 법률에 따라 다스리지 아니하고 주권을 남용하는 경우에는

---

45) Rousseau, a.a.O., III. 10, S. 130.
46) 루소의 저항권에 관하여 자세한 것은 Zai-Woo Shim, *Menschenwürde und
Widerstandsrecht*(Dissertation), 1973, S. 154 이하 참조.

현저한 변화가 일어난다. 즉 정부가 우그러드는 것이 아니라 국가가 절단난다. 이것이 의미하는 바는, 거대한 국가가 해체되고 정부의 구성원들로만 형성되는 하나의 새로운 국가가 생겨나고 그리고 그 국가는 나머지 국민들에 대해서 주인노릇을 하는 폭군으로 들어앉는다는 점이다. 정부가 이와 같이 주권을 남용하면 사회계약은 깨지고 모든 시민은 당연히 그들의 자연적 자유를 다시 획득한다 … 이와 같은 것은 정부의 구성원들이 공적으로만 행사하여야 할 권력을 사적으로 남용하는 경우에도 일어난다. 이것도 법률위반이며 더 큰 혼란을 야기한다. 이때에는 말하자면 관리만큼 많은 수의 통치자가 생겨나게 되므로 국가는 정부와 마찬가지로 분할되어 멸망하든지 그 형태를 바꾸든지 한다. 정부에 의한 국가권력의 남용은 그것이 어떠한 형태이든 국가의 해체를 가져오며, 이 경우를 일반적으로 자연상태(Anarchie)라고 부른다."47)

이상의 설명으로 알 수 있는 바와 같이 국가권력의 남용은 자연상태를 다시 만들어 놓는다. 그런데 여기에서 간과해서는 안 될 것은 이 경우의 자연상태는 사회계약 이전의 원래의 자연상태보다 더 나쁜 상태라는 점이다. 국가성립 이전의 자연상태에서는 인간은 만인의 만인에 대한 투쟁만하면 되었지만 지금 재현된 자연상태에서는 정부까지 그 대상으로 추가되어 있기 때문이다. 그러나 이와 같이 이중으로 어려움이 가중된 자연상태를 극복하기 위해서는 국민의 주권행사에 의하여 다시 사회계약을 맺는 것 이외의 다른 방법이 없을 것이다.

5. 지배와 피지배의 동일성의 원리(민주주의의 이론적 기초)

루소의 사회계약론에 있어서 가장 탁월한 것은 국민주권의 이론과

---

47) Rousseau, a.a.O., III. 10, S. 130.

자율적 지배원리에 입각하여 민주주의를 이론적으로 정당화했다는
데 있다.

 "모든 권력은 국민으로부터 나온다"라는 국민주권의 명제는 오늘
날 모든 민주주의 국가의 헌법에 빠짐없이 기록되어 있다. 이것은 모
든 권력의 근원은 국민에게 있다는 것이며 국민이 주권자라는 뜻이
다. 그러면 루소의 사회계약론에 있어서 이것은 어떻게 정당화되며
그 주권은 어떻게 행사되는가?

 루소에 있어서 '주권자'라는 말은 두 가지 의미로 쓰이고 있는데,
하나는 '국민'이고 다른 하나는 '국가'이다. 이것은 사회계약에 의하
여 탄생된 하나의 결합체를 측면을 달리하여 보는데 지나지 않으며
본질적인 차이는 없다. 즉 그 결합체를 조직화된 현실적인 인간의 집
단으로 보면 국민이고, 이념적인 통일체로 보면 국가가 되는 것이다.
그러나 어느 측면에서 보든 이 주권자라는 개념은 사회계약을 통하여
비로소 생겨날 수 있다. 사회계약 이전에는 개개인의 인간들만이 존
재할 뿐이므로 하나의 결합된 전체로서의 국민이나 국가의 개념은 존
재하지 않으며, 따라서 주권자도 존재하지 아니한다. 물론 하나의 전
체로서의 결합체가 이루어지고 난 후에도 개인의 자격으로서의 인간
은 존재하나 그때의 개인은 이미 국가의 구성원으로서의 '신민
(Subjet)'이다. 따라서 루소는 "주권자는 집단으로서, 즉 하나의 전체
로서만 생각될 수 있지만 각자는 신민의 자격에 있어서는 일 개인으
로 볼 수 있다"라고 한다.[48]

 그렇다면 이러한 하나의 집단으로서의 주권자가 갖는 주권은 어떠
한 것이며 그것은 어떻게 행사되는가?

 루소에 있어서 주권은 국가를 만든 목적, 즉 공공복리에 따라 국가

---

48) Rousseau, a.a.O., III. 1, S. 86.

의 힘을 지도할 수 있는 일반의지의 권능을 말한다. 따라서 "주권은 일반의지의 행사 이외의 아무것도 아니다."[49] 이 주권은 양도할 수도 없고 분할할 수도 없는 신성불가침한 절대적 권능으로서 국가를 존속, 유지시키는 생명력의 근원이다. 그리고 이 권능의 작용은 입법권으로 나타난다. 입법권은 일반의지를 표현하는 행위이기 때문이다.[50] 루소는 이 점을 다음과 같이 말한다.

"국가는 법률에 의하여 존속되는 것이 아니라 입법권에 의하여 존속된다 … 입법권은 국가의 심장이며 집행권은 모든 부분에 운동을 주는 국가의 두뇌에 해당한다. 두뇌는 마비되어도 인간은 살아남을 수 있고 병자가 되어도 살수는 있다. 그러나 심장의 활동이 멈추자마자 인간은 죽어버린다."[51]

---

49) Rousseau, a.a.O., III. 1, S. 54.

50) 그런데 여기서 주의해야 할 것은 루소의 입법권은 권력분립에 있어서의 입법권, 행정권, 사법권을 분리할 때에 그 일부분으로서의 입법권을 뜻하는 것이 아니라 그 원칙에 있어서 분할될 수 없는 전체로서의 주권을 말하는 것이다. 그는 이 점을 다음과 같이 말한다. "우리의 정치학자들은 주권을 그 원리에 있어서 분할할 수 없으므로 그것을 그 대상에 있어서 분할한다. 그들은 주권을 힘과 의지, 입법권과 집행권, 과세권, 사법권, 전쟁권, 내부적 행정권, 외부에 대한 외교권 등으로 나눈다. 그리고 때로는 이러한 모든 부분들을 교착시키기도 하고 때로는 그 부분들을 따로따로 떼어 놓기도 한다 … 이러한 잘못은 주권에 관한 부정확한 관념에 기인한다. 즉 주권으로부터 유출하는 것에 지나지 않는 것들을 주권의 일부분으로 여겼기 때문이다. 예컨대 선전포고나 강화조약의 체결을 주권의 행위로 본 것이 그러한 것인데 사실은 그렇지 않다. 왜냐하면 그러한 행위의 어느 것도 법률이 아니며 다만 법률의 적용, 즉 법규정을 적용하는 개별적 행위에 지나지 않기 때문이다 … 그리고 이러한 주권의 부분이라고 믿고 있는 그 권리들은 모두 주권에 복종되어 있는 것들이다. 그리고 그것들은 항상 하나의 보다 높은 의지를 전제하고 있으며, 그 의지가 이러한 권리들에 의하여 집행되는 데 지나지 않는 것이다(Rousseau, a.a.O., II. 2, S. 44. 이하)." 그러나 이로부터 루소가 권력분립을 인정하지 않는다고 속단해서는 안 된다. 주권을 행사하는 기능에 있어서 입법권과 집행권은 절대로 혼동해서는 안 된다는 점을 강조하고 있다. "만일 주권자가 통치를 하려고 한다거나 행정관이 법률을 만들려고 한다거나 또는 국민이 복종을 거부한다거나 하면 무질서가 질서를 대신하게 되고 힘과 의지가 서로 협력하여 작용하지 못하게 된다. 이렇게 되면 국가는 붕괴되고 전체주의가 아니면 무정부상태로 빠지고 말 것이다(Rousseau, a.a.O., III. 1, S. 85)."

51) Rousseau, a.a.O., III. 1, S. 84.

국가의 생명력의 근원인 이러한 입법권은 국민에게만 주어져 있으며,[52] 그 행사도 어떤 대표기관에 의해서가 아니라 국민이 직접 행사할 것이 요청된다. 즉 국민만이 주권을 가지며 그 주권행사도 국민이 직접 해야 한다.

주권행사의 방법은 루소에 있어서는 국민집회(Volksversammlung)에 의해서만 가능하다. 왜냐하면 "국민은 집회할 때만 주권자로서 행동할 수 있기 때문이다."[53] 이 국민집회는 오로지 사회계약의 유지를 목적으로 소집된다. 그래서 개회에 있어서 반드시 다음과 같은 두 개의 의안을 제출하지 않으면 안 된다. 첫째 의안은 "주권자는 현 정부형태를 계속 유지하는 데 동의할 것인가?"이고 둘째 의안은 "국민은 지금까지 행정을 맡은 자들에게 계속 그것을 맡기는 데 동의할 것인가?"이다. 이 두 개의 의안은 각각 별개로 표결될 것이 요청된다.[54]

이 국민집회가 행하는 것은 다름 아닌 헌법제정권력의 행사를 뜻하는 것이다. 이 헌법제정권력(pouvoir constituant)은 제정된 헌법상의 권력(pouvoir constitué)과는 다른 것이며,[55] 그것이 국민주권의 원리로부터 나오는 시원적인 정치적 결단을 의미하는 한, 어떤 대표기관에 의하여 행사될 수 있는 성질의 것이 아니다. 왜냐하면 입법기관은 헌법상의 권력을 갖고 있을 뿐 헌법제정권력을 갖지는 않기 때문이다. 루소는 국민주권의 행사에 있어서 대표의 관념을 단호히 거부한다.

"주권은 양도될 수 없다는 것과 같은 이유에서 주권은 대표될 수도 없다. 주

52) Rousseau, a.a.O., III. 1, S. 84.
53) Rousseau, a.a.O., III. 12, S. 133.
54) Rousseau, a.a.O., III. 18, S. 148.
55) 헌법제정권력에 관하여 자세한 것은, C. Schmitt, *Verfassungslehre*, 3. Aufl., 1957, S. 21 이하 참조.

권은 그 본질상 일반의지 가운데 존재하며 그리고 그 의지는 대표될 수 없다. 일반의지는 그 자체 일반의지이든지 아니든지 둘 중의 하나이다. 어떤 중간적인 것은 있을 수 없다. 따라서 국민의 대표자들은 일반의지의 대표자들이 아니며 대표자로 될 수도 없다. 그들은 다만 국민의 수임자에 지나지 않으며 아무런 결정권도 갖지 못한다. 국민이 스스로 확인하지 아니한 모든 법률은 무효이며 그것은 법률이 아니다. 영국국민은 자유롭다고 생각하고 있지만 그것은 착각이다. 그들은 국회의원을 선출할 때만 자유로우며 그것이 끝나면 노예상태에 놓이게 되고 무(無)로 환원된다. 그들의 자유는 짧은 기간 동안에만 사용이 가능하므로 그것을 다시 상실하는 것은 당연하다."56)

루소의 직접민주주의의 요구는 작은 나라, 특히 도시국가의 상태를 머리에 그리고 있었다고 하나,57) 반드시 그런 것도 아닌 것 같다. 왜냐하면 로마의 대국에서도 입법권은 국민집회에서 직접 행사되었다는 예를 들고 있기 때문이다.58) 그러나 현실적으로 수십 억, 수백 억의 국민이 한자리에 모여서 주권을 행사한다는 것은 그때나 지금이나 불가능한 노릇이다. 그렇다고 해서 그 제도적 취지를 부인할 것만은 아니다. 오늘날에도 그것은 국민투표제도로서 살아 있다. 국회의원의 선거는 오늘날 국민의 입법권의 행사라고는 볼 수 없고, 단지 입법기관을 구성하는 절차에 지나지 않지만, 국민투표는 헌법제정권력의 행사이기 때문이다.

루소에 있어서 이 헌법제정권력의 행사는 아무런 제한도 받지 않으며 완전히 자유롭다.59) 국민주권의 행사를 제약할 수 있는 보다 더 높

---

56) Rousseau, a.a.O., III. 15, S. 139 이하.
57) 이에 관해서는 *Klassiker der Staatsphilosophie*, hrsg. von A. Bergstraesser und D. Oberndörfer, 1962, S. 249 참조.
58) Rousseau, a.a.O., III. 12, S. 134.
59) Rousseau, a.a.O., I. 7, S. 45 이하.

은 권위나 권력은 결코 이 세상에 존재할 수 없기 때문이다. 이 점에서
국민의 헌법적 결단은 시원적이며 절대적이다. 국민은 어떠한 헌법도
만들 수 있고 또 어떠한 헌법도 폐기할 수 있다. 그래서 루소는 다음과
같이 말한다.

"이미 입증된 바라고 생각하지만, 여기에서 나는 국가에 있어서 폐지될 수
없는 기본법이란 존재하지 아니한다고 전제한다. 심지어 사회계약까지도 그
렇다. 왜냐하면 만일 전 시민이 모여 이 계약을 만장일치로 폐기한다면 의심할
여지 없이 그 폐기는 완전히 합법적이기 때문이다."60)

이와 같이 국민은 헌법적 결단에 의하여 정체와 국체를 마음대로
바꿀 수 있으며 사회계약도 언제나 갱신할 수 있다. 심지어 역설적으
로 자기 자신을 해칠 수 있는 헌법까지도 만들고 싶으면 만들 수 있는
것이다. 루소는 오히려 이것이 왜 불가능하느냐고 반문한다.

"만들어진 기존의 질서가 나쁜 것일 때 그것을 좋게 만들려는 것을 방해하
는 법률을 왜 기본법으로 인정해야 할 것인가? 논란이 있는 모든 경우에 있어
서 국민은 그의 법률을 변경할 권한이 있다. 그것이 아무리 최상의 것이라 할
지라도 그렇다. 심지어 그것이 자기 자신에게 해로운 것이라 할지라도 국민의
마음에만 든다면 누가 그것을 못하게 할 권한이 있는가?"61)

루소의 이러한 절대적 국민주권의 사상은 법철학에 있어서 가치상
대주의의 극단적 형태를 이루어 놓을 것이다.62) 국민은 자기의 마음

---

60) Rousseau, a.a.O., III. 18, S. 148.
61) Rousseau, a.a.O., II. 12, S. 90.
62) 법철학적 가치상대주의를 주장한 라드브루흐도 같은 의미에서 다음과 같이

에만 든다면 자기 자신을 해칠 독재주의 헌법까지도 만들 수 있다면 그것은 바로 "자유 자체의 이념 안에는 자유를 포기할 자유도 포함되어 있다"라고 하는 역설적 논리를 상기시킨다.[63] 바로 이 점에서 루소는 국민주권의 행사에 의하여 정부에 의한 국가권력의 남용에는 한계를 그어 주었지만, 국민의지 자체의 한계에 대해서는 아무런 대답도 주고 있지 않다.[64]

그렇다면 과연 루소에 있어서 국민주권은 그 남용이 허용되는가? 루소의 법철학을 전체적으로 바라볼 때 이러한 국민주권의 남용은 허용될 수 없다고 본다. 왜냐하면 그 남용은 사회계약의 본질을 부정하는 것이기 때문이다. 자유를 위하여 체결하는 사회계약이 자유를 부정하는 헌법을 택한다는 것은 자기모순이기 때문이다. 다시 말하면 국민이 자유 없는 헌법을 택한다는 것은 제도화된 자연상태를 다시 만들어낸다는 것인데 도대체 그것이 인간에게 무엇 때문에 필요한가? 자유롭게 되기 위하여 인간이 사회계약을 체결한 것이라면 그것에 의하여 선택되는 헌법 역시 자유민주주의 헌법뿐일 것이다. 오히려 이론적으로 말한다면, 국민은 어떠한 체제도 마음대로 선택할 수 있는 것이 아니라 그 반대로 자유민주주의 헌법 이외의 어떠한 헌법도 선택할 자유가 없다고 해야 할 것이다.

말한다. "민주주의는 독재주의적 헌법을 위하여 그 자리를 물러날 수 있다. 그러나 민주주의는 헌법 자체를 결정할 권리까지 포기할 수는 없다. 그것은 사회학적으로 불가능할 뿐만 아니라 법학적으로도 불가능하다. 헌법에 대한 국민투표권은 일종의 불문율이며 모든 헌법의 묵시적이고 자명한 구성요소이다. **이 궁극적 민주주의, 이 국민주권은 상대주의의 움직일 수 없는 결론이다.** 민주주의는 무엇이든 할 수 있다. 다만 자기 자신을 궁극적으로 포기하는 것만은 할 수 없다(G. Radbruch, 'Der Relativismus in der Rechtsphilosophie', 1934, in: G. Radbruch, *Der Mensch im Recht*, 1961, S. 85 이하)."

63) G. Radbruch, a.a.O., S. 85.
64) Klassiker der Staatsphilosophie, hrsg. von A. Bergstraesser und D. Oberndörfer, 1962, S. 249.

더 나아가 국민주권의 남용은 국가의 본질에도 반한다. 왜냐하면 국가는 일반의지의 이념적 통일체이기 때문이다. 자유와 평등이 보장되어 있지 않은 헌법은 결코 일반의지의 화체로서의 국가가 아니다. 국민의 주권행위는 자유로워야 하지만 자유를 획득하고 보장하기 위한 결단에 있어서만 자유로운 것이며 그 반대의 자유까지 있는 것은 아니다. 따라서 국민의 헌법제정권력의 행사는 자유민주주의 헌법이 아닌 것을 자유민주주의 헌법으로 고칠 수는 있지만 그 반대는 할 수는 없다고 본다. 그러므로 루소도 다른 한편에서는 "모든 국가에서 기본질서를 마련하는 데 있어서 좋은 형태가 하나밖에 없다면 그러한 기본법을 발견한 국민은 그 질서를 고수하지 않으면 안 된다"라고 말한다.[65] 사회계약을 전제하는 한, 국민이 헌법제정권력에 의하여 선택할 수 있는 기본질서의 그 '좋은 형태'는 오로지 하나밖에 없다. 그것은 자유민주주의 헌법이다. 왜냐하면 이것만이 사회계약의 본질과 목적에 부합하기 때문이다.

루소의 사회계약론의 법철학적 구조를 전체적으로 파악할 때 국가의 독재뿐만 아니라 국민의 독재도 허용될 수 없다고 본다. 그럼에도 불구하고 국민의 독재가 루소에 있어서 정말로 허용되는 것이라면 그의 법철학의 전체적 구조는 하나의 모순된 구조물로 남을 수밖에 없을 것이다.

입법권을 가진 국민은 법률을 만들고 그 법률에 구속된다. 즉 국민은 자기가 만든 법률의 명령에 복종을 강요당하게 된다. 그런데 이러한 법의 강제에 대한 복종을 국민이 의무로 받아들이지 않는다면 그들은 자유로운 존재로 남을 수 없다. 왜냐하면 법적 강제를 의무로 받아들이지 않는다면 강제에 대한 굴복만이 있을 뿐이며, 그것은 인간

---

65) Rousseau, a.a.O., II. 12, S. 90.

의 노예상태를 의미하기 때문이다. 루소는 다음과 같이 말한다.

"아무리 강자라 할지라도 그의 힘을 권리로 바꾸고 복종을 의무로 바꾸지 않는다면 언제나 주인으로 남아 있기에 충분히 강한 것이 아니다 … 강하다는 것은 물리적인 힘을 말하는 것인데 그 힘의 작용으로부터 어떠한 도덕적 의무가 생겨 나올 수 있을 것인지 나는 모른다. 강함에 굴복한다는 것은 필연의 행위이지 의지의 행위는 아니다 … 만일 강제로 인하여 인간이 복종하지 않을 수 없다면 의무로부터 복종할 필요는 없다. 그리고 이미 복종하도록 강제되지 않는다면 인간은 이미 복종할 의무도 없다. 따라서 권리라는 말은 강하다는 것과 아무런 상관도 없음을 알 수 있다 … 그러므로 오로지 합법적인 권력에만 복종의무가 있다는 것을 인정하기로 하자."[66]

강제와 복종의 관계는 이상의 설명을 통해 잘 밝혀져 있다. 그러면 법이 명령할 수 있는 합법적인 권능은 어디에서 생겨 나오는가? 루소에 있어서 그것은 일반의지로부터 나온다. 왜냐하면 일반의지의 표현이 법이기 때문이다. 일반의지는 모든 국민이 다 같이 자유로울 수 있는 객관적 의지를 말하며, 이 의지의 작용에 의하여 인간은 비로소 시민이 되며 자유로운 존재가 되는 것이다.[67] 그리고 그 합법성은 사회계약에 근거하고 있음은 재언할 필요가 없다. 그렇다면 법의 명령은 인간을 '자유로 인도'하는 역할을 하는 것임을 알 수 있다. 따라서 법의 명령에 복종하지 않는 경우에 강제하는 것도 '자유로의 강제'를 뜻하는 것이다. 법의 인도하는 역할에 대하여 루소는 다음과 같이 말한다.

---

66) Rousseau, a.a.O., I. 3, S. 33 이하.
67) Rousseau, a.a.O., IV. 2, S. 154.

"일반의지는 항상 정당한 것이지만 그것을 인도하는 판단은 반드시 명확한
것이 아니다 … 개인은 행복이 무엇인지 알고 있지만 그것을 멀리한다. 국가는
행복을 바라지만 그것을 알지 못한다. 양쪽이 다 같이 인도를 필요로 한다. 개
인에게는 그들의 의지를 이성에 맞게 강제하지 않으면 안 되고 국가에게는 그
가 바라는 바를 인식시키지 않으면 안 된다. 그렇게 되면 일반적 통찰로부터
사회 내에서 의지와 판단의 일치를 가져오고 각 부분의 정확한 협력과 전체의
가장 큰 힘을 이끌어내는 것이다."[68]

법은 루소에 있어서는 인간을 자유로 인도하는 객관적 이성이다.
법이 구속력을 갖는 것은 바로 이 객관적 법이성 때문이다. 그리고 이
객관적 법이성은 수범자의 주관적 법이성을 통하여 법의 명령에의 복
종을 하나의 당위적 의무로 받아들이게 된다. 이때 법은 강제된 것이
아니라 준수된 것이다. 즉 그 법은 효력을 가진 법이다.

루소에 있어서 지배와 피지배의 동일성의 원리는 이러한 법의 효
력에 기초하고 있다. 국가의 지배자는 법을 통하여 명령하지만 그 명
령에 국민은 자율적으로 복종한다. 만일 법의 명령에 타율적으로 강
제되었다면 복종의 자율성은 배제되어 있으며, 따라서 자유와 합치하
지 않는다. 루소는 사회계약에 의하여 성립된 "정치체제의 본질은 복
종과 자유의 합치에 있다"라고 한다.[69] 이때 비로소 인간은 국가의 법
질서 내에서도 여전히 자기 자신에게만 복종하고 이전과 마찬가지로
자유로울 수 있을 것이다. 그러면 그것은 어떻게 가능할 것인가?

루소에 있어 법의 명령에 복종한다는 것은 일반의지의 요구에 복종
한다는 것을 뜻한다. 왜냐하면 법은 일반의지를 표현해 놓은 문서이

68) Rousseau, a.a.O., II. 6, S. 71 이하.
69) Rousseau, a.a.O., II. 13, S. 136.

기 때문이다. 그런데 이 일반의지는 사회계약에 의하여 탄생된 것이다. 따라서 일반의지에 복종한다는 것은 자기가 만든 자기의 의지에 복종한다는 것 이외의 아무것도 아니다. 결국 인간이 법에 복종한다는 것은 어느 다른 사람의 의지에 복종하는 것이 아니라 자기 자신의 의지에 복종하고 있는 것이다.[70] 여기에서 지배와 피지배는 법을 통하여 일치하고 있다. 즉 국민은 지배를 받으면서 지배를 하고 있는 것이다. 인간이 국가생활에서 법의 명령에 복종하면서도 자유롭다는 것은 바로 이것을 말한다.[71]

자율적 지배원리로서 루소의 민주주의의 이론적 근거는 이것으로 완성된 것이다. 이것이 바로 그가 사회계약론을 저술하는 목적의 하나로 제시한 물음에 대한 대답이 될 것이다. 즉 "각 개인이 다른 모든 사람들과 결합하였음에도 불구하고 어떻게 여전히 자기 자신에게만 복종하고 이전과 마찬가지로 자유로울 수 있을 것인가?"에 대한 대답을 준 것이다.

루소의 자율적 지배원리는 지배와 피지배의 동일성에 입각한 민주주의의 원리를 확립하여 주었을 뿐만 아니라 법의 지배에 입각한 법치주의의 원리도 확립하여 주었음을 잊어서는 안 될 것이다. 루소의 지배원리는 인간의 지배가 아닌 법의 지배를 전제하고 있다. 그는 다음과 같이 말한다.

"국가를 조직하는 입법의 직무는 그 자체 헌법의 구성요소에 포함되는 것이 아니다. 입법의 직무는 인간의 지배와 아무런 공통점도 갖지 않는, 더 높은 차원의 특수한 활동이다. 왜냐하면 인간을 지배하는 자가 동시에 법의 지배자

---

70) Rousseau, a.a.O., II. 4, S. 63 이하.
71) Rousseau, a.a.O., II. 6, S. 70.

가 되어서는 안 되는 것과 마찬가지로 법의 지배자도 인간을 지배해서는 안 되기 때문이다. 만일 그렇지 않다면 법률은 지배자의 자의의 도구가 되고 말 것이며 종종 그의 부정의를 영속화시키게 될 것이다. 즉 지배자는 사적 목적이 그의 작품의 신성함을 더럽히는 것을 피할 수 없을 것이다."[72]

　루소에 있어서 "입법자는 기계를 발명하는 기술자이고 지배자는 그 기계를 조립하여 운전하는 기사에 지나지 않는다."[73] 그러므로 지배자는 집행권만 가진다. 즉 지배자는 일반의지를 집행하는 국가의 대리인으로서 주권자의 공복에 지나지 않는다. 의지를 갖는 것은 주권자뿐이며 지배자는 자기의 의지를 가질 수 없다. 따라서 지배자는 그의 집행권을 행사함에 있어서 직접 인간을 지배하기는 하나 자기의 의지로 지배하는 것이 아니라 주권자의 일반의지로, 즉 법에 의하여 지배하는 것이다. 여기서는 지배자의 지배수단으로서 법이 존재하는 것이 아니라 법의 지배수단으로서 지배자가 필요한 것이다. 이와 같이 루소의 지배이론에 있어서는 오로지 법만이 지배하며, 지배자와 피지배자 모두 이 법의 지배하에 있는 것이다.

　루소의 법철학에 관한 이상의 고찰을 통해 우리는 법에 대한 루소 자신의 결론을 곧 우리의 결론으로 삼고자 한다. "법은 일반의지의 행위이므로 누가 입법권을 가지는가의 물음은 불필요하게 되었고, 지배자는 국가의 일 구성원이므로 그가 법률의 상위에 서 있는가(법의 지배를 받지 않는가)라는 물음도 불필요하게 되었으며, 어느 누구도 자기 자신에 대하여 불법을 행할 수 없으므로 법률이 불법(악법)일 수 있는가의 물음도 불필요하게 되었고, 또한 법률은 우리 자신의 의지를 기

72) Rousseau, a.a.O., II. 7, S. 74.
73) Rousseau, a.a.O., II. 7, S. 73.

록해 놓은 것이므로 어떻게 인간이 법률에 복종하면서도 자유로운 존재로 남을 수 있을 것인가라는 물음도 불필요하게 되었다."[74]

---

74) Rousseau, a.a.O., II. 6, S.70.

저항권

1. 서언

"어느 한 국민 및 어느 한 시대가 자유를 어떻게 생각하는지가 그 첫 번째의 물음이다. 언제 그리고 왜 국민들은 그들의 지배자를 폭력적 지배자로 여기고 이를 '폭군'이라고 부르는가 … 그리고 이때 국민들은 그 폭군에 대해 어떠한 형태의 저항을 알고 있는가 하는 것이 그 다음의 물음이다. 이에 대한 대답은 곧 어느 한 국민의 정치의식의 수준을 밝혀줄 수 있다. 즉 어느 한 국민 또는 어느 한 국가 내에서 폭정과 폭군 개념이 얼마만큼 생활화되어 있느냐에 따라 그 국민이 자유에 부여하는 가치와 그 국민의 자유 일반에 대한 개념이 밝혀지게 된다."[1]

이 인용문은 1936년 라이프치히대학에 제출한 중세후기의 폭군살해론에 관한 박사학위논문에 나오는 한 구절이다. 이 구절은 오늘날 20세기 말에 동구권에서 일어난 공산독재주의(체제)의 붕괴과정을 마치 예언한 듯하다. 동구에서 일어난 일련의 사태들은 자유를 위하여 공산당 일당독재에 대한 국민의 저항권 발동 이외의 아무것도 아니기 때문이다. 루마니아의 차우셰스쿠는 폭군살해로 처형되었고 기

---

1) Friedrich Schönstedt, *Der Tyrannenmord im Spätmittelalter. Studien zur Geschichte des Tyrannenbegriffs und der Tyrannenmordtheorie insbesondere in Frankreich*. Neue Deutsche Forschungen, Abteilung Mittelalterliche Geschichte, Bd. 6, Berlin, 1938, S. 26.

타의 국가에서 이른바 공산당 서기장들은 모두 그 자리에서 쫓겨나고
말았다. 공산당 타도와 자유를 외치는 시위의 물결은 온 천지를 뒤덮
었으며 그 국민적 저항에 의하여 공산독재체제는 해체되었으며 자유
민주체제 또는 사회민주체제로의 전환이 이루어져가고 있는 중이다.
우리 인류의 역사에서 저항을 통한 이 자유의 혁명은 프랑스 혁명에
버금가는 대혁명으로 평가받을 것임에 틀림없다. 이 시점에서 우리는
이 위대한 혁명을 가능하게 했던 저항권의 의의와 기능을 학문적으로
다시 한번 되새겨볼 필요를 느낀다. "전 국민에 의한 저항은 결코 반란
이 아니다"라는 시드니(A. Sidney)의 말을 상기하면서 우리는 그 저항
권의 정당화근거를 법철학적으로 확인하고 그 헌법적 구성원리를 법
치국가관에 비추어 조명해보고자 한다.

2. 법치국가헌법의 구성원리로서의 저항권

저항권은 법치국가헌법을 쟁취, 유지, 회복하는 수단으로서 법치
국가헌법의 구성원리를 이루고 있다. 저항권은 아직 법치국가헌법이
마련되어 있지 않은 곳에서는 그것을 쟁취하기 위한 수단으로, 이미
법치국가헌법이 쟁취되어 있는 곳에서는 그 유지를 위한 수단으로 또
한 법치국가헌법을 폭군에 의하여 상실한 곳에서는 그것을 다시 회복
하기 위한 수단으로 원용되는 헌법적 제도이다.

현대의 법치국가 개념은 단순히 법으로 조직되고 법으로 다스리는
형식적 법치국가를 의미하는 것이 아니라 법내용과 법가치에 구속되
는 실질적 법치국가를 의미한다. 즉 인간의 존엄과 가치 그리고 인권
을 존중하고 보호하는 것을 그 목적으로 하는 법치국가를 말한다. 따
라서 현대의 자유민주주의 법치국가헌법은 국가권력을 이러한 법내

용과 법가치에 구속시킨다. 이를 위하여 현대의 법치국가는 헌법상
여러 가지 제도를 마련한다. 권력분립제도, 헌법재판제도, 탄핵제도,
의회제도, 선거제도, 사법권의 독립, 다수당제도, 언론·출판·집회·
결사의 자유, 표현·비판, 반대·시위의 자유 등의 보장이 그러한 것들
이다. 이와 같은 헌법상의 제도들은 국가권력의 남용을 방지하기 위
한 것으로 이른바 '제도화된 저항권'의 기능을 한다. 그러나 이러한
헌법상의 제도가 아직 마련되어 있지 않거나 또는 이미 마련되어 있
다 할지라도 헌법적 현실로 그 규범력을 발휘하지 못할 때는 '제도화
되지 아니한 저항권'이 원용될 수밖에 없다. 케기(W. Kägi)는 제도화
된 저항권을 '헌법내적 저항(intrakonstitutioneller Widerstand)'이라
하고, 제도화되지 않은 저항권을 '헌법외적 저항(extrakonstitution-
eller Widerstand)'이라고 부른다.[2]

　헌법정책적으로 볼 때 우리는 최소한 4단계에 걸쳐 차례차례로 원
용 가능한 저항권을 찾아볼 수 있다.

(1) 법으로써 국가권력을 제한하는 법치국가원칙 일반(Rechtsstaats-
　　prinzip überhaupt).
(2) 헌법파괴의 전단계에서 법치국가헌법을 유지하기 위하여 행사되는
　　모든 항의와 시위, 비판과 반대(Opposition).
(3) 헌법파괴의 진행단계에서 법치국가헌법을 수호하기 위하여 행사되는
　　헌법수호권(Verfassungsschutzrecht).
(4) 헌법파괴 후에 법치국가헌법을 회복하기 위하여 행사되는 저항권
　　(Widerstandsrecht).

---

2) W. Kägi, 'Probleme des Rechtsstaates', in: Universitas, 1947, S. 911.

이러한 4단계에 걸쳐 차례차례로 행사되는 저항권의 기능과 목표는 동일하다. 즉 법치국가헌법을 유지, 수호, 회복하는 데 있다. 다만 앞의 두 저항권은 헌법내적 저항권 또는 제도화된 저항권이고, 뒤의 두 저항권은 헌법외적 저항권 또는 제도화되지 않은 저항권이다. 이 양자는 상호보완적 역학관계에 놓여있다. 즉 헌법내적 저항권이 기능을 제대로 발휘하고 있는 한, 헌법외적 저항권은 사용할 여지가 없으며, 그 반대로 전자의 저항권의 기능이 약화 또는 상실되면 후자의 저항권이 강화 또는 발동된다. 양자의 관계는 마치 시이소와 같은 역학관계에 놓여있다. 케기는 이 점을 다음과 같이 말하고 있다.

"저항권과 법치국가는 상호역학적 원칙하에 놓여있다. 법치국가의 수위가 내려가면 저항권의 수위는 올라간다. 헌법내적 저항이 기능을 상실하면 헌법외적 저항을 불러들이게 된다. 이 법칙이 더 이상 사용되지 않으면 노예상태로의 길이 열릴 것이다."[3]

이와 같이 헌법외적 저항권도 헌법내적 저항권과 마찬가지로 법치국가헌법의 구성요소를 이루고 있다. 즉 그것은 헌법파괴에 대처하는 헌법수호 또는 헌법회복 수단으로서 법치국가헌법의 내재적 구성원리인 것이다.

3. 저항권의 유형과 저항상황

(1) 반대권으로서의 저항권

법치국가는 헌법상 언론, 출판, 집회, 결사, 시위의 자유를 인정하

---

3) A.a.O., S. 911.

며 그러한 자유를 통하여 국민은 국정을 비판, 항의, 규탄, 반대할 수 있다. 이러한 헌법상 보장된 민주주의적 정치적 자유권을 행사함으로써 국가권력의 남용은 예방될 수 있고 그 오용은 시정될 수 있다. 그래서 이것은 예방적 저항권이라 할 수 있다. 이 예방적 저항권은 법치국가헌법을 전제하며 이 헌법에서 보장된 기본권을 행사하는 것이므로 헌법내적 저항에 속한다. 이는 주로 비판, 항의, 규탄, 반대 등의 시위형태로 나타나는 것이지만 그것이 전면적 파업이나 폭력적 투쟁형태로 나타난다 할지라도 그것은 어디까지나 민주국가에서의 '반대권으로서의 저항권'에 지나지 않는다. 이것과 헌법외적 저항권은 명백히 구별되어야 한다. 왜냐하면 합법적 폭력과 비합법적 폭력의 구별이 여기서 문제되기 때문이다. 반대권으로서의 저항권은 헌법상 허용된 합법적 폭력행위이고 기존질서의 합헌성과 정당성을 부인하지 아니하며 오히려 그 현존 헌법질서의 보장하에서 그 현존 헌법질서의 유지를 위하여 행하여지는 것이며 결코 그것을 부인하거나 파괴하기 위하여 행하여지는 것이 아니다. 따라서 법치국가헌법 내에서 보장된 비판적 시위권이나 반대권의 행사를 하면서 저항권을 남용하는 것은 법적으로는 정당화되지 않으며 자기모순이다. 나이데르트(R. Neidert)는 이 점을 설득력 있게 지적하고 있다. "법치국가 내에서의 합법적인 반대권과 불법국가에 대항하는 정당화된 저항권을 혼동해서는 안 된다. 전자는 정상적인 기본권의 비판적 행사이며 후자는 인권과 시민권을 극단적인 경우에 방어하기 위한 최후의 수단으로 원용되는 것이다. 반대권은 그 자체 합법적이며 정상적인 법보호에 의하여 보장되어 있다. 그러나 저항권은 그 자체에 대한 특수한 정당화 근거를 제쳐놓는다면 비합법적 자구행위이며 법률에 반하는 것이다. 국가권력을 감시하고 통제하는 옴부즈만의 기능은 합법적인 반대권의 정상적인 법보

호제도이다. 이러한 반대권을 저항권과 동일시하는 것은 불법국가의
극단적 상황을 법치국가 안으로 끌어들이는 결과를 가져오게 된다."[4]

이와 같이 양자의 개념을 혼동하는 것은 바람직하지 않다. 왜냐하
면 그 혼동으로 인하여 불법국가의 비정상적 상황을 법치국가 안으로
끌어들여 저항권의 행사를 일상화시켜 버린다면 정상상황에서 폭력
이 난무하는 무정부상태가 출현할 위험이 있을 뿐만 아니라 비민주적
체제전복적 혁명분자들에 의하여 저항권이 남용됨으로써 법치국가
헌법 자체를 파괴하는 우(愚)를 범할 수 있기 때문이다. '법치국가 내
에서의 저항권'은 '불법국가 내에서의 반대권'만큼이나 모순된 개념
이다. 불법국가 내에서 현실적으로 반대권이 허용되지 않는 것과 같
이 법치국가 내에서는 저항권이 허용될 수 없는 것이다.

그럼에도 불구하고 저항권의 발동을 그와 같이 불법국가에만 국한
시키면 그 실효성을 거의 기대할 수 없다는 이유에서 그것을 법치국
가 안으로 끌어들일 것을 주장하는 사람들도 적지 않다.[5]

즉 일단 독재정권이 확립되어 탄압을 시작하게 되면 어떠한 국민도
그 체제를 저항을 통하여 배제할 수 있는 가능성은 희박하다는 것이
다. 그때는 이미 때가 늦다는 것이다. 따라서 가장 효과적인 저항은 독
재정권이 확립되기 전에 행해져야 한다는 것이다. 이러한 경고는 근
거가 있다고 본다. 왜 독재정권이 확립되어 이미 저항이 사실상 불가
능할 때까지 기다리고 있어야 할 것인가. 그것은 로크(J. Locke)의 말

4) R. Neidert, 'Renaissance des Widerstandsrechts?', in: Neue Politische Literatur,
14. Jg.(1969), S. 248.
5) A. Kaufmann, 'Einleitung', in: ders.(Hrsg.), *Widerstandsrecht*, 1972, S. XI 이하;
M. Pribilla, *Deutsche Schicksalfragen*, 2. Aufl., 1950, S. 290, 312; F. Bauer,
'Ungehorsam und Widerstand in Geschichte und Gegenwart', in: Vorgänge,
1968, S. 292; E. Weniger, 'Gehorsamspflicht und Widerstandsrecht in der
Demokratie', in: Die Sammlung, 1952, S. 419; E. Jung, 'Gedanken zum Wider-
standsrecht', in: *Aus der Schule der Diplomatie*, 1965, S. 476.

을 빌린다면 "국민으로 하여금 우선 노예가 되고 난 다음에 그들의 자유를 위하여 투쟁하라고 명령하는 것과 같으며, 또한 그들에게 쇠사슬로 얽어매놓고 자유롭게 행동하라고 하는 것과 마찬가지이다."6) 따라서 독재정권이 확립되기 전에 그러한 상태에 이르러가지 않도록 일상적이고(alltäglich), 작은(klein), 부분적인(partiell) 저항이 행해질 필요가 있다는 것이다. 불법국가에서 성공 가능성이 희박한 저항권보다 법치국가 내에서의 이 예방적 저항이 얼마나 효과적이고 또 필요한 것인가를 우리도 잘 알고 있다. 그러나 그것은 비판권이나 반대권의 행사이지 저항권의 행사는 아니다. 오히려 저항권과 반대권의 관계를 살펴볼 때, 저항권은 반대하고 비판할 자유가 없는 곳에서 그러한 자유를 획득하기 위하여 투쟁하는 것이지만, 반대권은 그러한 자유가 있는 곳에서 그러한 자유권을 행사함으로써 저항상황이 나타나지 않도록 예방하는 기능을 하고 있는 것이다. 반대와 비판이 허용되지 않는 전체주의국가는 항상 저항상황 하에 놓여있는 것이지만, 그것이 허용되는 자유민주주의국가는 결코 저항상황 하에 놓일 수는 없고, ―정확히 말하면― 반대상황과 비판상황 하에만 놓일 수 있다. 반대와 비판을 할 수 있는 곳에서 굳이 저항을 할 필요는 없는 것이다.

(2) 헌법수호권으로서의 저항권

독일헌법 제20조 4항은 헌법수호권으로서의 저항권을 규정하고 있다. 즉 "이 질서(자유민주주의 헌법질서)를 배제하려고 시도하는 모든 자에 대하여 다른 구제수단이 불가능한 경우 모든 독일국민은 저항할 권리를 갖는다."

---

6) J. Locke, *Two Treatises of Government*, by Peter Laslett, 2. edition, 1967, Ⅱ. chap. 19, § 220, p. 429.

이 저항권은 쿠데타나 혁명에 의한 찬탈에 대응하는 저항권으로서 그 목적은 자유민주주의 헌법질서를 수호하는 데 있다. 이 헌법수호권 또는 헌법긴급구제권으로서의 저항권은 폭군에 대항하는 저항권은 아니다. 쿠데타나 혁명에 의하여 국가권력의 사용이 배제되어 있는 권력진공상태가 여기에서의 저항상황으로 되어 있기 때문이다. 이경우 저항에 나서는 국민은 결코 자신의 인권이나 시민권을 방어하기위하여 저항하는 것이 아니라 국가긴급권(Staatsnotrecht)에 해당하는 저항권을 행사하는 것이다.[7] 헌법체제를 찬탈로부터 수호할 책임은 원래 국가에게 있는 것이지 국민에게 있는 것은 아니기 때문이다. 어떠한 국가헌법도 자신의 존립을 부인하는 혁명에 대하여 무방비상태에 놓여있을 수는 없다. 국가는 자신의 존립을 위한 긴급권을 가지고 있는 것이지만 불의의 기습으로 인하여 그러한 긴급권을 행사할수 없는 경우 자신을 대신해 국민들이 헌법수호의 긴급구조에 나서달라고 호소하는 것이 제2조 4항의 취지이다.[8]

따라서 이때의 저항상황은 특이하다. 즉 반대권과 같이 법치국가내에 위치하는 것도 아니고 본래의 의미에서의 저항권과 같이 불법국가에 위치하는 것도 아니며 그 양자의 중간단계에 위치한다. 왜냐하면 법치국가헌법은 그 상태에서는 기능이 완전히 마비되었지만 그렇다고 아직 불법국가헌법이 확립된 것도 아니기 때문이다. 쿠데타나 혁명이 성공하건 실패하건 일단 무정부상태가 극복되고 새로운 정부가 들어서면 그 저항상황은 끝나는 것이다. 그런데 그 새로운 정부가

---

7) 이에 관하여는 J. Isensee, *Das legalisierte Widerstandsrecht*, 1969, S. 37, 69, 88 참조.

8) 이에 관하여는 F.v. Peter, 'Bemerkungen zum Widerstandsrecht des Art. 20 IV GG', in: DöV 1968, S. 719, 721; K. Doehring, 'Das Widerstandsrecht des Grundgesetzes und das überpositive Recht', in: Der Staat, 8(1969), S. 431; H. Schneider, *Widerstand im Rechtsstaat*, 1969, S. 13, 17 참조.

불법국가로 들어앉을 때는 이번에는 폭정에 대한 저항상황이 다시 나타나게 된다. 폭정에 대항하는 저항권과 찬탈에 대처하는 저항권은 이와 같이 다른 대상을 전제하고 있다. 전자의 보호법익은 직접적으로 인간의 기본권(Grundrecht)이지만 후자의 그것은 간접적으로 그 인간의 기본권을 보호하는 기본질서(Grundordnung)이다. 그 기본질서를 배제하는 헌법파괴행위에 대처하는 것이 헌법수호권 또는 헌법긴급구제권으로서의 저항권이다.[9]

헌법수호권으로서의 저항권은 기존 헌법질서를 수호하기 위한 것으로 그 본질상 보수적(konservierend)이다. 슬라데첵(H. Sladeczek)은 이 점을 다음과 같이 설명하고 있다. "헌법수호권으로서의 저항권은 헌법상 혁명과 같이 기존 법질서에 대한 공격에 지향되어 있는 것이 아니고 그 방어에 지향되어 있다. 저항의 정신은 헌법체제의 전속성의 파괴, 실질적 의미에서의 법파괴, 즉 정당한 헌법상태의 죽음을 방지하는 데 있다. 따라서 이 정신은 보수적이다. 저항에 있어서 기존 헌법상태와의 관계는 긍정적이다. 그러므로 저항은 헌법을 파괴하는 것이 아니라 극단적인 긴급상황 하에서 그 헌법을 수호하기 위한 최후의 수단으로서 모든 권리 중의 권리(Recht aller Rechte)이다."[10] 이 점에서도 헌법수호권으로서의 저항권은 폭정에 대항하는 저항권이 그 본질상 혁명적이기 때문에 뚜렷한 대조를 이룬다.

(3) 인권으로서의 저항권

프랑스 인권선언 제2조에서 우리는 인권으로서의 저항권을 찾아볼 수 있다. "모든 정치적 결합의 목적은 생래적이고 불가양의 인권을

---

9) J. Isensee, a.a.O., S. 52; H. Schneider, a.a.O., S. 13.

10) H. Sladeczek, 'Zum konstitutionellen Problem des Widerstandes', in: ARSP, 53(1957), S. 370.

보호하는 데 있다. 그것은 자유권과 소유권과 안전권 그리고 압제에 대한 저항권이다." 여기서는 압제에 대한 저항권을 인권으로 선언하고 있다.[11] 정확히 말하면, '인권을 보호하기 위한 인권'이다. 그래서 독일 브레멘 주 헌법 제19조는 "헌법에 규정된 인권이 공권력에 의하여 헌법에 반하여 침해될 때는 저항은 모든 사람의 권리인 동시에 의무이다"라고 언급하고 있는 것이다.[12]

이 인권으로서의 저항권은 헌법수호권으로서의 저항권과 다르다. 헌법수호권으로서의 저항권은 국가의 객관적인 헌법질서에 대한 공격에 대응하는 것이지만, 인권으로서의 저항권은 인간의 주관적인 권리에 대한 침해에 대응하는 방어수단이다. 그래서 '인권을 보호하기 위한 인권'이라고 일컬어지는 것이다.

원래 인권의 보호책임은 국가의 법질서가 지고 있는 것이지만 그 보호막인 법질서가 국가권력의 남용으로 인하여 파괴되어버리면 인간 스스로 그 보호책임을 질 수밖에 없다. 그것이 인권으로서의 저항권으로 나타나는 것이다. 이러한 저항권은 법질서가 인권의 보호막 역할을 하는 법치국가에서는 생겨날 여지가 없으며 법질서에 의한 보호가 완전히 탈락되어 있는 불법국가(Unrechtsstaat)에서만 설 자리를 발견한다. 슈나이더(P. Schneider)에 의하면 "저항권이 설 자리는 오로지 불법국가뿐이며 그 불법국가는 인간의 실질적 기본가치인 자유, 평등, 사회적 책임을 존중하지 않는 국가를 의미하고 이러한 실질적 가치를 보장하기 위하여 마련된 모든 형식적 책임원칙 등이 그 의

---

11) 1973년의 프랑스 헌법 제33조도 저항권은 인권으로부터 나온다고 말한다. Art. 33: "La resistance à l'oppression est la consequence des autres droits de l'homme."
12) 독일 베를린 주 헌법 제23조 3항도 같은 내용을 규정하고 있다. Art. 23 Ⅲ: "Werden die in der Verfassung festgelegten Grundrechte offensichtlich verletzt, ist jedermann zum Widerstand berechtigt."

의를 상실한 국가를 의미한다."[13] 이와 마찬가지로 독일헌법재판소
의 판결도 저항권은 불법국가를 전제하며 그것은 실질적인 인간의 기
본가치가 헌법적 보장 없이, 즉 그 인간가치를 보장하기 위하여 원용
될 수 있는 모든 형식적 수단이 전혀 사용되지 않거나 존재하지 않음
으로써 인간가치가 직접적으로 국가의 자의적 권력에 내맡겨져 있는
경우에 행사될 수 있다고 한다.[14]

국가권력에 의하여 인간의 존엄과 인간의 기본권으로서의 인권이
직접적으로 침해되는 이러한 상황을 학자들은 '한계상황(Grenz-
situation; Grenzfall)'이라 부르기도 하고,[15] 때로는 '극단적인 비상상
황(äußerster Notfall)'이라 부르기도 하고,[16] 때로는 '명백한 불법상
황(Fall von offenkundigem Unrecht)'이라 부르기도 한다.[17] 이러한
상황이 바로 이 저항권에서 문제되는 '저항상황'이다. 즉 여기서의 저
항상황은 형식적으로는 법치국가헌법의 기능이 완전히 배제된 곳에
서 그리고 실질적으로는 인간의 존엄과 가치 및 인권이 침해되는 곳
에서 발견되는 것이다. 법치국가헌법의 보호벽이 무너져 내린 상태에
서 직접적으로 국가권력에 노출되어 있는 것은 바로 인간의 존엄과
인간의 권리이므로 이를 보호하기 위하여 불법국가에 대항하여 법치
국가헌법의 쟁취를 위한 투쟁을 벌이게 된다. 그러한 권리를 위한 투
쟁을 우리는 '인권으로서의 저항권'이라 하며 그것은 이미 1789년의
프랑스 인권선언 제2조에 명문화되었던 것이다.

---

13) P. Schneider, 'Widerstandsrecht und Rechtsstaat', in: AöR, 89(1964), S. 17 이하.
14) BVerfGE 5, S. 376.
15) G. Stratenwerth, 'Das Widerstandsrecht im freiheitlichen Rechtsstaat', in: Reformatio, 14. Jg.(1965), S. 22 이하; W. Kägi, a.a.O., S. 911.
16) C. Schmitt, *Verfassungslehre*, 3. Aufl., 1957, S. 164 ; H. Sladeczek, a.a.O., S. 376.
17) BVerfGE 5, S. 377.

인권으로서의 저항권은 그 대상으로 불법국가를 전제하고 있으며 불법국가로부터 출발하고 있기 때문에 그 성질상 혁명적(revolutionär) 일 수밖에 없다. 그것은 헌법수호권과 같이 법치국가를 수호, 유지, 보존하는 것을 목적으로 하는 것이 아니라 불법국가에 도전하여 그 체제를 무너뜨리고 새로이 법치국가헌법을 쟁취하는 데로 지향되어 있기 때문이다. 베니거(E. Weniger)는 이 점을 다음과 같이 말한다. "(인권으로서의) 저항권이 요구될 때는 그것은 필연적으로 불법을 배제하고 새로운 법을 창조하기 위하여 기존의 법질서의 효력을 배제하는 혁명적 사용일 수밖에 없다."[18] 또한 레에(H. J. Reh)도 "전체주의국가에서의 저항은 합헌적 질서의 유지에 이바지하는 것이 아니라 그 변혁을 시도하는 것이며, 따라서 혁명이 될 수밖에 없다"라고 말한다.[19]

그러나 이 혁명적 저항권은 반드시 혁명의 개념과 일치하는 것은 아니다. 다시 말하면, 모든 혁명이 이 혁명적 저항권에 의하여 정당화되는 것은 아니다. 헌법의 영역에서 기존질서의 전면적인 파괴행위가 혁명인가 저항인가를 가려내는 확실한 판단척도가 종래에는 없었기 때문에 역사에서 실은 저항권의 행사인데 이를 혁명으로 낙인찍는가 하면, 그 반대로 실은 혁명으로서의 국가전복의 성공인데 이를 저항권의 행사로 찬양하기도 하였다.[20] 형식적으로 나타나는 현상에서 바라볼 때, 저항과 혁명은 기존질서를 부인한다는 점에서는 공통점을 갖고 있다. 그러나 자세히 그 내용을 들여다보면 양자는 그러한 형식상의 공통점에도 불구하고 각각 다른 전제와 목표에 지향되어 있음을

18) E. Weniger, 'Gehorsamspflicht und Widerstandsrecht in der Demokratie', in: Die Sammlung, 7. Jg.(1952), S. 421.
19) H. J. Reh, Kommentar zu Art. 146 und Art. 147 der Hessischen Verfassung, in: Zinn–Stein, Verfassung des Landes Hessen, 1963, S. 6.
20) W. Geiger, *Gewissen, Ideologie, Widerstand, Nonkonformismus*, 1963, S. 103.

알 수 있다. 혁명은, 그것이 이데올로기적으로 조건지워져 있는 것이든 단순히 권력정치적으로 동기지워져 있는 것이든, 국가권력을 장악하기 위한 '권력투쟁(Machtkampf)'이 그 본질을 이루고 있지만, 저항권은 국가권력의 남용을 견제하기 위한 '법투쟁(Rechtskampf)'에 관계되어 있다. 그리고 양자는 똑같이 폭력을 사용하지만 혁명은 권력을 장악하기 위한 공격적 폭력행위임에 반하여 저항권은 국가권력의 남용에 대한 방어적 폭력사용이다.[21] 따라서 저항은 국가권력 측으로부터의 공격을 전제하고서만 생각될 수 있으며 혁명은 그러한 전제를 갖고 있지 않다. 저항에 있어서는 국가권력에 의한 인권에 대한 탄압과 비인간적 폭정 또는 학정에 대한 방어수단으로서의 법적 투쟁이 문제되므로 이 투쟁에 의하여 쟁취되어야 할 질서는 결코 혁명에서와 같이 어떤 이데올로기적으로 조건지워진 사회질서가 아니라 이데올로기 비판적으로 기초지워진 인간사회의 기본질서, 즉 인간의 존엄과 인권이 존중되고 보호되는 인간다운 사회질서이다. 법을 위한 정당한 투쟁으로서의 저항은, 슬라데첵이 적절히 지적한 바와 같이 "이데올로기와는 무관한 하나의 사심 없는 중립적인 정치적 행위이다."[22]

이러한 관점에서 바라보는 한, 혁명적 저항권은 경우에 따라서는 혁명과 충돌되는 반혁명이 될 수도 있을 것이다. 즉 혁명에 의하여 새로이 확립된 어떤 헌법체제가 인권을 존중하지 않는 파쇼체제나 독재체제일 경우 혁명적 저항권은 이 체제에 도전하여 다시 혁명을 해야 할 과제를 안게 된다.

그러나 혁명과 저항권은 다 같이 비합법적 폭력을 통해 기존 체제

---

21) J. Messner, *Das Naturrecht*, 4. Aufl., 1960, S. 696 이하: C. Brinkmann, *Soziologische Theorie der Revolution*, 1948, S. 8.; P. Schneider, 'Revolution', in: *Evangelisches Staatslexikon*, 1966, Sp. 1869.

22) H. Sladeczek, a.a.O., S. 371.

에 도전하는 것이므로 실증주의시대에는 양자가 모두 법파괴로 간주되었으며 그 정당성이 부인되었다. 19세기 이후 법실증주의가 지배하던 때의 형식적 법치국가관은 저항권을 법과 국가의 본질에 반하는 것으로 이해하였다. 즉 저항권은 법치국가의 개념과 모순되며 그것은 법치국가에서는 영원히 사라져 버렸다고 단정했다. 기르케(O. v. Gierke), 옐리네크(G. Jellinek), 볼첸도르프(K. Wolzendorff) 등은 이 점을 다음과 같이 말한다. 즉 국가는 인간공동체에 있어서 최고의 권력이다. 그것은 자기 자신 위에 서 있으며 그 어떠한 다른 권력으로부터도 연역되지 않는 최고의 지배권력이다. 이 국가는 그의 권력을 행사하는 데 있어서 그 자신의 법규범에 구속되어 있다. 즉 지배권력은 법 내부로 들어와 확고한 자리를 차지하고 있다. 지배권력의 사용은 오로지 법질서의 범위 내에서만 전개된다. 그러한 국가는 법치국가(Rechtsstaat)이다. 따라서 현대국가는 더 이상 저항권이라는 것을 인정할 수 없다. 왜냐하면 저항권이라는 것은 결국 국가의 지배권력의 유지를 법적으로 포기한다는 것을 뜻하며 그것은 자신의 본질을 스스로 포기하는 것으로 법논리상 있을 수 없다. 국가권력에 도전하고 그것을 완전히 파멸시켜버리는 그러한 권리를 승인하는 것은 국가의 실체와 구조를 침해하는 것을 승인하는 것과 마찬가지이다. 그러나 그러한 것은 있을 수 없는 일이다. 따라서 현대국가에서는 법논리상 저항권이 설 자리가 없으며 그것은 영원히 사라져 버렸으며 끝장난 것이다.[23] 이와 같이 19세기의 형식적 법치국가관은 저항권의 존재성

---

23) 이에 관해서는 O. v. Gierke, *Die Grundbegriffe des Staatsrechts*, 1915, S. 96 이하, 107: G. Jellinek, *Allgemeine Staatslehre*, 3. Aufl.(Neudruck), 1959, S. 489: K. Wolzendorff. *Staatsrecht und Naturrecht in der Lehre vom Widerstandsrecht des Volkes gegen die rechtswidrige Ausübung der Staatsgewalt*, 1961(Neudruck), S. 461 이하 참조.

과 필요성을 법논리적으로 부정할 수 있다고 믿었다. 그러나 그것은 환상이었다.

　법실증주의가 악법의 개념을 인정할 수 없었던 것처럼 권력실증주의는 악마적 국가권위도 승인하지 않을 수 없었다. 왜냐하면 이러한 형식주의적이고 권위주의적인 법률관과 국가관은 국가의 임무를 인간가치를 존중하고 보호하는 수단으로 바라보지 않고 단순히 자연상태를 극복하고 평화상태를 유지하는 데만 국한시켰기 때문이다.[24) 따라서 그러한 국가관에서는 국가의 목적은 인간의 목적보다 우선하고, 국가의 권위는 인간의 존엄보다 우선할 수밖에 없었다. 그 결과 국가의 권력은 최고의 권력으로서 국민에 의하여 침해될 수 없는 절대적 권위를 가지는 것으로 파악되었으며 이에 도전하는 것은 국가 자체를 파괴하는 반국가적 행위로 인식되었던 것이다. 이러한 실증주의적 사고에 따른다면 어떤 폭력적 실력행사가 혁명이냐 저항이냐는 아무런 의미도 없다. 그것들은 모두 법파괴행위이고, 따라서 합법화될 수 없다. 다른 한편 성공한 혁명은 비합법적이 아닌 것으로 의제될 뿐만 아니라 심지어 정당화되기까지도 한다. 왜냐하면 성공한 혁명가는 최고의 국가권력을 소지하게 되며 사실의 규범력(normative Kraft des Faktischen)에 의하여 주권자로서 새로운 법질서를 창설하고 그것을 실현시키기 때문이다.[25) 이러한 관점에서 바라본다면 혁명과 저항권은 그 성공 여부에 의하여 구별된다. 즉 저항이 성공하면 혁명이 되어, 그 자체로는 비합법적이지만 사실의 규범력에 의하여 정당화되고, 저항이 성공하지 못하면 그것은 반란이나 반역으로 되어버리기 때문이다. 그러나 이러한 구별은 옳지 않다. 저항권의 행사는 인권을 보호하

---

24) 이에 관하여는 W. Maihofer, *Rechtsstaat und menschliche Würde*, 1968, S. 57 이하 참조.
25) 사실의 규범력설에 관하여는 G. Jellinek, a.a.O., S. 337 이하 참조.

기 위한 인권의 행사로서 그 성패 여부에 따라 평가가 달라질 수는 없
다. 마치 정당방위가 실패한 경우라 할지라도 법적 의미에서 정당방
위권으로서의 평가가 달라지지 않는 것과 같다. 양자의 구별은 오히
려 그 정당화 근거에 놓여있다고 본다. 양자는 모두 비합법적인 실력
행사이지만 저항권은 그 정당화 근거를 초실정적 법, 즉 자연법에서
발견한다. 그러나 혁명은 그러한 근거를 갖고 있지 않다. 1789년의
프랑스 혁명은 여기서 말하는 '혁명'에 해당하는 것이 아니라 '혁명적
저항권'이 성공한 경우이다. 구체제(Ancien régime)를 타도한 프랑스
혁명의 법적 정당화 근거는 자유와 평등과 인도주의를 그 이념으로
하는 근대의 계몽적 자연법이다. 그것은 프랑스 인권선언으로 실정화
되었으며 그 혁명을 가능하게 만들었던 '혁명적 저항권'을 제2조에서
'인권'으로 선언하였던 것이다. 우리의 관점에서는 혁명과 저항권의
구별은 명백하다. 인간의 존엄과 인권을 침해하는 불법국가를 배제하
려는 시도는 — 그것이 성공하든 실패하든 관계없이 — 저항권의 행
사이며, 그 반대로 인간의 존엄과 인권을 존중하고 보호하는 법치국
가를 배제하려는 시도는 혁명이며, 반란이며, 반역이다.

4. 저항권의 조직화와 규범화의 한계

헌법외적 저항권은 법적 영역을 떠난 곳에서 비로소 시작되기 때문
에 그 행사는 법적으로는 통제가 불가능하다. 그곳은 힘과 힘이 맞부
딪치는 자연상태의 세계이며 법적으로 규율된 법상태의 세계가 아니
다. 그래서 우리는 국가권력의 남용을 방지하는 최후수단으로서 저항
권의 필요성을 인정하면서도 그 행사의 무(無)통제성 때문에 그 정당
성을 부인하는 것을 이미 칸트(Kant)에게서 발견한다. 칸트에 의하면

두 종류의 자연상태가 있다. 하나는 부정의의 자연상태(status in-justus)이고, 다른 하나는 무법의 자연상태(status justitis vacuus)이다. 그가 저항권을 부인한 것은 바로 이 후자의 무정부적 자연상태 때문이었다. 즉 '폭력에 대한 저항'보다 '폭력을 통한 저항'을 더 탓하고 있다. 그는 다음과 같이 말한다. "국민의 권리가 침해되었다. 그 폭군을 제거하는 것은 불법이 아니다. 이 점에 대하여 의문의 여지는 없다. 그러나 그러한 방식으로 국민이 그들의 권리를 추구하는 것은 신하의 위치에서는 더욱 심한 불법이다."[26] "왜냐하면 이러한 국민의 저항권을 격률로 받아들인다면 모든 법적 헌법은 불안정하게 되고, 모든 법이 최소한의 효력조차 가질 수 없는 완전한 무법의 자연상태를 가져오게 되기 때문이다."[27] 칸트가 저항권을 부인한 것은 폭군에 의한 탄압보다 이에 저항할 때 생기는 무정부 상태를 더 두려워하였기 때문이다. 아퀴나스도 칸트와 같은 관점에서 저항권을 부인하고 있다. "국민의 다수가 폭정으로 인하여 받는 해악보다 더 큰 고통과 해악을 그 저항의 소용돌이 속에서 입게 되는 식으로 그렇게 폭정에 대하여 무질서하게 공격이 가해져서는 안 된다."[28]

바로 이러한 관점에서 저항권의 행사를 질서 있게 할 수 있는 방법이 과연 없겠는가 하는 의문이 저항권의 조직화와 규범화의 문제로 등장하게 된 것이다. 우선 헌법사적으로 볼 때 저항권이 헌법상의 제도로 점차 전환하는 것을 찾아보기는 어렵지 않다. 모든 법치국가적·민주주의적 제도, 예컨대 기본권 보장제도, 권력분립제도, 행정재판

26) I. Kant, *Zum ewigen Frieden*, Kant–Werke, Bd. 9(Ausgabe der Wissen-schaftlichen Buchgesellschaft, Darmstadt 1968), S. 245.
27) I. Kant, *Über den Gemeinspruch*, Kant–Werke, Bd. 9, S. 158.
28) Th. Aquinas, *Summa Theologica*(Deutsch–lateinische Ausgabe von der Albertus–Magnus– Akademie Walberberg bei Köln, Br. 17B, 1966), n. 2 qu. 42 a. 2, S. 109

또는 헌법재판제도, 헌법소원제도, 국민투표제도, 다수정당제도, 의
회제도 등은 수 세기에 걸친 정치투쟁을 통하여 확립된 제도화된 저
항권의 형태들이다. 이와 같이 저항권의 헌법사적 발전은 보복적 저
항권(repressiver Widerstand)으로부터 예방적 저항권(präventiver
Widerstand)으로 전환되어가는 과정을 보여주고 있으며 그것은 곧 폭
력의 법절차화를 뜻한다. 다시 말하면, 법절차로 전환된 헌법상의 제
도들은 조직화된, 법적으로 질서지워진 저항권(organisierter, re-
chtlich geordneter Widerstand)의 모습 이외의 아무것도 아니다. 전
(前)국가적 저항권을 이와 같이 국가적 헌법제도로 전환하는 것은 가
능할 뿐만 아니라 특히 콩도르세(Condorcet), 피히테(Fichte) 등이 그
러한 시도를 적극적으로 행한 바 있다.[29]

그러나 이러한 조직화와 규범화에는 한계가 있음을 간과해서는 안
된다. 그러한 조직화와 규범화는 헌법상의 법적 지배가 가능한 한계
내에서만 의미를 가질 수 있을 것이기 때문이다. 헌법적으로 통제불가
능한 영역은 헌법적으로 조직화할 수도 없는 것이다. 찬탈에 대응하는
헌법수호권으로서의 저항권이나 폭정에 대응하는 인권으로서의 저항
권은 헌법외적 저항권으로서 그 행사는 조직화의 한계 바깥에 놓여있
다. 볼첸도르프가 "현대의 입헌국가는 저항권을 남김없이 그의 법체
계 내로 흡수하여 버렸으므로 저항권의 존재가능성은 완전히 배제되
었다. 즉 저항권은 영원히 사라졌으며 끝장난 것이다. 따라서 저항권
의 법적 기초는 현대 입헌국가에 있어서는 오로지 저항권의 저편에 놓
여있는 국가조직 가운데서만 찾아볼 수 있다"라고 선언하였을 때[30]

---

29) K. Wolzendorff, a.a.O., 390 이하; J. G. Fichte, *Grundlage des Naturrechts
   nach Prinzipien der Wissenschaftslehre*(Philosophische Bibliothek Bd. 256),
   1960, S. 226 이하.
30) K. Wolzendorff, a.a.O., S. 401, 462, 491, 513, 534.

는 저항권의 조직화 가능성의 한계를 전혀 인식하지 못하였던 것이다. 저항권의 저편에 놓여있는 국가조직은 이미 제도화된 저항권(institutionalisierter Widerstand)으로서 헌법적 제도이지 그 자체 저항권은 아니기 때문이다. 저항권의 행사 그 자체는 성질상 조직화할 수 없을 뿐만 아니라 설령 조직화한다 할지라도 무의미하다. 왜냐하면 저항상황에서는 헌법의 규범적 통제력은 배제되어 있기 때문이다. 규범적 통제력을 상실한 공간을 법적으로 조직화하는 것은 마치 불가능한 일을 가능하게 만들고자 시도하는 것과 같이 무모하고 무의미하다.

저항권의 조직화 가능성의 한계는 곧 저항권의 규범화 가능성의 한계를 설정해주고 있다. 오늘날 현대국가의 헌법에서는 저항권을 헌법조문으로 명문화하는 경우가 있는데 그것은 단순히 모든 국민은 저항상황에서 저항권을 행사할 수 있다는 것을 선언하고 있을 뿐 저항 자체를 어떻게 해야 할 것인지를 알려 주고 있는 것은 아니다. 저항상황을 누가 판단하고, 저항의 방법은 어떠한 것이어야 하며, 저항은 언제부터 시작하여 언제 끝나는가를 자세하게 법적으로 규율한 헌법은 오늘날 어디에서도 찾아볼 수 없다. 그것은 결코 우연이 아니다. 왜냐하면 그곳은 자연상태이기 때문이다. 자연상태 자체를 법으로 규율한다는 것은 자기모순이다. 따라서 헌법에 저항권의 조문을 두는 것은 단순히 선언적 의미를 가질 뿐 저항행위를 직접 규율하는 구성적 의미를 가지는 것은 아니다.[31] 우리는 헌법 가운데 저항권의 조문을 둘 수는 있다. 그러나 헌법을 통하여 그것을 조직화하고 규범화하는 것은 불가능하다.[32] 이 점은 블룬츨리(J. C. Bluntschli)의 다음과 같은 말에서도 잘 나타나 있다. "힘과 힘이 맞서 있는 곳에는 헌법의 현실은 마

31) J. Isensee, a.a.O., S. 105.
32) J. Isensee, a.a.O., S. 98; E. Weniger a.a.O., S. 421; W. Geiger, a.a.O., S. 114; K. Doehring, a.a.O., S. 439.

비되어 있다. 헌법은 이 극단적인 경우를 외면할 수 없지만 그렇다고 그것을 자세히 규범화할 수도 없다. 헌법은 이러한 극단적인 경우를 되도록 줄이고 또 이 경우의 자연적 위험성을 가능한 한 감소시키고 자 노력할 수 있을 뿐이다. 그러나 그러한 긴급사태가 터지고 규범에 의하여 통제되지 않는 자연력이 지배할 때에는 헌법도 그 지배력의 한계에 도달하는 것이다. 이 경우에는 오로지 보다 높은 논리법칙만 이 정신적 힘을 발휘할 수 있을 것이며, 그 정신적 힘만이 폭력의 상위 에 위치하여 그 폭력을 완화시키고 심판할 수 있을 것이다.”[33] 이 말 은 저항권의 규범화에 한계가 있다는 것을 잘 보여주고 있다.

실정헌법의 사용이 끝나는 곳에서 비로소 시작될 수밖에 없는 저항 권을 법규범으로 실정화한다는 것은 그 자체 모순이다. 헌법의 규범 력을 위해서 뿐만 아니라 저항권을 위해서도 규범화할 수 있는 영역 과 규범화할 수 없는 영역은 명백히 갈라져 있는 것이 오히려 바람직 하며, 그렇게 함으로써 저항권의 영역을 헌법적으로 실효성 있게 만 들 수 있을 것이다. 크뤼거(H. Krüger)의 다음과 같은 말은 이러한 사 정을 잘 알려주고 있다. “저항 자체를 헌법 내로 끌어들여 구성화할 수는 없다. 그것은 헌법을 위해서 뿐만 아니라 저항을 위해서도 좋지 않다. 저항이 그 도덕적 가치나 정당화의 가능성을 상실하지 않기 위 해서는 그 기본적 특성을 유지해야 한다. 저항은 그 본질상 도덕적 인 격이 마지막 양심의 강제 속에서 근원적으로 궐기하는 것이다. 이와 같은 저항의 성질은 저항을 제도화하거나 규범화하는 것을 허용하지 않는다. 도덕적 인격의 최후의 고유한 결단으로서의 저항은 그가 서 야 할 위치를 필연적으로 헌법과 법률과 국가 바깥에 갖고 있다.”[34]

---

33) J. C. Bluntschli, *Allgemeines Staatsrecht*, 6. Aufl., 1965(Neudruck), S. 689.
34) H. Krüger, *Allgemeine Staatslehre*, 1964, S. 948.

이와 같이 저항권이 서야 할 자리가 법률과 국가의 영역 안에 놓여있지 않고 그 바깥에 놓여있는 것이라면, 그것은 실정법이 아닌 자연법의 세계와 국가윤리에 터잡고 있음이 틀림없다.

5. 저항권의 정당화근거와 저항권론

(1) 맹자의 저항권론(역성혁명론)

인류의 역사상 저항권론을 가장 먼저 전개한 사람은 아마도 맹자일 것이다. 그의 저항권론(이른바 易姓革命論)은 민본주의와 왕도주의에 바탕한 국가윤리에 근거한다. 민본주의란 국가의 권력이 인민으로부터 나오고 또한 인민을 위하여 행사되어야 한다는 것이고, 왕도주의는 先王之道에 따라 仁政과 德治를 행하는 것을 말한다. 국가철학적으로 볼 때, 전자는 통치권획득의 윤리적 정당화근거이고, 후자는 통치권행사의 윤리적 정당화근거이다.

맹자는 "인민이 가장 귀하고, 국가가 그다음이고, 군주는 가장 경하다"고 한다.[35] 이와 같이 맹자가 인민을 가장 귀한 위치에 두게 된 것은 그의 도덕적인 인간관에 연유하며 국가의 존재근거는 인간의 도덕적 본성(인, 의, 예, 지)을 존중하고 보호하는 데 있다. 인간 가치의 실현이 국가의 목적으로 되어 있으며 그 목적을 수행하기 위한 수단이 군주이다. 그래서 "民爲貴, 社樓次之, 君爲輕"이라 말한 것이다.

맹자에 있어서 통치권자는 天子이며 그 천자는 천명을 받아야만 통치권을 획득한다. 이것은 형식적으로는 王權天授設이라 할 수 있겠으나 실질적으로는 王權民授設이다. 왜냐하면 민이 천을 대신해서 왕을 받아들이기 때문이다. 이 점을 맹자는 그의 제자 萬章과의 문답에서

---

35) 孟子, 盡心章句 下十四; 民爲貴, 社稷次之, 君爲輕.

다음과 같이 말하고 있다. 만장이 "堯 임금이 천하를 舜에게 주었다는 것이 사실입니까?"라고 물으니 맹자는 "아니다. 천자가 천하를 남에게 주지 못한다"라고 답하고, 만장이 다시 "그러면 순이 천하를 차지한 것은 누가 준 것입니까?"라고 되물으니 맹자는 "하늘이 준 것이다. … 옛날에 요 임금이 순을 하늘에 천거하였더니 그를 받아들이신 다음 그를 인민 앞에 내놓았는데 인민이 그를 받아들였다"[36]라고 답한다. 이 대화에서 알 수 있듯이 천자가 천명을 받는 것은 民意에 의해서 결정된다. 즉 하늘은 말이 없고 다만 인민을 통하여 말을 할 따름이다. 따라서 민의는 곧 천의이고 민심은 곧 천심이다. 그러므로 천자의 통치권은 명목상 하늘로부터 부여받고 있지만 실질적으로는 인민으로부터 부여받는다. 이와 같이 맹자에 있어서 지배자의 통치권은 인민으로부터 나오고 있으며 그것은 오늘날의 민주주의에서의 국민주권론에 해당하는 것이다. 천자의 得天下가 천명을 대신해서 민의에 의해서 행하여지는 것이라면 천자의 失天下도 천명을 대신해서 민의에 의하여 결정됨은 당연한 논리적 귀결이다. 국민이 저항권을 통한 역성혁명의 주체가 될 수 있는 근거는 바로 이러한 민본주의에 바탕하고 있다.

다음에 맹자에 있어서 통치권 행사의 윤리적 정당화는 왕도주의에 있다. 왕도주의는 선왕지도에 따르는 인정과 덕치를 말한다. 즉 "도덕으로 인정을 행하는 자가 왕자이다." 그 반대로 "권력으로 폭정을 행하는 자가 霸者이다. 王道에서는 인민은 정치의 목적으로 되어 있지만 霸道에서는 거꾸로 인민은 정치의 수단으로 전락되어 있다. 맹자는 다음과 같이 말한다. "권력으로써 인정을 가장하는 자가 패자이다.

---

36) 孟子, 萬章章句 上伍; 萬章曰, 堯而天下與舜, 有諸, 孟子曰, 否, 天子不能而天下與人, 曰, 然則舜有天下也, 孰與之, 曰, 天與之, 昔者, 堯薦舜於天而天受之, 暴之於民而民受之.

패자는 반드시 큰 나라를 갖는다. 그러나 덕으로써 인을 행하는 자는 왕자이다. 왕자는 큰 나라를 지닐 필요가 없다. 湯 임금은 칠십리로 왕자가 되었고 문왕은 백리로 왕자가 될 수 있었다. 힘으로 사람을 복종케 하는 것은 마음으로부터 복종하는 것이 아니며 힘이 부족하기 때문에 하는 수 없이 복종하는 것이지만 덕으로 사람을 복종케 하는 것은 마음속으로부터 정말로 기뻐서 복종하는 것이다."[37] 이와 같이 맹자에 있어서 통치권 행사의 윤리적 정당화는 인정과 덕치에 의한 왕도주의에 있다. 반면 패도주의는 권력과 위력으로 통치함으로써 윤리적으로 정당화될 수 없다. 따라서 여기서 천명을 바꾸는 혁명이 문제된다는 것은 맹자의 국가관에 있어서 당연한 귀결이다. 맹자는 치자가 왕도에 의한 인정을 행하지 않고 패도에 의한 폭정과 학정을 하면 그를 제거할 것을 가르치고 있다. 그 제거의 방법에는 두 가지가 있는데, 첫째는 "國君에 큰 잘못이 있으면 간하고 그것을 되풀이하여 간하여도 들어주지 아니하면 國君을 바꾸어 버린다"라고 한다.[38] 둘째로는 폭군을 살해하는 것이다. 齊나라의 宣王이 맹자에게 묻기를 "湯 임금이 桀을 내쫓고 武王이 紂를 정벌했다는데 그런 일이 있습니까?" 맹자왈 "옛 기록에 있습니다." 宣王이 다시 묻기를 "신하로서 군주를 살해하는 것이 있을 수 있습니까?" 맹자 이에 답하되, "仁을 해치는 자를 賊이라 하고, 義를 해하는 자를 殘이라 합니다. 殘賊을 일삼는 자를 一夫라고 합니다. 一夫 紂를 살해했다는 말은 들었지만 군주를 살해했다는 말은 아직 듣지 못하였습니다."[39]

---

37) 孟子, 公孫丑章句 上三; 以力假仁者霸, 霸必有大國, 以德行仁者王, 王不待天, 湯以七十里, 文王以百里, 以力服人者, 非心服也, 力不贍也, 以德服人者, 中心悅而誠服也.

38) 孟子, 萬章章句 下九; 君有大過, 則諫, 反覆之而不聽, 則易位.

39) 孟子, 梁惠王章句 下八; 齊宣王問曰, 湯放桀, 武王伐紂, 有諸, 孟子對曰, 於傳有之, 曰, 臣弑其君可乎, 曰, 賊仁者謂之賊, 賊義者謂之殘, 殘賊之人, 謂之一

맹자의 이 역성혁명론은 통치자가 그의 권력을 남용하여 폭정이나 학정을 하면 그는 이미 왕이 아니며 한낱 필부에 지나지 않게 되므로 그를 제거하거나 살해하는 것은 반역이 되지 않는다는 것이다. 이 역성혁명사상은 비인도적 통치를 하는 폭군을 易位하거나 살해하는 저항권을 정당화하고 있는 것이다. 그것이 인정을 통하여 인간가치를 존중하여야 할 국가의 도덕성의 요청에 근거하고 있는 것이라면, 맹자에 있어서 저항권은 국가윤리에 근거하고 있음을 알 수 있다.

(2) 밀턴의 저항권론

영국의 유명한 저항권론자 밀턴(J. Milton)은 그의 저작 「The Tenure of Kings and Magistrates(1648/9)」에서 "모든 인간은 신 자신과 같은 모습으로 만들어져서 그 본성상 자유로운 존재로 태어났으며, 만물의 영장으로서의 그의 능력 때문에 지배를 위하여 태어난 것이지 복종을 위하여 태어난 것은 아니다"[40]라고 말한다. 이와 같이 인간은 자유권과 지배권을 갖고 태어났다는 인간학적 근본전제가 그의 국가철학과 저항권론의 출발점을 이루고 있다. 홉스와 마찬가지로 밀턴도 국가의 발생에 관한 그의 설명에서 만인의 만인에 대한 투쟁상태를 전제한다. 자연상태에서의 인간은 서로 불법과 폭력을 행사하므로 그러한 생활양식은 자연적으로 만인의 멸망을 초래하게 될 것임에 틀림없다. 따라서 인간은 이러한 자멸상태를 예견하고 국가를 만들어 서로 불법을 행하지 못하도록 의무지우는 데 합의하였다. 그리고 이러한 합의에 반하는 행위를 하고 평화를 파괴하는 모든 자에 대하여 방어하자는 데 동의하였다. 그렇게 해서 마을과 도시와 국가가 생겨난

夫, 聞誅一夫紂矣, 未聞弑君也.

40) J. Milton, The Tenure of Kings and Magistrates, in ; The works of John Milton, volume 5(New York Columbia University Press), 1932, p. 8.

것이다.[41] 사회계약을 통한 국가발생은 이와 같이 사람들 사이의 평화로운 공존가능성, 즉 자기보존의 필요성으로부터 나온 것이다.

밀턴은 국가발생에 이어 정부를 구성하고 통치권을 발생시키는 근거에 관하여 다음과 같이 말한다. "인간은 질서와 평화를 위하여 그리고 각자가 자신의 행위에 대한 편파적 법관이 되지 않도록 하기 위하여 원래 각자가 가지고 있었던 자기방어의 권리와 자기보존의 권리 및 권위를 어느 한 사람 또는 다수인에게 이양하였다. 전자를 왕이라 하고 후자를 관헌이라 한다."[42] 그렇다면 그들이 이양받아 가지고 있는 이른바 통치권, 즉 국가권력이라는 것은 실은 자연상태에서 각 개인이 가지고 있었던 자기방어권과 자기보존권 이외의 아무것도 아니다. 따라서 지배자의 통치권은 그 본질상 법에 따라서 인간을 보호하는 것 이외의 다른 목적을 가질 수 없다. 그래서 그는 이어서 말하기를 "사리를 자세히 숙고하는 자에게는 왜 자유로운 인간 가운데서 어느 한 사람이 법률에 따라 다른 사람들에 대하여 권위와 사법권을 가져야 하는가를 어떤 다른 목적과 근거를 가지고 생각할 수는 없다."[43]

그런데 밀턴은 그와 같이 이양받은 국가권력이 그 본래의 목적과는 다른 목적을 위하여 남용될 위험이 항상 있다는 것을 인정하고, 그 때문에 통치자로 선출한 자가 가지는 권력을 제한하고 한계를 설정하기 위하여 만인에 의하여 마련되고 만인에 의하여 정당한 것으로 승인되는 법률을 만든다고 한다. 그와 같이 하는 까닭은 그들이 한 사람의 인간에 의하여 지배되지 않고 법률과 이성에 의하여 지배되도록 하기 위함이다.[44] 밀턴의 이러한 '법의 지배(Rule of Law)' 사상은 그의 국

---

41) J. Milton, a.a.O., p. 8.
42) J. Milton, a.a.O., p. 9.
43) J. Milton, a.a.O., p. 9.
44) J. Milton, a.a.O., p. 9.

가론의 최초의 전제, 즉 인간은 자유롭게 태어났고 복종을 위해서가 아니라 지배를 위하여 태어났다는 명제를 국가생활의 현실에서도 실현하기 위함이다. 즉 인간은 국민으로서 국가 속에서도 여전히 자유로운 존재로 남아 있을 수 있게 하기 위함이며, 그래서 지배자의 법률에의 구속을 엄격하게 요청한다.[45]

이러한 법률에의 구속으로부터 벗어나 자의로 다스리는 자가 '폭군(Tyrann)'이다. 그래서 밀턴은 폭군을 다음과 같이 정의한다. "폭군은 법률과 공공의 이익을 존중하지 않고 자의에 따라 자기 자신의 이익을 위하여 통치하는 자이다."[46] 폭군의 권력은 무제한적으로 크고 그 정도와 한계를 모른다. 그 결과 그러한 제한 없는 무한대의 권력은 부정의와 탄압, 살인과 고문, 강압과 억압 등으로 국민을 괴롭히고 나라를 지옥으로 만들어 버린다. 어진 善君이 행복과 선을 가져다주는 것과 같이 폭군은 재앙과 불행을 안겨준다. 선군이 나라의 國父라고 한다면 폭군은 나라의 公敵이다. 옛날부터 이러한 나라의 공적을 왕위로부터 끌어내려 죽여버리는 것을 정당하고 불가피한 것으로 여기는 것은 결코 놀라울 것이 없다.[47] 여기에서 밀턴은 인간의 자유권 외에 또 하나의 보편적인 국민의 권리로서 폭군에 대한 저항권이 존재하지 않으면 안 될 필연성을 본다. 지배자가 폭군으로 변하여 인간의 자유를 억압하고 그의 존엄을 박탈함으로써 "생래적으로 자유롭게 태어난 국민을 영원한 노예로 만들려고 시도할 때 그의 왕관을 벗겨 버리고 그를 처형하여 죽이는 것을 무엇으로 막을 수 있겠는가? 왜 그러한 폭군을 그 자리에서 끌어내려 처형하지 않고 자유로운 국민의

---

45) J. Milton, 'The first Defence', in: *The works of John Milton*, volume 7, 1932, cap. 2, p. 71 이하.

46) J. Milton, *The Tenure of Kings and Magistrates*, p. 18 이하.

47) J. Milton, a.a.O., p. 18 이하, 24.

상위에 계속 군림하면서 지배하도록 해야 할 것인가?"[48] 밀턴은 여기서 私人에 의한 폭군살해를 생각한 것은 아니고 공적 기관에 의한 재판을 거쳐 처형하는 것을 생각하고 있었다. 그 예로서 그는 1649년에 국왕 찰스 1세가 시민의 자유와 종교의 자유를 탄압했다고 하여 의회에서 사형을 선고받고 처형된 것을 상기시키고 있다.[49]

(3) 로크의 저항권론

로크(J. Locke)는 그의 저서 「Two Treatises of Government(1690)」에서 사회계약에 근거한 저항권론을 논리정연하게 전개했다. 그는 다른 사회계약론자들과는 조금은 달리 자연상태를 '이성의 자연법이 지배하는 완전한 자유와 평등의 상태'로 가정한다. 왜냐하면 "이성은 모든 사람에게 어느 누구도 타인의 생명, 신체, 자유, 재산을 침해해서는 안 된다는 것을 가르쳐 주고 있기" 때문이라고 한다.[50] 다시 말하면, 이성적 자연법은 모든 사람에게 타인의 자유를 존중할 것을 의무지우고 있다는 것이다. 그러나 자연상태에서는 이 자연법의 효력을 보장할 공적 권력기구가 아직 마련되어 있지 않기 때문에 이 자연법의 집행은 각자의 수중에 맡겨질 수밖에 없다고 한다. 즉 각자는 자연법을 파괴한 자에 대하여 판결을 내리고 그를 처벌할 제재권을 갖는다는 것이다.[51] 이와 같이 각자가 제재권을 가지고 있는 한, 상호간에 폭력을 행사하게 되어 이른바 전쟁상태(the state of war)가 야기되고, 그것은 한번 시작되면 끝없이 계속될 수밖에 없다고 한다.[52]

---

48) J. Milton, a.a.O., p. 15, 26, 46.
49) J. Milton, 'The first Defence', cap. 8, p. 399 이하, 449 이하, cap. 9, p. 451 이하, 457.
50) J. Locke, *Two Treatises of Government*, 2. edition by Peter Laslett, 1967, Ⅱ. cap. 2, §4-6, p. 287 이하, 특히 p. 289 참조.
51) J. Locke, a.a.O., Ⅱ. cap. 2, §7-13, p. 289 이하 참조.
52) 로크에 있어서 자연상태와 전쟁상태의 구별에 관하여는 J. Locke, a.a.O., Ⅱ.

이러한 전쟁상태에 종지부를 찍고 모든 인간의 자기보존을 확실하게 하기 위하여 그들은 사회계약을 체결하고 전쟁상태로부터 벗어나 시민사회로 들어서게 된다. 이때 체결되는 사회계약의 형식은 각자의 자기보존권과 제재권을 사회에 이양하는데 합의하는 것이고, 그 사회계약의 목적은 각자의 생명, 신체, 자유, 재산에 대한 안전한 보호이다. 따라서 사회로 이양된 자기보존권과 제재권은 그것이 각각 입법권과 집행권으로 전환된 후에도 그 본질적 내용에는 변함이 없기 때문에 계약목적과 다른 목적을 국가권력은 가질 수 없다. 이 점을 로크는 다음과 같이 말하고 있다. "모든 정치적 권력은 자연상태에서 각자가 가지고 있었던 자연권이며, 그것은 그들을 보호해준다는 조건하에 사회로 이양되었던 것이다. 따라서 그 권력은 인간이 그들의 소유를 보호하기 위하여 자연으로부터 부여받은 바 있는 그 적절한 수단들을 사용한다는 데 있다 … 이 권력의 목적과 척도는 그것이 자연상태에서 각자의 수중에 주어져 있었을 때 만인의 자기보존이었으므로, 그것이 정부의 수중으로 옮겨졌을 때도 그 사회구성원의 생명, 자유, 재산을 보호, 유지하는 것 이외의 다른 목적과 다른 척도를 가질 수 없는 것이다."[53]

그러나 정부가 이러한 계약목적에 반하여 그의 권력을 남용하여 국민의 자유를 탄압하고 그의 생명, 신체, 재산을 침해할 때는 계약은 무효가 되고 정부는 해체되며, 따라서 계약시 이양했던 자연권은 다시 국민의 수중에 되돌아오고 그것은 이번에는 저항권으로 전환되어 국민 스스로 자기보존에 나서게 된다.[54]

이 저항권은 로크에 의하면 "반란(Rebellion)에 대한 최선의 보호

---

cap. 3, § 19-20, p. 298 이하 참조.

53) J. Locke, a.a.O., Ⅱ. cap. 15, § 171, p. 399 이하.

54) J. Locke, a.a.O., Ⅱ. cap. 19, § 222, p. 430, § 243, p. 446.

수단이며 그 반란을 저지하기 위한 가장 적절한 수단"이라고 한다. 왜
냐하면 인간이 시민사회로 들어설 때 폭력을 포기하고 법률을 만들었
는데 그 법률을 파괴하고 다시 폭력을 등장시킨 것은 정부 측이므로
정부가 전쟁상태를 다시 재발시킨 장본인으로서 반란자(re-bellare:
다시 전쟁을 야기시키는 자)라는 것이다. 즉 전쟁상태를 재발시킨 책임
은 법방어자인 국민에게 있는 것이 아니라 법파괴자인 국가에게 있다
는 것이다.[55] 이와 같이 로크는 사회계약의 논리에 따라 권력을 남용
한 국가를 오히려 반란자로 보며 저항을 한 국민은 정당한 권리의 수
호자로 보게 된다. 결국 로크에 있어서 저항권의 정당화근거는 인간
의 자기보존의 자연권 가운데 놓여있음을 알 수 있다.

(4) 루소의 저항권론

루소(J. J. Rousseau)는 그의 사회계약론 첫머리에서 "인간은 자유
롭게 태어났다. 그러나 도처에서 쇠사슬에 묶여 있다"라고 한다.[56]
바로 이 명제와 더불어 그는 그의 국가론과 저항권론을 사회계약에
관련시켜 전개한다.

루소의 설명에 따르면, 자연상태에 있는 인간은 자연으로부터 자
기보존을 위하여 부여받은 자연적 자유를 가지고 있다고 한다. 이와
같이 자연상태에서는 모든 사람에게 자연적 자유가 주어져 있지만 그
것은 신체적, 정신적 불평등성으로 말미암아 약자에게는 자기보존의
수단으로서는 무용할 뿐만 아니라 각자의 자연적 자유의 충돌로 인하
여 전쟁상태는 그칠 날이 없다. 이러한 상태는 오래 지속될 수 없고,
따라서 인간이 그들의 생활양식을 바꾸지 않는 한, 인종은 멸망하여

55) J. Locke, a.a.O., Ⅱ. cap. 19, § 226－230, p. 433 이하.
56) J. J. Rousseau, *Der Gesellschaftsvertrag*(*Du contrat social*), hrsg. von Heinrich Weinstock, 1968, I. 1, S. 30.

버리고 말 것이라고 한다.[57]

그러면 어떻게 인간은 그들의 생활양식을 바꿀 수 있을 것인가? 루소에 의하면 그것은 사회계약을 통하여 국가를 창설하고 법질서를 확립하는 길밖에 없다. 그의 사회계약은 사회구성원 전원이 그들의 자연적 자유를 완전히 포기하고 그것을 국가로 이양함으로써 성립한다. 이와 같이 사회구성원 전체가 신체적, 정신적 불평등성으로 말미암아 사실상 불평등한 자연적 자유를 모두 포기함으로써 비로소 만인은 평등한 상태에 놓이게 된다. 이 점을 루소는 다음과 같이 말한다. "근본계약은 자연적 평등을 없애는 것이 아니라 오히려 그 반대로 자연에 의하여 인간 사이에 야기시켜 놓은 사실상의 불평등 대신에 도덕적 및 법적 평등을 마련하여 주고 그 결과 비록 그들이 신체적 및 정신적 능력에 있어서 불평등하다 할지라도 합의와 권리에 의하여 만인이 평등하게 되는 것이다."[58] 이와 같이 사회계약은 권리불평등의 자연상태를 권리평등의 시민상태로 바꾸어 놓는 것이므로 계약을 체결할 때 각자가 그들의 자연적 자유를 포기 또는 양도하는 것은 아무것도 손해볼 것이 없으며 오히려 유리한 교환이다. 이 점을 루소는 다음과 같이 표현한다. "사회계약에 의하여 인간이 입는 손해는 그의 자연적 자유를 포기하였다는 데 있다. 그러나 그 대신 얻은 이익은 시민적 자유를 획득하였다는 데 있다 … 따라서 사회계약에 있어서 각 개인이 정말로 권리를 포기하였다고 주장하는 것은 잘못된 것이며 오히려 그 계약의 결과 그들의 상태는 이전보다 훨씬 나아졌다는 것이 밝혀진다. 따라서 그들은 양도에 의하여 유리한 교환을 한 셈이다. 즉 불안전하고 불확실한 생활양식을 보다 더 낫고 보다 더 안전한 생활양식으

---

57) J. J. Rousseau, a.a.O., I. 6, S. 42.
58) J. J. Rousseau, a.a.O., I. 9, S. 53.

로 바꾸고, 자연적 고립을 자유로 바꾸고, 타인을 해치는 힘을 그들 자신의 안전으로 바꾸고, 타인을 굴복시킬 수 있는 힘을 사회적 결합에 의하여 단단한 권리로 바꾼 것이다."[59]

　루소에 있어서 사회계약을 통하여 인간이 얻는 이익은 이러한 시민적 자유뿐만 아니라 도덕적 자유도 동시에 얻는다는 것이다. 시민적 자유는 자기보존조건에 관계되어 있지만 도덕적 자유는 자기발전조건에 관계되어 있다. 인간은 도덕적 자유를 구사함으로써 자기 자신을 이성적 존재로 만들어나간다. 그것을 계몽(Aufklärung)이라고 하는데, 이 계몽을 가능하게 만드는 것이 도덕적 자유이다. 그래서 계몽주의 철학자로서의 루소는 다음과 같이 말한다. "도덕적 자유는 인간을 비로소 진정한 자기 자신의 주인으로 만든다. 왜냐하면 단순한 욕구의 충동은 본능의 노예를 의미하는 것이지만, 자기 자신이 정립한 법칙에 복종하는 것은 자유를 의미하기 때문이다."[60] 자연상태에서는 인간은 아직 도덕화되어 있지 않은 제한된 동물로서 동물적 법칙에 따라 살 수밖에 없었지만 사회계약을 통하여 시민상태에 들어와서는 인간은 하나의 도덕적 존재로서 이성의 법칙에 따라 살 수 있게 된 것이다. 결국 사회계약에 의하여 인간은 자기보존조건과 자기발전조건을 동시에 얻은 셈이다. 전자는 시민적 자유의 획득에 의하여, 후자는 도덕적 자유의 획득에 의하여 인간이 인간답게 살 수 있는 조건의 기초가 마련된 것이다.

　그러나 이 인간답게 살 수 있는 조건의 기초는 국가권력의 남용에 의하여 항상 위협받고 있다. 루소에 의하면 국가권력의 남용에는 두 가지 형태가 있다. 하나는 폭정(Tyrannei)이고 다른 하나는 찬탈

---

59) J. J. Rousseau, a.a.O., Ⅱ. 4, S. 64.
60) J. J. Rousseau, a.a.O., Ⅰ. 8, S. 49.

(Usurpation)이다. 전자는 통치자가 법률에 따라 통치하지 않고 자신의 자의에 따라 다스리는 경우이고, 후자는 법률에 따라 통치권을 획득하지 않고 비합법적 방법으로 왕권을 손에 넣는 경우이다.[61] 루소에 있어서는 그 어느 경우를 막론하고 사회계약은 무효로 되며 국가는 해체된다. 국가가 해체되면 자연상태가 되돌아오고 각자는 그들의 자연권을 다시 획득하며 그것은 저항권으로 변한다. 이 점을 루소는 다음과 같이 말한다. "통치자가 이미 법률에 따라 다스리지 않고 주권을 남용하는 경우에는 현저한 변화가 일어난다. 즉 정부가 우그러드는 것이 아니라 국가가 절단난다. 이것이 의미하는 바는, 거대한 국가가 해체되고 정부의 구성원들로만 형성되는 하나의 새로운 국가가 생겨나고 그리고 그 국가는 나머지 국민들에 대해서 주인 노릇을 하는 폭군으로 들어앉는다는 점이다. 정부가 이와 같이 주권을 남용하면 사회계약은 깨지고 모든 국민은 당연히 그들의 자연적 자유를 다시 획득한다.[62] 탄압받는 국민은 이 자연상태에서의 자연적 자유권을 되돌려받아 악마의 국가에 대하여 저항하는 것이다. 이것은 다시 자유민주국가를 만들어 인간답게 살 수 있는 조건의 기초를 마련하기 위함이다.

6. 결어

우리는 위에서 계몽주의시대의 저항권론들을 살펴보았다. 여기서 우리가 얻은 결론은 인간의 자기보호권과 국가권력 및 저항권은 그 본질에 있어서 동질적인 권리라는 점이다. 이것은 저항권을 법철학적

---

61) J. J. Rousseau, a.a.0., Ⅲ. 10, S. 130 이하.
62) J. J. Rousseau, a.a.0., Ⅲ. 10, S. 130.

으로 규명하고자 시도하는 자에게는 시사하여 주는 바가 크다. 저항
권은 사회계약론자들에 있어서는 자연상태에서 인간이 갖는 자기보
호권으로 파악되어 있다. 그리고 이 자기보호권은 인간의 자기보존권
과 자기발전권으로부터 연역되고 있다. 다른 한편 국가권력이라는 것
은 시민상태에서 국가가 갖는 인간 보호권 이외의 아무것도 아니다.
이것은 사회계약을 체결할 때 인간이 국가에게 이양한 것이다. 그 국
가권력은 시민상태가 존속하는 한, 결코 다시 인간에게 되돌아오지
않는다. 왜냐하면 그 국가권력 없이는 시민상태에서 인간을 보호하는
권리는 어디에도 존재하지 않기 때문이다. 그러나 그 국가권력의 존
재와 권위는 그것이 인간을 보호할 수 있는 경우에만 국한된다. 따라
서 국가권력이 이미 인간을 보호할 수 없는 경우 또는 보호하기를 바
라지 않는 경우에는 그 국가권력은 다시 원래의 소유주에게 되돌려져
야 한다. 왜냐하면 그것 없이는 인간은 무보호상태에 놓이기 때문이
다. 이와 같이 하여 되돌려진 국가권력은 자연상태에서 인간이 갖는
자기보호권으로서의 저항권이다. 그러나 인간은 이 저항권을 통해 직
접적으로 자신을 보호할 수 없고, 다만 간접적으로 자신을 보호할 수
있는 보호권을 창출하고 그 보호권의 그늘 밑에서 보호받을 수밖에
없다. 이 새롭게 창출된 보호권이 국가권력이다. 이렇게 이해된 저항
권과 국가권력은 동일한 인간 보호권임을 알 수 있다. 다만 그것이 위
치하는 곳이 다를 뿐이다. 저항권은 자연상태에서의 보호권이고 국가
권력은 시민상태에서의 보호권이다.

국가권력과 저항권은 그 자체로서는 폭력이다. 폭력 그 자체는 법
적으로 정당화되지 않는다. 국가권력이 법적으로 정당화되는 것은 인
간을 보호하는 기능 때문이다. 이와 마찬가지로 저항권도 인간을 보
호하는 기능을 함으로써 법적으로 정당화되어야 한다. 다시 말하면,

저항권도 국가권력과 마찬가지로 정당화된 폭력이다.

인간은 자연상태의 폭력을 극복하기 위하여 국가권력이라는 것을 창출했으나 이번에는 그 국가권력의 폭력을 극복하기 위하여 저항권을 원용하지 않을 수 없게 되었다. 오늘날 우리 지구상의 많은 국가들이 아직 저항상황에 놓여있음을 감안할 때 저항권의 잠재적 지배영역은 아직도 크다. 인간의 존엄과 가치를 존중하고 보호하는 법치국가가 이 지구상에 몇 개나 있는지 한번 세어 볼 일이다. 그러나 인간의 자유에 대한 의식 없이는 저항권은 결코 실현되지 않는다. 이 논문의 첫머리에 인용되어 있는 구절이 바로 이 점을 알려 준다. 즉 "어느 한 국민 및 어느 한 시대가 자유를 어떻게 생각하는지가 그 첫 번째 물음이다." 국민의 자유의식이 아직 싹터 있지 않은 곳에서는 저항권도 아직 깊은 잠에 빠져 있다. 그러나 인권의식과 자유의식이 성숙되기까지는 우리 인류는 아직도 오랜 시간이 필요한 것 같다. "우리는 지금 계몽된 시대에 살고 있는가? 아니다. 우리는 아직도 계몽되어가는 시대에 살고 있다."[63] 200년 전에 칸트가 한 이 말은 오늘날의 우리 시대에도 그대로 타당한 말이다. 그래서 "만일 인간에게서 자유를 박탈하지 않고 남겨둔다면 계몽은 가능할 뿐만 아니라 거의 확실하다"라고 칸트는 말한다.[64] 그렇다면 인간에게서 자유를 박탈하는 국가가 존재하는 한, 인간의 계몽은 불가능할 것이다. 이때 인간의 계몽을 가능하게 만들기 위해서는 그 자유를 박탈하는 국가를 저항권을 통하여 배제하지 않으면 안 된다. 인간의 계몽에 대하여 저항권이 갖는 의의를 우리는 여기서 다시 한번 확인해야 할 것이다.

---

63) I. Kant, *Beantwortung der Frage : Was ist Aufklärung?*, Kant‒Werke, Bd. 9, S. 59.

64) I. Kant, a.a.O., S. 54.

법치주의와 계몽적 자연법

Ⅰ.

법치주의는 단순히 법으로 다스리는 지배원리를 뜻하는 것이 아니라 권력을 법에 구속시킴으로써 인간의 자유를 보호하는 국가원리를 말한다. 그 기원은 중세의 영국에서 에드워드 코크(E. Coke) 경이 제임스 1세와의 항쟁에서 "국왕도 법 아래에 있다"라는 '법의 지배(Rule of Law)의 원리'를 주장한 것에서 비롯된다. 그 법적 표현은 1215년의 '마그나 카르타'에서 이미 발견된다. 이 원리는 그 후 18세기에 미국 및 프랑스의 인권선언 가운데서 찾아볼 수 있으나, 19세기에 들어와 독일에서는 법실증주의 사고로 말미암아 형식적 법치국가 개념으로 전락하는 수모를 겪기도 하였다. 그러나 제2차 세계대전 후 독일 헌법 제1조에서 "인간의 존엄을 존중하고 보호하는 것은 모든 국가권력의 의무이며", "인간의 기본권은 직접적으로 효력을 갖는 법으로서 입법. 사법, 행정을 구속한다"라고 언명함으로써 권력을 법에 구속시키는 법치주의의 원리는 되살아났다. 이것은 실질적 의미의 법치국가 개념이다. 이것이 형식적 의미의 법치국가 개념과 다른 점은 두 단계에 걸친 정당화를 필요로 한다는 데 있다. 즉 실질적 의미의 법치국가는 첫 번째 단계에서는 법에 의하여 정당화되고, 두 번째 단계에서는 인간가치에 의하여 정당화된다는 점이다. 형식적 법치국가는 제1단계인 법에만 구속되고 그 법이 다시 인간가치에 구속된다는 전제를

알지 못한다. 따라서 비인간적인 법, 즉 인권을 침해하는 악법도 효력
을 갖는다. 이러한 법에 권력이 구속된다는 것은 법치국가 개념으로
서는 무의미한 것이다. 권력의 단순한 도구에 지나지 않는 법에 구속
되는 국가는 실은 권력국가이지 법치국가는 아니다. 우리는 이러한
사이비 법치국가 개념을 켈젠(H. Kelsen)이나 옐리네크(G. Jellinek)의
국가론에서 찾아볼 수 있다.

우리가 여기서 파악하고자 하는 법치국가는 인간가치에 구속되는
법치국가, 즉 인간의 존엄과 가치를 존중하고 보호하는 법치국가를 의
미한다. 이러한 법치국가에 대한 철학적 근거는 루소(J. J. Rousseau)와
칸트(I. Kant)에 의한 계몽적 자연법이다.

계몽주의 철학자 루소와 칸트는 자유를 인간화 가능조건으로 파악
했으며 그것 없이는 인간의 인간화, 즉 계몽은 불가능하다고 굳게 믿
고 있었다. 루소는 인간을 계몽된 존재로 만들기 위하여 두 가지 필수
조건을 제시한다. 그 하나는 「에밀」에서 제시한 교육이고, 다른 하나
는 「사회계약」에서 제시한 자유의 법질서이다. 칸트도 1783년에 발
표한 '계몽이란 무엇인가?'라는 논문에서 이와 같은 양 조건을 제시
한 바 있다. 그에게 있어서 인간의 계몽을 저해하는 요인은 자기 자신
을 교육하지 아니하는 내적 태만과 자유를 속박하는 외적 제도이다.
그리고 "만일 인간에게서 자유를 박탈하지 않고 남겨둔다면 계몽은
가능할 뿐만 아니라 거의 확실하다"라고 단언한다.[1] 이를 위하여 그
는 '자유의 일반법칙(allgemeines Gesetz der Freiheit)'에 따르는 법질
서의 확립을 그 선결조건으로 요구하였던 것이다. 이와 마찬가지로
루소도 그의 사회계약설에서 '일반의지(volonté générale)'에 근거한

---

1) I. Kant, *Beantwortung der Frage: Was ist Aufklärung?*, in: Kant-Werke, Bd.
9, hrsg. von Wilhelm Weischedel(Wissenschaftliche Buchgesellschaft), Darmstadt
1968, S. 54.

자유의 법질서의 확립을 주장하였던 것이다.

그러나 우리 인류의 대부분은 아직도 이 자유의 법질서를 확립하지 못하고 있으며, 그로 인해 인간의 계몽은 방해받고 있다. 칸트는 이미 200년 전에 "우리는 지금 **계몽된** 시대에 살고 있는가? 아니다. 우리는 아직도 **계몽되어 가는** 시대에 살고 있다"라고 말한 바 있다.[2] 이 말은 200년이 지난 오늘날의 우리 시대에도 그대로 타당한 말이다. 현대에 살고 있는 우리가 근대의 계몽적 자연법에 근거한 법치주의 원리를 재확인하는 것도 바로 그 때문이다.

Ⅱ.

루소는 그의 「사회계약」 첫머리에서 다음과 같이 묻고 있다.

"인간은 자유롭게 태어났다. 그러나 도처에서 쇠사슬에 묶여있다. 어떻게 하면 전체의 공동의 힘에 의하여 모든 사회구성원의 신체 및 재산을 방위하고 보호할 수 있는 사회형태를 발견할 수 있을 것인가? 그리고 그것에 의하여 각 개인이 다른 모든 사람과 결합하였음에도 불구하고 여전히 자기 자신에게만 복종하고 이전과 마찬가지로 자유로울 수 있을 것인가?"[3]

이 물음은 국민의 생명, 신체, 재산을 안전하게 보호해줄 수 있는 법치주의 원리와 자율적 지배형태로서의 민주주의 원리를 어떻게 발견할 수 있을 것인가에 관한 물음이다. 루소는 이 물음에 대한 대답을

---

[2] A.a.O., S. 59.
[3] J. J. Rousseau, *Du Contrat Social(Der Gesellschaftsvertrag)*, hrsg. von Heinrich Weinstock, 1968. l. 4. S. 30, 43.

'일반의지'의 개념을 가지고 설명한다. 이 '일반의지'는 루소의 법철학과 국가철학의 핵심적 개념이다. 그는 일반의지의 표현을 '법'이라하며, 일반의지의 화체(化體)를 '국가'라 하며, 일반의지의 작용을 '국가권력'이라 한다. 그리고 일반의지 자체를 '주권'이라 부르고 있다.[4] 그의 사회계약설에서 특히 난해하고 해석의 논란이 많은 것이 이 일반의지 개념이다.[5] 이 일반의지는 '전체의지(volonté de tous)'와는 구별되는 개념이다. 전체의지는 주관적 '특수의지(volonté particulière)'의 총화를 의미하는 것이지만 일반의지는 이러한 개별적 특수의지의 집합개념이 아니라 하나의 객관적 의지를 말한다. 그러므로 일반의지는 결코 다수결주의를 뜻하는 것이 아니다. 루소에 의하면 "의지를 일반적으로 만드는 것은 투표자의 수에 의하는 것이 아니라 그들을 결합시키는 공통의 이익이다."[6] 집합된 전체의지는 어디까지나 사익의 총화에 지나지 않는 것이며 그 자체 공익의 일반성을 뜻하는 것이 아니기 때문이다. 일반의지는 공통의 이익을 기초로 한 사회의 구성원

---

4) 루소에 있어서 '주권'이라는 말은 두 가지 의미로 쓰이고 있다. 하나는 '국민'이고, 다른 하나는 '국가'이다. 이것은 사회계약에 의하여 탄생된 하나의 결합체를 측면을 달리하여 보는 데 지나지 않으며 본질적인 차이는 없다. 즉 그 결합체를 조직화된 현실적인 인간집단으로 보면 '국민'이고, 이념적 통일체로 보면 '국가'가 된다. 그래서 루소는 "국가를 형성하는 도덕적 인격은 인간이 아니기 때문에 하나의 이념으로서만 파악할 수 있다"라고 한다(a.a.O., I. 7. S. 47). 그 이념적 통일체는 바로 일반의지의 평등한 자유의 질서원칙 자체를 의미하며 그것을 주권이라고 부르고 있다. 이 점에서 홉스(Hobbes)와 같이 현실적인 인간인 군주를 주권자로 보는 것과는 다르다.

5) 루소의 '일반의지'는 해석자에 따라 때로는 유토피아적 이념으로 보기도 하고 (H. Höffding, *Rousseau und seine Philosophie*, 1897, 135면 이하) 때로는 보편타당한 의지로 보기도 하며(R. Stammler, 'Begriff und Bedeutung der volonté générale bei Rousseau', 1912, in: ders., *Rechtsphilosophische Abhandlungen und Vorträge von Rudolf Stammler*, Bd. I, 1925, S. 377 이하), 때로는 현실적인 질서원칙으로 보기도 하고(R. Smend, *Verfassung und Verfassungsrecht*, 1928. S. 69 이하), 때로는 이성에 기초한 자연법으로 보기도 한다(I. Fetscher, *Rousseaus politische Philosophie*, 2. Aufl., 1968, S. 119 이하).

6) Rousseau, a.a.O., II. 4. S. 63.

리를 말하는 것이며 인간의 현실적인 개별의지나 집합의지를 말하는 것은 아니다. 그것은 법질서의 규범적 척도이며 의사작용으로서의 의지가 아니다. 그래서 루소는 다음과 같이 말한다.

"일반의지만이 국가의 설립 목적인 공공복리에 따라 국가의 힘을 지도할 수 있다. 왜냐하면 개개인의 이익의 대립이 사회의 설립을 필요하게 하였다면 그 설립을 가능하게 하였던 것은 그 이익의 일치이기 때문이다. 서로 대립되는 이러한 이익의 공통점이 사회의 결합을 가능하게 만든다. 모든 이익을 일치시키는 하나의 초점이 없다면 사회는 존립할 수 없을 것이다. 사회는 오로지 이 공통이익에 따라 통치되지 않으면 안 된다."7)

일반의지의 개념이 무엇인지 이것으로 명백하게 되었다. 그것은 모든 개인의 이익을 평등화하는 공통의 이익을 뜻한다. 즉 일반의지는 일반이익이다. 일반이익은 어느 한쪽의 이익 때문에 다른 쪽의 이익을 희생시킬 수는 없다. 그렇게 되면 이익의 일반성이 상실되기 때문이다. 그러므로 이익의 일반성은 이익의 평등성에 기초되어 있다. 그래서 루소도 "일반의지는 성질상 평등에 지향되어 있고 특수의지는 불평등에 지향되어 있다"라고 한다.8) 그런데 여기서 말하는 평등한 이익은 곧 평등한 자유를 뜻한다.

자연상태에서 모든 인간은 '자연적 자유'를 갖고 자기보존을 하고 있으나 그 자유는 불평등한 자유이다. 자연상태에서 각자가 자기보존을 위하여 갖고 있는 자연적 자유, 즉 자연권은 체력이나 정신력의 불평등성 때문에 약자에게는 자기보존의 수단으로는 무용하기 때문이

---

7) A.a.O., Ⅱ. 1. S. 54.
8) A.a.O., Ⅱ. 1. S. 54.

다. 따라서 약육강식의 밀림의 법칙이 지배하는 이러한 자연상태는 오래 지속될 수 없으며, 인간이 그들의 생활양식을 바꾸지 않는 한, 인종은 멸망하고 말 것이라고 한다.[9]

그렇다면 어떻게 인간은 그들의 생활양식을 바꿀 수 있을 것인가? 루소에 의하면 그것은 사회계약을 통하여 국가를 창설하고 법질서를 확립하는 길밖에 없다. 사회계약은 사회구성원 전원이 그들의 자연적 자유를 완전히 포기함으로써 성립한다. 이와 같이 사회구성원 전체가 그들의 자연적 자유를 모두 포기함으로써 비로소 만인은 평등한 상태에 놓이게 된다. 왜냐하면 자연상태에서 각자가 가지고 있었던 자연적 자유는 불평등한 것이었기 때문이다. 이 점을 루소는 다음과 같이 말한다.

"기본계약은 자연에 의하여 인간 사이에 야기한 사실상의 불평등 대신에 도덕적·법적 평등을 마련하여 주고, 그 결과 비록 그들이 신체적·정신적 능력에 있어 불평등하다 할지라도 합의와 권리에 의하여 만인이 평등하게 되는 것이다."[10]

이와 같이 사회계약은 권리불평등의 자연상태를 권리평등의 법적 상태로 바꾸어 놓는다. 따라서 사회계약을 체결함에 있어서 각자의 자연적 자유를 포기 또는 양도하는 것은 아무것도 손해볼 것이 없으며 그것은 오히려 유리한 교환이라고 한다.

"사회계약에 의하여 인간이 입는 손해는 그의 자연적 자유를 포기하였다는

---

9) A.a.O., I. 6. S. 42.
10) A.a.O., I. 9. S. 53.

데 있다. 그러나 그 대신 얻는 이익은 시민적 자유를 획득하였다는 데 있다. 어
느 쪽이 이익이 되는지를 똑바로 알기 위하여 우리는 개인의 힘에만 의존되어
있는 자연적 자유와 일반의지에 의하여 제한된 시민적 자유를 정확히 구별하
지 않으면 안 된다.

이러한 구별을 받아들인다면 사회계약에서 개인이 정말로 권리를 포기하
였다고 주장하는 것은 잘못된 것이며, 오히려 계약의 결과 그들의 상태는 이전
보다 훨씬 더 나아졌다는 것이 밝혀진다. 따라서 그들은 양도를 통해 유리한
교환을 한 셈이다. 즉 불안전하고 불확실한 생활양식을 보다 더 나은, 보다 더
안전한 생활양식으로 바꾸고, 자연적 고립을 자유로 바꾸고, 타인을 해치는 힘
을 그들 자신의 안전으로 바꾸고, 타인을 굴복시킬 수 있는 힘을 사회적 결합
에 의하여 단단한 권리로 바꾼 것이다."11)

이것으로 알 수 있듯이, 사회계약은 힘이 지배하는 사실상태를 법
이 지배하는 권리상태로 바꾸어 놓는 정당화 작업 이외의 아무것도
아니다. 그래서 루소도 사회계약은 "권리의 기초를 마련하는 데 있으
며, 그 권리는 자연으로부터 오는 것이 아니라 약속으로부터 온다"라
고 말한다.12)

자연상태에서 인간은 자기보존의 권리로서 자연권을 갖고 있지만
그것은 강자의 권리일 따름이고 약자에게는 무의미하다. 그것은 힘
있는 자가 일방적으로 가질 수 있는 사실상의 권리이지 강자와 약자
가 함께 가질 수 있는 평등한 법적 권리는 아니다. 법적 권리는 쌍방적
이며, 상대적이며, 제한적이다. 그리고 이러한 제한된 권리가 객관화
되면 공존조건으로서의 법이 성립한다. 루소가 사회계약에 의하여 확

---

11) A.a.O., I. 8. S. 49, Ⅱ. 4. S. 64.
12) A.a.O., I. 1. S. 30.

립된 시민상태의 법질서를 권리평등에 두고 있음은 공존조건으로서의 법의 본질상 당연한 논리적 귀결이다. 그래서 "사회계약은 만인이 동등한 조건에 대하여 의무를 지고 만인이 동등한 권리를 향유하는 평등을 시민 사이에 확립하는 데 있다"라고 말하는 것이다.13)

결국 사회계약에 의하여 탄생된 '일반의지'라는 것은 각자에게 평등한 권리가 보장된 자유의 법질서의 존재구조를 말하는 것이다. 그것은 칸트의 '자유의 일반법칙'과 그 질서구조에 있어서 똑같은 내용을 담고 있다.

일반의지가 자유와 평등의 질서원칙을 뜻하는 것이라면 그것은 또한 정의의 원칙을 의미한다. 정의의 원칙의 구성요소는 자유와 평등이기 때문이다. 오늘날 롤즈(J. Rawls)가 정의의 첫 번째 원칙으로 '평등한 자유의 원칙'을 제시한 것도 바로 그것이다. 법질서를 확립하는 입법의 목적이 이 정의의 실현, 즉 자유와 평등을 보장하는 데 있음은 두말할 나위도 없다. 그래서 루소는 "모든 입법체계의 목적이 되어야 할 만인의 최대의 행복이 어디에 있는지를 살펴보면, 우리는 그것이 두 가지 중요한 대상, 즉 자유와 평등에 귀착됨을 알 수 있다"라고 한다.14) 결국 일반의지는 정의에 지향되어 있는 법의지의 대명사이며 법적 이성으로서의 '자연법'이다. 그것은 인간의 의지가 아니라 이성의 규범이다.15) 이것을 '이성적 자연법'이라 한다.

인간은 사회계약을 통하여 '시민적 자유(bürgerliche Freiheit)'뿐만 아니라 동시에 '도덕적 자유(sittliche Freiheit)'까지도 얻게 되었다. 루소에 있어서 시민적 자유는 인간의 자기보존조건에 관계되어 있으

---

13) A.a.O., Ⅱ. 4. S. 63.

14) A.a.O., Ⅱ. 11. S. 87.

15) I. Fetscher, *Rousseaus politische Philosophie*, S. 119 이하; M. Imboden, *Rousseau und die Demokratie*(Recht und Staat, Nr. 267), 1963, S. 11.

나 도덕적 자유는 인간의 자기발전조건으로서 계몽에 관계되어 있다. 그는 다음과 같이 말한다.

"이 시민상태에서는 인간의 능력은 발현될 수 있고 그의 이념은 신장될 수 있고 그의 감정은 순화될 수 있고, 그의 전 영혼은 높이 승화될 수 있을 것이다. 그리고 인간이 이러한 새로운 상태를 남용함으로 인하여 그가 탈출한 자연상태로 자신을 다시 밀어 넣지 않는 한, 그를 자연상태로부터 영원히 탈출시켰던 그리고 아직 도덕화되어 있지 않은 하나의 제한된 동물을 이성적 존재인 인간으로 만들었던 저 행복한 순간을 축복하지 않을 수 없을 것이다."16)

이와 같이 루소에 있어서 도덕적 자유는 인간존재로 하여금 "아직 도덕화되어 있지 않은 하나의 제한된 동물을 이성적 존재인 인간으로 만드는" '계몽적 자유'를 의미하고 있다. 이 자유를 구사하여 인간은 자기 자신을 동물적 존재로부터 하나의 인격적 주체인 이성적 존재로 만들어나가는 것이다. 그래서 루소는 이러한 자유는 "인간을 비로소 진정한 자기 자신의 주인으로 만드는 것이다. 왜냐하면 단순한 욕구의 충동은 본능의 노예를 의미하는 것이지만 자기 자신이 정립한 법칙에 복종하는 것은 자유를 의미하기 때문이다"17)라고 말한다. 이 점에서 루소의 계몽개념과 칸트의 계몽개념은 동일한 내용을 담고 있다. 여기서 우리는 칸트에 앞서 있는 한 사람의 위대한 계몽주의 철학자를 쉽게 찾아볼 수 있다.

루소의 사회계약은 더 높은 차원에서 인간존재의 깊은 의미에 연관되어 있다. 즉 사회계약은 단순히 동물적 존재로서의 인간의 '생존'을

---

16) Rousseau, a.a.O., I. 8. S. 49.
17) A.a.O., I. 8. S. 49.

가능하게 만든다는 데서 그 의의를 다하는 것이 아니라, 여기서 한 걸음 더 나아가 도덕적 존재로서의 인간의 '실존'을 가능하게 만든다는 점에서 그 의의는 더 깊다. 사회계약의 궁극적 목적은 인간의 계몽에 있기 때문이다. 그래서 그는 다음과 같이 말한다.

> "자연상태로부터 시민상태로의 이행은 인간에게 아주 괄목할 만한 변화를 가져다준다. 즉 인간의 행위는 본능 대신에 정의에 쫓게 되고 그것에 종래까지 결하여 있었던 도덕적 의미가 부여된다. 이때 비로소 의무의 소리는 본능적 충동과 탐욕의 권리를 추방하고 지금까지 오로지 자기 자신만을 위하여 행동했던 인간은 다른 원칙에 따라 행동하지 않을 수 없음을 알게 된다. 즉 인간은 자기의 본능적 성향에 따르기에 앞서 그의 이성에 조언을 구하게 되는 것이다."[18]

자연상태에서 인간은 '도덕화되어 있지 않은 제한된 동물'로서 동물적 법칙에 따라 살 수밖에 없지만 사회계약을 통하여 시민상태에 들어와서는 인간은 하나의 도덕적 존재로서 이성의 법칙에 따라 살 수 있게 된다. 그러나 이 이성의 법칙은 인간을 동물적 존재로부터 해방시켜 이성적·도덕적 존재로 만들어나가는 계몽의 가능조건에 지나지 않는다. 즉 사회계약에 의하여 획득된 '시민적 자유'는 그 자체 목적이 아니라 '도덕적 자유'를 위한 수단이다. 이와 같이 시민적 자유가 도덕적 자유, 즉 계몽적 자유의 수단으로 되어 있다는 점에서 그 '이성적 자연법'을 또한 '계몽적 자연법'이라고도 한다.

---

18) A.a.O., I. 8. S. 48.

Ⅲ.

칸트가 파악하는 법치국가 개념도 루소와 같이 하나의 이념적 통일체로서의 국가이다. 그에 있어서 국가는 순수실천이성 원칙의 선험적 형식을 뜻하며, 이 원칙에 따라 하나의 시민헌법이 사회계약의 이념을 매개로 하여 인간사회에 확립된다. 그러므로 그는 국가를 정의하여, "다수의 인간이 법의 일반법칙하에 통합된 것"이라고 한다.[19] 이러한 의미에서의 국가는 루소의 국가개념과 흡사하다. 루소도 '일반의지'가 시민헌법으로 구현된 그 이념적 통일체를 국가로 파악하기 때문이다.

칸트는 이러한 이념으로서의 국가를 이해하는 데 있어서 계몽주의적 인간관에 따른 인간의 존엄의 개념으로부터 출발한다. 그의 계몽주의적 인간관에 의하면 인간은 태어날 때부터 인간인 것은 아니고 동물로 태어난 자신을 살아가면서 인간으로 만들어나간다고 한다. 따라서 인간은 형성되어진 존재가 아니라 자신을 형성하여 가는 존재이다. 즉 인간은 규정된 존재(ein bestimmtes Wesen)가 아니라 규정하는 존재(ein bestimmendes Wesen)이다. 이와 같이 인간을 동물적, 본능적 존재(homo phaenomenon)로부터 인간적, 이성적 존재(homo noumenon)로 해방시키는 인간화 작업을 그는 '계몽(Aufklärung)' 또는 '계발(Kultur)'이라고 한다.[20]

그렇다면 어떠한 방법에 의하여 인간은 자기 자신을 동물성으로부

---

19) Kant, *Die Metaphysik der Sitten*, Kant–Werke Bd. 7, S. 431.
20) A.a.O., S. 516 이하 522, 580 이하; ders., *Idee zu einer allgemeinen Geschichte in weltbürgerlicher Absicht*, Kant–Werke, Bd. 9, S. 36 이하; ders., *Beantwortung der Frage: Was ist Aufklärung?*, S. 53 이하 참조.

터 해방시켜서 인간성을 획득하는 계몽을 수행할 수 있을 것인가? 그
것은 인간에게 부여되어 있는 이성능력을 구사함으로써 이루어진다.
칸트에 의하면, 인간은 정확히 말해 '이성적 존재(ein vernünftiges
Wesen: animal rationale)'가 아니라 '이성능력이 부여되어 있는 존재
(ein mit Vernunftfähigkeit begabtes Wesen: animal rationabile)'라고 한
다. 그리고 인간은 이 이성능력을 사용하여 자신을 비로소 이성적 존
재로 만든다고 한다. 그런데 이 이성능력은 인간이 하나의 동물로서
가지고 있는 본능을 훨씬 능가하는 목적정립적 창조능력으로 그 기획
력(Entwürfe)은 한계를 모른다고 한다.[21] 따라서 이러한 능력을 부여
받은 인간은 본능에 따라 비창조적으로 살아가는 동물이 아니라 그의
이성능력을 발휘하여 자신을 보다 인간답게 완성해나가는 존재라고
한다. 이 점을 칸트는 다음과 같이 말한다.

"인간은 그 자신에 의하여 설정한 목적에 따라 자기 자신을 완성시킬 능력
을 가지고 있으므로 자기창조의 본성을 가지고 있는 존재이다. 따라서 인간은
그에게 부여된 이성능력을 사용하여 자신을 이성적 존재로 만들 수 있다."[22]

다시 말하면, 신은 인간을 하나의 동물로서는 완성품으로 만들어
놓았지만 인간으로서는 미완성품으로 만들어 놓고, 그 대신 인간으로
하여금 그에게 부여된 이성능력을 사용하여 자기 자신을 인간으로 완
성하게끔 만들어 놓은 것이다. 그렇게 함으로써 신이 남겨 놓은 그
'창조의 여백(das Leere der Schöpfung)'을 스스로 메우라는 것이

---

21) I. Kant, *Idee zu einer allgemeinen Geschichte in weltbürgerlicher Absicht*,
S. 35.

22) I. Kant, *Anthropologie in pragmatischer Hinsicht*, Kant−Werke, Bd. 10, S.
673.

다.[23] 이와 같이 신은 인간완성의 책임을 전적으로 인간 자신이 스스로 지게끔 만들어 놓았기 때문에 인간은 자기 자신을 이성적 존재로 만드는 계몽의 인간화 작업을 하나의 의무로 떠맡지 않을 수 없다. 이 것이 칸트 윤리학에서 말하는 '자기 자신에 대한 존중의무'이다. 그러므로 이 의무는 다음과 같이 두 가지 명제로서 명하여진다.

"너의 자연의 완전성 가운데서 너 자신을 보존하라!"
"자연이 단순히 너를 창조한 것보다 너 자신을 더 완전하게 만들라!"[24]

전자는 인간의 자기보존의무이고, 후자는 인간의 자기발전의무이다. 이것은 인간에게 부과되어 있는 도덕적 실천이성의 요청으로서 인간이 인간일 것을 포기하지 않는 한, 피할 수 없는 인간의 의무이다. 인간이 이러한 자기 자신에 대한 존중의무를 받아들여 자기 자신을 인간으로 완성시킬 수 있는 능력이 있다는 데 바로 그의 '인간으로서의 존엄과 가치'가 있는 것이다. 따라서 인간의 존엄과 가치는 인간이 이성적 존재가 되기 위한 '유일하고 절대적인 실질적 윤리가치이다.'[25] 그렇다면 이러한 윤리가치의 실현은 어떻게 가능한가? 즉 어떠한 방법에 의하여 인간은 자기 자신을 동물성으로부터 해방시켜 인간성을 획득하는 계몽을 수행할 수 있을 것인가? 그것은 인간에게 부여되어 있는 이성능력을 사용함으로써 이루어진다. 이 이성능력의 작용은

---

23) I. Kant, *Idee zu einer allgemeinen Geschichte in weltbürgerlicher Absicht*, S. 35, 38, 44, 49.

24) I. Kant, *Die Metaphysik der Sitten*, S. 552면: "Erhalte dich in der Vollkommenheit deiner Natur!", "Mache dich vollkommener, als die bloße Natur dich schuf!"

25) Hans Welzel, *Naturrecht und materiale Gerechtigkeit*, 4. Aufl., 1962, S. 170; I. Kant, a.a.O., S. 569, 570, 600; ders., *Grundlegung zur Metaphysik der Sitten*, Kant–Werke, Bd. 6, S. 67, 68 이하, 74.

우리가 '인간의 기본적 자유'라고 부르는 인권에 관계되어 있다. 즉 사상의 자유, 양심의 자유, 신앙의 자유, 언론의 자유, 표현의 자유, 비판의 자유, 학문의 자유, 예술의 자유 등은 모두 인간의 이성능력의 작용의 표출이다. 인간이 이성능력을 구사하여 자신을 이성적 존재로 만든다는 것은 이러한 자유를 구사하여 자기를 인간적 존재로 만든다는 것을 뜻한다. 따라서 이러한 자유는 인간의 계몽, 즉 인간의 인간화를 위하여 필수불가결한 기본적 자유 또는 기본적 인권이라고 한다. 이것이 칸트에 있어서 인권의 철학적 근거이다.

이러한 인간의 기본적 인권 없이 인간의 존엄성은 생각할 수 없다. 인간이 존엄성을 갖는다는 것은 동물과는 달리 그의 이성능력을 사용함으로써 기본적 인권을 행사할 수 있다는 데 있기 때문이다. 따라서 이러한 인간의 기본적 인권을 존중하지 아니하고 침해하면 동시에 인간의 존엄성도 침해되는 것이다. 우연의 일치인지는 모르지만 우리의 제5공화국 헌법 제9조는 인간의 존엄과 인간의 기본적 인권과의 관계를 아주 적절하게 표현해 주고 있다. 즉 "모든 국민은 인간으로서의 존엄과 가치를 가지며, 이를 위하여 국가는 개인의 기본적 인권을 최대한으로 보장할 의무를 진다."

인간은 이성을 가진 존엄한 존재이다. 칸트에 의하면 이성의 본질은 자율성(Autonomie)에 있다고 한다.[26] 자율성이란 인간이 이성을 통하여 자기입법(Selbstgesetzgebung), 자기결정(Selbstbestimmung), 자기처분(Selbstverfügung), 자기목적설정(Selbstbezweckung) 등을 자율적으로 할 수 있는 도덕적 자유를 뜻한다. 인간은 자율적 존재로

---

26) 칸트의 자율성의 법철학적 의미에 관한 해석상의 차이에 관해서는 A. Kaufmann, *Recht und Sittlichkeit*, 1964, S. 13 이하, 21 이하, 26 Anm. 3과 Zai-Woo Shim, *Widerstandsrecht und Menschenwürde*, 1973(Dissertation), S. 58 이하 Anm. 13, 61 Anm. 17 참조.

서 이러한 도덕적 자유를 구사할 수 있다는 점에 그의 인간으로서의 존엄이 깃들어 있다고 한다.

"따라서 자율이 인간적 존재, 즉 모든 이성적 존재의 존엄의 근거이다."[27]

이러한 자율적 존재로서의 인간을 타율적으로 억압하는 모든 행위는 인간의 존엄을 침해하는 행위이다. 따라서 어느 누가 ─ 그것이 개인이든, 사회집단이든, 국가이든 관계없이 ─ 인간으로 하여금 자유롭게 말하지 못하도록 억압하고, 자유롭게 쓰지 못하도록 억압하고, 자유롭게 생각하지 못하도록 억압하고, 자유롭게 움직이지 못하도록 억압하고, 자유롭게 보고 듣지 못하도록 억압하고, 자유롭게 신앙하지 못하도록 억압하고, 자유롭게 양심에 따라 행동하지 못하도록 억압하고, 자유롭게 표현하지 못하도록 억압하고, 자유롭게 비판하지 못하도록 억압하고, 자유롭게 진·선·미를 추구하지 못하도록 억압하고, 자유롭게 모이지 못하도록 억압하고, 자유롭게 일정한 곳에 살거나 이사가지 못하도록 억압하고, 자유롭게 직업이나 생활을 선택하지 못하도록 억압하고, 자유롭게 살지 못하도록 죽이는 등의 모든 인권침해 행위는 자유로운 인격실현의 계몽을 불가능하게 만드는 반인간적이고 비인간적인 '인도에 반하는 범죄(Verbrechen gegen die Menschlichekti)'이다. 이 자유탄압이 바로 계몽의 적이다.[28] 이것은

27) I. Kant, *Grundlegung zur Metaphysik der Sitten*, S. 69.
28) 계몽을 방해하는 자유탄압은 이성능력의 모든 작용을 그 대상으로 포괄한다. 헌법학에서는 '인간의 권리'와 '시민의 권리'를 구별하여, 전자는 인간이기 때문에 갖는 권리, 후자는 시민으로서 정치사회에서 갖는 권리로 분류하는 경향이 있으나, 양자는 모두 '계몽의 자유'를 탄압한다는 데 있어서는 마찬가지이다. 계몽의 자유는 본능적 존재인 동물로서는 가질 수 없는, 따라서 오로지 이성적 존재인 인간만이 가질 수 있는 모든 이성능력의 작용으로서 그것은 모두 '인간의 자유'에 포괄되어야 한다. 따라서 여기서는 정치적, 경제적, 사회적,

"인간을 타율적으로 단순한 수단으로 삼지 말고 항상 목적으로서 존중하라!"라는 칸트의 명제 가운데 준엄하게 드러나 있다. 그 정언명령은 다음과 같다.

"인간은 어떠한 사람으로부터도 (타인으로부터 뿐만 아니라 자기 자신으로부터도, 심지어는 신으로부터도) 단순히 수단으로 사용될 수 없고 항상 동시에 목적으로 존중되어야 한다. 왜냐하면 인간 가운데는 바로 그의 존엄성(인격)이 깃들어 있기 때문이다."[29]

칸트의 이른바 '목적의 왕국(Reich der Zwecke)'의 질서구조는 바로 이러한 목적적 존재로서 인간 상호간의 관계가 형성되어 있는 것을 말한다. 그는 이 목적의 왕국을 건설하는 데 있어 "인간은 목적 자체로서 실존한다"[30]라는 명제로부터 출발하여 자기 및 타인의 인격에 대한 존중의무를 이끌어낸다. 그에게서 인간의 자기 자신에 대한

문화적, 교육적 기본권들도 모두 인간의 계몽을 위하여 필요한 자유권으로 이해되어야 한다. 이성능력을 갖고 있지 않은 동물들은 정치, 경제, 사회, 문화, 교육 등의 개념을 알지 못할 뿐만 아니라 필요하지도 않기 때문이다. 그래서 칸트도 "(지상에 있는 유일한 이성적 존재로서) 인간이 갖고 있는 이성은 하나의 동물로서 갖고 있는 자연적 본능을 훨씬 능가하는 목적정립적 창조능력으로서 그 기획력(Entwürfe)은 한계를 모른다(*Idee zu einer allgemeinen Geschichte in weltbürgerlicher Absicht*, S. 35)"라고 말한다. 전체주의사회, 독재주의사회, 공산주의사회, 특히 오늘날의 북한사회에서는 생각할 수 있는 모든 인간의 자유가 총체적으로 부인되고 있으며, 이른바 헌법상 선언되어 있는 인권이나 시민권만 침해되고 있는 것이 아니다. '계몽적 자유'의 범위는 독일 헌법 제2조에서 언급하고 있는 '인간의 인격을 자유롭게 발현시킬 수 있는 권리(Recht auf freie Entfaltung seiner Persönlichkeit)'에 속하는 모든 자유권에 미치며, "그것이 타인의 권리를 침해하지 않고 헌법질서나 도덕률에 반하지 않는 한" 허용되고 또한 헌법적으로 보장된다.

29) I. Kant, *Die Metaphysik der Sitten*, S. 600; ders., *Kritik der praktischen Vernunft*, S. 263.

30) I. Kant, *Grundlegung zur Metaphysik der Sitten*, S. 59 : "Der Mensch existiert als Zweck an sich selbst."

존중의무가 개인윤리의 측면을 말하여 주는 것이라면, 인간의 타인에 대한 존중의무는 사회윤리의 측면에 해당한다. 모든 인간은 행위시에 타인의 인격의 존재를 승인하지 않으면 안 된다. 그 타인도 인간인 이상 목적 자체로서 실존하고 있는 존재이기 때문이다. 따라서 어느 누구도 ─ 그것이 개인이든, 사회집단이든, 국가이든 ─ 타인을 자신의 목적을 위한 수단으로 사용해서는 안 된다. 그러나 어느 누구도 또한 자신을 타인의 목적을 위한 수단으로 사용하게 해서도 안 된다.[31] 이 것은 인간의 자기 자신에 대한 존중의무에 반하기 때문이다. 이와 같이 하여 '목적의 왕국' 안에서는 모든 인간존재는 타인과의 관계에 있어서 결코 일방적인 수단으로 전락되지 않고 항상 동시에 목적 자체로서 상호 존중되는 관계에 놓여있게 된다. 그래서 칸트는 그의 도덕적 목적설에서 다음과 같은 실천이성의 정언명령을 내린다.

"모든 사람이 **목적적 존재**일 수 있는 일반법칙의 격률에 따라 행동하라."[32]

그러나 '모든 사람이 목적적 존재일 수 있는 일반법칙'은 인간의 자유를 무제한으로 허용할 수 없다. 왜냐하면 그 자유권은 타인과의 관계에 있어서 타인의 자의로부터 독립할 권리, 즉 그 자유가 모든 다른 사람의 자유와 서로 충돌되지 않는 한에서만 주장될 수 있는 권리이기 때문이다. 서로 양립할 수 있는 한계를 넘는 자유권은 타인의 자유를 침해할 것이므로 그 한계 내에서 제한되지 않으면 안 된다. 이 제한

---

31) 칸트는 자기의 권리를 타인의 발밑에 짓밟히게 하는 것은 인간의 자기 자신에 대한 의무위반이라고 한다(*Die Metaphysik der Sitten*, S. 571 이하, 599). 예링도 그의 「권리를 위한 투쟁」에서 불법을 행하는 자보다 불법을 감수하는 자를 법의 정신을 좀먹는 자라고 한다(예링, 「권리를 위한 투쟁」, 심재우 역, 박영사 1993, '역자 서문' 참조).
32) I. Kant, *Die Metaphysik der Sitten*, S. 526.

한계는 국가가 멋대로 그어서는 안 되고 자유의 일반법칙에 따라 그 어져야 한다. 자유의 일반법칙에 따르면 자유는 언제나 그 제한요소로서 평등을 전제하고 있으며, 마찬가지로 평등 또한 자유를 전제하지 않으면 안 된다. 왜냐하면 불평등은 자유의 공존을 불가능하게 만들고, 부자유는 평등성의 바탕을 결하기 때문이다. 자유와 평등의 이러한 개념적 상호제약성은 공존자 사이의 인격의 독립성으로부터 나오는 당연한 논리적 귀결이다. 칸트는 이것을 "어느 누구도 상호적으로 구속될 수 있는 이상으로 타인에 의하여 구속당하지 않을 독립성의 권리"라고 말한다.[33] 그러므로 공존상황에 있어서는 자유와 평등은 상호제약적으로 한쪽이 다른 한쪽을 전제하고 있다. 즉 자유는 평등 가운데서만 존재할 수 있고, 평등은 자유 없이는 있을 수 없다. 따라서 '자유의 일반법칙'은 자유의 평등성이 균형 잡혀 있는 상태, 즉 만인이 평등하게 자유로울 수 있는 질서상태의 존재구조를 말하는 것이다. 이러한 '평등한 자유의 원칙'을 일반적으로 인간질서의 '근본상황(Grundsituation)'이라고 한다.[34]

그러나 이러한 근본상황은 일방이 타방을 단순한 수단으로 삼을 때 그 균형성이 깨진다. 이것은 불평등상황에서 현저하게 드러난다. 우리는 그것을 역사적으로 경험하고 있다. 예컨대 신분적 불평등, 성별적 불평등, 계급적 불평등, 인종적 불평등, 민족적 불평등, 정치적 불평등, 경제적 불평등, 국가 사이의 힘의 불평등 등이 여기에 속한다. 이러한 모든 불평등요소들에 의하여 인간관계는 균형성을 상실하게 되고, 따라서 인격의 독립성은 배제되고 종속적인 노예상태가 형성되며, 인간의 실존조건은 부정된다. 이러한 상황을 일반적으로 '한계상

---

33) A.a.O., S. 345; ders., *Zum ewigen Frieden*, S. 204 Anm.
34) 베르너 마이호퍼, 「법치국가와 인간의 존엄」, 심재우 역, 삼영사, 1996, 14면 이하, 35면 이하 참조.

황(Grenzsituation)'이라고 부른다.35)

법은 이 한계상황을 다시 근본상황으로 환원시켜야 할 임무와 아울러 그 환원된 근본상황이 다시 한계상황으로 빠져 들어가지 않도록 보장하여야 할 임무를 띠고 있는 것이다. 이와 같이 인간 사이에서 자유의 균형이 깨지지 않고 서로 양립할 수 있도록 하는 것이 법의 기능이다. 그래서 칸트는 법의 개념을 다음과 같이 정의한다.

"법이란 한 사람의 자의(자연적 자유)가 다른 사람의 자의(자연적 자유)와 자유의 일반법칙에 따라 서로 양립할 수 있는 조건의 총체이다."36)

이 법의 정의는 결국 모든 사람이 평등하게 자유로울 수 있는 질서원칙을 뜻한다. 이와 같이 칸트의 '일반법칙'은 루소의 '일반의지'와 마찬가지로 자유와 평등이 보장된 실질적 법치국가의 구성원리를 말한다. 이것이 '이성적 자연법'이다. 칸트와 루소의 이러한 이성적 자연법은 프랑스 인권선언에 그대로 반영되어 있다.

제1조: 인간은 자유롭게 태어났으며 평등한 권리를 가진다.
제4조: 자유란 타인에 대하여 유해하지 아니한 일체의 행위를 할 수 있는 권리이다. 따라서 모든 사람은 그의 자연적 권리를 사회의 다른 구성원의 자연적 권리를 침해하지 아니하는 한 자유로이 행사할 수 있다. 이 자연권의 행사의 한계는 법률에 의하여서만 정해질 수 있다."
제5조: 법률은 사회의 다른 구성원에 대하여 유해한 행위만을 금지시킬 수 있다. 법률에 의하여 금지되지 아니한 일체의 행위는 자유이다.

---

35) 베르너 마이호퍼, 「법치국가와 인간의 존엄」, 14면 이하, 35면 이하 참조.
36) I. Kant, *Die Metaphysik der Sitten*, S. 337.

어느 누구도 법률이 명령하지 아니한 것을 행하도록 강요당하지
아니한다.

제6조: 법률은 일반의지의 표현이다. 모든 국민은 이 일반의지를 확정하
기 위하여 그 자신이나 또는 그의 대표를 통하여 입법에 참여할 권
한이 있다.

Ⅳ.

프랑스 인권선언의 법의 정신은 자유와 평등이다. 그러나 법치국
가에서 보장되는 그 자유와 평등은 그 자체 자기목적이 아니라 '인간
의 존엄'을 위한 수단이다. 즉 자유와 평등은 인간이 인격적 존재로서
인간답게 살 수 있는 조건이다. 우리는 프랑스혁명의 슬로건으로 내
건 자유, 평등, 연대 가운데서 그 마지막에 놓여 있는 '연대(fraternité,
humanité)'에 주목하지 않을 수 없다. 그것은 바로 자유와 평등의 목
적으로 되어 있는 '인간의 존엄'임에 틀림없다.

루소의 「사회계약론」은 1762년에 발표되었고, 칸트의 '계몽이란
무엇인가?'라는 논문은 1783년에 발표되었다. 그리고 프랑스혁명은
1789년에 터졌다. 이 두 사람의 계몽주의 철학자의 사상이 프랑스혁
명에 영향을 끼쳤음은 위에서 언급한 인권선언의 조문에서도 명백히
확인된다. 그들은 구체제(Ancien Régime)의 절대군주정의 권위주의
체제하에서 모든 '국민(Bürger)'이 '신민(Untertan)'으로 전락되어 마
치 군주의 종과 같이 살았던 시대를 직접 경험한 사상가들이었다. 그
시대에 신민들은 군주의 단순한 통치객체에 지나지 않았으며, 군주의
지배를 위한 단순한 수단에 지나지 않았다. 그들의 계몽주의는 바로

이러한 역사적 배경에서 싹터 나왔던 것이다. 칸트는 그 당시 다음과
같이 말하고 있다.

"인간이 그의 통치자들에 의하여 마치 짐승과 같이 그들의 목적을 위한 단
순한 도구로 취급되는 것은 대수롭지 않은 일로 치부할 것이 아니라 창조의 종
국 목적 자체를 거꾸로 뒤집는 일임을 알아야 한다."[37]

여기서 그 '창조의 종국 목적'은 인간을 본능적, 동물적 존재로부터
해방시켜 이성적, 도덕적 존재로 만드는 일이며, 그렇게 함으로써 신
이 그에게 남겨 놓은 '창조의 여백'을 메우는 일이다. 그렇다면 인간
은 그 당시 이 '창조의 종국 목적'에 어느 정도 도달해 있었는가? 칸트
는 이어서 이렇게 말한다.

"우리는 지금 계몽된 시대에 살고 있는가? 아니다. 우리는 아직도 계몽되어
가는 시대에 살고 있다."[38]

"우리는 예술과 학문을 통하여 고도로 '문화화'되어 있다. 우리는 모든 사교
적 예법에 있어서 귀찮을 정도로 '문명화'되어 있다. 그러나 우리가 이미 '도덕
화'되어 있다고 생각하기에는 아직도 너무나 먼 거리에 있다. 왜냐하면 도덕성
의 이념은 아직도 계발단계에 놓여있기 때문이다."[39]

그러면 "도덕성의 이념이 아직도 계발단계에 놓여있는" 그 계몽이
란 무엇인가? 그는 계몽을 다음과 같이 정의한다.

---

37) I. Kant, *Der Streit der Fakultäten*, Kant−Werke, Bd. 9, S. 362.
38) 위의 각주 2 참조.
39) I. Kant, *Idee zu einer allgemeinen Geschichte in weltbürgerlicher Absicht*,
  S. 44.

"계몽이란 인간이 그의 미성숙 상태로부터 벗어나는 것이다. 그리고 그 계몽의 책임은 인간 자신에게 있다."[40]

이와 같이 "인간 자신의 책임으로 돌아가는 계몽"을 그 성질상 통치자들이 대신해 줄 수는 없지만, 적극적으로 도와야 하며 결코 방해해서는 안 된다. 인간이 통치자를 위한 수단으로 사는 것이 아니라 거꾸로 통치자가 인간을 위한 수단으로 지배를 하는 것이라면, 그들은 인간을 목적으로 존중하고 인간에게 봉사하는 목민관 노릇을 해야만 한다는 것이다. 그러나 유감스럽게도 우리 지구상에는 아직도 그러한 지배형태를 발견하기 어렵다. 대부분의 나라들이 아직도 법치주의원리에 따라 법치국가제도를 확립하지 못하고 있기 때문이다.[41] 우리나라의 경우도 그 예외가 아니다.

우리는 권력국가에서 살아온 경험만 가지고 있을 뿐 법치국가에서 살아 본 경험은 거의 없다. 500년에 걸친 조선왕조의 권위주의국가, 36년에 걸친 일제 식민지하의 군국주의국가, 그 후 30년에 걸친 군사독재국가 등 권력국가의 질곡에서 벗어나 본 적이 거의 없다. 그 긴 세

---

40) I. Kant, *Beantwortung der Frage: Was ist Aufklärung?*, S. 53: "Aufklärung ist der Ausgang des Menschen aus seiner selbst verschuldeten Unmündigkeit."
41) 일반법칙 또는 일반의지의 평등한 자유의 원칙에 따라 법치국가 제도를 국내적으로 '시민적 헌법(bügerliche Verfassung)' 또는 국제적으로 '세계시민적 헌법(weltbügerliche Verfassung)'으로 확립하는 일은 그 자체 조직의 문제이지 도덕의 문제가 아니다. 따라서 칸트는 "국가의 조직이나 제도의 문제는, 그것이 아무리 어려운 것 같이 들리기는 하지만, 악마의 나라의 국민조차도 그들이 단지 오성만 갖고 있다면 능히 해결할 수 있는 것이다 … 그러한 문제는 인간 세상에서는 얼마든지 해결될 수 있어야만 한다. 왜냐하면 그러한 문제는 인간을 도덕적으로 개선하는 문제가 아니고 단순히 자연의 기계조직을 개조하는 문제에 지나지 않기 때문이다(*Zum ewigen Frieden*, S. 224)"라고 말한다. 인류는 오늘날까지도 그들이 그 속에서 인간답게 살 수 있는 시민적 헌법이나 세계시민적 헌법의 집을 아직도 짓지 못하고 있으니 한심하기 이를 데 없다는 것이다.

월에 걸쳐 인간은 국가권력에 의하여 정치적, 국가적 목적을 위한 단순한 수단으로 취급되었으며 한 번도 목적적 존재로서 존중받은 적이 없다. 우리의 국가역사는 비인간적 국가역사로 점철되어 왔으며, 그로 인하여 우리는 인간의 계몽이 정지된 역사 속에서 살아왔다. 국가가 인간에 대하여 무엇을 의미하는 것인지, 인간이 국가를 위하여 존재하는 것인지 아니면 국가가 인간을 위하여 존재하는 것인지 한번 진지하게 물어봐야 할 때이다. 겨우 문민정부가 들어선 오늘에 이르러서야 아직 완전하지는 않지만 인권이 존중되는 법치국가의 틀이 잡혀가는 것 같다. 우리는 인간답게 살기 위하여 법치주의의 원리에 바탕한 자유민주주의 헌법을 소중하게 지키고 다듬어 나가야 할 과제를 안고 있다. 그러나 우리가 결코 잊어서는 안 될 것은, 북쪽에 있는 우리 동포는 아직도 유례없는 교조주의적 권력국가 밑에서 국가노예로 신음하고 있다는 사실이다. 우리에게 과제로 주어져 있는 민족통일도 통일 그 자체보다는 '노예해방'과 '인권회복'이 더 시급하고 절실한 본질적 문제이다. 지난해 하버마스(J. Habermas)가 내한하여 행한 강연 '민족통일과 국민주권'에서 "통일은 시민의 자유실현이라는 이상과 결합되어야 한다"라고 말한 것도 바로 이 점을 지적한 것으로 안다.

사물의 본성과 구체적 자연법

Ⅰ.

몽테스키외(Montesqieu)는 그의 「법의 정신(De 1'esprit des lois)」 첫머리에서 다음과 같이 말하고 있다.

"가장 넓은 의미에서의 법은 사물의 본성으로부터 나오는 필연적 관계이다. 따라서 이런 의미에서 모든 존재는 그들의 법을 갖고 있다. 신은 그의 법을 갖고 있고, 물질세계는 그의 법을 갖고 있으며, 인간보다 상위에 있는 예지적 존재는 그의 법을 갖고 있으며, 동물은 그의 법을 갖고 있고, 인간은 그의 법을 갖고 있다.

어떤 맹목적 필연성이 이 세상에서 우리들이 볼 수 있는 모든 결과들을 창조해 냈다고 말하는 사람들은 아주 불합리한 주장을 하고 있는 것이다. 도대체 어떤 맹목적 필연성이 예지적 존재를 창조했다고 생각하는 것보다 더 큰 불합리가 어디에 있겠는가?

따라서 하나의 원초적 이성(raison primitive)이 존재하고 있다. 모든 법들은 이 원초적 이성과 각각 다른 존재들 사이에서 발견되는 관계이며 또한 다른 존재들 상호간의 관계이다 … 개개의 예지적 존재들은 자기 스스로 만든 법을 가질 수 있으나, 스스로 만든 것이 아닌 법도 갖고 있다. 예지적 존재가 생겨나기 이전에 그러한 존재는 가능성으로 있었으며, 따라서 그들은 가능한 관계 속에 있었고, 그 결과 가능한 법을 이미 가지고 있었던 것이다. 만들어진 법이 존재하기 이전에 정의의 한계는 가능한 관계로 존재하고 있었다. 실정법이 명하거나 금하는 것 이외에는 어떠한 정당한 것도 어떠한 부정당한 것도 존재하지 않는다고 주장하는 것은 마치 최초의 원이 그려지기 전에는 모든 반경은 같지 않다고 주장하는 것과 같은 것이다.

따라서 실정법에 앞서 자연이 준 정당한 관계가 있고, 이 관계를 실정법이 정립한다는 점을 인정하지 않으면 안 된다."[1]

몽테스키외는 이와 같이 인간이 만든 실정법에 앞서 '사물의 본성'으로부터 나오는 자연법이 이미 존재한다고 한다.

이 자연법은 '인간의 본성'으로부터 나오는 자연법과는 다르다. 후자는 시간과 공간을 초월하여 모든 시대 모든 민족에 대하여 보편적으로 타당한 '보편적 자연법(abstraktes Naturrecht)'임에 반하여, '사물의 본성'으로부터 나오는 자연법은 시간과 공간 안에서 그 시대 그 민족에 대하여 구체적으로 타당한 '구체적 자연법(konkretes Naturrecht)'을 의미한다. 보편적 자연법은 근대의 계몽주의 사상에서 비롯되는 것이지만,[2] 구체적 자연법은 이미 2,000여 년 전으로 거슬러 올라가 서양에서는 고대 희랍의 'physei dikaion' 사상과 스토아 학파의 'rerum natura' 사상에서 그리고 동양에서는 유가의 '正名' 사상에서 이미 찾아볼 수 있다.

그 후 이 '사물의 본성' 사상은 19세기에 사비니(Fr. C. von Savigny)의 역사법학파에 이어졌으나, 당시의 법실증주의자인 베르크봄(K. Bergbohm)에 의하여 "아직 존재하지도 않는 법규범을 사물의 본성으로부터 억지로 이끌어 내려는 사람들이 지금도 여전히 있다"[3]라는 조

---

1) Montesquieu, *De 1'esprit des lois*(*Vom Geist der Gesetze*), hrsg. von Kurt Weigand, 1965, Ⅰ. 1, S. 95 이하.
2) 심재우, '법치주의와 계몽적 자연법', 「법철학연구」, 1998, 11면 이하 참조.
3) K. Bergbohm, *Jurisprudenz und Rechtsphilosophie*, Bd. Ⅰ, 1892, S. 353.

소 섞인 비난을 받기도 했다. 그러나 이러한 조소적인 비난은 당시의
자연법주의자인 키르히만(J. H. von Kirchmann)에 의하여 "입법자가
세 마디만 말을 바꾸면 도서관의 모든 법률서는 휴지로 변하고 만
다"⁴⁾라는 또 다른 조소 섞인 비난으로 반박되고 있다.

20세기 중엽에 들어와 법실증주의의 '법률적 불법(gesetzliches
Unrecht)'의 횡포를 겪고 난 다음 자연법의 '초법률적 법(übergesetz-
liches Recht)'의 부활이 이루어지면서⁵⁾ 사물의 본성은 다시 법철학적
논의의 대상으로 떠올랐다. 자연법이 말하고자 하는 바는—그것이
보편적 자연법이든 구체적 자연법이든—법이란 결코 입법자의 자의
의 산물이 아니며 인간의 본성과 사물의 본성에 구속되어야 한다는
데 있다. 실정법은 정당성의 척도를 자신 가운데 지니고 있지 않으며,
그 배후에 있는 자연법의 척도의 거울에 비추어 비로소 자신의 정당
성을 확인받을 수 있기 때문이다.

Ⅱ.

법학적 의미에서 사물의 본성의 개념을 적절하게 정의한 사람은 데
른부르크(H. Dernburg)이다. "생활관계는, 다소간 발전된 경우에도,
그 척도와 질서를 자체 내에 지니고 있다. 사물에 내재하는 이 질서를
사람들은 사물의 본성이라고 부른다. 법률가는 실정법이 흠결되었거
나 또는 실정법이 불완전하거나 불명료할 때 사물의 본성으로 돌아가

4) J. H. von Kirchmann, *Die Wertlosigkeit der Jurisprudenz als Wissenschaft*,
   1848(Wissenschaftliche Buchgesellschaft, Darmstadt, 1956), S. 25.
5) G. Radbruch, 'Gesetzliches Unrecht und übergesetzliches Recht', in: ders.,
   Rechtsphilosophie, 5. Aufl., 1956, S. 347 이하 참조.

생각해야 한다. 사물의 본성은 자연법과 혼동해서는 안 된다. 자연법
은 인간의 본성으로부터 연역된 결론에 바탕하고 있다. 그것은 직접
적인 법적용에는 적합하지 않다."[6]

사물의 본성에 대한 데른부르크의 이러한 개념정의는 세 가지 관점
에서 우리의 고찰대상의 범위를 확정하여 주는 것 같다.

첫째, 사물의 본성에 있어서 그 '사물(Sache)'이 무엇을 뜻하는가이
다. 그는 이것을 '생활관계(Lebensverhältnisse)'라고 한다. 그리고 '본
성(Natur)'은 그 사물에 내재하는 '질서(Ordnung)'라고 한다. 우리는
이러한 개념정의에 따라 법률 이전에 그 법률(실정법)이 준거해야 할,
생활관계에 내재하고 있는 질서(자연법)가 무엇인지를 밝히고자 한다.

둘째, 사물의 본성은 법률이 흠결되었을 때 이를 보충하는 법원으
로서 민법상의 '조리(條里)'에 해당한다는 점이다. 즉 스위스 민법 제1
조나 우리 민법 제1조에 규정되어 있는 바와 같이, 민사관계에 있어
서 법률이 없으면 관습에 의하고, 관습이 없으면 조리에 의한다는 것
이 그것이다. 그리고 사물의 본성은 법률이 흠결되었을 때 법원(法源)
으로 원용될 수 있을 뿐만 아니라 법률이 있기는 하나 그 내용이 불완
전하거나 불명료할 때 실정법의 해석원칙으로서 원용될 수 있다는 것
이다. 다시 말하면, 사물의 본성은 법해석에 있어서 '정당성의 척도
(Richtigkeitsmaßtab)'를 제공하여 줄 수 있다는 점이다. 첫 번째 문제
가 입법원칙에 관계된 것이라면, 두 번째 문제는 해석원칙에 관계되
어 있다. 우리의 고찰은 이 후자를 전자에 흡수시켜 고찰할 것이다. 입
법원칙으로서의 사물의 본성도 법의 정당성의 척도를 찾는 데 있기
때문이다.[7]

---

6) H. Dernburg, *Pandekten*, Bd. 1, 3. Aufl., 1892, S. 87.
7) 사물의 본성과 법의 정당성에 관하여는 Heino Garrn, 'Die 'Natur der Sache als
Grundlage der juristischen Argumentation', ARSP 68(1982), S. 60 이하 참조.

셋째, 사물의 본성은 인간의 본성으로부터 나오는 자연법, 즉 보편적 자연법과 구별되어야 한다는 것인지만 과연 사물의 본성, 즉 구체적 자연법만으로 법의 정당성의 척도를 제공할 수 있을지 의문이다. 따라서 우리의 고찰은 구체적 자연법과 보편적 자연법의 변증법적 보완관계를 마지막으로 다룰 것이다.

Ⅲ.

사물의 본성의 근본사상은 사물 자체 내에 그 사물의 법칙성이 내재되어 있다는 데 있다. 이러한 의미에서 신은 그의 창조질서의 법칙성을 갖고 있고, 자연은 자연질서의 법칙성을 갖고 있으며, 동물은 동물질서의 법칙성을 갖고 있고, 인간은 인간질서, 즉 사회질서의 법칙성을 갖고 있다는 몽테스키외의 말은 옳고 또한 진실이다.

법철학에서 '사물의 본성(Natur der Sache)', '사물의 이성(Vernunft der Sache)' 또는 '자연의 이성(naturalis ratio)' 등의 이름으로 불리는 이 사물의 법칙성은 도대체 무엇인가? 법이 사회생활을 하는 인간 사이의 관계를 규율하는 것이라면, 법학적 의미에서의 사물의 본성은 그 인간의 생활관계에 내재하고 있는 법칙성을 뜻한다. 라드브루흐(G. Radbruch)와 같이 이 생활관계를 존재사실로 이해할 때는 사물의 본성은 '존재에서 실현된 당위(das am Sein verwirklichte Sollen)'[8] 또는 데른부르크 식으로 표현한다면, '존재에 내재하는 당위(das dem Sein innewohnende Sollen)'이다. 이와 같이 존재 자체에 내재하는 당

---

8) Radbruch, 'Die Natur der Sache als juristische Denkform'(Sonderausgabe, Wissenschaftliche Buchgesellschaft, Darmstadt), 1960, S. 33.

위가 무엇인지 밝히기 위하여는 존재론적 방법에 의존할 수밖에 없다. 왜냐하면 존재 자체에 당위가 내재되어 있다는 사유방식으로만 접근이 가능하기 때문이다. 이것을 인식론적 방법에 의하여 접근하는 것, 특히 신칸트학파의 방법이원론과 같이 인식비판적 관점에서 접근하는 것은 불가능하다고 본다. 왜냐하면 방법이원론에 의하면, 당위명제는 당위명제로부터만 도출될 수 있고 결코 존재명제로부터 당위명제를 도출할 수 없기 때문이다.[9] 방법이원론의 사고를 끝까지 고수한 라드브루흐는 사물의 본성을 존재와 당위의 대립을 완화시키는 가교적 역할을 한다고 하지만,[10] 그것은 '사유논리적으로(denk-logisch)' 불가능한 것이며, 오로지 '존재론적으로(onto-logisch)'만 가능할 것이다. 왜냐하면 '필연적으로 그렇게 생각할 수밖에 없고 달리 생각할 수 없는 것(das notwendig So-Denken-Müßen und Nicht-Anders-denken-Können)'을 '필연적으로 그렇게 존재할 수밖에 없고 달리 존재할 수 없는 것(das notwendig So-Sein-Müßen und Nicht-Anders-Sein-Können)'과 동일시하는 것은 불가능하기 때문이다.[11] 사유논리적으로는 당위와 존재는 마치 기찻길과 같이 영원히 평행선을 이루는 것이며, 결코 가교적 접합점을 찾을 수 없다. 그럼에도 불구하고 라드브루흐는 사물의 본성은 존재와 당위를 연결시키는 가교를 놓는 데 기여한다고 하는데 그것은 어떻게 가능할 것인가? 그는 이것을 '이념의 소재 규정성(Stoffbestimmtheit der Idee)'으로 설명한다.

라드브루흐의 사물의 본성론에서 '사물'은 '법의 소재(Rechtsstoff)', 즉 법형성의 대상으로서의 기체(Substrat), 재료(Material), 소재(Stoff)

---

9) Radbruch, a.a.O., S. 99.

10) Radbruch, a.a.O., S. 5.

11) W. Maihofer, 'Die Natur der Sache', in: Arthur Kaufmann(Hrsg.), *Die ontologische Begründung des Rechts*, 1965, S. 60 이하.

이다. 그리고 이 소재는 인간의 공동생활, 즉 사회 내의 '생활관계 (Lebensverhältnisse)'로 파악된다. 그리고 '본성'은 '어떤 순수한 이념 적인 것(etwas rein Ideelles)',[12] 즉 법이념이다. 그래서 그는 사물의 본성을 정의하여 '법이념에 관계된 생활관계의 의미'[13]라고 말한다.

그렇다면 이 법이념으로서의 당위가 법소재로서의 존재에 어떠한 방식으로 연결되는가? 그에 의하면, "모든 당위는 일정한 소재로 '향 하여(für)', 그 때문에 이러한 소재를 '통하여(durch)' 규정되어 있다. 모든 당위의 효력은 라스크(E. Lask)의 말에 따르면 일정한 기체로 향 하여 효력을 갖는다. 예술가의 이념은 그것이 대리석에서 실현되어야 하는가, 청동에서 실현되어야 하는가에 따라 다르다. 이념과 소재의 이러한 관계를 이념의 소재규정성이라 부를 수 있다. 이와 같이 법이 념들도 법소재를 향하여 그리고 법소재를 통하여 … 간단히 말하면, 사물의 본성에 의하여 본질적이다."[14]

사물의 본성을 이념의 소재규정성으로 설명하는 라드브루흐의 견 해에 대하여 우리는 두 가지 점에서 이의를 제기하고자 한다.

첫째, 그는 '사물에 내재하는 질서', 즉 존재 가운데 내재하고 있는 당위를 존재 자체에서 끄집어내지 않고 당위를 존재 속으로 집어넣고 있다. 다시 말하면, 그에게서는 소재가 이념을 규정하지 않고 거꾸로 이념이 소재를 규정하고 있다. 이것이 의미하는 바는, 사물의 본성 사 상과 정반대가 되어 있다는 점이다. 그에 의하면, 이때 이념은 소재로 '향하여' 규정함과 동시에 또한 소재를 '통하여' 함께 규정된다고 말 함으로써[15] 마치 이념만 소재를 규정하는 것이 아니라 소재도 이념을

12) Radbruch, a.a.O., S. 13.
13) Radbruch, a.a.O., S. 15.
14) Radbruch, a.a.O., S. 16 이하.
15) Radbruch, 'Rechtsidee und Rechtsstoff', in: Arthur Kaufmann(Hrsg.), *Die onto-logische Begründung des Rechts*, S. 5.

규정하는 듯한 뉘앙스를 주고 있는데, 사실은 그렇지 않다. 왜냐하면 이념의 소재로 '향한' 규정은 능동적이지만 소재의 이념으로 향한 규정은 단지 소재를 '통하여' 그 이념을 받아들이느냐 거부하느냐 하는 수용성과 거부성을 수동적으로 선택하는 데 지나지 않기 때문이다.[16] 마치 미켈란젤로가 상상의 다비드 상을 청동에 집어넣으면 거부하고 대리석에 집어넣으면 수용하는 것과 같이 소재는 이념적합성 여부를 선택하는 단순한 대상에 지나지 않는다. 소재가 이념을 거부할 때는 소재와 이념 사이의 가교는 연결되지 않으며, 그 반대로 소재가 이념을 수용할 때는 양자 사이의 가교는 연결되지만, 이때의 이념은 그 다리를 통하여 소재의 영역으로 침범하여 들어가 소재를 이념화해 버린다. 따라서 라드브루흐가 그토록 집착한 사물의 본성에 관한 연구도 존재에 내재하는 당위를 존재 자체에서 찾아낼 수는 없었고, 다만 당위로부터 존재에 이르러 가는 가교를 통하여 존재의 집에 들어가 존재를 당위화해 버린 것이다. 따라서 그가 사물의 본성을 '존재에서 실현된 당위(das am Sein verwirklichte Sollen)'를 찾는 것이라고 정당하게 말하였지만, 그가 실제로 찾아낸 것은 거꾸로 '당위에서 실현된 존재(das am Sollen verwirklichte Sein)'에 지나지 않는다.

둘째, 그는 법소재인 '생활관계'를 아무런 생명도, 가치도, 의미도 없는 대리석이나 청동 덩어리에 비유하여 말하고 있다. 그러나 인간의 생활관계는 인간의 사회적 실존의 모습이며, 그 자체 무의미하고 무가치한 어떤 생명 없는 바위덩어리와 같은 법소재가 아니며, 따라서 바깥에서 의미, 가치, 이념 등을 그 소재 안으로 집어넣음으로써 비로소 형태를 얻게 되는 원자재와 같은 것이 아니다. 그러한 자연적 소재와는 달리, 법소재로서의 생활관계는 인간의 사회적 실존의 존재론

---

16) Radbruch, 'Die Natur der Sache als juristische Denkform', S. 16.

적 구조와 형태를 이미 가지고 있으며, 따라서 거기에는 이미 그 자체 내에 의미와 가치 그리고 당위를 지니고 있다.[17] 이와 같이 생활관계에 내재하고 있는 존재론적 구조와 의미가 데른부르크에 의한 '사물에 내재하는 질서'에 해당하는 것이다. 따라서 여기에서의 사물의 본성은 라드브루흐가 말한 '법이념에 관계된 생활관계의 의미'가 아니라, 오히려 '법존재에 내재된 생활관계의 의미'로 정의되어야 할 것이다.

사물의 본성의 법철학적 실천적 과제는 이념의 자의, '그릇된 당위(das verfehlte Sollen)'가[18] 법의 옷을 입고 존재의 세계에 함부로 침입하여 들어오는 것을 막는 방패역할을 한다는 데 있다.[19] 라드브루흐의 사물의 본성론은 이 과제를 해결하는 데 실패했다.

페히너(E. Fechner)도 사물의 본성의 법철학적 과제를 인간의 주관적 자의로부터 벗어난 법의 객관성에서 찾는다. 법의 객관성에는 법의 실재적 요소(Realfaktoren)의 객관성과 법의 이념적 요소(Ideal-faktoren)의 객관성이 있는데, 사물의 본성은 전자에 관계되어 있다고 한다. 실재적 요소로서의 '사물'은 그 자체로부터 하나의 법질서를 형성하는데, 그것은 '엔텔레키의 힘(entelechiale Kräfte)'에 의하여 이루어진다고 한다. 이 점을 그는 다음과 같이 말한다. "살아있는 인간의 공동생활은 엔텔레키의 힘에 의하여 그 공동생활의 일정한 양식을 스

---

17) 사회적 실존의 존재론적 구조, 즉 그 '존재구조', '의미구조', '가치구조', '당위 구조'에 관하여 자세한 것은 W. Maihofer, 앞의 글(주11), 72면 이하 참조.

18) Maihofer, 'Die Natur der Sache', S. 63.

19) 슈트라텐베르트(G. Stratenwerth)의 사물논리(Sachlogik)에 관련된 사물의 본 성에 관한 연구도 사물논리적 통찰을 입법자의 다양한 가치관점에 의존시키고 있는 한, 가치상대주의를 면할 수 없으며, 따라서 입법자의 자의, 즉 그릇된 당위가 법의 세계에 침입하여 들어오는 것을 막을 수 없다. 이에 관하여는 G. Stratenwerth, *Das rechtstheoretische Problem der Natur der Sache*, 1957, S. 27 이하 참조.

스로 형성하여 나가는데, 그것은 '그 자체로부터 이미 질서지워져' 있
는 것으로 나타나며, 일정한 구조와 목적추구성을 자체 내에 지니고
있다. 그래서 '인간의 자의를 떠나서' 관습, 관행, 습속, 법적 질서들
이 생겨난다 ⋯ 이와 같이 사회생활과 법 가운데서 작용하는 엔텔레
키의 힘은 사물의 본성의 의미 있는 구성부분과 일치하는 것으로 추
측된다. 우리가 이 경우 전통적 의미에서 엔텔레키 개념을 이해한다
면, 그것은 바로 자연에 의하여 주어져 있는 힘임에 틀림없을 것이다.
이 힘은 인간으로부터 독립하여 존재하고 있으며, 인간이 스스로 형
성한 것이 아닌 질서에 속한다. 인간은 태어나면서 이 질서 속으로 끼
어들어가며, 이 질서 속으로 숨어버린다. 이 힘은 이러한 객관화에 의
하여 형성력과 작용력으로서, 사물의 본성으로서, 의미내용으로서 인
간의 자의와 맞서 있다."[20]

페히너의 저서 「법철학」에는 '법의 사회학과 형이상학'이라는 부
제가 붙어있다. 이 부제에 따라 그의 사물의 본성론에서도 '사물' 개
념은 법사회학적으로, '본성'의 개념은 법형이상학적으로 이해되어
있는 것 같다. 법사회학적으로 볼 때, 사회세계의 법적 현상은 에를리
히(E. Ehrlich)가 말한 바와 같이 사회 내에서 스스로 형성되어 있는
'살아있는 법(das lebendige Recht)'으로서 관습, 관행, 습속 등의 형
태로 나타나며 법형이상학적으로 볼 때, 그러한 살아있는 법을 형성

---

20) E. Fechner, *Rechtsphilosophie*, 1956, S. 150. 이 구절은 사비니의 역사법학적
견해에 의하여 영향받고 있다: "이러한 견해를 요약하면 다음과 같다. 모든 법
은 우리가 관습법이라고 부르는 형식으로 생겨난다. 일반적으로 관습법이라
는 말이 통용되고 있기는 하지만 이것은 썩 알맞은 표현은 아닐 것이다. 다시
말하면, 법은 우선 습속이나 민속신앙에 의하여 생겨나고 그 다음에 법학에
의하여 법으로 받아들여진다. 따라서 법은 어디에서나 조용하게 작용하는 내
적 힘에 의하여 생성되는 것이지, 결코 입법자의 자의에 의하여 만들어지는
것은 아니다(Fr. C. von Savigny, *Vom Beruf unserer Zeit für Gesetzgebung
und Rechtswissenschaft*, 1814, Jubiläumsausgabe, 1914, S. 79)."

하는 힘은 아리스토텔레스(Aristoteles)의 목적론적 형이상학의 '엔텔레키'의 힘이라는 것이다.

그러나 페히너의 사물의 본성에 대한 이러한 이해를 그대로 받아들이기는 어렵다고 본다. 왜냐하면 사물의 본성이 법에 대하여 요구하는 바는 인간의 자의로부터 벗어난 '객관성(Objektivität)'뿐만 아니라 인간관계의 '정당성(Richtigkeit)'도 요구하고 있기 때문이다. 관습, 관행, 습속 등이 인간의 주관적 자의를 떠나 사회 내에서 스스로 형성되었다는 점에서 '객관성'은 갖고 있긴 하지만, 그 객관성이 곧 '정당성'의 척도를 제공하는 것은 아니다. 정당하지 아니한 관습, 관행, 습속이 얼마든지 있을 수 있기 때문이다. 몽테스키외가 그의 사물의 본성론에서 사람이 만든 법 이전에 '정의의 관계' 또는 '자연이 준 정당한 관계'가 존재한다고 말하였을 때, 이것은 사물의 본성이 인간관계의 정당성의 척도를 제공한다는 것을 말하고 있는 것이다. 이 점을 페히너는 간과하고 있다.

다음으로 지적할 점은, '살아있는 법'을 스스로 형성하는 엔텔레키의 힘은 자연의 형이상학적 목적인자의 작용으로서 경험적으로 확인할 수 없다는 점이다. 법률은 경험 가능한 인간의 생활관계를 규율하는 것인데, 이때 그 법률이 준거해야 할 사물의 본성이 경험 불가능한 형이상학적인 것이라면 어떻게 그것을 현실적인 법세계에서 입법원칙과 해석원칙으로 원용할 수 있을 것인지 의문이다. 자연법의 기능이 실정법을 구속하는 규범적 척도를 제공하는 데 있다면, 그 자연법도 경험적으로 인식 가능한 법관계의 대상과 척도를 갖고 있어야 한다. 페히너 자신도 엔텔레키의 힘이 스스로 질서를 만들어내는 것은 하나의 신비한 수수께끼(Rätselhaftigkeit)에 속한다고 한다.[21] 그러나

---

21) E. Fechner, a.a.O., S. 149.

실정법은 수수께끼와 같은 것을 자신의 합리적 구속근거로 받아들일 수는 없는 노릇이다.

Ⅳ.

사비니는 "법이란 그 자신을 위하여 존재하는 것이 아니라 그의 본질은 특별한 측면으로부터 바라본 인간의 생활 그 자체이다"[22]라고 말한다. 이것은 법이란 '생활관계 속에 내재하고 있는 질서', 즉 '사물의 본성'임을 말해주고 있다. '사물의 본성'을 법학적 의미에서 이해할 때 그 '사물'은 법규율의 대상인 '생활관계', 즉 생활 그 자체이기 때문이다. 데른부르크를 위시하여 라드브루흐, 페히너, 헨켈(H. Henkel), 마이호퍼(W. Maihofer) 등은 이 점에 대하여 견해가 일치한다. 따라서 "법이란 … 특별한 측면으로부터 바라본 인간의 생활 그 자체"라는 말은 "법이란 사회생활관계의 측면으로부터 바라본 인간의 생활 그 자체", 즉 "개인적 측면이 아닌 사회적 측면으로부터 바라본 인간의 사회생활 그 자체"를 의미할 것이다.

우리의 사회생활은 다양한 생활관계로 이루어져 있다. 그 생활관계가 개인과 개인 사이의 관계일 수도 있고, 개인과 단체 사이의 관계일 수도 있고, 개인과 국가 사이의 관계일 수도 있으나 그 관계들은 아무런 생명도 의미도 가치도 없는 단순한 자연적 사실관계가 아니라, 자신의 삶을 실현하는 실존적 의미를 가진 생활관계이다. 이러한 의미를 갖고 있는 생활관계에 내재하는 질서를 존중하지 않고 법률이 멋대로 규율한다면 사람의 삶 자체를 파괴하고 망가뜨려 놓게 된다.

---

22) Fr. C. von Savigny, a.a.O., S. 18.

사비니가 말한 바와 같이 "법이란 자기 자신을 위하여 존재하는 것이
아니라 사람의 삶 자체"를 위하여 존재하는 것이다. 사람의 삶이 앞서
있는 것이지 법률이 앞서 있는 것이 아니라면, 사람의 삶 자체에 내재
하고 있는 자연법이 실정법에 우선해야 한다는 것은 당연한 사물의
논리이다. 즉 인간의 삶을 위하여 법률은 사물의 본성, 즉 자연법에 구
속되어야 한다.

그러면 우리의 사회생활관계에는 어떠한 자연법적 질서가 내재되
어 있는가? 우리의 사회생활관계를 주의 깊게 들여다보면, 그 생활관
계를 형성하는 당사자는 반드시 일정한 이름을 가진 사회적 존재로서
타인과 관계를 맺고 있음을 알 수 있다. 우리의 일상생활에서 생활관
계를 보면 예컨대, 가정에서는 '아버지'라는 이름을 갖고 '자식'을 만
나며, '남편'이라는 이름을 갖고 '아내'를 만난다. 학교에서는 '선생'이
라는 이름을 갖고 '학생'을 만나며, 병원에서는 '환자'라는 이름을 갖
고 '의사'를 만난다. 시장에서는 '구매자'라는 이름을 갖고 '판매자'를
만나며, 관청에서는 '시민'이라는 이름을 갖고 '관리'를 만나며, 법정
에서는 '피고인'이라는 이름을 갖고 '법관'을 만난다. 생활관계에서의
이러한 만남은 대응적 관계에서의 만남뿐만 아니라, 병렬적 관계에서
의 만남일 수도 있다. 예컨대 '아버지'와 '아버지', '자식'과 '자식', '선
생'과 '선생', '학생'과 '학생', '환자'와 '환자', '의사'와 '의사' 등으로
만날 수도 있다. 대응적 관계에서 서로 만나는 것은 배분적 질서의 생
활관계이고, 병렬적 관계에서 서로 만나는 것은 평균적 질서의 생활관
계이다. 그러나 그 생활관계의 형태가 어떠한 것이든, 우리의 사회생
활에서 사람과 사람의 만남은 '개인적 존재(Individualperson)'로서 만
나는 것이 아니라 '사회적 존재(Sozialperson)'로서의 만남이고, '개인
적 이름(Indivíualname)'으로 이루어지는 만남이 아니라 '사회적 이름

(Sozialname)'으로 이루어지는 만남이다. 이러한 사회적 존재가 갖는
사회적 이름은 ― 마치 모든 사람이 자신의 성명을 갖는 것과 같이 ―
언제 어디서나 사람의 사회적 생활관계가 형성되어 있는 곳에서는
반드시 존재한다. 이러한 사회적 이름은 아버지'로서', 선생'으로서', 의
사'로서', 구매자'로서', 시민'으로서'의 존재라고 불리기 때문에, 마이
호퍼는 이 사회적 존재를 '로서의 존재(Als-Sein)'라고 명명하였다.[23]

그런데 생활관계에서 이러한 사회적 이름을 가진 '로서의 존재'가
서로 만날 때는 반드시 그 이름에 상응하는 '일(事)'이 있게 마련이다.
'일' 없이 만나는 것은 생활관계가 아니다. 그 '일'은 각각의 사회적 이
름의 '본성(Natur)'에 따라 규정된다. 의사는 환자의 병을 치료하는
일을 하며, 어버이는 자식을 양육하고 교육하는 일을 하며, 법관은 피
고인을 재판하는 일을 하며, 구매자와 판매자는 물건을 사고파는 일
을 하며, 대통령은 국민을 위하여 정치하는 일을 한다. 이와 같이 사회
적 이름에 상응하는 일을 마이호퍼 교수는 '로서의 존재'의 '역할
(Rolle)'이라 하고, 이항녕 교수는 '직분(職分)'이라 하며, 공자는 '명
분(名分)'이라 한다. 이 사회적 존재의 사회적 직분 역할 또는 명분을
제대로 하면, 즉 아버지는 아버지 노릇을 제대로 하고, 선생은 선생 노
릇을 제대로 하고, 의사는 의사 노릇을 제대로 하고, 판사는 판사 노릇
을 제대로 하고, 대통령은 대통령 노릇을 제대로 하면 사회질서는 바
로잡히는 것이고, 그러한 이름값의 노릇을 제대로 못 하면 사회질서
는 흐트러진다. 동양에서는 그러한 사회질서가 바로잡히는 것을 '정
명(正名)'이라 하고, 흐트러지는 것을 '난명(亂名)'이라 하며 서양에서
는 사회'정의(正義)' 또는 '부정의(不正義)'라고 한다. 그리고 이 '정명'

---

23) W. Maihofer, *Vom Sinn menschlicher Ordnung*, 1956, S. 14 이하 참조. 또한
ders., Recht und Sein, 1954, S. 114 이하(심재우 역, 「법과 존재 ― 법존재론 서
설」, 1996, 160면 이하)도 참조.

또는 '정의'를 규범화한 것을 동양에서는 '예(禮)'라 하고, 서양에서는 '법(法)'이라 한다.

그러면 예 또는 법의 규범적 당위구조는 어떻게 이루어져 있는가? 이것은 라드브루흐가 그의 사물의 본성론에서 말한 '존재에서 실현된 당위' 또는 '실재에서 나타나는 가치'를 어떻게 발견하느냐에 달려 있다. 위에서 살펴본 바와 같이 라드브루흐는 방법이원론에 따라 '사유논리적으로(denk-logisch)' 접근했기 때문에 존재에 내재하는 당위를 찾는 데 실패했다. 우리는 이것을 '존재론적으로(onto-logisch)' 접근함으로써 찾을 수 있다고 본다.[24]

동양의 예규범은 직분존재의 '직분' 자체가 행위규범의 당위로 파악된다. 직분은 어떤 직분존재가 그 이름에 따라 '마땅히 해야 할 노릇'이기 때문이다. 그래서 공자는 그 직분을 "君君, 臣臣, 父父, 子子"라고 표현하였다. 즉 군주는 군주 노릇을 해야 하고, 신하는 신하 노릇을 해야 하며, 아버지는 아버지 노릇을 해야 하고, 자식은 자식 노릇을 해야 한다는 것이다. 그런데 이 '노릇'이라는 당위는 '군주', '신하', '아버지', '자식'이라는 이름을 가진 '직분존재' 자체로부터 나오고 있음이 분명하다. 즉 그 당위는 '존재에서 실현된 당위' 또는 더 정확하게 말하면 '존재에 내재하는 당위'이다. 이것은 라드브루흐에서처럼 법이념이 법소재를 규정하는 것이 아니라, 그 반대로 법소재가 법이

---

24) 법을 존재론적으로 근거지우려는 시도로서 사물의 본성론을 전개한 많은 논문들은 Arthur Kaufmann(Hrsg.), *Die ontologische Begründung des Rechts*에 실려 있다. 이밖에도 Ralf Dreier, *Zum Begriff der 'Natur der Sache'*, 1965; Heinrich Henkel, *Einführung in die Rechtsphilosophie*, 1964, S. 288 이하; Hans Ryffel, *Grundprobleme der Rechts- und Staatsphilosophie*, 1969, S. 321 이하; Helmut Coing, *Grundzüge der Rechtsphilosophie*, 2. Aufl., 1969, S. 177 이하; Gerhard Sprenger, *Naturrecht und Natur der Sache*, 1976; Ulfrid Neumann, *Rechtsontologie und juristische Argumentation. Zu den ontologischen Implikationen juristischen Argumentierens*, 1979도 참조.

념을 규정한다는 뜻이다. 즉 사물의 본성이 법적 당위를 규정한다.[25]

그러나 서양의 법규범은 권리와 의무로 당위구조가 이원화되어 있다. 예컨대 사법에서는 권리규범으로 되어 있거나, 공법에서는 의무규범으로 되어 있는 것처럼 권리와 의무 가운데 어느 하나로 되어 있다. 그러나 그 어느 하나의 법에서 동일 주체가 한 조문에서 권리와 동시에 의무를 지는 당위구조는 법에서는 찾아볼 수 없다. 다만 우리 민법 제913조에 "친권자는 자녀를 보호하고 교양할 권리 의무가 있다"라고 규정하고 있는 것은 예외에 속한다. 이항녕 교수는 이 조항은 친권자의 '직분'을 규정한 것이라고 한다. 그는 다음과 같이 말한다. "이 조항은 친권이 권리도 될 수 있는 반면에 의무도 될 수 있다는 친권의

---

25) 존재론적으로 볼 때, 존재와 당위는 대립되는 개념이 아니라 존재로부터 당위가 연역될 수 있다. 이 점을 마이호퍼는 다음과 같이 말하고 있다. "모든 당위는 존재와 대립하고 있는 것이 아니라 존재 자체의 예정기획(Vorausentwurf)이다. 즉 당위는 이념이나 가치의 '초월세계'와 같은 '다른' 세계에 있는 것이 아니라 '이' 세계 내에서 존재자에게 귀속되어 있는 그리고 기획이라는 관점에서 항상 미래에 지향되어 있는 그의 존재의 본래성에 비추어 파악되어야 한다. 그렇기 때문에 존재와 당위는 별도의 '세계'에 각각 떨어져 있는 것이 아니며, 따라서 존재론과 윤리학은 서로서로 '무관한' 것이 아니다[Maihofer, Recht und Sein, S. 122(심재우 역, 「법과 존재 ― 법존재론 서설」, 173면)]."
존재와 당위의 이러한 관계는 동양철학에서는 '소이연(所以然)'과 '소당연(所當然)'의 관계로 나타난다. 여기서 소이연은 존재적 개념이고, 소당연은 당위적 개념이다. 朱子는 사물의 이치에 관하여 다음과 같이 말하고 있다. "천하의 사물에 이르른즉 반드시 각 사물에는 그렇게 있는 까닭과 마땅히 그렇게 있어야 할 법칙이 있다. 이것이 이른바 理이다(「大學或問」: "至於天下之物, 則必各有所以然之故, 與其所當然之則, 所謂理也)." 韓非子는 道와 理의 관계를 소이연과 소당연의 관계로 설명한다. "道란 만물이 그렇게 있는 것이며, 만물의 理가 머무르는 근원이다. 理란 만물이 이루어지는 법칙이며, 道란 만물이 그렇게 이루어진 근거이다. 그러므로 道란 만물을 理에 따르게 하는 것이다(韓非子, 〈解老〉: "道者, 萬物之所然也, 萬理之所稽也. 理者, 成物之文也, 道者, 萬物之所以成也. 故曰, 道, 理之者也)."
이것을 '사물의 본성'에 관계시켜 이해한다면, 朱子에 있어서는 '사물에 내재하는 理(事理)', 韓非子에 있어서는 '道에 내재하는 理(道理)', 공자에 있어서는 '名에 상부하는 實(名實相符)', 데른부르크에 있어서는 '사물에 내재하는 질서(사물법칙성 Sachgesetzlichkeit)', 라드브루흐에 있어서는 '존재에서 실현된 당위(존재적 당위 das Seinsollende)', 마이호퍼에 있어서는 "'로서의 존재'의 역할(직분존재의 직분실현 Rollenspielen des Als‒Seins)"을 의미할 것이다.

본질적 성격, 즉 친권의 직분성을 표현하고자 한 것이다. 직분은 스스
로 권리와 의무를 다 공존케 하는 것이요 권리와 의무가 동일주체에
속하여 밀접불가분의 관계에 있는 것이 곧 직분이다. 이것은 권리와
의무의 두 가지를 규정한 것이 아니라, 권리·의무가 종합된 어떠한
한 가지 법적 개념을 표현한 것이라 할 수 있을 것이다. 이것이 곧 직
분이라고 할 수 있을 것이다. 그러므로 직분이라는 개념은 이것이 권
리와 의무를 종합한 새로운 법률상의 개념이라 할 수 있을 것이다. 그
러나 이 직분이라는 개념은 권리와 의무라는 개념보다도 훨씬 법률적
으로는 미숙하고 생경한 개념이나, 이 개념은 미래에 있어서는 법률
의 세계에 왕자가 될 날이 있을 것이다."[26]

이 직분법학의 사상은 사물의 본성사상과 완전히 일치한다. 왜냐
하면 직분 개념은 현실적인 생활세계에서 발견되는 생활규범이기 때
문이다. 현실적인 생활세계에서 삶을 영위하는 생활인은 법규범을 알
고 그 법규범에 따라 살고 있는 것이 아니라, 실은 직분규범을 알고 그
직분규범에 따라 살고 있는 것이다. 법조문 하나 모르는 비전문가인
생활인이 그럼에도 불구하고 법에 맞게 법생활을 영위하는 비밀은 바
로 여기에 있다.[27] 인간은 생활세계에서 법규범이 아니라 생활규범,
즉 생활관계에 내재하고 있는 직분규범에 따라 살고 있는 것이다. 법
규범은 이 직분규범, 즉 생활관계에 내재하고 있는 사물의 본성을 존
중하여야 한다. 만일 존중하지 않고 무시할 때는 법규범은 그 본래의
목적인 생활보호규범으로서의 역할을 하는 것이 아니라 거꾸로 생활
을 왜곡시키고 파괴하는 역기능을 하게 될 것이다.

---

26) 李恒寧,「法哲學 槪論」, 573면 이하.
27) Arthur Kaufmann, *Die Parallelwertung in der Lainsphäre. Das Unrechts-
bewußtsein in der Schuldlehre des Strafrechts*, 1949, S. 174 이하 참조.

V.

동양에서 직분윤리에 바탕한 사물의 본성 사상은 유가의 '정명(正名)' 사상에서 찾아볼 수 있다. 공자는 「논어」에서 정치라는 것은 사물의 이름을 바로잡는 작업이라고 하며, 그것을 직분윤리로 설명한다. 제나라의 경공(景公)이 공자에게 정치가 무엇인지 물었다. 공자가 이에 답하되, "임금은 임금 노릇을 하며, 신하는 신하 노릇을 하며, 아버지는 아버지 노릇을 하며, 자식은 자식 노릇을 하는 것입니다." 경공이 말하기를 "선하도다. 만일 임금이 임금 노릇을 못 하고, 신하가 신하 노릇을 못 하고, 아버지가 아버지 노릇을 못 하고, 자식이 자식 노릇을 못 하면, 비록 오곡이 곡창에 가득 차 있은들 어찌 그것을 먹을 수 있으리오."[28]

순자도 이러한 직분윤리를 사회를 하나로 통합하는 질서원리로 보았다. "임금은 임금 노릇을 하고, 신하는 신하 노릇을 하고, 아버지는 아버지 노릇을 하고, 아들은 아들 노릇을 하고, 형은 형 노릇을 하고, 아우는 아우 노릇을 하는 것이 사회를 하나로 통합하는 질서의 원리이며, 농군은 농군 노릇을 하고, 선비는 선비 노릇을 하고, 공인(工人)은 공인 노릇을 하고, 상인은 상인 노릇을 하는 것도 사회를 하나로 통합하는 질서의 원리에 속한다."[29] 순자는 이러한 직분윤리의 규범화를 '예(禮)'라고 하며, 이어서 다음과 같이 말한다. "천자가 되어 귀해지고 싶고 천하를 차지하여 부해지고 싶은 것은 사람의 감정으로서는 모두 다 바라는 바이지만, 그 사람들의 욕망을 따른다면 권세는 다 받

---

28) 「論語」, 〈顏淵〉: "齊景公問政於孔子. 孔子對曰, 君君臣臣父父子子. 公曰, 善哉, 信如 君不君, 臣不臣, 父不父, 子不子, 雖有粟吳得而食諸."
29) 「荀子」, 〈王制〉: "君君臣臣父父子子兄兄弟弟, 一也. 農農士士工工商商, 一也."

아들여질 수 없고 재물도 충분할 수 없을 것이다. 그래서 옛 임금께서 생각하신 끝에 이를 위하여 예의를 제정함으로써 분별을 마련하였다. 즉 사람에게 귀천의 등급이 있게 하고, 어른과 아이의 차별을 두게 하고, 지혜 있는 자와 어리석은 자의 능력의 유무를 분별하여 사람들로 하여금 그들에게 합당한 일을 맡겨 각자의 마땅함을 얻게 하였다. 그러한 뒤에야 녹으로 받는 곡식이 많고 적고 두텁고 엷은 균형이 있게 된 것이다. 이것이 곧 여러 사람이 모여 살면서 하나로 화합하는 도인 것이다. 불평등의 평등, 枉曲의 順正, 부동일의 동일이라고 하는 것이 바로 이것이며, 이것을 일컬어 인륜이라 한다."[30]

이러한 직분윤리에 바탕한 정명의 도는 사회생활 관계에서 각자가 갖는 사회적 지위의 이름에 따라 각각 다른 직분이 배분되어 질서를 형성한다는 것이다. 이러한 질서를 형성하는 구성요소로서의 사회적 지위의 이름을 동양에서는 '명(名)'이라고 하며 그 이름에 따른 직분을 '분(分)'이라 하며, 서양에서는 그 명을 '로서의 존재(Als-Sein)'라고 하며 그 분을 "'로서의 존재'의 역할(Rolle)"이라 한다. 따라서 정명론에서의 '명분(名分)'은 "'로서의 존재'의 역할"에 해당한다. 이것이 행위의 준칙으로서 객관화된 것을 동양에서는 '예'라 하고, 서양에서는 '법'이라 한다. 따라서 예 또는 법으로서 규범화된 실정법은 그것을 근거지우고 정당화하는 존재근거로서 자연법을 그 배후에 가지고 있음을 알 수 있다. 그 자연법을 동양의 유가에서는 정명론에 바탕한 '도리(道理)' 또는 '사리(事理)'라 하며, 서양의 실존철학에서는 존재론에 바탕한 '구체적 자연법' 또는 '제도적 자연법'이라 한다.[31] 정명

론에서 말하는 '도리' 또는 '사리', 법존재론에서 말하는 '구체적 자연법' 또는 '제도적 자연법' 등은 모두 실정법의 내용을 구속하는 '정법(正法)', 즉 '사물의 본성'에 다름 아니다.

　그러면 정명론에 바탕한 사물의 본성 즉 '事의 理'[32]는 어떻게 발견되는가. 그것은 名에 상부한 實을 사물 자체의 본성으로부터 이끌어 냄으로써 가능하다. '名'은 사람이 사물에 대하여 붙인 이름이다. 그 이름은 각 사물마다 그 '본성'에 따라 붙여진다. 그리고 그 이름에 상응한 본성의 실현을 '實'이라 한다. 따라서 '實'이라는 것은 사물 자체의 본성의 산물이다.[33] 여기서 '사물'이라 함은 인간과 인간 사이의 사회생활관계에서 갖는 직분의 '名'을 말하는 것이며, 그 名에 상응하는 직분 실현을 '實'이라 하는 것이다. 그래서 공자가 말한 "君君, 臣臣, 父父, 子子"는 임금이라는 이름의 직분에 상응하는 임금 노릇을 하면 임금다운 것이고, 그렇지 아니하면 名은 임금이로되 實은 임금이 아닌 것이 되며, 신하라는 이름의 직분에 상응하는 신하 노릇을 하면 신하다운 것이고, 그렇지 아니하면 名은 신하로되 實은 신하가 아닌 것이다. 마찬가지로 아버지로서의 윤리적 직분책임을 다하면 아버지 노릇을 한 것이고 그렇지 아니하면 名은 아버지로되 實은 아버지가 아닌 것이며, 자식으로서의 윤리적 직분책임을 다하면 자식 노릇을 한 것이고, 그렇지 아니하면 名은 자식이로되 實은 자식이 아닌 것이다.

　이와 같이 명과 실이 상부하는 경우를 '정명(正名)'이라 하고, 명과

「법과 존재 ― 법존재론 서설」, 170면 이하) 참조. 구체적 자연법에 관하여는 Maihofer, 'Die Natur der Sache', S. 85 이하 참조.
32) 朱子의 성리학에서의 '사물지리(事物之理)'를 원용한 사물의 본성 개념에 관하여 자세한 것은, 김병규, 「법철학의 근본문제」, 1988, 77면 이하 참조.
33) 梁啓超, 「先秦政治思想史」, 1990, 77면: "實者事物之自性相也, 各者人之所命也. 每一事物抽出其屬性而命以一名. 觀其名而其「實」之全屬性具攝焉.

실이 상부하지 않는 경우를 '허명(虛名)' 또는'난명(亂名)'이라 한다. 결국 공자의 정명론은 생활관계에서 각자에게 주어진 사회적 직분책임을 다할 때 그 사물의 이름에 상응한 實이 있게 되어 사회질서가 바로잡힌다는 것이다. 名과 實이 상부하지 않는 것을 상부하도록 일치시키는 사회개혁 작업이 공자의 '이름을 바로잡는다'는 정명론의 핵심사상이며, 그 개혁은 정치가 해야 할 일이므로 "政者正也"[34]라고 말했던 것이다.

공자는 또한 正名의 道를 다음과 같이 말한다. "子路가 말하기를, '위나라의 임금이 선생님을 기다린 연후에 정치를 하고자 하는데, 무엇부터 먼저 시작하시렵니까?' 공자가 말하기를, '필히 사물의 이름을 바르게 하고자 한다.' 자로가 말하기를 '선생님의 멀리 우회함이 심하신 것 같습니다. 어찌 이름부터 먼저 바로잡아야 한다는 것입니까?' 공자가 말하기를, '속되구나, 유(由)야. 군자는 알지 못하는 바를 말하지 않는 법이다. 이름이 바르지 아니한즉 말이 순리에 맞지 않고, 말이 순리에 맞지 아니한즉 일이 이루어지지 아니하고, 일이 이루어지지 아니한즉 예악이 흥하지 못하고 예악이 흥하지 못한즉 형벌이 적정하게 행하여지지 아니하고, 형벌이 적정하지 아니한즉 백성이 수족을 둘 데가 없어진다. 그러므로 군자는 사물에 이름을 붙이면 반드시 말을 할 수 있게 되며, 말을 할 수 있게 되면 반드시 행할 수 있게 된다. 군자는 말을 함에 구차함이 없어야 하느니라."[35]

순자도 그의 '正名'편에서 같은 말을 하고 있다. "王者가 사물의 이

---

34) 「論語」, 〈顔淵〉: "政者正也. 子帥以正, 孰敢不正?".

35) 「論語」, 〈子路〉: "子路曰, 衛君待子而爲政, 子將奚先? 子曰, 必也正名乎. 子路曰, 有是哉, 子之迂也, 奚其正? 子曰, 野哉, 由也. 君子於其所不知, 蓋闕如知. 名不正則信不順, 言不則事不成, 事不成則禮樂不興, 禮樂不興則刑罰不中, 刑罰不中則民無所措手足. 故君子名之, 必可信也, 言之, 必可行也. 君子於其言, 無所苟已矣."

름을 제정하여 그 名이 정해지면 實이 분명해지고, 名이 정해진 대로 행하여지면 그 뜻이 통하고, 그 뜻이 통하게 되면 백성을 잘 이끌어서 통일된 질서를 확립할 수 있다. 그러므로 말을 함부로 꺾어 멋대로 이름을 만들면 正名을 어지럽히게 되며, 그 결과 백성으로 하여금 의혹을 갖게 하여 논쟁을 불러일으키게 되는데, 이것을 대간(大姦)이라 한다. 이것은 符節이나 도량형을 속이는 것과 같은 죄에 해당하는 것이다. 지금은 성왕이 사라져서 이름을 지키지 못하고 기이한 말이 생겨 名과 實이 일치하지 못하고 是와 非가 분명하지 못한즉 법을 지키는 관리나 경서를 읽는 선비들조차도 모두 혼란에 빠져 있다. 만일 王者가 다시 일어나면 반드시 옛 이름에 쫓아 새 이름을 지을 것이다."[36]

이와 같이 정명론에서는 名과 實을 일치시킴으로써 사회질서를 바로잡고자 한다. 名은 사물에 붙인 이름이며, 實은 그 이름의 본성에 따른 사물의 본질 실현을 의미한다. 예컨대 법관의 '재판', 관리의 '행정', 의사의 '의술', 언론인의 '언론', 정치가의 '정치' 등은 그 명칭의 개념의 본질적 속성인 사물의 본성에 따라 실현되어야 한다. 즉 '재판'은 간섭받지 않고 독립하여 공평무사하게 유무죄와 시비를 가리는 적정성과 형평성의 본성을 잃어서는 안 되고, '행정'은 수탈이나 부정부패 없이 백성을 보호하고 돌보는 목민관의 본성을 잃어서는 안 되고, '의술'은 상술이나 기술로 변질되어서 그 仁術의 본성을 잃어서는 안 되고, '언론'은 권력이나 금력에 종속되어서 그 정론의 본성을 잃어서는 안 되고, '정치'는 폭정이나 학정으로 전도되어서 그 정치(正治)[37]의 본성을 잃어서는 안 된다는 것이다.

---

36) 「荀子」,〈正名〉: "故王者之制名 名定而實辦, 道行而志通. 則愼率民而一焉, 故折辭壇作名, 以亂正名, 使民疑惑, 人多辯訟, 則謂之大姦, 其罪猶爲符節度量之罪也. 今聖王沒, 名守慢, 奇辭起, 名實亂, 是非之形不明, 則雖守法之吏, 通數之儒, 亦皆亂也. 若有王者起, 必將有循於舊名, 有作於新名."

37) 胡適은 공자의 "政者正也"에서 '政'이라는 글자의 본래의 뜻은 '正'이라고 한

만일 그러한 이름의 개념의 본성을 잃어버리면 '정명(正名)'에 따른 實은 이루어지지 않으며, '亂名'의 어지러운 질서가 사회를 휘감아 백성들이 어떠한 기준과 척도에 따라 행위해야 할지 알 수 없게 된다. 이것이 공자가 正名에 관하여 위에서 언급한 말의 뜻이다. 즉 "이름이 바르지 아니한즉 말이 순리에 맞지 않고, 말이 순리에 맞지 아니한즉 일이 이루어지지 아니하고, 일이 이루어지지 아니한즉 예악이 흥하지 못하고, 예악이 흥하지 못한즉 형벌이 적정하지 아니하고, 형벌이 적정하지 아니한즉 백성이 수족을 둘 데가 없어진다."[38]

이때 법률이 하는 역할기능은 正名이 亂名으로 변질되지 않도록 쐐기를 박아 규제하는 장치이다. 위에서 든 예에서 형법, 형사소송법, 민법이 그렇고, 행정법이 그렇고, 의료법이 그렇고, 방송법이 그렇고, 헌법이 그렇다. 그 밖의 모든 법률들도 결국 正名을 지키기 위한 제도적 장치에 다름 아니다.

養仲舒에 의하면, 공자의 「春秋」는 사물의 이치에 따라 이름을 바로잡는 正名의 작업이었다고 하면서 다음과 같이 말한다. "「春秋」는 사물의 이치를 변별하여 그 이름을 바로잡고 있다. 사물에 이름을 붙여서 그 참된 이치를 얻는 데 있어 털끝만큼도 어긋남이 없었다." "사물의 이름은 사물의 진실에서 생긴다. 참된 實을 얻지 못하면 名이 될 수 없다. 名은 성인(聖人)이 사물을 참되게 하는 수단이다." "그러므로 사물의 이름은 사물의 모든 이치를 밝히는 대요(大要)이며, 그 대요의 의의를 포착하여 그 가운데 있는 사물을 들여다보면 사물의 시비(是非)를 알 수 있고 그 유순(遊順)이 명백하게 드러난다." "시비를 가려

다. 따라서 '政治'는 곧 '正治'를 의미한다(胡適, 「中國古代哲學史」, 송긍섭, 함홍근, 민두기 역, 1962, 105면).

[38] 공자의 이 구절에 대한 해석으로서는 胡適, 「中國古代哲學史」, 104면 이하; 梁啓超, 「先秦政治思想史」, 76면 이하 참조.

낼 때의 이름의 작용은, 마치 곡직(曲直)을 가려낼 때의 먹줄과 같은 것이다. 名과 實의 관계를 깊이 통찰하여 그 일치, 불일치를 관찰하면 시비의 실정은 드러나지 않을 수 없다."³⁹⁾ 이것이 유가에서 말하는 정명의 '道'이며, 그 도는 '사물'의 이름의 본성에 내재하는 '理', 즉 구체적 자연법을 의미한다. 그리고 성인은 이 자연법의 '道理' 또는 '事理'에 따라 禮를 만들며, 오늘날의 입법자는 법을 만든다.

VI.

그러면 사물의 본성으로부터 나오는 이 구체적 자연법과 인간의 본성으로부터 나오는 보편적 자연법은 어떠한 관계에 놓여있는가? 우선, 사물의 본성으로부터 나오는 구체적 자연법은 인간의 본성으로부터 나오는 보편적 자연법을 전제하지 않으면 안 된다. 왜냐하면 사물의 본성은 '사물적으로 정당한 법(sach-gerechtes Recht)'을 제시해 줄 수는 있지만, 그 자체가 곧 '인간적으로 정당한 법(menschen-gerechtes Recht)'을 의미하는 것은 아니기 때문이다.

예컨대 우리는 노예와 주인의 인간관계를 한번 생각해 보기로 하자. 이 관계를 정명론의 직분개념에서 바라보면 '노예'라는 이름을 가진 자가 '주인'이라는 이름을 가진 자에 대하여 일방적인 봉사를 하고, '주인'은 '노예'를 일방적으로 지배한다. 왜냐하면, 노예의 직분적 역할은 일방적인 봉사, 즉 노예 '노릇'을 하는 데 있고, 주인의 직분적

---

39) 董仲舒, 「春秋繁露」, 〈深察名號〉: "春秋辨物之理以正其名. 名物如其眞, 不失秋毫之末." "名生於眞 非其眞弗以爲名. 名者, 聖人之所以眞物也." "名者, 大理之首章也, 錄其首章之意以窺其中之事, 則是非可知, 逆則自著." "名之審於是非也, 猶繩之審於曲直也. 詰其名實, 觀其離合, 則是非之情不可以相讕謂已."

역할은 일방적인 지배, 즉 주인 '노릇'을 하는 데 있기 때문이다. 그러
나 이러한 종속적 인간관계는 애당초 잘못되어 있다. 이러한 잘못된
종속적 인간관계는 과거에도 있었고 현재에도 있다. 우리는 이와 같
이 한 사람이 다른 사람에게 종속되어 일방적인 수단으로 이용되는
인간관계가, 특히 남자와 여자 사이, 남편과 아내 사이, 가장과 가족
사이, 사용자와 노동자 사이, 가진 자와 못 가진 자 사이, 종교와 종교
사이, 인종과 인종 사이, 민족과 민족 사이, 계급과 계급 사이, 지배자
와 피지배자 사이 등에서 아직 남아 있는가 없는가를 잘 살펴야 할 것
이다. 인간의 비극은 인간의 인간에 대한 종속과 인간의 인간에 대한
착취이다. 이것은 동시에 법의 비극임에 틀림없다. 왜냐하면 역사적
으로 법은 이러한 인간관계를 제도적으로 보호해 왔기 때문이다. 이
러한 법의 보수적 기능은 혁신적 기능에 의하여 개혁되어야 할 것이
며, 그렇게 함으로써 인간관계를 보다 인간적으로 개선하여 나가야
할 것이다. 이때 법개혁의 기본정신과 기본방향은 칸트(Kant)의 정언
명령에 따라야 할 것이다. "너는 인간의 인격성을, 그것이 너 자신의
것이든 타인의 것이든, 항상 동시에 목적으로서 존중할 것이며 결코
단순히 수단으로 사용하지 말라. 왜냐하면 인간 가운데는 바로 그의
존엄성(인격성)이 깃들어 있기 때문이다."[40]

모든 사람은 사회적 신분이나 지위, 남녀노소, 인종, 종교, 계급 등
에 관계없이 '인간'인 이상, '인간다움', 즉 인간으로서의 '존엄성'을
갖고 있으며, 따라서 법은 이 인간의 존엄성을 존중하는 인간관계를
법관계로 확립하여 인간으로 하여금 인간답게 살 수 있는 질서적 조

---

40) "Handle so, daß du die Menschheit, sowohl in deiner Person, als in der Person
eines jeden andern, jederzeit zugleich als Zweck, niemals bloß als Mittel
brauchest und darin besteht eben seine Würde(Persöhnlichkeit)[I. Kant,
Grundlegung zur Metaphysik der Sitten, Kant–Werke, Bd. 6, 1968, S. 61;
ders., *Die Metaphysik der Sitten*, Kant–Werke, Bd. 7, S. 600]."

건을 만들어야 한다. 정명론에 입각한 직분법학은 그 자체로서는 이러한 질서를 만들어 낼 수 없다. 왜냐하면 직분법학에서 '직분존재(Als-Sein)'는 동시에 '인간존재(Mensch-Sein)'라는 전제로부터 출발하고 있지 않기 때문이다. 이것이 사물의 본성에 입각한 구체적 자연법의 한계이다. 이 구체적 자연법의 한계를 보완하는 것은 인간의 본성에 입각한 보편적 자연법이다. 이 보편적 자연법은 서양에서는 200여 년 전에 루소나 칸트에 의하여 이른바 '이성적 자연법' 또는 '계몽적 자연법'으로 확립되었지만, 동양에서는 이미 2,000여 년 전에 공자에 의하여 '仁의 자연법' 또는 '혈구의 도(絜矩之道)'로 확립되어 있었다.[41] 이 혈구의 도는 그 형식에 있어서는 서양의 황금률(golden

---

41) 공자는 혈구의 도를 다음과 같이 말한다. "윗사람에게서 싫다고 느껴진 것으로써 아랫사람을 부리지 말 것이며, 아랫사람에게서 싫다고 느껴진 것으로써 윗사람을 섬기지 말아야 한다. 앞사람에게서 싫다고 느껴진 것으로써 뒷사람을 앞세우지 말 것이며, 뒷사람에게서 싫다고 느껴진 것으로써 앞사람을 따르지 말아야 한다. 오른쪽 사람에게서 싫다고 느껴진 것으로써 왼쪽 사람에게 건네지 말 것이며, 왼쪽 사람에게서 싫다고 느껴진 것으로써 오른쪽 사람에게 건네지 말아야 한다. 이것을 혈구의 도라고 한다."「大學」,〈十章〉: "所惡於上, 毋以使下, 所惡於下, 毋以事上. 所惡於前, 毋以先後, 所惡於後, 毋以從前. 所惡於右, 毋以交於左, 所惡於左, 毋以交於右. 此之謂 絜矩之道也."「論話」,〈顏淵〉: "己所不欲, 勿施於人";「中庸」,〈十三章〉: "己而不願, 亦勿施於人". 이 혈구의 도는 정명의 도와 다른 차원에 놓여있는 질서원칙이다. 정명의 도는 직분존재가 서로 대응적으로 마주칠 때 적용되는 질서원칙이다. 예컨대 의사와 환자 사이, 선생과 학생 사이의 관계와 같은 것이 그것이다. 이와는 달리 혈구의 도는 직분존재가 서로 병렬적으로 마주칠 때 적용되는 질서원칙이다. 예컨대 의사와 의사 사이, 환자와 환자 사이의 관계와 같은 것이 그것이다. 그러나 이 후자의 경우에는 '의사', '환자'와 같은 직분존재의 명칭은 무의미하다. 왜냐하면 그 명칭에 따르는 직분역할이 없기 때문이다. 예컨대 의사들이 의사친목회에 모였을 때 그들은 '치료'라는 직분역할을 하기 위하여 모인 것이 아니라, '친목'을 위하여 모인 것이다. 이때 그들은 의사가 아닌 '친구'로서 모인 것이다. 따라서 친구와 친구 사이에 맞는 혈구의 도가 적용된다.
공자는 이 점을 다음과 같이 표현하고 있다. "자식에게 요구하는 바로써 아버지를 섬기고, 신하에게 요구하는 바로써 임금을 섬기고, 아우에게 요구하는 바로써 형을 섬기고, 친구에게 요구하는 바로써 친구에게 먼저 베풀어야 한다(「中庸」,〈十三章〉: 所求乎子, 以事父, 所求乎臣, 以事君, 所求乎弟, 以事兄, 所求乎朋友, 先施之)." 이와 같이 친구 사이에서는 "너가 싫어하는 바를 남에게 베풀지 말라(己所不欲, 勿施於人)"라는 혈구의 도를 적극적 형태로 바꾸어서

rule)과 같으나 그 내용에 있어서는 인(仁)의 개념 없이는 파악할 수 없는 질서원칙이다.

공자는 인을 '사람다움'이라고 한다.[42] 이 '사람다움'은 사람과 사람 사이에서도 유지되어야 한다는 것이 혈구의 도의 내용이며 정신이다. 따라서 혈구의 도의 정언명령은 "너는 사람을 '사람답게' 취급하라"는 데 있다. 칸트식으로 표현하면, "너는 인간의 인간성을, 그것이 너 자신의 것이든 타인의 것이든, 항상 동시에 존중할 것이며 결코 침해해서는 안 된다. 왜냐하면 인간 가운데는 사람다움(仁)이 깃들어 있기 때문이다." 여기서 너 자신의 인간성은 '修己'에 의하여, 타인의 인간성은 '安人'에 의하여 획득된다.[43] 그리고 여기서 '사람다움(仁)'은 '인간의 존엄'을 의미한다. 그렇다면 칸트식으로 공자의 정언명령을 모방하더라도 큰 잘못은 없을 것으로 안다.

사람과 사람 사이에서 '사람다움'을 실현시키는 방법이 바로 혈구의

"너는 친구에게 먼저 인을 베풀어라(先施之)"라고 말하고 있다.

이러한 언급은 「大學」에서도 찾아볼 수 있다. "사람의 임금으로서는 仁에 머무르고, 사람의 신하로서는 敬에 머무르고, 사람의 자식으로서는 孝에 머무르고, 사람의 아버지로서는 慈에 머무르고, 국민들 사이에서는 信에 머무른다(「大學」, 〈三章〉: 爲人君, 止於仁, 爲人臣, 止於敬, 爲人子, 止於孝, 爲人父, 止於慈, 與國人交, 止於信)."

여기서 말하는 '國人'이나 '朋友'는 '君臣', '父子'와 같은 서로 대응하는 직분존재 사이의 관계가 아니라 '國人'과 '國人' 사이, '朋友'와 '朋友' 사이, 즉 '사람'과 '사람' 사이의 병렬적 관계이다. 따라서 공자에서는 인간질서의 대응적 관계에는 정명의 도가 적용되고, 인간질서의 병렬적 관계에는 혈구의 도가 적용되고 있음이 분명하다.

그런데 마이호퍼 교수는 이 '國人', '朋友'와 같은 '인간존재(Mensch-Sein)'와 '君臣', '父子'와 같은 '로서의 존재'(Als-Sein)에 다 같이 황금률, 즉 혈구의 도를 적용시키고 있다. 이 점이 공자와 다른 점이다. 원래 공자의 혈구의 도는 仁을 실현시키는 방법에 관계되어 있는데, 너의 仁한 마음을 남에게 베풀 것이며, 不仁한 마음을 남에게 베풀지 말라는 데 있다. 따라서 여기에서의 행위주체와 객체는 직분존재가 아니라 仁의 人性을 지니고 있는 인간존재 일반이다.

42) 「中庸」, 〈二十章〉: "仁者人也."

43) 공자의 개인윤리인 '修己'와 사회윤리인 '安人'에 관하여 자세한 것은 심재우, '동양의 자연법사상', 「법학논집」, 제33집(1997), 369면 이하 참조.

도이다. 그렇다면 어떠한 방법으로 그것을 실현시켜야 하는가? 공자는 혈구의 도를 "네가 바라지 않는 바를 남에게 베풀지 말라"라는 소극적인 형태로 표현할 뿐만 아니라, 적극적 형태로 표현하기도 한다. "무릇 仁者는 자기가 서고자 할 때 타인도 서게 하며, 자기가 이루고자 할 때 타인도 이루게 한다. 이와 같이 능히 가까이에서 유추해 취하는 것이 仁을 실현하는 방법이다."[44] 따라서 공자에 있어서 혈구의 도는 仁을 실현하는 방법이지 단순한 성경구절의 잠언이나 형식적인 상호성의 원칙이 아니다. 그에 의하면 인간 가운데 있는 인간성, 즉 인간의 본성(仁)을 실현시키는 방법은 자기로부터 출발하여 가까운 곳에서부터 먼 곳으로 추급확장해 나가야 한다고 한다. 이것을 '推己及人'이라 한다.[45] 즉 자기의 인간다운 마음을 미루어 가장 가까운 가족으로부터 시작하여 사회, 국가, 전 세계로 추급확장시켜 나간다는 것이다. 이것을 "修身, 齊家, 治國, 平天下"라고 한다.[46] 이러한 仁의 추급확장이 온 인류에게 미쳤을 때 그 사회를 '대동(大同)'이라고 한다.[47] 이와 같이 인류가 仁에 의하여 결합된 대동사회를 형성하는 것이 공자의 꿈이었다.

결국 혈구의 도는 자기의 仁한 마음을 미루어서 타인에게로 추급확장시켜 나가는 사회화 현상으로서 인간다운 仁의 질서를 형성하는 질

---

44) 「論語」, 〈雍也〉: "夫仁者, 己欲立而立人, 己欲達而達人. 能近取譬, 可謂仁之方也已."
45) 推己及人이라 함은 자기의 仁한 마음을 미루어서 타인에게 미치게 하는 것을 뜻한다. 그것을 가까운 가족으로부터 시작하여 사회, 국가, 인류공동체에까지 推及擴長시켜서 大同社會를 형성한다는 것이 仁을 실현하는 방법이며, 이 방법을 일컬어 혈구의 도라 한다.
46) 「大學」, 〈總說〉: "身修而后家齊, 家齊而后國治, 國治而后天下平."
47) 「禮記」, 〈禮運〉: "大道之行也. 與三代之英, 丘未之逮也. 而有志焉. 大道之行也 天下爲公. 選賢與能, 講信脩睦. 故人不獨親其親, 不獨子其子, 使老有所終, 壯有所用, 幼有所長, 矜寡孤獨廢疾者皆有所養, 男有分, 女有歸. 貨惡其棄於地也, 不必藏於已, 力惡其 不出於身也, 不必爲己. 是故謀閉而不興, 盜竊亂賊而不作. 故外戶而不閉. 是謂大同."

서원리이다.

이 질서원리, 즉 혈구의 도는 정명의 도와 다른 차원에 놓여있다. 정명의 도가 사물의 본성에 입각한 구체적 자연법을 의미하는 것이라면, 혈구의 도는 인간의 본성에 입각한 보편적 자연법에 해당한다.

인간은 구체적 '직분존재'이기에 앞서 모두가 보편적 '인간존재'이다. 따라서 사람을 사람답게 다루어야 한다는 질서적 요청은 각자의 직분적 역할을 다하여야 한다는 질서적 요청보다 앞서 있다. 그러므로 사물에 내재하는 질서는 인간에 내재하는 질서를 전제해야 한다. 정명론에서는 성인이 바르지 아니한 이름을 바르게 바꾸는 '정명(正名)'의 작업을 한다고 한다. 이에 따라 오늘날의 입법자는 '노예', '농노', '노비', '종'과 같은 비인간적인 이름을 없애버리고 인간적인 이름으로 바꾸어야 할 것이며, 기타 君君, 臣臣, 父父, 子子 등의 직분적 역할내용도 보다 인간적인 것으로 개선하여 나가야 할 것이다. 그 수단은 법이다. 법에는 보수적 기능도 있지만 혁신적 기능도 있다. 사물의 본성에 바탕한 구체적 자연법의 보수적 기능은 인간의 본성에 바탕한 보편적 자연법의 혁신적 기능에 의하여 변증법적으로 상호보완되면서 보다 정당하고 보다 인간적인 법의 역사를 만들어 나가야 할 것이다.[48] 이와 같이 과거로 지향된 사회학적인 법의 역사성이 아니라, 미래로 지향하여 끊임없이 진보하는 인간학적인 법의 역사가 우리의 의미에서의 법의 역사성이다.

이러한 법의 역사성의 관점에서 바라볼 때 사물의 본성 그 자체는 법의 이념으로서의 기능을 할 수 없다고 본다. 왜냐하면 그것은 미래

---

48) 사물의 본성의 과거지향적, 정적, 보수적 기능에 관하여는 Radbruch, 'Die Natur der Sache als juristische Denkform', S. 7 참조. 이와는 달리 사물의 본성의 미래지향적, 동적, 혁신적 기능에 관하여는 Maihofer, 'Realistische Jurisprudenz', in: Günther Jahr/Werner Maihofer(Hrs.), *Rechtstheorie. Beiträge zur Grundlagendiskussion*, 1971, S. 427 이하 참조.

로 향하여 법을 개혁할 수 있는 이념을 제시해 주지 않기 때문이다. 이
와 같이 사물의 본성은 인간의 본성, 즉 '인간의 존엄'[49]이라는 법이
념에 의하여 인도되지 않는 한, 역사성을 상실하게 될 것이며, 라드브
루흐와 같이 '법적 안정성'의 법이념에 봉사하는 보수적 기능으로 머
물고 말 것이다.[50] 역사적으로 볼 때, 과거의 절대군주정이나 권위주
의적 왕정시대에 있어서 군주와 신하 사이의 직분적 역할의 의미내용
과 오늘날의 민주주의 시대에 있어서 지배자와 피지배자 사이의 직분
적 역할의 의미내용은 결코 같지 않으며, 과거의 가부장적 시대에 있
어서 아버지와 자식 사이의 직분적 역할의 의미내용과 오늘날의 그들
사이의 직분적 역할의 의미내용도 결코 같지 않다. 무엇이 과거의 그
시대 그 사회의 君君, 臣臣, 父父, 子子의 종속적 직분역할을 오늘날
의 이 시대 이 사회의 평등적 직분역할로 변혁시켜 바꾸어 놓았는가?
그것은 사물의 본성이 아니라 인간의 본성이다.

　이와 같이 君, 臣, 父, 子와 같은 직분주체의 직분적 역할내용이 인
간의 본성, 즉 인간의 존엄이라는 이념에 의하여 보다 인간적인 것으
로 개혁되어 나가는 것과 같이, 名의 개념을 바르게 하는 정명의 작용
도 이 이념에 의하여 보다 인간적인 것으로 진화되어 나간다. 형벌의
인도주의화와 합리화와 같은 것이 그 하나의 예이다. '형벌'이라는 명
칭은 예나 지금이나 변함이 없지만, 그 명칭의 본질적 개념내용은 과

---

49) 이미 쉴러(Schiller)는 사물의 본성에 관계된 '이념'을 '인간의 존엄'으로 이해
　　하였다. 그는 "인간을 질서의 단순한 객체로 수단화해서는 안 되고, 항상 동시
　　에 자기목적으로 존중하라!"라는 칸트의 정언명령을 사물의 본성의 '도덕적
　　기초(moralische Grundlage)'로 제시한 바 있다. 이에 관해서는 Radbruch,
　　a.a.O., S. 18, 21 참조. 이와 마찬가지로 뤼펠(H. Ryffel)도 '인간의 존엄'이라는
　　이념을 사물 가운데서 절대적인 정당성의 척도(das absolut Richtige)로 제시
　　하며, 그것은 어떠한 질서에 있어서도 처분할 수 없는 것(Unverfüg-bares)이
　　라고 한다(H. Ryffel, *Grundprobleme der Rechts- und Staatsphilosophie*,
　　1969, S. 326).

50) Radbruch, a.a.O., S. 16.

거와 현재에 있어서 결코 같지 않다. 과거의 응보형과 보복형은 오늘날의 목적형과 교육형으로 바뀌었고, 과거의 원시형벌인 사형제도는 오늘날의 현대사회에서는 점차 폐지되어 가고 있고, 과거의 비인도적인 잔인한 형벌은 오늘날 사라졌다. '국가'라는 명칭도 예나 지금이나 변함이 없지만, 그 명칭의 본질적 개념내용은 과거와 현재에 있어서 결코 같지 않다. 과거의 권위주의적 권력국가는 오늘날의 민주주의적 법치국가로 바뀌었고, 드디어 그 국가는 인간의 존엄과 가치를 존중하고 보호하는 의무를 지게 되었다.

이러한 모든 사물의 본성의 진화는 인간의 본성에 의하여 이루어지고 있다. 따라서 인간의 본성에 관계된 사물의 본성은 결코 과거지향적, 보수적, 정적 기능에 머무르지 않고 미래지향적, 진보적, 동적 기능을 하는 발전적 개념으로 파악하는 것이 가능하다.

이와 같이 사물의 본성과 인간의 본성의 관계를 이해할 때, 실정법, 사물의 본성, 인간의 본성 사이에 서로 충돌이 생길 때 어느 것이 우선해야 할 것인지가 분명해진다. 그 우선순위는 다음과 같이 될 것이다. 실정법이 사물의 본성과 충돌될 때는 사물의 본성이 우선하며, 사물의 본성이 인간의 본성과 충돌될 때는 인간의 본성이 우선해야 할 것이다. 즉 실정법은 사물의 본성에 구속되어야 하고, 사물의 본성은 인간의 본성에 구속되어야 한다.

따라서 우리는 몽테스키외가 이 글 첫머리에서 "실정법에 앞서 자연이 준 정당한 관계가 있고, 이 관계를 실정법이 정립한다는 점을 인정하지 않으면 안 된다"라고 한 언명에 두 개의 자연법을 첨가하여 다음과 같이 고쳐 쓰고자 한다. "실정법에 앞서 사물의 자연과 인간의 자연이 준 정당한 관계가 있고, 이 관계를 실정법이 정립한다는 점을 인정하지 않으면 안 된다."

칸트의 법철학

1. 머리말

쾨니히스베르크의 칸트의 묘비명에는 다음과 같은 말이 새겨져 있다.

"내 머리 위에는 별들이 빛나는 하늘이 있고 내 가슴 속에는 도덕적 법칙이 있다(Der bestirnte Himmel über mir und das moralische Gesetz in mir)."

이 묘비명의 구절은 그의 「실천이성비판」의 마지막 결론 서두에 나와 있다. 그는 이 두 세계, 즉 천상의 우주세계와 지상의 인간세계에 각각 영원한 진리의 법칙성이 있음을 깨닫고, 늘 새롭게 자신으로 하여금 경이로움과 외경심을 불러일으킨다고 말하고 있다.[1] 즉 하늘의 우주세계에는 일월성신(日月星辰)이 한 치의 오차도 없이 자기의 궤도에 따라 운행하는 자연법칙의 질서가 있고, 지상의 인간세계에는 마치 그 자연법칙에 버금가는 엄격성과 필연성을 가진 도덕법칙의 질서가 있다는 것이다. 칸트는 전자의 질서를 '자연질서(Naturordnung)'라 하고, 후자의 질서를 '도덕적 질서(sittliche Ordnung)'라고 한다.[2] 자연질서에서는 인과법칙이 지배하고 도덕적 질서에서는 당위법칙

---

1) I. Kant, *Kritik der praktischen Vernunft*, in: Kant—Werke(이하에서 인용되는 칸트 전집은 Kant—Werke, hrsg. von Wilhelm Weischedel, Wissenschaftliche Buchgesellschaft, Darmstadt, 1968년도 판에 따른다), Bd. 6, S. 300.
2) I. Kant, *Die Metaphysik der Sitten*, in: Kant—Werke, Bd. 7, S. 506.

이 지배한다. 인간과 인간 사이에서 도덕적 또는 법적으로 마땅히 해야 할 행위의 당위법칙은 칸트에게 있어서는 인간의 본성인 이성의 도덕적 자율성에 근거하고 있으므로, 그는 이것을 '도덕적 법칙(moralisches Gesetz)' 또는 '자유법칙(Freiheitsgesetz)'이라 부르기도 하며, '자유의 일반법칙(allgemeines Gesetz der Freiheit)' 또는 단순히 '일반법칙(allgemeines Gesetz)'이라 부르기도 한다.

그리고 이 윤리법칙의 내적 측면에 따라 선과 악이 구별되며 또한 이 윤리법칙의 외적 측면에 따라 법과 불법이 구별된다. 오늘날 법철학에서 '이성적 자연법' 또는 '계몽적 자연법'이라 칭하는 것은 이러한 내적 자유의 윤리적 일반법칙으로부터 연역된 외적 자유의 법의 일반법칙을 일컬어 말하는 것이다.

우리는 칸트의 법철학에서 이 윤리와 법의 일반법칙의 체계적인 실천이성의 원칙을 분석함으로써 이 법칙이 사람이 사는 인간사회에서는 시간과 공간을 초월하여 보편적으로 타당한 질서원칙이 될 수밖에 없고 또한 질서원칙이 되어야 한다는 것을 다시 한번 확인하고자 한다.

칸트 사후 200주기에 즈음하여 칸트 법철학을 재평가하는 데 있어 빼놓을 수 없는 것은 그의 인간존엄 사상과 영구평화 사상이다. 오늘날 법치국가에 있어서 가장 중요한 가치핵심은 인간의 존엄과 인권이다. 이 인간가치를 존중하고 보호하는 국가체제를 칸트는 '시민적 헌법(bürgerliche Verfassung)'이라 하며, 그러한 각 국가의 시민헌법에 바탕한 UN과 같은 국제연합을 '세계시민적 헌법(weltbürgerliche Verfassung)'이라고 한다. 그러나 국내법적 시민헌법과 국제법적 세계시민헌법이 보호하여야 할 실질적 윤리가치는 모두 인간의 존엄과 인권이다. 다시 말하면, 칸트에 있어서 법과 국가는 인간을 인간답게 살 수 있게 하는 수단으로 파악되어 있으며, 그 자체가 목적이 아니다.

목적 그 자체(Zweck an sich selbst)는 언제나 인간이다. 법과 윤리의 세계를 '목적의 왕국'이라 부르는 것도 바로 그 때문이다. 칸트 법철학의 대명제는 "국가를 위하여 인간이 존재하는 것이 아니라, 인간을 위하여 국가가 존재한다"라는 점이다. 이러한 국가를 일반적으로 법치국가라 하고, 그 반대로 국가 그 자체를 목적으로 하는 국가는 권력국가라고 한다. 우리 지구상에는 인간을 목적으로 하는 법치국가보다 국가를 목적으로 하는 권력국가가 아직 더 많다. 칸트가 기획한 인간 중심의 실질적 법치국가가 지구를 완전히 점령할 수 있을 날을 여기에서 기대해 보며 또한 영원히 전쟁 없는 세계평화가 지구상에 확립될 수 있기를 희망해 보는 바이다.

2. 칸트의 인간관

칸트는 인간존재를 두 측면에서 바라본다. 하나는 '동물적, 본능적 존재로서의 인간(homo phaenomenon)'이고 다른 하나는 '도덕적, 이성적 존재로서의 인간(homo noumenon)'이다. 따라서 인간의 본성 가운데는 '동물성(Tierheit)'과 '인간성(Menschheit)'이 공존하고 있다. 그런데 칸트의 계몽주의적 인간관에 의하면, 인간은 태어날 때부터 인간인 것은 아니고, 동물로 태어난 자신을 살아가면서 인간으로 만들어나간다고 한다. 따라서 인간은 이미 태어날 때 하나의 인간으로 규정되어 있는 존재가 아니라, 살아가면서 자신을 비로소 하나의 인간으로 만들어나가는 규정적 존재로 파악되어 있다. 이와 같이 인간을 동물적, 본능적 존재로부터 도덕적, 이성적 존재로 해방시키는 인간화 작업을 그는 '계몽(Aufkläung)' 또는 '계발(Kultur)'이라고 한다. 이러한 그의 계몽주의 사상은 인간을 단순히 본능에 따라 비창조적

으로 살아가는 동물이 아니라 자연이 그에게 부여한 이성능력을 발휘
하여 자신을 인간으로 만들어 가는 자기창조의 능력을 가진 존재로
파악한다. 이 점을 칸트는 다음과 같이 말한다.

"인간은 그 자신에 의하여 설정한 목적에 따라 자기 자신을 완성시킬 능력
을 가지고 있으므로 자기창조의 본성을 가지고 있는 존재이다. 따라서 인간은
그에게 부여된 이성능력을 사용하여 자신을 이성적 존재로 만들 수 있다."3)

칸트의 철학적 인간학은 인간을 신에 버금가는 창조적 존재로 보고
있다. 즉 신은 인간을 하나의 동물로서는 완성품으로 만들어 놓았지
만, 인간으로서는 미완성품으로 만들어 놓고, 인간으로 하여금 그에
게 부여된 이성능력을 사용하여 자기 자신을 인간으로 완성하게끔 만
들어 놓았다는 것이다. 그렇게 함으로써 신이 남겨 놓은 그 '창조의
여백(das Leere der Schöfung)'을 스스로 메우라는 것이다.4)
이와 같이 칸트에 의하면 '창조능력'은 신만이 가지고 있는 속성은
아니다. 인간은 신과 같은 시원적 창조능력은 가지고 있지 않지만, 자
신을 인간존재로 완성할 능력은 가지고 있으며 또한 이에 대하여 책
임을 져야 할 존재이다. 제1의 선천적 창조능력에서 신의 절대적 권
위와 권능이 승인되지 않을 수 없는 것과 같이, 제2의 후천적 창조능
력에서 인간의 절대적 가치와 존엄이 확인되지 않을 수 없다는 것이
다. 인간의 이 제2의 창조능력은 인간의 '제2의 본성으로서의 이성'
이다.

---

3) I. Kant, *Anthropologie in pragmatischer Hinsicht*, in: Kant—Werke, Bd. 10, S.
   673.
4) I. Kant, *Idee zu einer allgemeinen Geschichte in weltbürgerlicher Absicht*, in:
   Kant—Werke, Bd. 9, S. 35, 38, 44, 49.

칸트에게 있어서 인간은 이성을 가진 존엄한 존재이다. 그에 의하면 이성의 본질은 자율성(Autonomie)에 있다고 한다. 자율성이란 인간이 이성을 통하여 자기입법(Selbstgesetzgebung), 자기결정(Selbstbestimmung), 자기목적설정(Selbstbezweckung) 등을 자율적으로 할 수 있는 '도덕적 자유'를 뜻한다. 이성을 통하여 이러한 도덕적 자유를 부여받은 인간은 그의 작위, 부작위의 모든 행위에 있어서 "자기 스스로 결정한, 그러면서도 일반법칙에 맞는 입법을 하는" 그리고 그 자신이 정립한 "자기입법에 스스로 복종하는" 존재이다.[5] 칸트는 자기입법의 자율성과 인간존엄의 관계를 다음과 같이 말하고 있다.

"의지는 단순히 법칙에 복종하는 것이 아니라 그가 자기입법적으로, 바로 그 자기입법에 의하여 비로소 법칙에 복종하는 것으로 보지 않으면 안 된다 (이 점에서 그 자유의지 자체를 법칙의 창시자로 보아야 한다)."[6]

"따라서 의지가 단순히 도덕법칙에 복종한다는 데 그 존엄성이 있는 것이 아니라 도덕법칙을 고려하여 동시에 자기입법적으로, 바로 그 자기입법에 의하여 법칙에 복종한다는 데 그 존엄성이 있는 것이다."[7]

이와 같이 자율적 존재로서의 인간은 자기 자신 이외의 다른 모든 사람의 의지로부터 독립되어 있을 뿐만 아니라 심지어는 '신의 의지'로부터도[8] 독립되어 있는 도덕의 주체로서 자기결정과 자기입법을 스스로 할 수 있는 도덕적 자유를 가지고 있고, 그 자유를 통하여 자기 자신을 지배하는 주인이 된다는 점에 바로 그의 인간으로서의 존엄이

---

5) I. Kant, *Grundlegung zur Metaphysik der Sitten*, in: Kant–Werke, Bd. 6, S. 64, 65, 67, 69.
6) I. Kant, a.a.O., S. 64.
7) I. Kant, a.a.O., S. 74.
8) I. Kant, *Kritik der praktischen Vernunft*, S. 263.

깃들어 있다는 것이다.

"따라서 자율성이 인간적 존재, 즉 모든 이성적 존재의 존엄의 근거이다."[9]

인간존엄의 근거가 되는 자율적인 도덕적 자유를 타율적으로 억압하고 박탈하는 모든 인권침해 행위는 인간의 존엄에 반하는 행위이다. 따라서 어느 누가—그것이 개인이든, 사회집단이든, 국가이든 관계없이— 인간으로 하여금 자유롭게 말하지 못하도록 억압하고, 자유롭게 생각하지 못하도록 억압하고, 자유롭게 보고 듣지 못하도록 억압하고, 자유롭게 신앙하지 못하도록 억압하고, 자유롭게 양심에 따라 행동하지 못하도록 억압하고, 자유롭게 표현하지 못하도록 억압하고, 자유롭게 학문과 예술을 통하여 진·선·미를 추구하지 못하도록 억압하고, 자유롭게 살지 못하도록 감옥에 가두거나 고문하고 죽이는 등 모든 인권침해 행위는 신이 부여한 이성능력을 사용하여 자기 자신을 이성적 존재인 인간으로 만드는 인간화 계몽작업을 방해하거나 불가능하게 하는 '인간성에 반하는 범죄'이다. 이 자유탄압이 바로 계몽의 적이다. 이것은 "인간을 타율적으로 단순한 수단으로 삼지 말고 항상 동시에 목적으로서 존중하라"라는 칸트의 정언명령 가운데 준엄하게 드러나 있다.

"인간은 어떤 사람으로부터도(타인뿐만 아니라 자기 자신으로부터도 심지어는 신으로부터도) 단순한 수단으로 사용될 수 없고, 항상 동시에 목적으로서 존중되어야 한다. 왜냐하면 인간 가운데는 바로 그의 존엄성(인격성)이 깃들어 있기 때문이다."[10]

---

9) I. Kant, *Grundlegung zur Metaphysik der Sitten*, S. 69.
10) I. Kant, *Die Metaphysik der Sitten*, S. 600.

3. 칸트의 윤리관

인간의 존엄은 인간이 그의 동물성으로부터 벗어나 하나의 인격적 존재로 되기 위한 "유일하고 절대적인 실질적 윤리가치"[11]이기 때문에 어느 누구에 의해서도 불가침이다. 그리고 바로 이 점에서 인간존재는 하나의 수단적 존재가 아닌 목적적 존재로 다루어질 것이 윤리적으로 요구된다. 사람은 물건이나 동물을 일방적인 수단으로 사용할수는 있지만, 인격의 소유자인 인간을 그러한 일방적 수단으로 사용하는 것은 윤리적으로 허용되지 않는다. 왜냐하면 사람을 일방적으로 단순한 수단으로 삼을 때는 인간의 존엄이 침해되기 때문이다. 그래서 칸트는 그의 "계몽이란 무엇인가?"라는 논문을 다음과 같은 말로 끝마무리하고 있다.

"인간은 단순한 기계가 아니다. 따라서 그의 존엄성에 걸맞게 취급되어야 한다."[12]

존엄성에 걸맞게 취급되기 위해서는 인간과 인간 사이의 관계가 서로 목적으로서 존중되는 관계에 놓여있지 않으면 안 된다. 이러한 인간 상호간의 인격 존중의 원칙은 인간다운 질서의 제1의 존재형식이며, 그것은 동시에 인간행위를 구속하는 제1의 윤리규범으로 나타난다. 그래서 칸트는 다음과 같은 정언명령을 내린다.

"너는 인간성을 그것이 너 자신의 것이든 타인의 것이든 항상 동시에 목적

---

11) H. Welzel, *Naturrecht und materiale Gerechtigkeit*, 4. Aufl., 1962, S. 170.
12) I. Kant, *Beantwortung der Frage: Was ist Aufklärung?*, in: Kant–Werke, Bd. 9, S. 61.

으로서 존중할 것이며, 결코 단순한 수단으로 사용하지 말라."[13]

칸트의 윤리학은 그 대상을 두 가지 관점에서 바라본다. 하나는 '자기 자신에 대한 존중의무'이고, 다른 하나는 '타인에 대한 존중의무'이다. 전자는 '개인윤리'에 해당하는 것이고, 후자는 '사회윤리'에 해당하는 것이다.

첫째, 개인윤리, 즉 인간의 '자기 자신에 대한 존중의무'부터 살펴보기로 하자. 이것은 자기 자신 가운데 있는 인간성, 즉 자기 자신의 도덕적 본성인 인간의 존엄성을 스스로 침해하는 행위를 하지 말아야 할 의무를 말한다. 이 의무는 칸트에게는 신이 남겨 놓은 '창조의 여백'을 인간이 떠맡아 마저 메우지 않으면 안 될 제2의 창조작업인 계몽의 의무로부터 나오는 것이다. 신은 '창조의 여백'을 통하여 인간 완성의 책임을 전적으로 인간 자신이 스스로 지게끔 만들어 놓았기 때문에, 자기 자신이 인간일 것을 포기하지 않는 한, 자기 자신을 이성적 존재로 만드는 계몽의 인간화 작업을 하나의 의무로 떠맡지 않을 수 없다. 이것이 칸트 윤리학에서 말하는 '자기 자신에 대한 존중의무'의 실질적 내용의 출발점이다. 그러므로 이 의무는 다음과 같이 두 가지 명제로 명하여진다.

"너의 자연의 완전성 가운데서 너 자신을 보존하라!"
"자연이 단순히 너를 창조한 것보다 너 자신을 더 완전하게 만들라!"[14]

전자는 인간의 자기보존 의무이고, 후자는 인간의 자기발전 의무

---

13) I. Kant, *Grundlegung zur Metaphysik der Sitten*, S. 61.
14) I. Kant, *Die Metaphysik der Sitten*, S. 552.

이다. 이 두 가지 의무는 타인과의 관계에서 권리화되기에 앞서 우선
자기 자신에 대한 존중의무로 되어 있다. 왜냐하면 자기 자신에 대한
존중의무의 불이행은 타인의 나에 대한 존중의무를 하나의 권리로 주
장할 수 있는 기초를 상실시키기 때문이다. 예컨대 자기 자신이 자살
을 하고 타인에 대하여 나의 생명을 침해하지 말라는 요구를 권리로
주장하는 것은 무의미하다. 자살은 법적으로는 죄가 되지 않는다. 그
러나 도덕적으로는 자기보존 의무의 위반이다. 또한 계몽을 위한 교
육을 스스로 포기하고 타인에 대하여 나의 계몽을 위한 교육을 방해
하지 말라는 요구를 권리로 주장하는 것도 무의미하다. 교육의 포기
는 법적으로는 위법이 아니다. 그러나 도덕적으로는 자기발전 의무의
위반이다. 그러므로 칸트는 다음과 같이 말한다.

"나는 인격적 존재로서의 인간에 대하여 아무것도 자유로이 처분할 수 없
고 훼손할 수도 없고, 파멸시킬 수도 없고, 그리고 죽일 수도 없다."[15]

이와 같이 인간은 법적 의무로부터 해방될 수는 있지만, 도덕적 의
무로부터 자유로울 수는 없다. 왜냐하면 이 의무로부터 벗어나는 것
은 자신의 인간실존에 대한 부정을 의미하기 때문이다. 자기 자신에
대한 존중의무는 자기 자신을 이성적 존재인 인간으로 만드는 이성능
력, 즉 자기 자신을 '문화화(kultivieren)', '문명화(zivilisieren)', '도덕
화(moralisieren)'하는 계몽적 이성능력[16]을 사용함으로써 자신을 도
덕적으로 보존하고 발전시켜야 할 의무를 말하며, 자신의 이러한 이
성능력을 사용하지 않음으로써 녹슬게 해서는 안 된다는 작위의무를

15) I. Kant, *Grundlegung zur Metaphysik der Sitten*, S. 61.
16) I. Kant, *Anthropologie in pragmatischer Hinsicht*, S. 678; ders., *Idee zu einer
    allgemeinen Geschichte in weltbürgerlicher Absicht*, S. 44.

말하는 것이다.[17] 계몽주의적 인간관에 의하면, 인간은 결코 태어날 때부터 인간이었던 것은 아니고 하나의 동물에 지나지 않는다고 한다. 따라서 인간의 자기 자신에 대한 존중의무는 자기 자신을 창조된 동물 그대로 내버려 두지 말고 하나의 인간존재로 만들어야 할 인간 실존 의무를 두고 말하는 것이며, 이 의무는 인간에게는 피할 수 없는 가장 순수한 본래적 의미에서의 인간화 의무에 속하는 것이다. 이 의무를 거부하는 것은 스스로 인간이 될 것을 거부하고 하나의 동물로 남겠다는 것을 의미하기 때문이다.

인간의 자기 자신에 대한 존중의무는 자기 자신에게만 타당한 것이 아니라, 자신과 타인 사이에서도 타당하다. 즉 자기 자신이 자신의 인간존엄을 스스로 부정하는 것이 자기 자신에게 거부되어 있는 것과 같이, 타인에 의한 나의 인간존엄에 대한 부정의 재부정도 하나의 권리이기에 앞서 하나의 의무에 속한다. 다시 말하면, 타인에 의한 나의 인간존엄에 대한 침해는 어떠한 경우에도 방어할 것이 나에게 의무로 명하여져 있다. 타인에 의한 그러한 침해를 방어하지 아니하고 감수하는 것은 자기 자신에 대한 존중의무의 위반이다. 따라서 칸트는 다음과 같이 말한다.

"자기의 권리를 타인의 발밑에 짓밟히게 하는 것은 인간의 자기 자신에 대한 의무 위반이다."

"자기 자신을 벌레로 만드는 자는 나중에 짓밟혔을 때 아무런 호소도 할 수 없다."

"남의 종이 되지 말라! 너희들의 권리를 타인에 의하여 짓밟히지 말아라!"[18]

---

17) I. Kant, *Die Metaphysik der Sitten*, S. 580.
18) A.a.O., S. 571−572, 599.

이와 같이 칸트에 있어서는 자기 자신의 인간존엄을 스스로 침해하는 경우뿐만 아니라, 타인에 의한 나의 인간존엄에 대한 침해를 막지 아니하는 것도 자기 자신에 대한 존중의무 위반이다. 이것은 예링이 '권리를 위한 투쟁'을 인간의 자기 자신에 대한 의무로 보았던 것과 똑같은 경우이다. 그는 불법을 행하는 자보다 불법을 감수하는 자를 법의 정신을 좀먹는 자라고 비난하고 있으며, 결국 그 불법의 감수는 권리를 위한 투쟁을 포기하는 것으로서 자기 자신에 대한 존중의무 위반이라고 한다.[19]

우리가 여기서 마지막으로 확인해야 할 점은 칸트의 윤리학에 있어서 인간의 자기 자신에 대한 존중의무는 그것에 앞서 그 존중의 대상이 되는 인간존엄의 권리성에 대한 승인이라는 사실이다. 즉 그 의무는 바로 칸트가 말한 "우리 자신 가운데 있는 인간성의 권리로부터 나오는 의무"[20] 이외의 다른 것이 아니라는 점이다.

칸트 윤리학의 두 번째 측면인 사회윤리, 즉 인간의 타인에 대한 존중의무와 관련된다.

"이성적 존재로서의 인간은 목적 자체로서 실존한다."[21]

칸트는 바로 이러한 인간학적 전제로부터 타인에 대한 존중의무를 이끌어낸다. 타인에 대한 존중의무는 인간 상호간에 있어서의 인격존중의무를 말한다. 칸트에 있어서 인간의 자기 자신에 대한 존중의무

---

19) R. v. Jhering, *Der Kampf ums Recht*, hrsg. von der Wissenschaftlichen Buch-gesellschaft, Darmstadt(Unveränderter fotomechanischer Nachdruck der 4. Aufl., Wien, 1874), S. 20(심재우 역, 「권리를 위한 투쟁」, 박영문고 163, 박영사, 1993, 39면 참조).

20) I. Kant, *Die Metaphysik der Sitten*, S. 344.

21) I. Kant, *Grundlegung zur Metaphysik der Sitten*, S. 59.

가 개인윤리의 측면을 말해주는 것이라면, 인간의 타인에 대한 존중의무는 그의 사회윤리의 측면에 해당한다. 모든 인간은 행위시에 타인의 인격의 존재를 승인하지 않으면 안 된다. 그 타인도 인간인 이상 목적 자체로 실존하고 있는 인격적 존재이기 때문이다. 따라서 어느 누구도 타인을 자신의 목적을 위한 수단으로 사용해서는 안 된다. 그러나 어느 누구도 자신을 타인의 목적을 위한 수단으로 사용하게 해서도 안 된다. 이것은 인간의 자기 자신에 대한 존중의무에 반하기 때문이다.

우리는 여기에서 그에 의하여 내려지는 모든 정언명령의 표현형식에 대하여 특별한 주의를 기울일 필요가 있다. 그는 모든 정언명령에서 언제나 "타인을 '단순히 수단으로(bloß als Mittel)' 사용해서는 안 되고, '항상 동시에(jederzeit zugleich)' 목적으로 다루라!"라고 말한다. 이것을 다른 말로 바꾸어 쓰면, 타인을 '일방적인 수단'으로 삼아서는 안 된다는 것이다. 이 표현의 적극적인 의미는, 인간관계는 반드시 쌍방적으로 목적-수단, 수단-목적의 관계에 놓여있어야 한다는 것이다. 하나의 행위가 항상 동시에 쌍방적으로 이용하고 이용당하는 관계에 놓일 때만 그 인간관계는 윤리적으로 인간적일 수 있고, 반대로 일방적으로 이용하고 이용당하는 관계에 놓일 때는 비인간적일 수밖에 없다는 것이다. 이 점을 칸트는 다음과 같이 표현하고 있다.

"모든 이성적 존재는 그들 각자가 자기 자신 및 모든 타인을 결코 '단순한 수단으로' 삼아서는 안 되고 '항상 동시에' 목적 그 자체로서 다루어야 한다는 법칙 아래에 서 있다."[22]

---

22) A.a.O., S. 66.

모든 생활관계에 있어서 타인을 일방적으로 이용할 때 그 타인은 상대방의 목적을 위한 단순한 수단 내지 도구로 전락되어 인격적 주체성을 상실하게 되며, 따라서 종속적인 인간관계가 형성된다. 이러한 종속적 질서는 인간과 인간 사이에서만 형성되는 것이 아니라, 사회집단과 집단 사이, 국가와 국민 사이, 국가와 국가 사이에서도 형성될 수 있다. 예컨대 한 국가 내에서 인종적, 종교적, 계급적으로 강한 집단이 약한 집단을 자기의 목적을 위한 일방적 수단으로 삼아 탄압하고 박해하고 착취하는 경우도 그렇고, 국가가 국민을 일방적으로 그의 이데올로기적 정치목적을 위한 수단으로 삼아서 인권을 탄압하고 자의적인 지배를 하는 경우도 그렇고, 강대국이 약소국을 자기의 이익과 지배목적을 위한 일방적인 수단으로 삼아 정복하거나 식민지로 만들어 약소국의 주권을 빼앗고 억압하거나 착취하는 경우도 그렇다. 따라서 이로부터 연역되는 질서원리는 질서주체 사이에 ― 그것이 개인과 개인 사이든, 집단과 집단 사이든, 국가와 국가 사이든, 국가와 국민 사이든 ― 반드시 독립성, 즉 주체성이 있어야 하고, 그리고 그 주체성에 바탕하여 서로 쌍방적으로 동시에 수단화하고 목적화하는 관계가 수립되어야 한다는 것이다. 이것을 '상호성의 원칙(Prinzip der Gegenseitigkeit od. Wechselseitigkeit)' 또는 '황금률(golden rule)'이라고 한다.23)

칸트의 이른바 '목적의 왕국(Reich der Zwecke)'의 질서구조는 바로 이 상호성의 원칙에 입각하고 있다. 즉 '목적의 왕국' 안에서 모든 인간존재는 타인과의 사이에서 결코 일방적인 수단으로 다루어지지

---

23) 사회윤리에 있어서 상호성의 원칙(황금률)의 의미에 관하여 자세한 것은 W. Maihofer, Vom Sinn menschlicher Ordnung, S. 86 이하 참조. 동양의 상호성의 원칙인 '絜矩之道'에 관하여 자세한 것은 심재우, '사물의 본성과 구체적 자연법', 법철학연구 1999, 51면 이하 참조.

않고, 항상 동시에 목적 그 자체로서 상호 존중되는 관계에 놓여있다. 따라서 이 왕국 안에서는 모든 사람이 목적적 존재로서 평등하게 자유롭다는 것이 그 특징이다. 그의 '자유의 일반법칙(allgemeines Gesetz der Freiheit)' ― 때로는 단순히 '일반법칙(allgemeines Gesetz)'이라고도 한다 ― 은 만인이 평등하게 자유로울 수 있는 이 목적의 왕국의 질서구조의 원칙을 말하는 것이다. 그래서 칸트는 그의 도덕적 목적론에서 다음과 같은 실천이성의 정언명령을 내린다.

"모든 사람이 목적적 존재일 수 있는 일반법칙의 격률에 따라 행동하라."[24]

4. 칸트의 법관

칸트는 법의 개념을 다음과 같이 정의하고 있다.

"법이란 한 사람의 자의가 다른 사람의 자의와 자유의 일반법칙에 따라 서로 양립할 수 있는 조건의 총체이다."[25]

이 법의 정의는 결국 모든 사람이 평등하게 자유로울 수 있는 질서원칙을 뜻한다. 이 질서원칙하에서 모든 사람은 타인과의 사이에서 수단적 존재가 아닌 목적적 존재로서 이른바 목적의 왕국에서 살 수 있게 된다.

그러나 "모든 사람이 목적적 존재일 수 있는 일반법칙"은 인간의 자유를 무제한으로 허용할 수는 없다. 왜냐하면 그 자유권은 타인과의 사이에서 "타인의 자의로부터 독립할 권리", 즉 그 자유가 모든 다

---

24) I. Kant, *Die Metaphysik der Sitten*, S. 526.
25) A.a.O., S. 337.

른 사람의 자유와 서로 충돌되지 않고 양립할 수 있는 한계를 넘는 자유의 남용은 타인의 자유를 침해할 것이므로 그 한계 내에서 제한되지 않으면 안 된다. 자유의 일반법칙에 따르면, 자유는 언제나 그 제한요소로서 평등을 전제하고 있으며, 마찬가지로 평등 또한 자유를 전제하지 않으면 안 된다. 왜냐하면 불평등은 자유의 양립을 불가능하게 하고, 부자유는 평등성의 바탕을 결(缺)하기 때문이다. 자유와 평등의 이러한 개념적 상호제약성은 공존자 사이의 인격의 독립성으로부터 나오는 당연한 논리적 귀결이다. 칸트는 이것을 "어느 누구도 상호적으로 구속될 수 있는 이상으로 타인에 의하여 구속당하지 아니할 독립성의 권리"라고 말한다.[26] 그러므로 공존상황에 있어서는 자유와 평등은 상호제약적으로 한쪽이 다른 쪽을 전제하고 있다. 즉 자유는 평등 가운데서만 존재할 수 있고, 평등은 자유 없이는 있을 수 없다. 따라서 '자유의 일반법칙'은 자유의 평등성이 균형 잡혀 있는 상태, 즉 만인이 평등하게 자유로울 수 있는 질서상태의 존재구조를 두고 말하는 것이다. 이러한 '평등한 자유의 원칙'[27]을 인간질서의 '근본상황(Grundsituation)'이라고 한다.[28]

이러한 평등한 자유의 원칙에 입각한 인간질서의 근본상황은 한쪽이 다른 한쪽을 단순한 수단으로 삼아 불평등을 야기할 때 한계상황으로 뒤집힌다. 모든 종류의 불평등, 예컨대 신분적 불평등, 성별적 불평등, 계급적 불평등, 인종적 불평등, 종교적 불평등, 민족적 불평등, 정치적 불평등, 경제적 불평등, 국가적 불평등이 여기에 해당한

---

26) I. Kant, a.a.O., S. 345.
27) 오늘날 롤즈(J. Rawls)가 정의의 제1원칙으로서 '평등한 자유의 원칙'을 제시한 것도 같은 내용이다(J. Rawls, A Theory of Justice, Harvard University Press, Cambridge 1971, p. 60-65, 243-251).
28) W. Maihofer, *Rechtsstaat und menschliche Würde*, Frankfurt 1968, S. 12 이하, 27-28.

다. 이 모든 불평등 요소들에 의하여 인간관계는 균형성을 상실하게 되고, 그에 따라 인격의 독립성은 배제되고, 종속적인 노예상태가 형성되며, 목적적 존재로서의 인간의 실존조건은 부정된다. 한마디로 말하면, 이때 '목적의 왕국'은 '수단의 왕국'으로 전락된다. 이와 같이 '상호성의 원칙'에 입각한 목적의 왕국이 '일방성의 원칙'에 기초한 수단의 왕국으로 뒤집힌 질서상황을 인간질서의 '한계상황(Grenz-situation)'이라고 한다.[29]

법은 이 한계상황을 다시 근본상황으로 환원시켜야 할 임무와 그 환원된 상황이 다시 한계상황으로 빠져 들어가지 않도록 보장하여야 할 임무를 띠고 있는 것이다. 한마디로 말하면, 법의 기능은 근본상황을 회복, 유지 및 발전시키는 데 있다. 그러나 법이 이러한 기능을 다하기 위해서는 힘이 필요하다. 그 힘의 주체가 바로 국가이다.

5. 칸트의 국가관

칸트가 파악하는 국가개념에는 두 가지 의미가 있다. 하나는 '이념으로서의 국가'이고, 다른 하나는 '힘으로서의 국가'이다. 이념으로서의 국가는 그에게 있어서는 순수실천이성 원칙의 선험적 형식을 뜻하며, 이 원칙에 따라 하나의 '시민헌법(bürgerliche Verfassung)'이 사회계약의 이념을 매개로 하여 인간사회에 확립된다.[30] 그러므로 그는 국가를 정의하여 "다수의 인간이 법의 일반법칙하에 통합된 것(Vereinigung einer Menge von Menschen unter Rechtsgesetzen)"[31]

---

29) W. Maihofer, a.a.O., S. 12 이하, 27 이하.
30) I. Kant, *Die Metaphysik der Sitten*, S. 431, 438; ders., *Über den Gemein-spruch*, in: Kant—Werke, Bd. 9, S. 157, 160, 163 이하.
31) I. Kant, *Die Metaphysik der Sitten*, S. 431.

이라고 한다.

이러한 의미에서의 국가는 루소의 국가개념과 흡사하다. 루소도 '일반의지(volonté générale)'가 시민헌법으로 구현된 그 이념적 통일체를 국가로 파악하기 때문이다.[32] 결국 칸트의 일반법칙과 루소의 일반의지에 기초한 이념적 국가개념은 자유와 평등의 이념에 입각한 법치국가의 헌법적 구성원리, 즉 '시민헌법'을 뜻하는 것이다.

이와는 달리 힘으로서의 국가는 이 질서원칙에 따라서 구성된 시민헌법의 보장자를 뜻한다. 이러한 의미에서의 국가는 홉스의 국가개념에 접근되어 있다. 홉스는 국가를 "다수인의 계약을 통하여 모든 사람의 의지가 한 사람의 의지로 응집되어 있는 한 인격"[33]으로 파악하기 때문이다. 따라서 힘으로서의 국가는 국가원수 자체를 두고 하는 말이다. 여기서는 일종의 의인화된 국가개념이 타당하다. 이 지배자로서의 국가에게 통치에 필요한 모든 법적 권한이 주어지지만 그 자신은 법의 적용을 받지 않는 초월자이다. 그는 어느 누구에 의해서도 재판을 받거나 처벌받지 않는다.[34] 그는 국가의 최고의 유일한 명령권자이며, 국민에 대해서는 오로지 강제권만 가질 따름이고, 자기 자신에 대한 강제의 의무는 부담하지 않는다. 그 이유는 만일 그 최고의 유일한 명령권자도 강제되어진다면 그는 이미 지배자가 아니며, 따라서 지배단체로서의 국가의 종적 명령질서는 성립할 수 없기 때문이다.[35] 힘으로서의 국가에게는 법적으로나 사실적으로나 최강의 힘이 주어져 있지 않으면 안 된다. 만일 지배자보다 피지배자의 힘이 더 강하다

32) J. J. Rousseau, *Du contrat social(Der Gesellschaftsvertrag)*, hrsg. von Heinrich Weinstock, 1968, I. 6, S. 55; I. 7, S. 47; II. 4, S. 60 참조.
33) T. Hobbes, *Vom Menschen Vom Bürger*, hrsg. von Günter Gawlick, 1959, Kap. 5, Art. 9, S. 129.
34) I. Kant, *Die Metaphysik der Sitten*, S. 436–437.
35) I. Kant, *Über den Gemeinspruch*, S. 146 이하.

면 사실상 강제를 통한 법률의 집행은 불가능하다. 따라서 국가는 그의 명령에 항거하는 어떠한 힘도 단호히 제압할 수 있을 만한 최강의 힘을 사실상 가지고 있어야 하는 것이다.[36]

칸트의 국가는 이념상으로는 인간의 존엄을 존중하고 보호하는 실질적 법치국가를 의미한다. 그러나 개념상으로는 최강의 힘을 가지고 강제권을 행사하는 권력국가의 모습으로 드러난다. 칸트의 국가론에 있어서 이 양 국가개념, 즉 이념으로서의 국가와 힘으로서의 국가가 모순관계에 놓일 때, 다시 말하면 국가가 지배를 할 충분한 힘은 갖고 있으나, 그 힘을 이념에 반하여 인간의 존엄을 침해하고 인권을 탄압하는 데 사용한다면 어떻게 해야 할 것인가? 즉 지배자인 군주가 폭군으로 변하여 국민을 탄압할 때 저항을 해야 할 것인가 말 것인가가 문제된다. 칸트는 이 점에 관하여 다음과 같이 말한다.

"국민의 권리가 침해되었다. 그 폭군을 제거하는 것은 불법이 아니다. 이 점에 대하여 의문의 여지는 없다. 그러나 그러한 폭력으로 국민이 그들의 권리를 추구하는 것은 신하의 위치에서는 더 큰 불법이다. 왜냐하면 이러한 국민의 저항권을 격률로 받아들인다면 모든 법적 헌법은 불안정하게 되고 모든 법이 최소한의 효력조차 가질 수 없는 완전한 무법의 자연상태를 가져오기 때문이다."[37]

칸트는 이때 저항은 하되, 폭력을 쓰지 말고 합법적인 방법으로 하라고 말한다. 예컨대 '펜의 자유(Freiheit der Feder)', 즉 언론을 통하여 저항을 하든가, 의회를 통하여 하든가 또는 소원과 같은 합법적 절차를 통하여 항의를 하든가 하는 것은 허용되지만, 혁명과 같은 방식

---

36) I. Kant, *Über den Gemeinspruch*, S. 156.
37) I. Kant, *Zum ewigen Frieden*, in: Kant–Werke, Bd. 9, S. 245; ders., *Über den Gemeinspruch*, S. 158.

으로 폭력으로 정부를 뒤엎거나, 폭군살해를 하는 것 등은 허용될 수 없다고 한다. 이런 식의 저항은 국가를 무정부상태로 만들어 국가 없는 자연상태로 되돌아가게 함으로써 결국 사회계약 이전의 '만인의 만인에 대한 투쟁상태'를 재현시킨다는 것이다. 저항권에 대한 칸트의 이러한 태도는 역사적으로 후일의 히틀러의 나치정권 하에서의 독일국민의 침묵이 과연 무엇을 남겼는가를 반성하게 만든다.[38]

칸트의 국가론은 국가권력의 본질을 인간의 존엄의 이념을 통해 도덕적으로 근거지을 수는 있었지만, 저항권을 부인한다는 점에서 인간의 존엄을 통해 국가권력의 한계를 근거짓지는 못했다.

국가권력 그 자체는 하나의 폭력이다. 그러나 그것은 인간사회의 질서를 유지하기 위해서는 필요한 폭력이고 더 나아가 이념적으로는 도덕적 폭력이다. 왜냐하면 그것은 "자유의 저해를 저지"[39]하여 줌으로써 인간의 윤리적 자유실현과 도덕적 자기완성을 가능하게 해주기 때문이다. 결국 국가권력은 힘에 의한 법적 자유의 보장을 통하여 인간의 도덕적 자유의 실현에 봉사하고 있는 것이다. 그 한에 있어서 그 힘은 '신성한 권력'인 것이다. 그래서 칸트는 간혹 '국가의 존엄(Staatswüde)'이라는 말까지 사용한다.[40] 루소와 마찬가지로 칸트에 있어서도 국가권력은 인간을 '자유로 강제(Zwang zur Freiheit)'하는 수단이라는 점에서 그 힘은 도덕적으로 정당화된다. 오직 그 한에 있어서만 그 힘은 법적 힘으로 승인되며, 그 한계 바깥의 것은 단순한 적나라한 폭력으로서 법적으로나 도덕적으로나 정당화될 수 없다. 국가권력의 한계는 그 정당화의 한계와 일치되어 있다. 따라서 그 한계를

---

38) 칸트의 저항권 부인론에 관해서는 심재우, 「저항권」, 고려대학교 출판부, 2000, 104면 이하 참조.

39) I. Kant, *Die Metaphysik der Sitten*, S. 338-339, 527.

40) I. Kant, a.a.O., S. 434.

벗어난 국가권력의 남용은 정당화되지 않으며 구속력이 없다. 정당한 권력으로 정당화되지 않는 국가권력은 단순한 폭력에 지나지 않으므로 이에 대하여 복종할 필요가 없을 뿐만 아니라, 자신의 인간존엄을 지키기 위하여 저항하는 것이 허용된다. 우리는 칸트의 인간존엄 사상을 통해 국가권력을 근거지을 뿐만 아니라, 한계지을 수도 있음을 바로 그 인간존엄 사상의 창시자인 칸트 자신에게서 찾아볼 수 없음을 아쉽게 생각하는 바이다.

6. 칸트의 영구평화론

자유의 철학자 칸트는 「영구평화론(Zum ewigen Frieden, 1775)」에서도 영구평화상태를 추구한 것이 아니라, 실은 국제사회의 영구자유상태가 어떻게 가능할 것인가를 추구하고 있다. 그는 다음과 같이 말한다.

"이 국제연맹은 결코 어떤 한 국가에게 힘을 독점시키려는 것이 아니라 오히려 자국 및 타 연맹국의 자유의 유지와 안전을 보장함을 목적으로 하고 있다."[41]

칸트는 그 방법으로 각 국가의 주권적 자유를 안전하게 보장할 수 있는 세계시민적 헌법을 만들어 그 국제헌법을 지킴으로써 안전보장의 목적을 달성하자는 것이다. 그 국제헌법의 구성원리로 칸트는 여기에서도 자유의 일반법칙을 원용하고 있다. 즉 한 국가의 주권적 자유가 다른 국가의 주권적 자유와 서로 충돌하지 않고 양립할 수 있는 자유의 공존조건을 규범화하여 그 규범을 준수하면 영구평화가 확립

---

41) I. Kant, *Zum ewigen Frieden*, S. 211.

될 수 있다는 것이다. 종래까지는 전쟁을 통하여 이 주권적 자유를 획득하려 하고, 그 획득한 자유를 또한 지키려고 하였던 것이다. 평화파괴를 통하여 평화를 확립하고자 하는 이 전쟁이라는 자기모순적 수단은 인류 역사에 있어서 하나의 패러독스적 현상이다.

그러나 전쟁이 없이 고요하되, 한 국가가 다른 국가에 의하여 주권적 자유를 박탈당하고 정복상태나 식민지상태에 놓여있을 때는 이른바 '영구평화상태'는 아니며, 잠정적 휴전상태에 지나지 않는다고 한다.[42] 그 상실된 주권적 자유를 다시 회복하려는 독립운동의 저항과 해방전쟁이 언제 다시 터질지 알 수 없기 때문이다. 따라서 이러한 주권적 자유가 없는 상태에서의 평화유지는 하나의 가장된 일시적인 평화에 지나지 않으며 영구평화상태가 아니라고 한다. 결국 전쟁이라는 방법을 통하여 각 국가가 영원한 주권적 자유를 획득하고 보전하는 것은 불가능하며, 오히려 뺏고 빼앗기는 전쟁의 연속을 가져올 따름이다. 칸트는 이러한 국제사회의 법 없는 상태를 무법의 자연상태라고 부르고 있다.

그래서 칸트는 국제사회에서 이러한 전쟁을 종식시키고, 진정한 평화를 정착시키기 위해서는 국제헌법을 제도화할 수밖에 없다는 결론에 이르렀던 것이다. 그러나 그는 세계시민적 국제헌법을 구상하는 데 있어서 하나의 정부로 이루어진 세계정부적 국가와 같은 것을 머리에 그리고 있었던 것은 아니다. 그는 오늘날의 UN과 같은 국제연합의 연방주의를 추천하고 있다. 그가 이와 같이 영구평화질서의 모델로 하나의 세계정부 국가를 택하지 않은 것은 그 하나로 확립된 세계정부적 국가가 연방주의적 세계시민헌법의 구성원리를 무시하고 자의적으로 독재를 행하면, 이에 대해 속수무책일 뿐만 아니라, 오히려

---

42) I. Kant, a.a.O., S. 218-219, 251.

연방제에 의한 상호견제를 통한 자유상태의 유지·보존보다(자연은 이 상태를 바란다고 한다) 더 악화된 상태를 감수하지 않을 수 없을 것이라는 데 있다.[43]

칸트가 구상하고 추천한 세계시민적 헌법은 오늘날 UN과 같은 국제 연합으로 탄생되어 지금은 현실화되었다. 특히 국가간의 전쟁방지와 안전보장에 관한 사항은 안전보장이사회의 역할과 기능에 속해 있다.

칸트가 열정적으로 추구한 영구평화는 결코 평화 그 자체 때문이 아니었다는 것을 특히 여기서 인식할 필요가 있다. 그에게 있어서 영구평화의 확립 문제는 결코 단순한 국제평화의 문제도, 국가간의 안전보장의 문제도 아니었으며, 그것은 인간성 개발의 계몽의 가능조건에 관한 문제였다. 따라서 자연은 이 문제를 해결할 것을 인류에게 강제하고 있는 바라고 한다.[44] 왜냐하면 오로지 세계시민적 헌법 가운데서만 인간에게 자연적 소질로 부여되어 있는 이성능력을 완전히 전개하여 자기 자신을 인간존재로 완성할 수 있을 것이기 때문이다. 이 점을 칸트는 다음과 같이 말하고 있다.

"목적 없는 자연상태가 우리에게 지금까지 행한 바가 무엇인가? 그것은 우리 인간이 지니고 있는 자연적 소질(즉 인간성)을 후퇴시켰다는 점이다. 이러한 불행을 통하여 인류는 자연상태로부터 벗어나 그들의 모든 자연적 소질이 싹틀 수 있는 시민헌법상태로 들어설 것을 강요받았다. 그러나 이와 같이 하여 이미 성립된 국가들도 그들의 야만적인 자연적 자유를 자제하지 않음으로써 이전의 자연상태가 행하였던 것과 똑같은 잘못을 저지르고 있다. 다시 말하면, 국가의 모든 힘을 상호 간의 전쟁준비를 위하여 사용하도록 강요함으로

---

43) I. Kant, a.a.O., S. 225.
44) I. Kant, *Idee zu einer allgemeinen Geschichte in weltbürgerlicher Absicht*, S. 39.

써 인간의 자연적 소질을 지속적으로 완전히 전개시켜 나가는 것을 방해하고 있다."45)

칸트의 영구평화론은 이러한 인간 및 인간질서의 본질적 의미로부터 이끌어내진 국제헌법의 초안이었던 것이다. 그는 '인간의 존엄'이라는 개념으로부터 그의 가능조건으로서의 '시민적 헌법'을 구상하였고, 다시 이 시민적 헌법의 가능조건으로 '세계시민적 헌법'을 구상하였던 것이다. 그는 전쟁 없는 평화를 갈망하였지만, 결코 평화 그 자체를 위해서가 아니라, 그것은 인간성 개발이라는 계몽의 가능조건이었기 때문이었다. 그리고 그 영구평화질서 가운데서만 인류는 그의 인간으로서의 존엄과 가치를 존중받고 인간답게 살 수 있다고 확신하였기 때문이다. 이 인간 계몽의 과제는 오늘날도 계속되고 있다. 왜냐하면 현대에 살고 있는 우리도 근대에 살았던 칸트와 똑같은 물음을 제기하고 똑같은 대답을 해야 하기 때문이다.

"우리는 지금 계몽된 시대에 살고 있는가? 아니다. 우리는 아직도 계몽되어 가는 시대에 살고 있다."46)

---

45) I. Kant, a.a.O., S. 44.
46) I. Kant, *Beantwortung der Frage: Was ist Aufklärung?*, S. 59.

Die Rechtsphilosophie des Alsseins und die Lehre über den richtigen Namen bei Konfuzius*

> *Der Wissende freut sich am Wasser, der Menschliche am Gebirge.*
> *Der Wissende ist in Bewegung, der Menschliche ist in Ruhe.*
> *Der Wissende hat Freude, der Menschliche hat langes Leben.*
>
> - *Konfuzius*[1] -

I. Widmung

Werner Maihofer ist mein akademischer Lehrer. Seine Rechtsphilosophie und strafrechtswissenschaftlichen Gedanken haben mein akademisches Leben als Universitätsprofessor in Gänze und auch als einen, der eine Brücke zwischen östlicher und westlicher Rechtsphilosophie zu schlagen versucht hat, wegweisend und begleitend geprägt. Auf diesem Wege hoffte ich ständig, dass ich wie ein Zwerg auf den Schultern eines Riesen „Welt und Mensch" ein Stück weiter und tiefer als er überblicken könnte, was fast immer an seiner geistig unvergleichbaren, beinahe unerreichbaren Größe regelrecht gescheitert ist. Ich musste wiederholt feststellen, wie weitsichtig und tiefgründig die rechtsphilosophischen Gedanken des

---

* Der Text ist die um einige Fußnoten erweiterte Fassung eines Vortrages beim Kolloquium für Werner Maihofer zum 90. Geburtstag am 21. 10. 2008 in Bad Homburg. Die Vortragsform wurde beibehalten.

[1] Gespräche, Buch VI. Abschn. 23 (zit. nach „Die Lehre des Konfuzius. Die vier konfuzianischen Bücher" Chinesisch und Deutsch. Übersetzt und erläutert v. *Richard Wilhlem*, 2008): In der asiatischen Kultur nennt man das siebzigste Lebensalter „seit jeher rar (古 稀)". Für das Alter ab dem 80. gab es aber keine besonderen Bezeichnungen. Mein Glückwunsch zum 90. Geburtstag unseres Jubilars wird deshalb mit dem vorangestellten Spruch des Konfuzius zum Ausdruck gebracht. Ich bin fest davon überzeugt, dass ich nicht der einzige bin, der mit diesem Spruch an unseren Jubilar denkt.

Jubilars sind, und dass seine Rechtsphilosophie eine überzeitliche und überräumliche Geltung erlangt hat. In diesem Sinne soll der folgende Beitrag dazu dienen, eine dieser Feststellungen der deutschsprachigen Leserschaft zu präsentieren.

II. Rechtsphilosophie des „Alsseins"

Bekanntlich besteht ein wichtiger Beitrag von *Werner Maihofer* zur nachkriegszeitlichen Rechtsphilosophie[2] darin, dass er mit Heidegger gegen Heidegger, der das Selbstsein als ein Grundexistenzial des In-der-Welt-Seins absolut gesetzt hat, noch ein anderes, gleichursprüngliches Grundexistenzial des Im-Recht-Seins, nämlich das „Alssein" in Hinsicht auf dessen ontologische Struktur erhellend analysiert hat.[3] Damit findet er die Grundlage der Rechtsphilosophie als Rechtsontologie nun darin, die Existenzphilosophie um ein Existenzial der Allgemeinheit zu erweitern. Neben das Recht auf Selbstsein als „existenzielles Naturrecht"[4] tritt das Recht auf Alssein als „institutionelles Naturrecht".[5]

Dadurch wurde die Einsicht gewonnen, dass nicht nur das Selbstsein,

---

2 Zum Überblick siehe *K. Kühl*, Rückblick auf die Renaissance des Naturrechts nach dem 2. Weltkrieg, in: Köbler, Gerhard (Hrsg.), Geschichtliche Rechtswissenschaft. Freundesgabe für Alfred Söllner zum 60. Geburtstag, 1990, S. 331ff.; *U. Neumann*, Die Rechtsphilosophie in Deutschland nach 1945, in: *ders.*, Recht als Struktur und Argumentation, 2008, S. 257ff.

3 Siehe vor allem *W. Maihofer*, Recht und Sein. Prolegomena zu einer Rechtsontologie, 1954, bes. S. 114ff.; *ders.*, Vom Sinn menschlicher Ordnung, 1956, S. 41ff. Vgl. auch *G. H. Schäfer*, Die Rechtsontologie Werner Maihofers. Möglichkeiten und Grenzen einer Rechtsphilosophie im Anschluß an Martin Heidegger, Diss. Tübingen 2004, S. 157ff.; *H. Winter*, Recht als menschenwürdige Ordnung. Grundlagen zu einer Rechtsontologie bei Werner Maihofer, 2000, S. 97ff.

4 *W. Maihofer*, Recht und Sein, S. 98.

5 Ebd.

sondern auch das Alssein, das Sein als Mann und Frau, als Eltern und Kinder, als Käufer und Verkäufer, als Bürger und Nachbar usw. notwendigerweise der menschlichen Ordnung mit- und vorgegeben ist. Kurzum: „Dasein in der Welt ist Selbstsein im Alssein."[6] Dieser Gedanke soll der Existenzphilosophie den Zugang zur Welt der sozialen Ordnung und damit auch zur Welt des Rechts eröffnen. Im Mittelpunkt steht dabei die Feststellung, die Individualentfaltung der Person vollziehe sich „seinsnotwendig in bestimmter, von der Person her vorgezeichneter Sozialgestalt", in der der Mensch in die Sphäre der Ordnungen und damit auch der Ordnung des Rechts trete.[7] Dementsprechend richtet sich unsere Frage über das menschliche Dasein in der Welt nicht auf die Substanz eines bestimmten Lebenssachverhaltes, sondern auf die ihm innewohnende Koexistenzweise, d.h. die Verhältnisse, die der sich auf bestimmte Weise ereignenden menschlichen Begegnung in der Welt der Alltäglichkeit zugrunde liegen. Die Lebensverhältnisse tragen also – wie *Dernburg* treffend formuliert[8] – ihr Maß und ihre Ordnung in sich und die ihnen innewohnende Ordnung zeichnet den Ort eines bestimmten Jemandes seiner sozialen Stellung entsprechend vor. In diesem Sinne kann man mit unserem Jubilar lapidar sagen: „Ordnung ist Ortung!"[9] Im geordneten und georteten Gefüge finden bestimmte Verweisungen der Seienden aufeinander und, darauf basierend, Entsprechungen der Seienden zueinander. Und aus dieser Seinsstruktur menschlicher Ordnung ergeben sich zugleich deren Sinn-, Wert- und Sollensstruktur.[10]

---

6 *W. Maihofer*, Recht und Sein, Vorwort.

7 *W. Maihofer*, Recht und Sein, S. 83.

8 *H. Dernburg*, Pandekten, Bd. 1, 3. Aufl 1892, S. 87

9 Siehe dazu *W. Maihofer*, Recht und Sein, S. 98; *ders.*, Vom Sinn menschlicher Ordnung, S. 70f.

10 Näher dazu siehe *W. Maihofer*, Die Natur der Sache, ARSP, 1958, S. 145ff., wieder-abgedruckt in: *Arth. Kaufmann* (Hrsg.), Die ontologische Begründung des Rechts,

Von diesem ontologischen Ordnungsgedanken her gesehen ist alles Sollen „kein Gegen-satz zum *Sein*, sondern der *Vorausentwurf des Seins* selbst ⋯ Deshalb sind Sein und Sollen nicht durch Welten voneinander getrennt und *Ontologie* und *Ethik* füreinander indifferent".[11]

Darüber hinaus befindet sich die vorgezeichnete Sozialgestalt mit „Alssein" in der ewigen Wiederkehr des Gleichen, und zwar in einer unendlich in sich verschlungenen Kette von Vergangenheit, Gegenwart und Zukunft. Die „Welt des Alsseins" legt nämlich die Bahnen der wechselseitigen Begegnungen der Sozialgestalten im Voraus fest. Zugleich konstituiert sie als die Ortung der Sozialgestalten die Eigentlichkeit ihres Seins.[12] Insofern hat alle Rechts- und Sozialordnung notwendigerweise an dieser ewig wiederkehrenden Grundstruktur teil.

III. Die Lehre über den richtigen Namen im Konfuzianismus

Vor dem Hintergrund dieser (rechts-)ontologischen Grundgedanken über das „Alssein" soll im Folgenden gezeigt werden, dass die ewige Wiederkehr nicht nur die Rechtsordnung selbst, sondern auch das Denken darüber kulturübergreifend und überzeitlich ausmacht. Gemeint ist, wie der Titel des Beitrages zeigt, eine Lehre von *Konfuzius*, die vor etwa 2500 Jahren im alten China in voller Blüte stand. Dafür sei ein kurzer Dialog im Hauptwerk von *Konfuzius*[13], „Lunyu" (論語; auf deutsch „Gespräche")

1965, S. 52ff., bes. 69ff.; Vgl. auch *G. H. Schäfer* (FN 2), S. 176ff.; *H. Winter* (FN 2), S. 168ff.

[11] *W. Maihofer*, Recht und Sein, S. 122 FN. 121 (Hervorhebung i.O.).

[12] *W. Maihofer*, Vom Sinn menschlicher Ordnung, S. 78f.

[13] Zur Entstehungs- und Wirkungsgeschichte der Lehre von Konfuzius siehe *W. Bauer*, Geschichte der chinesischen Philosophie, 2001, S. 51ff.

vorauszuschicken:

Der Fürst vom Staat *Tsi* (齊) fragte *Konfuzius* um Rat in Sachen der Staatsregierung. *Konfuzius* erwiderte: „Der Fürst sei Fürst, der Untertan sei Untertan; der Vater sei Vater, der Sohn sei Sohn (君君, 臣臣, 父父, 子子).“[14] Der Fürst sprach: „Gut fürwahr! Denn wahrlich, wenn der Fürst nicht Fürst ist und der Untertan nicht Untertan; der Vater nicht Vater und der Sohn nicht Sohn, dann kann ich kaum Genuss finden, obwohl der Wohlstand des Staates im höchsten Zustand steht.“[15]

In dieser verblüffend tautologischen Antwort von *Konfuzius* steckt der Gedanke, der bei der politischen Ethik des Konfuzianismus eine entscheidende Rolle spielt. Sie heißt üblicherweise „die Lehre über den richtigen bzw. rechten Namen“ (正名論; auf chinesisch „Zhengminglun“). Ihr zufolge liegt das Wesen der Politik vor allem darin, die Namen bzw. Begriffe der Dinge richtig zu stellen, wobei die Dinge in diesem Kontext die jedem einzelne zugewiesene soziale Rolle bedeuten. Der auf solcher Rollenethik beruhende Weg der richtigen Benennung besteht also darin, dass jeder Mensch in der Gesellschaft nach dem Namen der gesellschaftlichen Position, die er innehat, seine jeweilige Rolle zugeteilt bekommt. Dadurch herrscht Ordnung in der Gesellschaft. Der Name dieser gesellschaftlichen Position, der ein diese Ordnung formendes Element ist, wird im Konfuzianismus ***Ming*** (名; auf deutsch ‚Name‘) genannt. Und die nach diesem Namen zuzuteilende Rolle heißt ***Fen*** (分; auf deutsch ‚Teilhaben‘ oder ‚Grenzziehung‘). In dieser Hinsicht entspricht ***Ming*** dem Alssein, und ***Fen*** der darauf basierenden sozialen Rolle. Insofern ist „***Mingfen*** (名分)“ bei *Konfuzius* identisch mit der Rolle des Alsseins bei

---

14 *Konfuzius*, Gespräche (FN 1), Buch XII, Abschn. 11.
15 Ebd. (Übersetzung modifiziert vom Verf. aufgrund der deutschen Ausgabe)

Maihofer. Wenn dieses ***Mingfen*** als Handlungsnorm objektiviert wird, nennt man es in der konfuzianischen Tradition „Sittlichkeit" (禮; auf chinesisch Li), die in der westlichen Kultur eher dem „Gesetz" ähnelt.[16]

So gesehen, findet das positive Recht, das als Li (禮) normiert worden ist, seine Existenzberechtigung in der Natur der Sache, was Konfuzius Shili (事理) oder Daoli (道理) genannt hat. Dieses Shili, das mit dem konkreten oder institutionellen Naturrecht im *Maihoferschen* Sinne für identisch zu halten ist, basiert seinerseits auf den richtigen Namen, dessen Verwirklichung nichts anderes als die Verwirklichung des richtigen Rechts beinhaltet.

Wie aber wird die Natur der Sache, Shili gefunden? Das wird möglich, indem man die dem Namen entsprechende Wirklichkeit (事; auf chinesisch auch mit ‚Shi' ausgesprochen) aus der Natur der Sache selbst herauszieht. ***Ming*** ist der Name der Sache, den der Mensch ihr gesetzt hat. Jede Sache erhält seiner Natur entsprechend einen Namen. Und die Verwirklichung der Natur, die dem Namen entspricht, heißt Shi. Anders formuliert: Shi ist das Produkt der Natur der Sache. Diese Sache ist gleich mit dem Namen der Rolle, die die Menschen in der gesellschaftlichen Beziehung haben, und die Wirklichkeit der Rolle, die dem Namen entspricht, ist gerade Shi. Von daher beinhaltet die Lehre über den richtigen Namen von *Konfuzius*, die sich im obigen Zitat ausdrückt, nichts anderes als folgendes: Wenn der König seiner Rolle als König entsprechend handelt, ist er ein rechter König. Wenn nicht, ist sein Name zwar König, aber in Wirklichkeit ist er kein König. Wenn der Untertan seiner Rolle als

---

[16] Näher dazu siehe *Zai-Woo Shim*, Natur der Sache und das konkrete Naturrecht (koreanisch), in: Zeitschrift für rechtsphilosophische Forschung, 2 (Seoul 1999), S. 45ff.

Untertan entsprechend handelt, ist er ein rechter Untertan, wenn nicht, ist er nur dem Namen nach ein Untertan, in Wirklichkeit ist er es nicht. Genauso verhält es sich mit Vater und Sohn. Wenn ein Vater die moralische Verantwortung, die er als Vater innehat, verwirklicht, hat er seine Rolle als Vater vollzogen. Wenn nicht, ist er nur dem Namen nach Vater, in Wirklichkeit ist er es nicht. Wenn ein Sohn seine moralische Verantwortung verwirklicht, die er als Sohn innehat, hat er seine Rolle als Sohn vollzogen. Wenn nicht, ist er nur dem Namen nach ein Sohn, in Wirklichkeit ist er es nicht.

So nennt man den Fall, in dem der Name und die Wirklichkeit einander entsprechen, ,rechter Name (正名)', und der Fall, in dem der Name und die Wirklichkeit nicht einander entsprechen, ,entleerter Name (虛名)' oder ,ungeordneter Name (亂名)'. Die Lehre über den richtigen Namen von *Konfuzius* besagt letztendlich, dass die gesellschaftliche Ordnung erst dann geschafft werden kann, wenn jeder Mensch seine gesellschaftliche Rollenverantwortung vollzieht, die ihm gegeben worden ist. Der Kerngedanke dieser Lehre liegt deshalb darin, den Namen richtig zu stellen, und damit die Gesellschaftsreform durchzuführen, die Namen und Wirklichkeit, die einander nicht entsprechen, wieder einander entsprechen lässt. Diese Reform ist die Aufgabe der Politik. Deswegen sagt *Konfuzius*: „Politik (Regieren) heißt recht machen (政者, 正也)."[17] Gemeint damit ist, dass die Politik dazu dienen soll, den richtigen Namen in der Gesellschaftsordnung zu verwirklichen. Anders formuliert: Die Ermöglichung der dem jeweiligen Alssein entsprechenden Rollenführung, das ist die Aufgabe der Politik und auch des Rechts! Im

---

[17] *Konfuzius*, Gespräche (FN 2), Buch XII, Abschn. 17.

selben Zusammenhang antwortet *Konfuzius* auf die Frage eines Schülers, was er zuerst in Angriff nehmen würde, wenn er die Regierung vom Staat *We* (魏) übernehmen sollte, lapidar: „Sicherlich die Richtigstellung der Namen."[18] Der mit dieser Antwort des Lehrers unzufriedene Schüler fragt mit einem skeptischen Blick erneut: „Darum sollte es sich handeln? Warum willst Du einen solchen großen Umweg machen? Warum denn ausgerechnet Richtigstellung der Namen?" Dann spricht Meister *Konfuzius* wie folgt, wobei anzumerken sei, dass das Wort „Name" dem Sinnkontext gemäß mit dem Wort „Begriff" übersetzt wird:

„Wie roh Du bist! Der Edle darf das, was er nicht versteht, auch nicht zur Sprache bringen. Wenn die Begriffe nicht richtig sind, so stimmen die Worte nicht; stimmen die Worte nicht, so kommen die Werke nicht sachgerecht zustande; kommen die Werke nicht zustande, so gedeiht Sittlichkeit und Kunst nicht; gedeiht Sittlichkeit und Kunst nicht, so treffen die Strafen nicht; treffen die Strafen nicht, so weiß das Volk nicht, wohin Hand und Fuß setzen. Darum sorge der Edle, dass er seine Begriffe unter allen Umständen zu Wort bringen kann und seine Worte unter allen Umständen zu Taten machen kann. Der Edle duldet nicht, dass in seinen Worten irgendetwas in Unordnung ist. Das ist es, worauf alles ankommt."

Im Folgenden füge ich noch zwei Befunde hinzu, die zeigen sollen, wie wichtig diese Lehre über den richtigen Namen auch bei anderen Konfuzianern sind. Aus räumlichen Gründen sei auf die genauere Behandlung darüber hier verzichtet.

Zum ersten sagt *Xunzi*[19], ein bedeutender Konfuzianer, in einem

---

[18] *Konfuzius*, Gespräche (FN 2), Buch XIII, Abschn. 3 (in der deutschen Ausgabe steht statt „Namen" „Begriffe").

[19] Zu seiner Lehre und Wirkung siehe *W. Bauer*, Geschichte der chinesischen Philosophie,

Kapitel, überschrieben mit „richtigem Namen", aus seinem Hauptwerk „Hsün-Tzu" folgendes:

„Die richtige Festlegung der Namen durch die weisen Könige der Vergangenheit hatte folgende Wirkung: Wenn durch Fixierung der Namen klare Unterschiede in die Wirklichkeit gebracht waren, wenn durch das treue Festhalten an diesen Fixierungen die Menschen untereinander Zugang zu je ihren Gedanken fanden, dann erreichten die Könige damit auch die so ersehnte Einheit, da sie ja jedem Volke mit so viel Sorgfalt Führung angedeihen ließen ⋯. Jetzt aber sind die weisen Herrscher nicht mehr da, das Beachten der Namen wird vernachlässigt, Aufsehen erregende Benennungen kommen auf, das Verhältnis zwischen Namen und Wirklichkeit ist in Verwirrung geraten, Recht und Unrecht treten nicht mehr klar in Erscheinung ⋯ Wenn heute wieder echte Herrscher auf den Thron kämen, dann würden sie bestimmt sich an das Schaffen neuer Namen machen, und zwar nach dem Vorbild der alten weisen Königen."[20]

Zum zweiten handelt es sich um die Lehre des Tyrannenmordes bei *Menzius*.[21] Auf die Frage des Königs des Staates *Tsi* (齊), ob die Tötung des *Dschou Sin* (紂), eines Tyrannen, in der Tat darauf hinaus läuft, dass ein Untertan seinen Fürsten ermordet, erwidert *Menzius* wie folgt: „Wer die Menschlichkeit raubt, ist ein Räuber; wer das Recht raubt, ist ein

---

S. 103ff.; *H. Köster*, Einleitung zu: Hsün-Tzu, 1967, S. VIIf.

[20] Hsün-Tzu, ins Deutsche übertragen von *H. Köster*, 1967, Buch XXI, Abschn. 2 (Übersetzung modifiziert vom Verf. aufgrund der deutschen Ausgabe)

[21] Zu seiner Lehre und Wirkung siehe *W. Bauer*, Geschichte der chinesischen Philosophie, S. 97ff.; auch *F. Jullien*, Dialog über die Moral. Menzius und die Philosophie der Aufklärung, 2003.

Schurke. Ein Schurke und Räuber ist einfach ein gemeiner Kerl. Man hat gehört, dass der gemeine Kerl *Dscho Sin* hingerichtet worden ist, aber niemals gehört, dass ein Fürst ermordet worden ist."[22] *Menzius* meint damit, dass ein König, der sich nicht seinem Namen gerecht verhält, kein König, sondern nur ein Privatmann ist. Insofern sei dessen Ermordung keineswegs Königsmord, sondern nur die Hinrichtung eines Schurken.

IV. Schlussbemerkung

Die oben dargestellte Lehre über den richtigen Namen ist ein Versuch, eine gerechte Gesellschaftsordnung herzustellen, indem sie Name und Wirklichkeit einander entsprechen lässt. Dem je nach der sozialen Rolle gegebenen Namen gemäß zu handeln bedeutet die Entfaltung der Natur der Sache, die bereits im Namen zum Ausdruck gebracht wird. In dieser Hinsicht liegt die Funktion des Rechts ebenfalls darin, den richtigen Namen davor zu schützen, dass er zu einem ungeordneten Namen verdirbt. Das Recht des Rechts wurzelt letztlich auch in dieser – sage ich mal – Namensstruktur, die uns unverfügbar vorgegeben ist. Man mag einwenden, dass die Lehre über den richtigen Namen dazu missbraucht werden könnte, den politischen und gesellschaftlichen status quo zu rechtfertigen und damit zu verfestigen. Es mag so sein. Gegen einen solchen Einwand sei aber nur darauf verwiesen, dass der Inhalt dieser vorgegebenen Namensstrukturform keineswegs übergeschichtlich ist. Wie diese Form mit welchem Inhalt erfüllt wird, ist je nach der Kultur und je nach der Zeit wohl anders zu beantworten.[23] Ob wir jedoch von dieser

---

22 Mong Dsi, in: Die Lehren des Konfuzius (FN 1), Buch I, Abschn. B, 8 (Übersetzung modifiziert vom Verf. aufgrund der deutschen Ausgabe).

23 Zur Geschichtlichkeit der Rechtsordnung, siehe *W. Maihofer*, Die Natur der Sache, S.

formalen Vorgegebenheit ausgehend eine materiale, menschenwürdige Ordnung schaffen können, ist eine Frage, die unserer menschlichen Existenz aufgegeben ist. In diesem Zusammenhang wage ich das, was ich von meinem verehrten Lehrer gelernt habe, so kurz zusammenzufassen: „Von und mit der Vorgegebenheit zur Aufgegebenheit!"[24]

82; *ders.*, Naturrecht als Existenzrecht, 1963, S. 48ff. Vgl. auch *Arth. Kaufmann*, Recht und Rationalität, in: Festschrift für Werner Maihofer zum 70 Geburtstag, 1988, S.38; *J. Llompart*, Die Geschichtlichkeit in der Begründung des Rechts im Deutschland der Gegenwart, 1968, S. 113ff., 147ff.

[24] Grundlegend dazu siehe *W. Maihofer*, Naturrecht als Existenzrecht, 1963.

논문출처

1. 「법의 효력의 근거에 관한 고찰」, 고려대학교 대학원 법학과 석사학위논문, 1961년(단기 4294년).

2. "상대주의의 법철학적 의의와 그 한계 ― 라드브루흐의 사상변천 과정과 상대주의의 극복 여부에 관한 일 고찰 ―", 「법학행정논집」, 고려대학교 법학연구소, 제7권(1964), 31-87면.

3. "인간의 존엄과 법질서 ― 특히 칸트의 질서사상을 중심으로 ―", 「법학행정논집」, 고려대학교 법학연구소, 제12권(1974), 103-136면.

4. "결정주의적 헌법개념과 규범주의적 헌법개념 ― 존재론적 헌법개념의 확립을 위한 비판적 고찰 ―", 「憲法과 現代法學의 諸問題」玄民 俞鎭伍 博士 古稀紀念 論文集, 일조각, 1975, 103-141면.

5. "루소의 법철학", 「법학행정논집」, 고려대학교 법학연구소, 제19권 (1981), 1-29면.

6. "저항권", 「법학논집」, 고려대학교 법학연구소, 26권(1991), 47-81면.

7. "법치주의와 계몽적 자연법", 「법철학연구」, 한국법철학회, 제1권 제1호 (1998), 11-30면.

8. "사물의 본성과 구체적 자연법", 「법철학연구」, 한국법철학회, 제2권 제1호(1999), 31-58면.

9. "칸트의 법철학", 「법철학연구」, 한국법철학회, 제8권 제2호(2005), 7-26면.

10. Die Rechtsphilosophie des Alsseins und die Lehre über den richtigen Namen bei Konfuzius, in: Stephan Kirste/Gerhard Sprenger(Hrsg.), Menschliche Existenz und Würde im Rechtsstaat. Ergebnisse eines Kolloquiums für und mit Werner Maihofer aus Anlass seines 90. Geburtstages, Berlin, 2010, S. 95-101.

편집자 후기

한 학자가 걸었던 삶의 흔적을 되짚어보는 일은 거의 전적으로 '문식성(Literality)'을 통해 이루어진다. 물론 그 학자가 얼마 전 긴 삶의 여정을 마감했고 또한 발자취를 따라가는 이에게 학문적 차원을 뛰어넘어 개인적 차원에서도 두터운 감정적 친밀성과 드넓은 정신적 공존 세계를 남겨 놓았다면, 작업 과정에 대한 서술은 곧장 문식성의 한계에 부딪히게 된다. '스승' 심재우 선생님의 법철학 저작들을 한 권의 책으로 묶는 일을 하는 동안 나는 슬픔이 먼 곳에서 다가오는 것인지 아니면 몸 어딘가에서 스멀거리며 올라오는 것인지 되묻곤 했다. 선생님께서 떠나신 이후에야 이 작업을 하게 되었다는 자책감은 당신이 쓰신 논문들을 모아 책으로 출간하는 게 어떠실지 여쭈었을 때 "그걸 왜 하는가?"라고 일축하셨던 선생님의 반문에 부딪혀 순간의 망설임으로 변하기도 했다. 하지만 이제는 선생님께 이렇게 말씀드려야 할 것 같다. "선생님이 만드신 작품은 선생님만의 것이 아니라 그 자체가 역사입니다."

그렇다. 선생님 개인과 선생님의 저작은 역사 속에서 탄생했고 역사 속에 서 있다. 식민지 백성으로 살아야 했던 유년기, 국제질서의 희생양이 된 한 민족이 서로가 서로를 죽여야 하는 싸움터에서 인간과 국가에 대한 근원적 의문을 품게 된 학도병 시절, 전쟁 속에서 싹튼 의문의 실타래를 풀기 위해 법학을 선택했지만 식민지의 유산과 전쟁의 폐허로 인해 거의 혼자서 학문의 길을 걸어야 하는 가시밭길로 점철된 학생시절, '저항권'이라는 이론적 화두 하나를 쥐고 모든 것이 낯선 이국땅으로 날아가 수많은 어려움을 겪으면서도 학문의 빛이 던져준 희열 속에 마감할 수 있었던 유학시절, 독재치하에서 법철학을 연구하고 가르치는 학자로서 가끔씩 밀려오는 회의와 법철학이라는 학문 자체가 짓누르는 무게에 시달려야 했던 교수시절. 이 모든 시간적 단위는 단순히 선생님의 개인사에 그치는 것이 아니라 우리가 살았고 견뎌냈던 멀고도 가까운 역사에 속한다. 그리고 시야를 좁히면 그것은 곧 우리나라 법철학의 역사이기도 하다. 그래서도 이 책은 독자에게 로스쿨이라는 법학교육의 혁명이 이루어진 이후 존립 자체가 위협받고 있는 법철학이라는 학문분과의 역사로 다가서고자 한다.

심재우 선생님은 법철학이라는 학문분과를 엄격한 의미로 이해한다면 ― 세대의 구별이 얼마만큼 의미가 있는지 모르겠지만 ― 우리나라 법철학자의 1세대에 속한다. 물론 이미 식민지 시대에도 '법철학'이라는 용어는 알려져 있었고, 해방 이후에는 주로 식민지 시절에 법철학 강의를 들었거나 개인적으로 이 분과에 관심이 있는 법과대학 교수들에 의해 가르쳐졌다. 하지만 그 수준은 교과서의 그것을 뛰어넘지 못했고, 특정한 법철학적 주제에 대한 심도 있는 연구는 이루어지지 않았다. 주로 법철학 이론사를 법철학과 동일시했던 것은 이러한 사정에 기인한다. 그 때문에 선생님처럼 이론사가 아니라 특정한 주제, 특정한 문제에 관심을 가진 경우 제도로서의 학문이 도움을 주는 것은 불가능했다. 더욱이 일본이라는 매개를 거쳤던 서구의 법철학은 이런저런 이유에서 왜곡과 변질된 형태로 수용되었고, '원조'의 법철학을 직접 맛보기 위해서는 다시 외국어라는 장벽을 뛰어넘어야 했다. 작년 9월에 세상을 떠나신 후 남기신 장서를 정리하면서 나는 선생님이 이 장벽을 뛰어넘기 위해 얼마나 외롭고 힘든 싸움을 벌일 수밖에 없으셨는지를 절절하게 체감했다. 변변한 사전도 없는 상태에서 영어와 독일어 문헌, 그것도 우리말로 읽어도 이해하기 어려운 전문적 내용의 문헌을 읽어내기 위해 엄청난 노력을 기울이셨다는 것을 확인했다. 언젠가 선생님께서 이렇게 말씀하셨다. "어디 물어볼 데가 있어야 말이지!"

*

이 어려운 상황 속에서 지금으로부터 60년 전에 「법의 효력의 근거에 관한 고찰」이라는 제목의 석사학위논문이 탄생한다. 앞서 말한 사정을 고려하면 '지금으로부터 60년 전'은 단순히 산술적 시간에 국한된 표현일 수 없다. 그것은 고난과 투쟁의 산물이자 동시에 나에게는 경이와 찬탄의 상징이다. 신칸트주의 법철학자 막스 에른스트 마이어(M. E. Meyer)는 「법철학」에서 법의 효력이라는 문제의 난관을 다음과 같이 묘사한다. "효력 개념은 마치 쫓아버린 새처럼 법철학을 퍼뜩이는 날갯짓으로 뒤덮고 있다. 법철학의 어느 한구석 앉지 않은 곳이 없지만 그렇다고 한 곳에 편안하게 앉아 있는 법이 없다." 실제로 법이 왜 구속력을 갖는지 그리고 어떤 경우에 법은 구속력을 가져서는 안 되는지는 법철학에서는 난삽하면서도 동시에 피할 수 없는 물음이다. 이 물음은 때로는 정의를 향한 열망으로, 때로는 기존상태의 정당화로, 때로는 법의 개념에 구속력이 포함되어 있는지에 대한 이론적 논쟁의 형태로 등장하는 영원한 법철학적 주제에 해당한다. 왜 이렇게 어려운 주제를 석사학위 논문 주제로 선택하셨는지에 대한 나의 질문에 선생님은 "저항권(60년대에는 '반항권'이라는 표현을 사용했다)에 대한 관심이 결국 법효력론으로 이어졌다"라고 대답하셨다. 즉 법은 오로지 정의로울 때만 효력(구속력)을 주장할 수 있고, 만일 부정의하고 부정당한 법이 효력의 탈을 쓰고 등장할 때에는 그 법 아닌 법에 대해 저항할 수 있는 권리가 있어야 마땅하다는 선생님의 확신은 '법의 효력근거'라는 비교적 전형적인 법철학적 주제로 집약되어 구체화된다. 이러한 배경에서 논문의 앞부분은 오늘날에도 법효력론의 토대를 이루는 라드브루흐의 3분법인 법학적, 사회학적, 철학적 효력론을 근간으로 삼아 법학적 효력론과 사회학적 효력론에 대한 상세한 논의 및 각 효력론의 한계를 비판하면서 자연스럽게 철학적 효력론으로 초점이 맞춰진다. '본론'에 해당한다고 볼 수 있는 철학적 효력론에 관한 장에서는 '정의'의 문제를 집중적으로 다루면서 형식적 정의와 실질적 정의를 구별하고, 특히 정의의 실질적 구조와 관련해서는 선생님의 스승인 이항녕 교수님의 '직분법학' 이론을 끌어들여 사회적 가치와 법률가치를 구별해 서술하고 있다. 이러한 가치론적 서술을 발전 또는 극복하려는 의도는 법의 존재론적 구조로 방향을 돌려 2차대전 이후 독일 법철학이 단기간에 걸쳐 활발한 논의를 전개한 '사물의 본성론'으로 귀착한다. 이 부분에서는 그 당시의 이론적 무대의 주연과 조연 역할을 했던 네 명의 독일 법철학자와 '사물의 본성'의 개념사에서 결코 빠질 수 없는 몽테스키외를 섬세하게 다루면서 법의 효력은 법의 가치론적 및 존재론적 구조를 전제할 때만 비로소 정당화할 수 있다는 점을 밝힌다. 만일 실정법률이 이러한 구조를 망각하거나 위반할 때는 저항권이라는 '법적' 권리를 통해 극복되어야 한다는 것이 이 논문의 결론이다. 그 때문에 짤막한 결론의 제목은 '저항권의 권리성'이다. 그리고 다음과 같이 논문은 끝을 맺는다.

"저항권의 문제와 관련해서도 법철학은 정치적인 차원의 사실적 저항이 아니라, 법적인 제도적 저항을 어떻게 실현할 수 있는지를 논의의 중심으로 삼아야 한다. 그러나 이 논의는 참으로 어려운 문제를 안고 있고 고도의 입법기술적 요구가 수반되어야 한다. 그럼에도 불구하고 이에 대한 논의는 법철학에게 부과된 학문적 **직분**이다. 본 논문의 제2부가 이어질 수 있다면 아마도 이러한 문제에 대한 고찰을 수행하게 될 것이다. 하지만 제1부는 이것으로 끝을 맺는다."

1961년 초여름에 쓰인 문장이다. 2부는 1973년에 「저항권과 인간의 존엄(Widerstandsrecht und Menschenwürde)」이라는 박사학위논문으로 완결된다. 이 놀라운 학문적 연속성을 선생님 특유의 법철학적 열정의 소산이라고 말하기를 주저해야 할 이유는 없을 것 같다. '학문적 직분'이라는 표현에 무슨 말을 더 덧붙일 수 있겠는가?

해방 이후 국내 대학에 박사과정이 개설된 것은 1960년대 초반의 일이었고, 선생님은 평생의 벗이자 동료인 김형배 교수님과 함께 고려대학교 대학원 법학과 박사과정의 첫 입학생이 된다. 물론 학문적 고독은 계속되었지만 석사논문을 쓰시면서 '혼쭐이 난' 덕분에 독일어 문헌을 읽는 일이 썩 어렵지 않게 다가왔다. 2008년 가을 프랑크푸르트에서 서울로 오는 비행기 안에서 선생님은 그 당시의 상태를 "그때부터 독일어책이 조금 읽히기 시작하더구만"이라고 겸손하게 표현하셨다. 박사과정 학생이었지만 동시에 석사과정 학생들에 대한 강의를 담당하는 강사 신분을 갖고 있던 시절에 탄생한 논문이 '상대주의의 의의와 그 법철학적 한계'이다. '상대주의(Relativismus)'는 법철학에서는 거의 자동적으로 구스타프 라드브루흐를 떠올리게 만드는 전문용어이지만, 라드브루흐 이외에도 예컨대 한스 켈젠과 같이 신칸트주의 방법론을 토대로 삼으면서 민주주의와의 친화성을 갖고 있던 19세기 말과 20세기 초의 실증주의 법학자들에게는 당연한 이론적 전제에 해당한다. 특히 라드브루흐는 단순히 법철학적 정당화에 그치지 않고 정당이론이나 세계관의 대립과 관련해서도 섬세하고 유려한 문장으로 상대주의를 옹호한 것으로 유명하다. 그러나 나치가 등장하면서 상대주의에 대한 라드브루흐의 태도에 미세한 변화가 일어나고 2차대전 이후에는 상당히 종교적 색채까지 드러날 만큼 상대주의로부터 몇 걸음 물러나는 태도를 취한다. 라드브루흐가 세상을 떠난 직후부터 오늘날까지도 법철학 내부에서는 라드브루흐의 사상적 전개과정을 연속성 속에서 강조점이 시대에 따라 변화한 것인지 아니면 상대주의를 말살한 나치 독재의 경험으로 인해 상대주의를 포기하고 절대적 정의가치를 신봉하는 쪽으로 급격한 변화를 겪었는지를 둘러싸고 논쟁이 이어지고 있다. 선생님은 후자에 해당하는 '격변테제(Umbruchsthese)'의 입장에서 라드브루흐의 상대주의를 치밀하게 분석하고 상대주의가 봉착하는 모순과 한계를 명확하게 지적하고 있다. 상대주의에 대한 이러한 절대적 입장은 이미 석사학위논문에서 법의 가치론적 및 존재론적 구조를 밝혔던 연구의 연속성에 비추어 볼 때 어쩌면 당연한 결론이고, 선생님이 그 이후에 펼치신 법철학적 사유의 전반적 경향을 감안하더라도 전혀 놀라운 일이 아니다. 나로서는 오히려 형식적 측면에서 경외감을 갖게 된다. 무엇보다 그 당시 우리나라 법철학이 처한 상황에서 한 법철학자의 텍스트를 이렇게 꼼꼼하게 분석한 예를 찾아보기 어렵다. 특히 2차문헌을 구하기 어려운 상태에서 라드브루흐의 저작에만 초점을 맞추어 60페이지 가량의 글을 쓰는 일은 그때든 지금이든 학문의 길을 걷고자 하는 사람들에게는 하나의 전범이 될 것이다. 또 다른 측면은 선생님과 라드브루흐의 관계이다. 석사학위논문에서도 그렇지만 선생님의 다른 저작에서도 라드브루흐의 법철학은 한편으로는 사고가 펼쳐질 마당을 마련하는 기능을 하면서도, 다른 한편으로는 비판과 극복의 대상으로서도 기능한다. '수용과 비판'으로 표현해도 좋을 이 미묘한 관계는 20세기 독일 법철학에서 라드브루흐가 차지하는 위상에 비추어 보면 충분히 이해할 수 있지만, 어쩌면 라드브루흐는 선생님의 법철학에게는 거울과 같은 존재였을지도 모른다는 생각이 든다. 단순히 자신의 모습을 그대로 비추는 거울이 아니라 평소에는 보지 못하는 등 뒤의 광경을 볼 수 있게 해준다는 의미에서 말이다. 독일에서 귀국하신 이후 라드브루흐의 「법철학」을 번역하시다가 중단하셨다는 일화도 이 맥락과 맞닿아 있는 것 같다. 선생님에게 라드브루흐는 단순히 이론적 극복의 대상만은 아니었다는 것이 내 생각이다.

라드브루흐에 관한 1964년의 논문과 그다음 번 논문 '인간의 존엄과 법질서' 사이에는 딱 10년의 시간적 간격이 있다. 이 간격을 채워넣는 핵심 키워드는 단연 '인간의 존엄'이고, 이 키워드의 제공자는 칸트이다. 석사학위논문에서 단편적으로만 언급되던 인간의 존엄과 칸트는 독일 유학시절 베르너 마이호퍼의 지도를 받아 완성한 「저항권과 인간의 존엄」을 통해 선생님의 이론체계를 형성하고 지탱하는 역할을 담당하게 된다. 이제 칸트의 저작은 단순히 그의 유명한 표현을 언급하는 수준을 훨씬 뛰어넘어 저작과 저작 상호간의 유기적 연관성을 밝히면서 법과 국가는 자유의 실현을 위한 수단에 불과하고, 궁극적으로는 인간의 존엄을 보장하는 인간의 장치일 뿐이라는 이성법적 신념의 이론적, 역사적 증거로 격상된다. 칸트의 실천철학을 관통하는 자유의 파토스가 법질서의 존재와 기능 그리고 그 한계를 둘러싼 모든 논의의 출발점과 종착점이라는 확신을 얻기 위해 선생님은 다시 학문적 고독이라는 즐거운 고통을 겪으셔야 했다. 칸트의 책을 읽어본 사람이라면 누구나 아는 일이지만, 그의 독일어 문체는 내용은 차치하고 문법적 의문을 갖게 만드는 문장들이 쉴 새 없이 등장한다. 이 점은 독일어 원본과 영어 번역본을 대조해 보면 금방 확인할 수 있다. 칸트가 한 문장으로 써놓은 내용을 몇 개의 문장으로 펼치거나 심지어 원문 어디에도 없는 내용을 번역자가 추가해 독자의 이해를 도울 정도이다. 칸트의 '계몽이란 무엇인가?'를 읽고 나니 결국 모든 문장에 줄이 쳐 있었다는 말씀 그리고 "칸트를 문법으로 이해하려고 하지 말게. 뜻을 읽어내야 하네"라는 말씀 저편에는 유학시절 칸트의 텍스트들과 씨름하며 지새운 하얀 밤들의 기억이 자리 잡고 있다. 그리고 귀국 이후 당신의 학문적 여정의 출발점이었던 모교에 부임하면서 일종의 데뷔작이라는 생각 속에 그 어떤 때보다 심혈을 기울여 완성한 이 논문은 선생님의 법철학 저작들 가운데 이정표에 해당한다는 것이 내 개인적 생각이다. 칸트 법철학과 사회철학에 대한 간명하면서도 명쾌한 서술과는 별도로 이 논문에서 비로소 선생님 특유의 문체가 정착하기 시작하기 때문이다. 즉 1960년대의 글들이 당시의 어투, 특히 선생님의 스승들이 구사하는 문체를 모방하고 답습하는 경향이 강했다면, 이 칸트 논문에서부터 과거와는 뚜렷이 구별되고 이 논문 이후의 모든 글을 지배하는 선생님 고유의 문체가 드러난다. 그 때문에 편집을 담당하는 나로서는 60년대의 두 논문과 관련해서는 한자를 한글로 바꾸는 데 그치지 않고, "시대가 달라지면 어투와 문법이 달라지기 마련이다"라는 라드브루흐의 기치에 따라 이른바 '가독성'을 위해 상당히 많은 부분에서 나의 손길을 드리운 반면, 이 논문부터는 한글로 바꾸고 지금의 맞춤법에 따라 수정하는 작업 이외에는 원문을 최대한 충실하게 반영하려고 노력했다. 이러한 형식적인 차원과는 별개로, 칸트의 법개념 → 인간의 자율과 존엄성을 표현하는 인간의 자기 자신 및 타인에 대한 존중의무의 의미 → 이러한 인간존엄의 보장자로서의 법질서 → 이 법질서의 실현을 위한 국제법적 장치로서의 영구평화론으로 이어지는 도도한 흐름을 매우 압축적이면서도 명쾌한 필체로 서술하고 있는 이 논문은 선생님의 박사학위논문에서 결정적인 역할을 했던 계몽철학의 이성법적 자연법론을 국내 법철학에 전파하는 선봉의 자리를 차지한다. 선생님의 필생의 화두 가운데 하나는 '자연법'이다. 이 역사적으로 변화무쌍한 개념으로부터 선생님이 뽑아내고자 했던 정수는 절대성과 처분불가능성이다. 즉 법은 어떠한 경우에도 인간의 이성이 실현되기 위한 수단일 뿐 결코 정치와 권력이 제멋대로 처분할 수 없고, 이 점에서 법에 대해 절대적인 한계가 설정되어 있으며, 그 절대적 한계는 곧 인간의 존엄에서 찾아야 한다는 확신을 가장 명확하게 상징하는 개념이 자연법이다. 이 자연법의 이념에 부합하는 법만이 법이고, 그렇지 않다면 비법이거나 불법이며, 비법과 불법은 저항의 대상일지언정 법의 이름을 달 수는 없다. "정치는 언제나 법에 순응해야 한다. 그러나 법은 어떠한 경우에도 정치에 순응해서는 안 된다"라는 칸트의 유명한 표현에서 법이 과연 무슨 의미인지는 선생님의 이 논문을 읽다 보면 매우 분명하게 이해할 수 있을 것이다. 여기서 한 걸음 더 나아가 선생님은 실체존재론이나 기능존재론과 같은 일반철학의 논의로부터 멀리 떨어져 인간의 존엄에 '존재론적' 지위를 부여하고, 그 때문에 법의 존재론적 구조를 역설하는 것 역시 선생님의 이러한 법철학적 태도에 기인한다. 물론 이 논문에서는 직접적으로 존재론의 흔적을 발견할 수 없지만 이미 석사학위논문에도 드러나 있던 절대적 척도에 대한 열망은 고전적 형이상학을 극복한 새로운 형이상학을 설파했던 칸트를 존재론적 법철

학으로 독해하려는 숨은 의도의 형태로 논문의 이곳저곳에 스며들어
있다. 그래서도 이 책에 실린 다른 두 논문, 즉 '법치주의와 계몽적 자
연법(논문 7)'과 '칸트의 법철학(논문 9)' 역시 같은 배경을 두고 조금
자리를 바꾸어 찍은 사진과 같다고 할 수 있다. 훗날 생명윤리가 법
철학적 주제로 떠올랐을 때도 이 새로운 주제에 대한 선생님의 법철
학적 견해는 이와 같은 이론적 배경으로부터 한 걸음도 벗어나지 않
았다.

　네 번째 논문 '결정주의적 헌법개념과 규범주의적 헌법개념'은 굳
이 실정법적 연관성에 초점을 맞추자면 선생님이 남기신 글 가운데
유일하게 '헌법'에 연결되는 논문이다. 해방 이후 첫 번째 헌법 제정
의 핵심인물이었고 고려대학교와 떼려야 뗄 수 없는 현민 유진오 선
생 기념논문집에 기고한 논문이라는 사정에 비추어 보면 충분히 납득
할 수도 있지만, 선생님의 말씀들을 곱씹어보면 이 헌법철학 논문에
는 여러 가지 사정들이 뒤섞여 있다. 법질서의 존재의미나 인간의 존
엄과 같은 단어만으로도 알 수 있듯이 선생님의 법철학에 가장 가까
운 실정법은 헌법이다. 당신 스스로도 실정법 강의는 헌법을 더 선호
하셨지만, 귀국 후 고려대학교 법과대학에 부임하셨을 때 실정법은
형법을 담당하는 것으로 되어 있었기 때문에 헌법을 강의하지 못한
것을 못내 아쉬워하셨다. "형법학은 면도날로 촘촘히 잘라내는 기분
이라면 헌법학은 망치로 치는 느낌이야. 나한테는 헌법이 더 맞아!"
자주 하시던 말씀이다. 칸트 논문을 발표한 그다음 해인 1975년에 이
논문을 집필하실 때만 해도 아직 헌법강의에 대한 '미련'을 포기하지
않았다는 말씀도 들은 적이 있다. 논문의 등장인물은 이미 바이마르
공화국 때부터 이론적 대척점을 형성하고 있었고 서로 격렬한 논쟁을
벌였던 칼 슈미트와 한스 켈젠이다. 2차대전 이후 독일 헌법학에서

나치의 '왕관법률가(Kronjurist)' 슈미트는 교수직을 박탈당했지만 주
류 스멘트학파에 반대하는 헌법학자들의 정신적 은신처 역할을 하고
있었던 반면, 유대인 사회주의자로서 나치의 집권과 함께 망명길에
올라 미국에서 정치학 교수를 하던 한스 켈젠은 '실증주의'라는 오명
을 한껏 뒤집어쓴 채 전적으로 비판과 조롱의 대상이었을 뿐이다. 이
극단적으로 대비되는 두 학자의 이론을 하나의 논문에 담는 것은 이
론적으로 결코 쉬운 일이 아니다. 하지만 선생님은 사실상의 정치권
력을 앞세우는 슈미트의 결정주의(요즘에는 '결단주의'라고 부르는 것이
일반적이다)와 정치권력의 정당성 척도를 배제하는 켈젠의 형식적 규
범주의 모두 ― 양자 사이의 이론적 대립과는 관계없이 ― (헌)법질
서를 자의와 폭력에 내맡기는 위험한 이론이라는 사실을 '폭로'한다.
그리고 두 이론의 문제점을 극복하기 위한 대안은 인간질서, 즉 헌법
에 관한 계몽철학적 사회계약론 및 칸트의 이성법적 자연법이론이고,
더욱이 이 대안에 ― 부제가 보여주듯이 ― '존재론적 헌법개념'이라
는 명칭이 붙어 있다. 이 논문에서는 특히 선생님의 전 저작에 걸쳐 칼
슈미트가 처음이자 마지막으로 본격적으로 등장하고 있다는 사실이
눈에 띈다. 선생님 특유의 "2차문헌을 최대한 배제하고 원전 중심으
로!"의 원칙은 이 논문에서도 그대로 이어져 슈미트의 저작 자체에
집중해 그의 이론의 요지 및 비판이 매우 촘촘하게 전개된다. 선생님
이 슈미트의 주요 저작을 모두 소장하고 계셨고, 장서를 정리하면서
슈미트의 책에 가위표를 '마구' 그어 놓으신 부분을 여러 번 보면서
슈미트의 결정주의가 얼마나 선생님의 '분노'를 불러일으켰는지를
확인할 수 있었다. 이에 반해 켈젠은 이미 석사학위논문의 앞부분을
장식했을 정도로 선생님에게는 익숙한 이론가였지만, 선생님은 평생
에 걸쳐 켈젠과의 친화성을 갖지 못했다. 법실증주의를 대표하는 켈

젠에 대해 자연법론자인 선생님이 당연히 취할 수밖에 없는 태도이긴 하지만, 무엇보다 조금의 열정도 드러내지 않고 순수하고 냉철한 설명만을 이어가는 켈젠의 글쓰기 방식도 한 몫을 한 것 같다. 켈젠을 읽는 일은 "모래를 씹는 것 같다"라는 표현을 자주 하셨다. 물론 다른 자리에서는 상법이나 민사소송법을 전공하는 제자들에게 이 표현을 안겨주곤 하셨다. 아무튼 9·11 테러 이후 다시 법이론과 정치이론에 본격적으로 등장한 칼 슈미트나 '켈젠 르네상스'라고 불러도 좋을 만큼 켈젠 연구가 본격적으로 진행되고 있는 최근의 독일 법철학의 경향까지 감안하면 45년 전에 선생님의 손을 거쳐 탄생한 이 논문은 여전히 시의성을 갖고 있다.

헌법철학 논문이 발표된 이후 선생님의 법철학 저작은 첫 번째 침묵기에 접어든다. 가장 중요한 이유는 형법학이었다. 잘 알려져 있듯이 선생님은 한스 벨첼의 목적적 행위론이 지배하던 우리 형법학계에 사회적 행위론이라는 새로운 이론을 제시하고, 목적적 행위론의 모든 측면을 낱낱이 비판하는 논쟁적인 글들을 수년에 걸쳐 발표하셨다. 그 '면도날'에 집중했던 시기에 '망치'는 잠시 뒷전으로 물러나야 했고, 당신의 학문적 열정의 맨 앞자리에 있는 법철학은 강제휴면 상태에 빠진다. 이 사실을 깨달은 시점은 마침 민주화가 긴 장마 중에 잠시 햇살이 비치듯 사회적 논의의 전면에 부각되던 때였다. 민주주의의 법철학을 얘기할 때 장 자크 루소를 빼는 것은 불가능하다. 이 '불가해'의 학자는 선생님의 박사학위논문에서도 칸트와 함께 가장 중요한 역할을 한 계몽철학자이다. "인간은 자유롭게 태어났다. 그러나 도처에서 쇠사슬에 묶여있다"라는 잠언과도 같은, 「사회계약론」의 첫머리는 선생님의 이 논문의 첫머리도 장식하고 있고, 인간의 자기발전을 위해 자유가 갖는 의미, 자기발전의 조건이 되는 법질서를 형성하

기 위한 원리인 사회계약 그리고 계약을 통해 성립한 사회에서 펼쳐
지는 정치적 활동의 정당성 기준으로서의 일반의지, 일반의지에 투영
된 '지배자와 피지배자의 동일성'이라는 민주주의 원칙 등 루소의 정
치철학의 핵심을 면밀하게 서술하고 있다. 이 논문에서도 '원전 중심
주의' 원칙은 일관되게 유지된다. 예나 지금이나 독일어권에서 루소
의 법철학 및 정치철학에 대한 표준적인 연구서로 인정되는 이링 페
처(Iring Fetscher)의 저작은 극히 부수적으로만 언급될 뿐, 선생님의
루소 해석에서는 별다른 의미를 갖지 못할 정도이다. 선생님 스스로
는 이 논문에 대해 썩 만족하지 못하셨던 것 같다. 12·12 쿠데타 이후
의 정치상황에서 당시 고대신문 주간을 맡고 있다는 이유만으로 잠시
숨어 지내는 생활을 하지 않을 수 없었다는 얘기를 하시는 도중에 이
논문에 대해 "너무 급하게 썼다"는 언급을 하신 기억이 있다. 선생님
의 논문집필 작업이 마치 성자의 아침기도처럼 이루어진다는 것을 잘
알고 있는 나로서는 무슨 말씀을 하시는지 충분히 짐작할 수 있지만,
논문의 완결성의 측면에서 다른 논문과 아무런 차이가 없을뿐더러 나
중에 '법치주의와 계몽적 자연법'을 쓰실 때도 루소 해석에 관한 한 이
논문의 기조는 그대로 유지되고 있는 것을 보면 순전히 집필 당시의
외부적 상황에 기인한 것이 아닐까 생각한다. 나 자신도 법사상사 강
의를 할 때 루소를 다루게 되면 학생들에게 필독을 권하는 논문이다.

　1981년의 루소 논문이 발표된 이후 선생님의 법철학은 다시 긴 휴
면기에 접어든다. 내가 대학원에 들어가 선생님의 지도학생이 된 것
이 1987년이었는데, 그때에도 선생님의 '과작'을 의식했었고 차마 직
접 여쭙지는 못한 채 그저 확신이 서지 않으면 글을 쓰지 않는다는 학
문적 엄격함이 이유일 것으로 짐작했을 따름이다. 참 이유를 알게 된
건 아주 먼 훗날이었다. 이런 일화부터 꺼내 보자. 1984년에 선생님

이 독일에서 쓰신 박사학위논문을 대학원 도서관에서 대출하려고 했을 때 이 책은 대출불가였다. '금서'라는 딱지가 붙어 있었다. 제목에 '저항권'이 들어가 있다는 단순한 사실 때문이었다. '독재'라는 표현을 쓰려면 이 정도의 상황은 전제해야 되지 않겠는가. 이 일화가 어느 정도 상징하듯이 전두환 독재정권은 선생님의 정신세계에 많은 상처를 냈던 것 같다. 칸트와 루소가 펼친 자유의 철학, "국가가 국민을 위해 존재하지 국민이 국가를 위해 존재하지 않는다"라는 확고한 법철학적 신념 그리고 저항권의 필수불가결성에 대한 이론적 정당화로 무장된 선생님의 정신은 긴 독재 끝에 다시 이어진 독재라는 정치현실로 인해 회의와 좌절의 시간을 보냈던 것 같다. "참 무기력하더구만." 이 시기를 회고하시면서 짧게 던지신 말씀이었다. 1987년에 6·10 항쟁을 거쳐 다시 민주주의에 대한 희망을 품게 되었을 때 비로소 상처는 아물기 시작했다. 그 물결 속에서 재건된 고려대학교 교수협의회의 첫 의장을 맡으신 것 역시 어쩌면 치유의 일환이었는지도 모른다. 그리고 바로 이때부터 선생님의 법철학적 열정은 다시 불타오르기 시작한다. 다만 정년이 다가오는 것을 의식하신 듯 예전부터 계획하시던 몇 가지 책 작업을 마감하시는 데 많은 노력을 기울이신다. 그것은 당신이 박사학위논문을 취득하신 다음 해에 출간된 헬라 만트의 「폭정론과 저항권」, 스승 마이호퍼 교수의 저작 「인간의 존엄과 법치국가」, 「법과 존재」 등 세 권의 번역서였다. 세 권 모두 '번역불가' 판정을 받아도 좋을 만큼 난해한 내용을 담고 있기 때문에 선생님의 열정의 상당부분을 빨아들였고, 모두 1990년대 초반에야 세상의 빛을 보게 된다. 그리고 이 와중에 10년 만에 '저항권'이라는 제목을 단 단행논문이 쓰여진다. 학문적 여정의 동반자라고 해도 결코 과장이 아닌 필생의 화두 '저항권'은 비로소 이 논문에서 제대로 된 모습으로 우리말 독자에게 다가온다. 특히 논문의 제목에 어떠한 수식어도 붙어 있지 않고 부제도 없다. 언어로 표현해내기 어려운 어떤 뜻과 의지가 감지된다. 집필의 직접적 계기는 동료 구병삭 교수님의 정년을 기념하는 것이었고, 그 때문에 헌법적 내용에 많은 비중을 두고 있긴 하지만, 헬라 만트의 저작으로부터 얻은 인식 그리고 박사학위논문에서 펼친 사고의 흔적이 뚜렷이 남아 있다. 그리고 저항권의 정당화근거를 밝히기 위해 맹자, 로크, 밀턴, 루소의 저항권이론을 비교적 짧은 호흡으로 소개하고 있다. 정년을 하신 이후 2000년에 비로소 출간하신 단행본 「저항권」의 축약본을 읽는 느낌이다. 특기할 점은 맹자의 '역성혁명론'이다. 이때까지 선생님의 법철학적 저작에서 동양사상은 등장하지 않았다. 물론 법철학 강의나 세미나에서는 역성혁명론을 자주 언급하셨지만, 글의 형태로 등장한 것은 이 논문에서 처음이다. 1990년대에 집중적인 연구과 집필의 대상이 된 동양법철학 저작들 (이 저작들은 제자 이재룡 교수의 편집으로 본 총서의 2권으로 곧 출간될 예정이다)의 스타트라인을 이 논문에서 확인할 수 있다.

　방금 얘기한 대로 1990년대 선생님의 연구는 주로 동양사상에 대한 법철학적 성찰을 중심으로 전개되는데, 이러한 '전환'의 근거를 선생님은 두 가지 측면으로 설명하셨다. 하나는 '뿌리'였고, 다른 하나는 '마이호퍼 법철학과의 연결가능성'이었다. 한학(漢學)의 영향권에서 성장한 개인사에 덧붙여 "나이가 들면서 내가 나고 자란 땅의 정신사를 내가 배우고 익힌 학문의 관점에서 다시 곱씹어보아야 한다는 어떤 의무감"을 느끼셨다는 말씀은 쉽게 이해할 수 있다. 그에 반해 동양법철학과 마이호퍼 교수와의 연관성은 조금은 긴 설명이 필요하다.

　내가 대학원을 다닐 때 선생님의 세미나에서 다룬 모든 텍스트는—헬라 만트의 텍스트를 강독한 콜로키움을 제외하면—마이호퍼의 텍스트였다. 학부 때 쓴 레포트를 보고 담당교수가 다른 사람이 대신 써준 것이 아니냐고 의심할 정도였고, 이 레포트를 약간 수정해 박사학위논문을 만들었으며, 하이데거를 찾아가 "아무래도 당신 이론에는 모순이 있는 것 같다"라는 말과 함께 곧장 하이데거 철학을 도구로 삼아 하이데거를 비판하는 교수자격논문을 완성한 '천재' 마이호퍼의 저작을 읽는 건 그 자체 고통스러운 일이었다. "내가 그때 마이호퍼 교수에게 지도를 해달라고 찾아가지 않았으면 자네들이 좀 덜 고생했을걸세." 자주 하시던 말씀이었다. 마르부르크 대학에서 유학생활을 시작했을 때 첫 번째 지도교수는 공법학자인 하인리히 헤르파르트였지만, 유학 3년차가 다 되어가는 시점에 헤르파르트 교수는 갑자기 세상을 떠나고 만다. 새 지도교수를 구하기 위해 당시 자브뤼켄 대학교에 있던 마이호퍼 교수를 찾아간 것은 선생님의 법철학 전반을 규정하는 숙명과도 같은 사건이었다. 마이호퍼와의 만남을 계기로 논문주제 '저항권'은 '인간의 존엄'과 만나게 되었고, 석사학위 논문에서 다루었던 '사물의 본성'과 '법의 존재론적 구조'는 2차대전 이후 독일 법철학계에서 사물의 본성론과 법존재론을 주도했던 마이호퍼의 학문체계와 접목되는 이론적 승화 단계를 밟게 된다. 그러나 이 숙명의 페이지와는 별개로 스승 마이호퍼는 나의 스승 심재우 선생에게는 늘 이론적으로 범접하기 어려운 존재였고 다가가면 다가갈수록 멀어지는 지평이었으며 그 깊이를 알 수 없는 거대한 뿌리였던 것 같다. 선생님 스스로 자신을 거인의 어깨 위에 올라 거인보다 더 높은 곳에서 더 먼 곳을 보고자 했지만 결국 실패하고 만 난쟁이라고 표현하실 정도였다. 예컨대 마이호퍼의 「법과 존재」의 번역을 마치고 '역자서문'을 쓰시는 데 몇 달이 걸렸다고 말씀하실 만큼 스승과 스승의 이론에 대한 외경심은 한계를 알지 못했다. 실제로 선생님의 전 저작을 살펴보면 마이호퍼의 이론은 눈에 보이지 않는 배경으로 작용하거나 각주에 인용되는 정도에 그치고, 그마저도 상대적으로 후반기의 저작에서만 등장하는 횟수가 늘어난다는 것을 확인할 수 있다. 이 정신적 압박감 속에서 선생님은 당신의 스승이 접근할 수 없는 사상세계와 스승의 이론 사이의 연결가능성을 모색하게 된다. 특히 공자의 '정명론'이 마이호퍼 법철학을 상징하는 용어인 '로서의 존재(Als-Sein)'와 일맥상통한다는, 이미 오래전부터 품고 있던 실마리를 펼치면서 마침내는 공자, 맹자, 순자, 한비자 등 동양사상의 원류들에 대한 법철학적 연구가 선생님의 그 유려한 필체를 거쳐 몇 편의 논문들로 완결된다. 그리고 동양법철학 연구를 거친 이후 1999년 「법철학연구」에 발표하신 '사물의 본성론과 구체적 자연법'은 자연법의 추상성을 극복하고 사물의 본성과 인간존재의 존재론적 구조에 기초한 구체적 자연법이라는 마이호퍼의 법철학을 동양의 예(禮) 규범과 공자의 정명론에 연결시켜 동서양을 아우르는 연구가 완성된다. 특히 석사학위논문을 지도했던 스승 이항녕 선생의 '직분법학', 독일 스승 마이호퍼의 '로서의 존재' 그리고 공자의 '정명'사상은 이 논문에서 하나의 실타래로 맞물리게 된다. 그리고 이 모든 이론적 단위는 다시 인간의 존엄으로 표현되는 인간존재의 근원적 구조를 바탕으로 삼을 때만 구체적 자연법으로서 정당성을 갖고, 이 점에서 인간의 본성을 빼고는 사물의 본성을 논해서는 안 된다는 단 하나의 이론적 초점으로 수렴된다. 그리하여 1961년의 석사학위논문에서 '사물의 본성'을 다룰 때 등장했던 몽테스키외의 이론이 1999년에는 다음과 같이 묘사되면서 논문의 마지막을 장식한다.

따라서 우리는 몽테스키외가 … "실정법에 앞서 자연이 준 정당한 관계가 있고, 이 관계를 실정법이 정립한다는 점을 인정하지 않으면 안 된다"라고 한 언명에 두 개의 자연법을 첨가하여 다음과 같이 고쳐 쓰고자 한다. "실정법에 앞서 사물의 자연과 인간의 자연이 준 정당한 관계가 있고, 이 관계를 실정법이 정립한다는 점을 인정하지 않으면 안 된다."

이 구절을 읽으며 나는 한 학자의 이론적 삶 — 한나 아렌트 스타일로 표현한다면 vita contemplativa — 의 최상의 형태는 어쩌면 원 하나를 그리는 일이 아닐까 하는 생각을 한다. 약 40년에 걸친 선생님의 법철학 여정은 수많은 점들로 구성되어 있지만 결국은 처음 시작했던 그 지점으로 다시 되돌아온 것이다. 물론 마지막 순간에 서로 만나게 된 첫 점과 끝 점을 자세히 들여다보면 각각의 두께와 색깔이 사뭇 다를 것이다. 하지만 이 연속성 속의 불연속성 또는 불연속성 속의 연속성을 실현하는 일이 얼마나 어려운 일인지를 잘 알고 있는 나로서는 선생님의 '원 그리기'가 이 주제에서 저 주제로 훌쩍훌쩍 뛰어다니는 짓을 그만두라는 경고처럼 읽힌다. 깊이 생각하지 않은 채 그저 책만 읽는다고 해서 도달할 수 없는 경지를 선생님의 이 논문을 통해 맛본 셈이다. 유학시절 선생님이 내게 쓰신 편지에는 논어의 한 구절이 등장하기도 했다. "學而不思則罔, 思而不學則殆."

1998년 고려대학교에서 정년을 맞이하신 선생님은 이내 고향 강릉으로 낙향하셔서 본가에 기거하시게 된다. 고향에 대한 애정은 강릉대학교에서 학생들을 가르치시는 일과 당신의 학문적 신념의 실천적 표현인 '앰네스티 인터내셔널 강릉지부'의 창립으로 이어졌다. 고향에 대한 봉사라고 말씀하셨고, — 나중에 알게 된 일이지만 — 강릉대학교 총장직을 제안받았지만 일언지하에 거절하셨다고 한다. 물론 당신의 삶의 주축이었던 고려대학교에서 대학원 법철학 강의도 블록

세미나로 지속하셨다. 2000년에 잠시 귀국해 강릉댁으로 찾아뵈었을 때 선생님은 '유유자적'이라고 표현하셨지만, 늘 그렇듯 책이 없는 삶은 생각할 수 없었고 고택 한쪽 입구에는 '夢鹿書齋'라는 현판도 달아 놓으셨다. 이제 글쓰기의 부담에서 벗어나셨지만 선생님에게는 한 가지 과제가 남겨져 있었다. 그것은 스승 마이호퍼 교수와 관련된 일이었다. 1987년 일본 고베에서 열린 세계법철학회에서 근 15년 만에 스승과 조우한 이후 다시 세월은 흘러 1918년생인 마이호퍼 교수는 생의 마감 단계로 접어들고 있었다. 이제 다시 스승을 만난다면 그것이 마지막이라는 생각을 하고 계셨다고 한다. 마지막 만남의 기회는 마이호퍼 교수의 90세 생신을 기념하기 위해 프랑크푸르트 인근의 바드-홈부르크에서 열린 콜로키움의 형태로 다가왔다. 2008년 봄에 마이호퍼의 제자인 게르하르트 슈프렝어 교수가 내게 연락을 해 심 선생님의 참석이 가능한지 물었다. 선생님의 건강이 썩 좋지 않으신데다 유학을 마치고 귀국하신 이후 독일을 단 한 번도 오신 적이 없는(폴란드의 아우슈비츠 수용소를 직접 보시려고 독일을 경유하신 것이 딱 한 번의 예외였다) 선생님께 과연 말씀을 드려야 하는지 망설이고 있을 때쯤 선생님께서 연락을 주셨다. 마이호퍼 교수와는 아무런 학문적 끈이 없지만 마이호퍼와 마찬가지로 독일 자유민주당(FDP) 당원이고 콜로키움 준비에도 관여했던, 뷔르츠부르크 대학의 형법학자 에릭 힐겐도르프 교수가 자신의 한국인 제자를 통해 선생님께 문의를 한 모양이었다. "이제 스승님을 마지막으로 뵐 때가 온 것 같네." 그렇게 해서 2008년 10월 19일 저녁 선생님은 3박 4일의 일정으로 프랑크푸르트 공항에 도착하셨다. 10월 20일과 21일에 열린 콜로키움은 마이호퍼 교수가 직접 참석하고 모든 강연에 대해 직접 코멘트를 하는 형식으로 진행되었다. 이틀째 오전에 행한 선생님의 독일어 강연 제목은

"'로서의 존재'의 법철학과 공자의 정명론"이었다. 강연의 서두는 "智者樂水 仁者樂山. 知者動, 仁者靜. 知者樂, 仁者壽"라는 논어의 한 구절을 스승에 대한 헌사로 바치는 것으로 시작되었다. 그리고 강연의 앞부분에서는 마이호퍼의 법존재론과 '로서의 존재'에 관해 짤막하게 개관하는 내용을 설명하셨다. 특히 마이호퍼의 법철학을 '이미 주어져 있는 것으로부터 그리고 그것과 함께 앞으로 만들어 나아가야 할 과제를 향해(von und mit der Gegebengeit zur Aufgegebenheit)!'라고 압축하신 구절은 다른 참석자들에게 커다란 반향을 불러일으켰다. 통상 자연법론이나 사물의 본성론을 펼쳐나갈 때는 이미 주어져 있는, 고정된 질서원리를 단순히 인식하고 밝히는 작업이 중요하다고 생각하지만 마이호퍼는 이러한 질서원리, 즉 인간다운 질서 자체를 실현해야 할 과제가 함께 할 때만 자연법과 사물의 본성이 갖고 있는 진정한 의미와 기능을 이해할 수 있다고 역설한 점에서 다른 법철학자와 뚜렷한 차이가 있다. 이 측면을 선생님은 매우 간단하고 명확한 표현으로 포착해 설명하신 셈이다. 콜로키움이 끝난 후 에어랑엔 대학 철학과에서 마이호퍼의 법철학에 대해 박사논문을 쓴 헤르베르트 빈터 박사는 콜로키움의 모든 강연 가운데 선생님 강연이 최고였다는 찬사와 함께 마이호퍼의 법철학 전체를 '상징하는(symbolträchtig)' 이 표현이 매우 인상 깊었다고 말했다. 또한 콜로키움에서 행해진 강연들을 모아 출간한 책 「법치국가에서의 인간의 실존과 인간의 존엄(Menschliche Existenz und Würde im Rechtsstaat)」에 대해 「Archiv des öffen-tlichen Rechts」에 서평을 쓴 함부르크 대학의 공법학자 울리히 카르펜 교수도 선생님의 이 표현을 그대로 인용하고 있다. 하지만 선생님 강연의 핵심은 공자의 '정명론'이었다. 무엇보다 스승 마이호퍼가 전개한 '로서의 존재'의 법철학, 즉 사회적 역할존재로서의 인간이 이 역할을 제대로 충족할 때 비로소 인간다운 질서가 자리 잡을 수 있다고 강조하는 법철학이 시대와 장소를 넘어 보편적인 사유에 해당한다는 점을 독일의 학자들, 물론 무엇보다 마이호퍼 교수에게 전달하고자 했고, 이를 통해 선생님 자신이 스승의 사유를 지속하고 있음을 보여주고자 했다. 서울에서 이미 감기에 걸리셔서 목이 쉬신 상태인데다 '거인' 스승 앞에서 자신의 연구성과를 보여주셔야 하는 탓에 선생님은 조금은 긴장된 목소리로 강연을 이어가셨지만, 혹시 목소리가 제대로 나오지 않으면 곧장 대독하기 위해 바로 옆에 앉아 있던 나의 우려와는 달리 무사히 강연을 마치셨다. 마이호퍼 교수는 선생님이 말씀하신 대로 거인이었다. 체구도 그렇지만 모든 강연에 대해 코멘트를 할 때 뿜어져 나오는 카리스마는 상상을 초월할 정도였다. 그것도 90세의 연세에. 선생님의 강연에 대해 마이호퍼는 선생님의 강연이 정당한 사회질서를 기획하는 문제는 예나 지금이나 지구상의 모든 사회에서 진지한 탐구의 대상이라는 것을 확인시켜주었을 뿐만 아니라 세계사회라는 오늘날의 상황에 비추어 볼 때도 더욱 중요한 문제가 아닐 수 없다는 취지의 코멘트를 했다. 스승과의 마지막 만남이 이보다 더 아름다울 수는 없을 것이다. 학문으로 맺어진 인연이 학문적 대화와 함께 끝을 맺었고, 더욱이 두 사람 모두 같은 문제에 대해 같은 고민을 했다는 동질성을 확인했기 때문이다. 이미 그때 휠체어를 타야 할 정도로 거동이 불편했던 마이호퍼 교수는 이듬해 91세의 나이로 세상을 떴다. 그가 묻힌 바드-홈부르크 공원묘지에 찾아가 찍은 몇 장의 묘지 사진을 보여드렸을 때 선생님은 다시 "거인이셨지"라는 말씀을 반복하셨다. 그 짧은 독일여행은 선생님에게는 분명 육체적으로 힘든 일이었지만, 제자'로서의' 직분을 다하기 위한 것이었고 스승에 대한 다른 회한이 남지 않게 해준 여정이었다.

선생님과 마이호퍼 교수. 맨 오른쪽은 마이호퍼 교수의 장녀 크리스티나 헤르브스트 여사

**

　그리고 다시 10년의 세월이 흘러 이제 나의 스승인 선생님께서 善終하셨다. 그사이 나는―선생님이 보시기에는―너무나도 긴 유학 생활을 마치고 이런저런 인연의 끈으로 선생님의 후임이 되어 '법철학자'라는 외관을 갖고 살고 있다. 이런 외적 사정이 선생님의 글을 묶어 한 권의 책으로 묶는 작업을 하게 만든 것은 결코 아니다. 여기서 자세히 얘기할 수도 없고 또한 글로 옮기기 어려운 감정들이 작업 전체를 휘감고 있었다. 이 감정을 그저 스승에 대한 '존경'이라는 단어로 표현해버리면 감정이 상처를 받을 것 같다. "말할 수 없는 것에 대해서는 침묵하라"라고 말하는 역설 말고는 달리 설명할 도리가 없다. 그저 선생님이 남기신 글들이 우리나라 법철학의 역사의 한 페이지에

해당한다는 점, 지금의 세대가 한자를 읽을 수 없다는 사정을 고려해 한글로 바꾸고 문체를 가다듬는 작업을 했다는 점 그리고 법철학이라는 학문이 '희미한 옛사랑의 그림자'로 사라져서는 안 된다는 점 등이 이 책을 엮어내는 데 원동력이 되었다는 말을 남기고 싶을 뿐이다. 또한 선생님을 아는 사람이라면 누구나 선생님과 '열정'이라는 단어 사이의 친화성을 떠올렸을 것이라는 반박 불가능한 추정에 기초해 책의 제목을 「열정으로서의 법철학」으로 달게 되었다는 사실도 적어둔다.

***

선생님의 법철학 선집은 선생님의 아호를 단 「몽록 법철학 총서」의 제1권으로 출간한다. 법철학에 대한 선생님의 열정을 이어받기 위해 앞으로 법철학과 관련된 저작과 번역서들로 채워갈 예정이다. 이 총서의 탄생을 가능하게 만들어주신 사모님과 자제분들에게 충심어린 감사의 인사를 드린다. 또한 한자가 많은 pdf 파일을 한글 파일로 전환해준 한혜윤 씨, 최재원 씨, 이요세피나 씨 그리고 한자세대이자 선생님에 대한 기억의 일부를 공유하면서 석사학위논문과 단행논문 한 편을 한글로 바꾸어준 아내에게 고마움을 전하고 싶다. 끝으로 총서의 출간을 기꺼이 맡아주신 도서출판 「박영사」의 조성호 이사님과 책의 출간에 애쓰신 이승현 과장님께도 의례적인 수준을 훨씬 뛰어넘어 감사드린다.

****

선생님께 전화를 드릴 때는 거의 언제나 일요일 오전이었다. 사모님이 먼저 전화를 받으시고 바꿔주시면 선생님은 늘 "윤교순가?"라고 말씀을 시작하셨고, 나는 늘 "선생님, 재왕입니다. 평안하시죠?"라는 말로 시작했다. 선생님이 떠나신 후에도 일요일 오전이 되면 연구실 전화기를 쳐다보는 일이 자주 있다. 이젠 "평안하시죠?"라는 말 뒤에 "그곳에서도"라는 말까지 마음속으로 중얼거려야 한다. 선생님, 그곳에서도 평안하시길 빕니다.

2020년 8월

고려대학교 연구실에서

윤 재 왕

심재우

1933년 강릉에서 태어나 고려대학교 법과대학과 대학원 법학과를 졸업하고 독일 빌레
펠트 대학교 법과대학에서 「저항권과 인간의 존엄」으로 박사학위를 받았다(1973년).
1974년부터 고려대학교 법과대학에서 법철학과 형사법을 강의하면서 학생들에게 법
과대학이 단순히 조문을 다루는 기술자들을 생산하는 공장이 아니라는 사실을 깨닫게
해주었다. 답안지에 어떻게든 '인간의 존엄'이라는 단어가 들어가면 높은 학점을 받을
수 있다고 소문이 날 만큼 '인권'과 '인간의 존엄'이 곧 법의 정신임을 역설하는 정열적
인 강의로 유명했다. 법철학과 형사법에 관련된 다수의 논문을 발표했고, 필생에 걸친
학문적 화두인 「저항권」이라는 제목의 단행본을 출간했으며, 독일 스승 베르너 마이호
퍼의 「법치국가와 인간의 존엄」, 「법과 존재」, 저항권의 역사적 전개과정을 다룬 「폭정
론과 저항권(헬라 만트)」 그리고 루돌프 폰 예링의 고전 「권리를 위한 투쟁」을 번역했
다. 한국법철학회와 한국형사법학회 회장을 역임했다. 2019년 9월 28일 善終했다.

몽록(夢鹿) 법철학 연구총서 1
열정으로서의 법철학

초판발행	2020년 9월 28일
지은이	심재우
펴낸이	안종만·안상준
편 집	이승현
기획/마케팅	조성호
표지디자인	박현정
제 작	우인도·고철민·조영환
펴낸곳	(주) **박영사**
	서울특별시 종로구 새문안로3길 36, 1601
	등록 1959. 3. 11. 제300-1959-1호(倫)
전 화	02)733-6771
f a x	02)736-4818
e-mail	pys@pybook.co.kr
homepage	www.pybook.co.kr
ISBN	979-11-303-3680-0 93360

정 가   28,000원